GONGSI LICAI

主编◎邓天正

图书在版编目(CIP)数据

公司理财/ 邓天正主编 .—成都:西南财经大学出版社,2015.3
(2020.8 重印)
ISBN 978-7-5504-1810-3

Ⅰ.①公… Ⅱ.①邓… Ⅲ.①公司—财务管理 Ⅳ.①F276.6

中国版本图书馆 CIP 数据核字(2015)第 028287 号

公司理财

主　编:邓天正

责任编辑:孙　婧
助理编辑:涂洪波　赵　琴
封面设计:墨创文化
责任印制:朱曼丽

出版发行	西南财经大学出版社(四川省成都市光华村街 55 号)
网　　址	http://www.bookcj.com
电子邮件	bookcj@foxmail.com
邮政编码	610074
电　　话	028-87353785
照　　排	四川胜翔数码印务设计有限公司
印　　刷	郫县犀浦印刷厂
成品尺寸	185mm×260mm
印　　张	24
字　　数	520 千字
版　　次	2015 年 3 月第 1 版
印　　次	2020 年 8 月第 2 次印刷
印　　数	2001—3000 册
书　　号	ISBN 978-7-5504-1810-3
定　　价	46.80 元

序　言

快过年了，终于盼到女儿休假回到家里，三口之家其乐融融。我们围在餐桌旁，一边喝茶，一边闲聊，回忆起女儿上中学时的情景。那时我们在餐桌旁不时讨论社会经济学问题，用曼昆经济学原理来诠释社会经济现象，浅显易懂，让当时的女儿受益匪浅。在女儿成长过程中凡是遇到社会经济问题，首先是让她自己去思考，给她提供解决问题的思路，让她独立地解决问题，哪怕是处理棘手问题。这样的培养方法使女儿读高中时就顺利地拿到了国外名校的全额奖学金，大学未毕业就拿到世界500强前几位公司的聘用书。

今天女儿又调侃我给他讲述曼昆经济学时俨然像个老师，偶然间有机会我也作为客座教授，给MBA学生讲会计学、财务管理、财务报表分析以及企业收购与兼并等。女儿提及她就读的大学，课堂上不时邀请有职业背景的专业人士来讲学，既有理论又能联系实际，很受学生喜爱。她建议我写本财经方面的书，将自己近30年的财会工作沉淀与教学结合起来，由此萌芽撰写《公司理财》这本书。

我用了两年时间来写这本书，本书既遵循MBA教育指导委员会公司理财大纲的要求，更看重公司理财理论的实际运用，让更多的MBA学生接受这门专业课程，让更多的年轻财会人员掌握理财工具。这本书的目的是让学生学会解决公司理财遇到的问题，用理财工具来帮助他们做出正确的决策，让MBA学生受益，让从事财会者受益，同时让非财务经理人受益。

本书出版要感谢重庆工商大学给予的大力支持和赞助，同时要感谢重庆工商大学、重庆大学、重庆理工大学和澳门大学的学生对本书反馈的意见及协助整理的部分资料。

让我们进入财务的世界，理解公司理财在企业中的作用

公司的主要经营目标

随着经济全球一体化步伐的加快，处于高速发展时期的中国同样如此，我国市场经

济体制在不断完善。在市场经济条件下，企业生存与发展都离不开公司理财，公司理财是企业管理的重要内容。无论公司规模大小，无论公司处于什么发展阶段，无论公司处于何种产业，公司理财的地位都十分重要。每个公司都有自己的主要经营目标。例如，发电厂提供电力，水厂提供自来水，燃气公司提供天然气，药厂生产药品，汽车制造厂生产汽车，律师事务所提供法律质询服务，评估咨询公司提供企业价值评估报告，超市提供居民的日常生活品等。

公司目标就是公司发展的终极方向，是指引企业航向的灯塔，是激励企业员工不断前行的精神动力，是社会责任的体现（纳税贡献与环境保护）。公司利润最大化、最大限度地增长股东的价值往往被看成短视、低效、简单化甚至是不利于社会的。近年来我国走在改革开放前列的加工基地东莞，逐渐地被东南亚替代，主要是由于劳动力成本失去了竞争优势。随着资本市场的全球化，资本的流动性日益增强，以价值为基础的制度更加显示了其重要性。

所有的目标假设都应是引导企业持续发展的一种牵引动力，股东财富最大化是经过历史验证的。公司有了合理的理财目标，并以此作为财务决策的准绳，才能实施有效的理财行为。因此，财务决策是整个公司管理的核心，财务决策则是对财务预测结果的分析与选择。公司经营负债比例如何？如何利用他人的钱来发展公司？如何利用财务杠杆？如何利用租赁来完成新增投资？如何利用外部融资减少税负？财务经理人面临公司经营的诸多问题，特别是涉及“钱”的决策，“钱”从哪儿来，“钱”又投放到哪里，何时能收回“钱”。财务决策是一种多标准的综合决策，决定方案取舍的，既有货币化、可计量的经济标准，又有非货币化、不可计量的非经济标准，本书试图提供公司理财工具来帮助经理人决策。

公司理财的作用

公司财务工作包括两部分：一是会计核算，二是财务管理。会计侧重于核算，财务侧重于管理，二者都以资金运动为工作的对象。会计核算主要从资金运动的事后着手，财务管理则从资金运动的事前着眼。财务管理是从价值方面对企业进行的管理工作，如对资金、成本、利润等方面的管理，这些管理是以货币形式反映了价值的形成、实现和分配过程。财务管理与其他管理工作相比是一种价值形式的综合性管理，因此是企业管理的中心。

（1）规划作用。公司以货币形式预计计划期内资金的取得与运用和各项经营收支及财务成果。财务计划是在生产、销售、物资供应、劳动工资、设备维修、技术组织等计划的基础上编制的，其目的是确立财务管理上的奋斗目标，在企业内部实行经济责任制，使生产经营活动按计划协调进行，通过预测和分析，找到增收的渠道和节支的途

径，挖掘增产节约潜力，提高经济效益。

（2）控制作用。财务控制是指对企业的资金投入及收益过程和结果进行衡量与校正，目的是确保企业目标以及为达到此目标所制订的财务计划得以实现。财务控制既有制度性又有技术性。制度性是指确保法律法规和规章制度贯彻执行，技术性是指优化企业整体资源综合配置效益。厘定资本保值和增值的委托责任目标与其他各项绩效考核标准来制定财务控制目标，是企业理财活动的关键环节。

（3）监督作用。财务监督主要是利用货币形式对企业的生产经营活动所实行的监督。具体来说，就是对资金的筹集、使用、耗费、回收和分配等活动进行监督。财务监督具有制约性和促进性两大作用，通常提及财务监督就是制约，实际上财务监督在促进公司目标的达成上应起到更大的作用。

（4）资本运营。资本运营不仅是运营产品，而且是运营资本。所谓资本运营，就是对公司所拥有的一切有形与无形的存量资产，通过流动、裂变、组合、优化配置等各种方式进行有效运营，以最大限度地实现增值。从这层意义上来说，我们可以把公司的资本运营分为资本扩张与资本收缩两种运营模式。毫不夸张地说，资本运营属于企业管理的最高境界，需要企业经营管理的顶级人才，需要其具有广博的财务管理知识、广博的金融学知识、超级深厚的银行渠道、企业背景。

（5）考核作用。财务考核是指将报告期财务指标实际完成数与规定的考核指标进行对比，确定有关责任单位和个人是否完成任务。财务考核与物质奖惩紧密联系，是贯彻责任制原则的基本要求，是财务指标的完成强有力的制约手段与鼓励措施，是构建激励与约束机制的关键环节。财务考核是促使企业全面完成财务计划，监督有关单位与个人遵守财务制度，落实公司内部经济核算制的手段。

本书的创新

（1）核心理念。

（2）重视案例。

（3）强化工具。

（4）讨论时事新闻。

（5）解决身边发生的经济现象问题。

（6）实践运用。

本书采用 MBA 公司理财课程教学大纲，根据 MBA 的培养目标改革课程内容体系，培养未来能在组织的战略决策和变革中起领导作用的管理者，运用案例教学、情景模拟、角色扮演等灵活教学方法，并锻炼学生（读者）在复杂环境下的决策能力。同时培养具有职业道德、社会责任感的职业经理人。

本书的关键性创新是自始至终将财务管理放在一个企业的大环境里来讲述，在进行财务管理实际操作前我们设置了一个企业环境，试图让读者明白财务管理为什么要这样做。通过这种教学方式，让读者可以更好地掌握这门专业技能。

另一个创新是我们将财务管理作为企业决策的工具，每个章节都有大量的相关决策训练和问题思考，读者将置身于企业决策环境，了解财务管理是如何为决策者提供信息的，读者还将学会如何利用财务管理知识进行决策，特别是做完一个案例分析、一道练习题时。我们希望读者回答以下问题：

（1）你从案例中得到什么样的启示？

（2）你从这些练习和问题中学到了什么？

（3）你将如何应用所学到的知识来管理企业？

为了强调公司财务决策的科学性、系统性，树立公司理财的理念，启发读者的思维能力、分析问题的能力和解决问题的能力，激发读者兴趣，始终以管理者的视角审视企业财务管理，成为企业战略决策强有力的决策者。

作　者

于重庆礼嘉龙湖悠山香庭

2015 年 1 月 28 日

前 言

当代公司财务管理领域随着网络时代的到来正经历着巨大的变革与发展，在网络搜寻公司理财这门学科可以得到大量的相关资料。在当今网络快速发展的情况下，讲述公司理财这门课程需要突出系统性和针对性。系统性是指本书涵盖了公司财务管理所有的基础知识，适用于 MBA 一学期的课程安排。本书既可作为工商管理硕士相关课程教材，也可作为企业管理人员培训教材或管理、财务、会计、金融等专业本科教学的参考书。针对性是指本书着重讲述财务原理、理论、公式在实际公司理财活动中的具体应用，代表了当今公司理财的主流。本书还具有畅销性和适用性。畅销性：大量运用案例，把财务过程写得妙趣横生，幽默活泼。适用性：该书重点在于财务分析在管理上的应用，实用价值高。

一、本书的主旨

本书的主要目的是通过案例引述介绍公司财务管理的基本原理，并试图培养学生主动思考问题和决策的能力。本书强调公司理财与公司实务紧密联系的重要性，并尽最大努力为读者研究和学习公司理财提供有力帮助。

二、帮助学生成为决策者

本书每个章节开始就为学生设计了公司财务实例，引述在当今有影响力的案例，模拟现实环境可以激发学生的学习兴趣。在安排教材实训中有企业真实的财务资料，通过这些现实的案例来阐明公司财务的基本构架，而不是财务管理的全部，生动的实例能更好地引导读者参与学习过程。本书形式新颖，理论与实践相结合，叙述深入浅出，所选案例融知识性、实用性、可读性为一体。为便于好学易懂，每个模块内容增加即问即答环节，加深读者对财务概念的理解，增加实战训练，模拟公司遇到的财务管理问题。本书坚持公司理财专著的系统完整和内容丰富，对财务管理学术上的问题不过多阐述，专注用理论解决公司财务管理实务遇到的问题，以激发非财务专业的 MBA 学员以及创业者对公司理财知识的渴求及浓厚兴趣。本书依然会尽可能在有限的篇幅中涵盖目前我国经济高速发展形势下各类公司财务管理的主要业务。

三、本书的特色

目前国内的MBA教材均是在本科教材的基础上作延伸，依然是较大篇幅的理论。本书的创新之处：首先是站在管理者的视角去编制，考虑非财务专业的MBA学员、非财务经理的经理人对财务管理的需求，从管理者的视角去审视公司理财。其次是案例教学以及公司理财实战训练相结合，借鉴国内外大量具有代表性的先进教材和公司真实案例来丰富教材内容。最后是力求简明易懂，用范例引述理论，较简明扼要地阐明了公司财务管理的基本理论和概念，针对实际问题和案例展开讨论，力争做到引用理论、概念简明且透彻，解释原理、方法明确且务实。

四、MBA教育指导委员会的建议

本书在MBA教育指导委员会大纲的指导下编写而成。本书主编具有多年公司财务管理经验及MBA授课的教学实践，合作者是具有长期从事财务管理教学的商学院教授。本书征求了部分MBA学员和非财务经理人提出的建议及反馈的意见。在当前经济快速发展的情况下，本书可满足MBA学员和非财务经理人掌握公司理财的需求。

五、学习指南

本书介绍了公司财务管理的概念和有效分析工具，在内容结构上进行了调整创新。本书按照公司理财的规律可分为：①财务世界：讲述公司理财的基本观念、公司财务管理目标、财务的基本方法、货币时间价值和风险管理。②公司资金活动：讲述公司资金的筹集方式、渠道，资金成本的选择，资金投放管理，资金在生产经营环节的运行以及公司利润的分配。③公司理财的管理手段：主要讲述财务规划、财务预算、财务控制和财务分析。④ 公司理财专题：主要讲述公司价值评估和公司财务战略。

本书始终以管理者视角来面临公司的财务决策问题，通过系统学习以期达到以下目的：

（1）提供一个真实的公司背景来讲述财务管理相关基础知识；

（2）介绍一个系统的决策分析模式；

（3）管理者面临公司财务管理的各种问题进行决策。

六、作者介绍

作者邓天正步入工作岗位时是一名仅只有小学文化的学徒工，如今能成为高级会计师、大学客座教授，是多年不懈的自学努力的结果。随着我国改革开放，作者的工作也随之发生了变化：从西南最大的制药厂到大型外经外贸公司，从境外的独资公司到国际跨国集团公司，从民营企业到上市公司。1999年，作者有幸成为重庆首届国有企业公司“老总”，被聘为ABB重庆变压器有限公司财务副总监，以后任中国网通重庆信息港有限公司财务总监等职务。

作者曾就读香港理工大学 MPA，担任重庆工商大学客座教授。从实践到课堂，从实际工作到教学，作者具有深厚的实际操作经验，对公司理财的活动如何投资，如何融资，如何进行资本营运管理及利润分配熟知，讲解透彻，易于 MBA 学生接受。

在中国经济快速增长的今天，笔者始终坚守在公司财务管理第一线，感悟中国经济的快速发展。在公司理财的战略理念、财务预算的编制、公司投资管理、公司标准成本建立、公司财务分析、业绩评估以及公司项目筹资、股权融资等方面，笔者有丰富的实践经验。面临新的机遇和挑战，公司管理者必须根据这一形势的变化转变观念，拓展视野，更新思维方式，了解和掌握国际财务管理领域的先进技术、科学管理方法和最新动态。

作　者

于重庆礼嘉龙湖悠山香庭

2015 年 1 月 28 日

目录 MULU

第一篇　财务的世界

第二篇　公司资金运动

第三篇　财务管理手段

第四篇 专题篇

第一篇

财务的世界

1 导论

教学目标

1. 理解公司理财含义、内容及特点；
2. 掌握公司理财的主要目标；
3. 理解公司理财的几种基本方法；
4. 掌握公司理财的主要经济环境。

内容结构

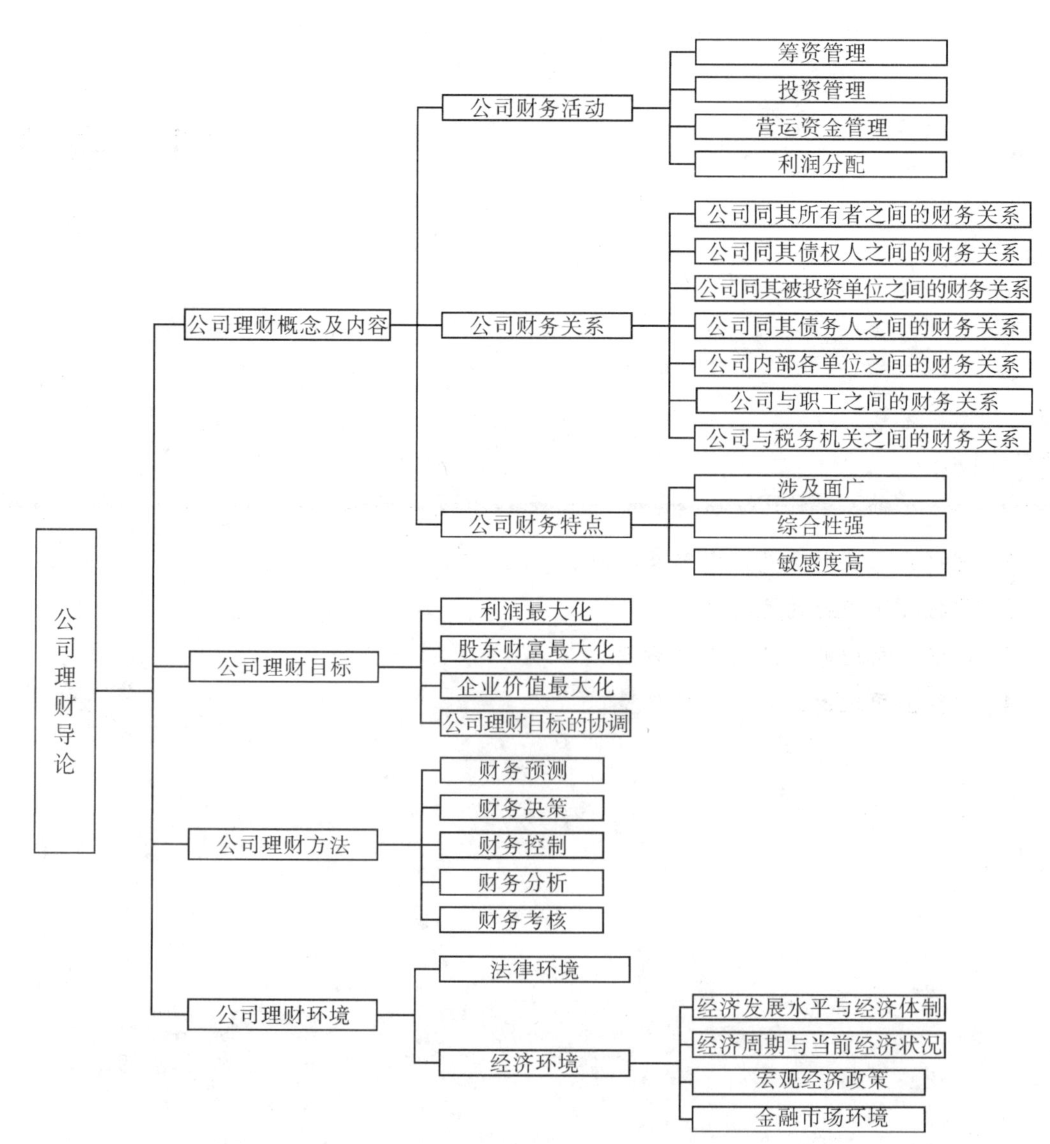

范例引述

ABB 的混合驱动力——财务管理支撑在华投资成功

作为全球领先的电力和自动化技术集团，ABB 与中国已携手走过了一个多世纪，ABB 和中国的合作开始于 100 多年前的 1907 年。当时 ABB 向中国提供了第一台蒸汽锅炉，1992 年 ABB 在厦门成立第一家合资企业，从支持中国经济实现腾飞转变到帮助中

国提升能源效率、电网可靠性和工业生产率。ABB 在中国投资已逾 15 亿美元，2012 年在华的销售业绩超过 52 亿美元。ABB 在中国建立起 35 家高品质本地企业、38 家分公司，雇员达 18 300 人。ABB 在帮助中国提高能源效率，发展可再生能源，建设及优化输配电网络，推动城市化、工业自动化和农村电气化进程方面取得了巨大的进步。

事实上，中国作为 ABB 全球第一大市场，ABB 中国首席财务官（CFO）齐乐毫不掩饰中国市场在 ABB 的战略地位；ABB 北亚区及中国首席财务官李锦霞介绍，ABB 继续推行“在中国，为中国和世界”发展战略。为顺应中国经济快速转型，ABB 启动了“中国 2017 计划”作为中期发展蓝图，以加快 ABB 在中国的发展步伐，引领从“中国制造”到“中国创造”的发展潮流。

20 多年来 ABB 在中国的成功，同时也给中国带来了先进的管理理念，在公司理财方面，将一套国际化财务管理体系移植到了中国，并将总部的战略思想和指示贯彻执行。服从总部的财务管理理念，协调一致推进，充分发挥集团财务资源的最大效率，充分发挥财务管理职能，有效保证本地业务的健康发展。

首先，是明确中国 ABB 的财务管理目标，即以股东价值最大化为目标。其次，在准确的市场战略和明确的执行手段上，也有严格的风险管理和成本控制，更有清晰的财务功能定位等。建立以预算管理为核心的网络化、集团化、一体化的财务管理信息体系，有助于实现财务管理信息与其他业务信息的融合和企业信息资源的共享，ABB 今日的成功不可否认是多种混合驱动力共同推动的结果。ABB 集团全球化的财务管理体系服务于公司战略目标和经营目标。

作为 CFO，齐乐认为在业务扩张和财务稳健之间取得平衡需要注重以下两个方面：一是控制成本，二是保持良好的资产组合。他认为这是实现财务稳健的基石。此外，他还强调投资要找对方向才能带来效益。齐乐介绍，ABB 的业务投资主要关注三个方面：一是增效节能，帮助客户提高能效；二是提高工业生产率；三是可再生能源的开发利用。这三个领域是 ABB 当前也是未来的战略目标。目前 ABB 提供的解决方案和产品也非常契合这三个目标。以风电业务为例，ABB 目前提供市场上超过 70%的风电元件。

企业的成功是由很多因素决定的，新技术要快速地应用到市场才能保持领先地位，这意味着要有足够的资源和人才。不过齐乐认为，不可否认 ABB 在研发领域不断投入、在产品上不断创新是其在行业内保持领先地位的关键。“作为一个成功的公司，技术不是我们唯一的手段，但无疑是其中最主要的因素。”财务管理是成功的基石。

ABB 的成功与其先进的财务管理理念和制度是分不开的。相比之下，我国大多数公司理财思想僵化，理财方式、手段简单、粗放，未建立科学的财务管理体系，财务管理的核心地位不显著，未将财务管理作为公司核心管理，仅限于生产经营格局中。对财务管理的理论方法不去理解和探讨。因此，企业财务管理的重要作用没有得到充分发挥。随着全球经济一体化，我国经济的快速发展，中国的企业与外国优秀企业的竞争必

将加剧，财务管理水平必将成为制约我国企业发展的“瓶颈”之一。

资料来源：《首席财务官》，作者马丽，2011 年 7 月 20 日，中国行业研究网 http://www.chinairn.com。

本章导言

公司理财活动是市场经济条件下企业管理的重要组成部分，引例中 ABB 公司在华投资成功，公司理财（即财务管理）是奠基石。公司理财是如何为公司战略决策服务？如何体现财务管理的前瞻性——财务计划与预测？如何将财务管理理念渗透到生产经营的每个角落——年度财务预算？如何筹集新开工厂和新产品研发所需资金？如何进行投资决策？用什么方式衡量投资回报？如何进行营运资本管理？如何对经营中的资金进行监督和控制？辛苦一年的经营有了利润（亏损）该如何分配（处理）？这些都是公司理财的主要内容。

随着全球经济一体化，中国经济快速发展，搞好公司经营，财务管理就显得越来越重要。财务管理活动渗透于企业的各个领域、各个环节之中，财务管理直接关系到公司的生存与发展，关系到企业的持续发展。然而，我国一些企业的财务管理则不尽如人意。这主要表现在：一是企业财务管理意识薄弱，忽视价值管理；二是未建立财务管理体系，孤立地看待单一经济活动事项；三是财务管理只是财务部门的事，忽视其财务的整体职能管理；四是听从老板指令，忽视自身规律和相对独立性。

公司理财是西方国家从经济学中分离出来的一门独立学科，已有 100 年的历史。随着经济金融化趋势的不断扩大，公司理财的研究方法也不断改进和丰富，公司理财理论与方法得到极大的发展。我国企业与国际交往越来越密切，公司理财也日益成熟，财务管理在现代化企业中扮演着越来越重要的角色。公司理财知识对 MBA 学生和有意愿从事企业管理者来说是必备的知识，接下来本书引领你进入财务的世界。

理论概念

1.1 公司理财的概念及内容

财务管理又称公司理财（Financial Management）、企业理财。从广义的角度讲，公司理财就是对企业的资产进行配置的过程；从狭义的角度讲，财务管理是要最高效率地利用公司所拥有的资金，提升资金的总体收益率，是组织企业财务活动、处理财务关系的一项综合性经济管理工作。具体来讲，财务管理是在一定的整体目标下，关于资产的

购置（投资）、资本的融通（筹资）和经营中现金流量（营运资金）以及利润分配的管理，即财务活动的主要内容包括投资管理、筹资管理、营运资金管理及利润分配。具体如图 1-1 所示。

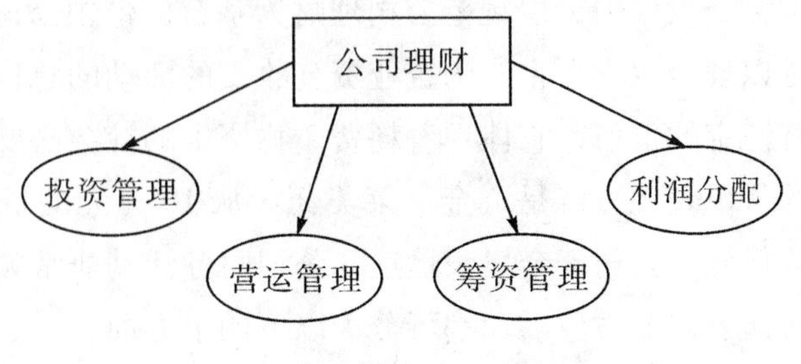

图 1-1

财务经理人对公司经济活动的决策是从价值角度进行的，具体表现在价值的衡量和表现形式上，贯穿资金运动全过程中的财务活动（资金获取、资金运用、资金分配）和财务关系（资金运动涉及的利益关系）。公司理财是涉及公司的多部门、多领域的一项综合性管理。公司理财可以简单地描述为对公司资金运动带来的财务关系的管理。因此，公司理财的内容包括财务活动和财务关系两个方面。

企业进行生产经营活动，必须拥有劳动力、生产资料和信息等生产要素，人们把企业生产经营过程中生产要素的价值称为资金。资金具有物质性、周转性和增值性。具体如图 1-2 所示。

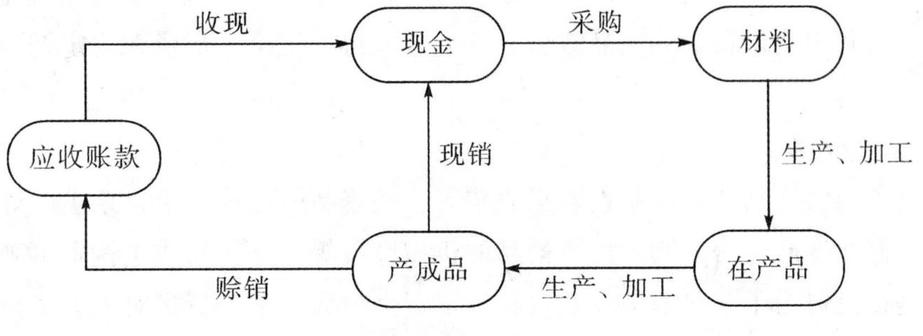

图 1-2　资金周转图

1.1.1　公司财务活动

公司主要有四种形式：个人独资企业、合伙企业、有限责任公司、股份制公司。公司在初创时，通常注册资本金等于货币资金。例如，MBA 学生李某，在重庆大学城登记注册了一家公司经营图书销售，注册资金为 10 万元；拥有一定数额的货币资金，是进行生产经营活动的必要条件；租门面作为经营场所，请员工来照看书店。李某需要大量采购图书，同时要出售所购买的图书，这就是简单的公司生产经营。一方面表现为物资的不断购进和售出；另一方面则表现为资金的支出和收回。

例如，重庆莱美药业邱先生怀揣10万元，从成都到重庆创业，十年后于2009年，成为重庆地区唯一的一家科技创业板上市公司。他持有公司30.13%的股权，他因公司上市而获得的财富可达6亿元。当追问邱先生如何成功时？他简洁地回答，从创业初期就确立目标，以技术创新为牵引，以规范公司理财为基石，带领公司走向资本市场。

公司理财活动是以现金收支为主线的企业资金收支的活动的总称。在市场经济条件下，一切物资都具有一定的价值，它体现着耗费于物资中的社会必要劳动量，社会再生产过程中物资价值的货币表现，就是资金。莱美药业从10万元的资金，在短短十年时间资金规模就达到数亿元，公司资金增长迅速，公司财务活动非常频繁。我们对公司财务活动梳理一下，任何公司的财务活动都可分为以下四个方面：

1.1.1.1 筹资管理

筹资管理是指公司根据其生产经营、对外投资和调整资本结构的需要，通过筹资渠道，在资本市场获取资金。李某在经营几年后，要扩大经营规模，开10个连锁书店，拟定投资80万元。由此，公司需要进行筹资活动。

筹资管理的目的是满足公司资金需求，降低资金成本，增加公司的收益，减少相关风险。公司根据筹集资金的途径形成两种不同性质的资金来源：一种是权益资金；另一种是债务资金。当李某吸纳新的股东或用公司几年积累的资金来完成筹资，就叫权益筹资。权益筹资是企业依法长期拥有，能够自主调配运用的资本。权益资本在企业持续经营期内，投资者不得抽回。企业的权益资本通过吸收直接投资、发行股票、内部积累等方式取得。李某打算向银行贷款80万元，这叫债务筹资。债务筹资是企业通过借款、发行债券、融资租赁以及赊购商品或服务等方式取得的资金，形成在规定期限内需要偿还的债务。

1.1.1.2 投资管理

李某的书店将经营的余钱拿去购买股票等，装修新的连锁书店；莱美药业需要自己生产药品、修建生产厂房，购入生产药品的机械设备等，这些构成了投资事项。

投资是指公司为了获取未来收益，将一定资金投放在某一特定对象上。投资管理是指公司决定如何进行投资的问题。例如，短期投资主要是投资于流动性比较强的资产，包括股票、一年期以内的债券、存货等。厂房、机械设备投资属于长期投资。长期投资是指投资期限在一年以上的资产，包括固定资产投资、项目投资、长期债券投资等。投资按投资对象的不同，可以分为对内投资和对外投资。对内投资如固定资产投资，对外投资如购买股票。李某为扩大店面，向银行借钱，贷款年限在2年以上。这种行为就是长期投资。

1.1.1.3 营运资金管理

在正常的生产经营中，公司会发生一系列资金收付活动：莱美药业生产药品，必须购买原材料或水电气、支付雇用人员工资、支付租用设备租金等；药品销售实际收到的

现款、提前预收药品的账款以及提供劳务带来的资金的流入，就是公司的资金收入。

营运资金管理是公司理财的重要组成部分。加强营运资金管理就是加强对流动资产和流动负债的管理；就是加快现金、存货和应收账款的周转速度，尽量减少资金的过分占用，降低资金占用成本；就是利用商业信用，解决资金短期周转困难，同时在适当的时候向银行借款，利用财务杠杆提高权益资本报酬率。

1.1.1.4 利润分配

年末，莱美药业将经营一年形成的红利进行分配，就是利润分配。

利润分配是指将公司在经营过程中实现的净利润，按照约定的分配形式和分配顺序，在公司和投资者之间进行的分配。利润分配的过程与结果，是关系到所有者的合法权益能否得到保护，企业能否长期、稳定发展的重要问题。在利润分配决策中应考虑两点：一是要结合企业战略发展，因为它与企业后续的投资和融资紧密相关；二是分配的数额与方法会影响到投资者、股票价格及投资人对公司的预期。所以，公司必须加强利润分配的管理和核算。

1.1.2 公司财务关系

无论是李某的书店或邱先生的莱美药业必然会与相关的主体发生关系，如向税务机关缴税，向银行贷款，给职工发工资、分红利等。频繁的公司财务活动必然会形成财务关系。

财务关系是指公司在组织财务活动过程中与各相关方面发生的经济关系，公司的筹资活动、投资活动、经营活动、利润及其分配活动与公司上下左右各方面有着广泛的联系。公司的财务关系可概括为以下几个方面：

（1）公司同其所有者之间的财务关系。这主要是指公司的所有者向公司投入资金，公司向其所有者支付投资报酬所形成的经济关系。公司所有者主要有以下四类：①国家；②法人单位；③个人；④外商。公司的所有者要按照投资合同、协议、章程的约定履行出资义务，以便及时形成企业的资本金。公司利用资本金进行经营，实现利润后，应按出资比例或合同、章程的规定，向其所有者分配利润。公司同其所有者之间的财务关系，体现着所有权的性质，反映着经营权和所有权的关系。

（2）公司同其债权人之间的财务关系。这主要是指公司向债权人借入资金，并按借款合同的规定按时支付利息和归还本金所形成的经济关系。公司除利用资本金进行经营活动外，还要借入一定数量的资金，以便降低公司资金成本，扩大公司经营规模。如莱美药业发行债券，李某的书店向银行贷款或向其他金融机构借钱。公司的债权人主要有：①债券持有人；②贷款机构；③商业信用提供者；④其他出借资金给公司的单位或个人。公司利用债权人的资金后，要按约定的利率及时向债权人支付利息，公司需要合理调度资金，按时向债权人归还本金。公司同其债权人的关系体现的是债务与债权的

关系。

（3）公司同其被投资单位的财务关系。这主要是指公司将其闲置资金以购买股票或直接投资的形式向其他公司投资所形成的经济关系。随着经济体制改革的深化和横向经济联合的开展，这种关系将会越来越广泛。李某的书店投资某物流公司参股5%，公司向其他企业投资，应按约定履行出资义务，参与被投资单位的利润分配。公司与被投资单位的关系是体现所有权性质的投资与受资的关系。

（4）公司同其债务人的财务关系。这主要是指公司将其资金以购买债券、提供借款或商业信用等形式出借给其他单位所形成的经济关系。如莱美药业将暂时闲置的资金通过银行委托贷款给其他公司，钱借出后，有权要求其债务人按约定的条件支付利息和归还本金。公司同其债务人的关系体现的是债权与债务的关系。

（5）公司内部各单位的财务关系。如莱美药业内部的销售部门、科研部门、产品生产分厂相互之间提供劳务或产品，需要按照市场成本计价，每月进行成本结算。公司在实行内部经济核算制的条件下，公司供、产、销各部门以及各生产单位之间，相互提供产品和劳务要进行计价结算。这种在公司内部形成的资金结算关系，体现了公司内部各单位之间的利益关系。

（6）公司与职工之间的财务关系。这主要是指公司向职工支付劳动报酬的过程中所形成的经济关系。公司要用自身的产品销售收入，向职工支付工资、津贴、奖金等，按照提供的劳动数量和质量支付职工的劳动报酬。这种公司与职工之间的财务关系，体现了职工和公司在劳动成果上的分配关系。

（7）公司与税务机关之间的财务关系。这主要是指公司要按税法的规定依法纳税而与国家税务机关所形成的经济关系。任何公司都要按照国家税法的规定缴纳各种税款，以保证国家财政收入的实现，满足社会各方面的需要。及时、足额地纳税是公司对国家的贡献，也是对社会应尽的义务。因此，公司与税务机关的关系反映的是依法纳税和依法征税的权利义务关系。

1.1.3 公司理财的特点

公司理财是公司经营活动过程中的价值管理，是公司全面的、综合的、灵敏度高的管理工作。公司理财活动主要有以下几方面：

1.1.3.1 公司理财重心的战略化和全局化

随着竞争全球化步伐的加快，公司竞争压力源于行业内外，公司理财必须分析产业结构竞争能力，从财会事务性的管理工作向战略性、全局性的方向发展。传统理财效应压力多源于公司内部，如增效节支或技术革新。随着科学技术的发展和经济全球竞争格局的变化，选择有发展潜力和高盈利的产业，确定附加价值高的行业为核心业务，将不创造价值或创造价值较少的业务剥离出去，成为公司理财的重任。公司理财不仅涉及生

产加工、资金和技术服务，而且还要在塑造企业核心竞争力的过程中发挥其战略性和全局性能力。如莱美药业选择研发储备哪类新药，是保健品或药品？生产什么新药产品？另外，随着营销概念的创新，传统理财中的成本价格策略和广告促销效应等方面的优势受到限制。网络营销的无库存、无店面租金成本等优势的出现，要求公司建立一种与客户相互信任、相互依赖的理财体系，以便使公司在持续地为客户提供个性化服务支出与个性化销售带来的利润之间做出权衡。

1.1.3.2 人力资源价值成为公司价值评价的重要指标

公司理财应从狭隘的财务部内部核算工作向开放的、三流合一的、注重人力资源的综合管理方向发展。公司理财不再局限于事后分析，而是向注重动态的、参与经营过程的方向发展。随着工业化、信息化的发展，物流和资金流均有可靠的保证。在这种情况下，公司之间的竞争的主要表现为如何加快满足顾客需要的竞争，因此，理财人员必须建立完整产、供、销体系的信息一体化，保证资金流与信息流一致。通过可靠性的分析，而实现这一目的——理财人员的潜能发挥显得尤为重要。在新经济时代的现代企业中，最重要的不仅是财务资本，而且人力资源的知识、信息与创新能力也显得尤为重要。公司竞争最终表现为人的竞争，分析和衡量人力资源对公司的价值贡献就成为公司理财的新课题。轻资产公司（人力资源成为公司主要资源的公司）是公司理财的发展目标，人力资源价值管理将正式进入财务管理体系。

1.1.3.3 公司理财技术的智能化发展

公司理财是一个综合性、集成化统一的信息系统。为了满足预测、决策、控制和分析的需求，不仅要采集和积累企业内部数据，也需要外部数据；不仅需要当前的数据，也需要历史数据；不仅需要反映生产经营活动的数据，也需要有关市场、物价、金融、投资等方面的数据。为了便于存储、处理和运用，越来越需要采用大型数据库和数据仓库；为了有效地支持预测、决策、控制与分析的实施，需要对各项数据进行多维分析与观察。随着网络技术应用的大发展，对网络财务软件的需求将会大量增加。公司理财就需要利用计算机进行辅助管理，有效地提高财务管理的时效性和准确性。

1.1.3.4 全面风险管理体系的建立

在传统的风险管理中，认为风险的主要因素源于人，风险的管理是财务部门的责任，风险管理的重点是对财务风险和财务结果的控制。而新经济业务流程的重建使风险的管理变为以财务部门为主，各部门密切合作的模式，风险控制的重点转向各种非财务风险，注重在公司的业务流程中做到风险的控制。

1.1.3.5 人力资本收益分配管理体系的建立

人力资本分配成为收益分配的发展重点，税收筹划成为公司理财新领域。在收益分配管理方面，传统财务管理主要关心股利分配政策；而在知识经济条件下，企业最主要的生产要素是人力资本而不是货币资本，企业的实际控制权掌握在经理人和科技人员手

中，因而，收益分配的重点要转向人力资本的拥有者，而不是货币资本的拥有者。

华为公司研究人力资本的定价与分配的复杂问题，员工持股使华为公司成为具有全球竞争力的企业。人力资本有几个显著特点：一是人力资本的多样性；二是人力资本的易变性，易受企业内外环境和人的心理、生理状态的影响；三是人力资本的双重拥有性，一方面人力资本具有人身依附性；另一方面它又必须为企业所用，才能发挥其资本的群体性，也就是人力资本拥有者必须同其他人力资本拥有者以及物质资本相互作用和配合。只有各种资本协同作用才能产生企业收益。但是在收益分配时，又必须把各自的作用和贡献进行分解，才能合理地分配。

1.1.3.6 税收筹划成为公司理财新领域

税收筹划是指在国家税收政策的许可范围内，有多重纳税方案可供选择时纳税人做出的低赋税决策。它是对自身经济利益的一种保护，是一种合法的理财行为。公司在经营活动中发生的税收会导致经济利益流出公司，有些税收体现的是公司现金流的减少，有些税收则直接体现利润的减少。企业在不违反税收法规和政策的前提下，采取税收筹划有利于促进公司管理水平的提升；有利于促进公司优化配置自身资源，增强公司竞争力；有利于维护公司良好的公众形象。具体来说，企业的税收筹划的常用方法包括税基筹划法、税率临界点筹划法、税种期筹划法、纳税人筹划法以及纳税地筹划法等。

公司理财是一切管理的基础和中心。抓好公司理财就是抓住了公司管理的“牛鼻子”，公司管理也就落到了实处。

1.2 公司理财目标

公司一旦成立，就面临竞争和许多选择，并始终处于生存与倒闭、发展与萎缩的矛盾中。

美国十大破产公司中，排名前五位的公司如下：

排名第一位的雷曼兄弟控股公司（Lehman Brothers Holdings），破产保护申请日期为2008年9月15日，资产规模为6910亿美元。雷曼兄弟控股公司一度是华尔街备受推崇的第四大投资公司。拥有158年经营历史的雷曼兄弟公司，抵挡不住美国次贷危机引发的金融海啸，申请破产保护。

排名第二位的华盛顿互助银行（Washington Mutual），破产保护申请日期为2008年9月26日，资产规模为3279亿美元。由于华盛顿互助银行的客户由于担心该银行可能会资不抵债，在短短10天内取出160亿美元的存款，于是政府监管部门查封了控股公司的银行资产，以19亿美元的价格出售给摩根大通（JPMorgan Chase）。第二天，华盛顿互助银行申请了破产保护。该银行一度是美国最大的储蓄和贷款银行、全美第六大银行，而今风光不再。

排名第三位的世界通信公司（WorldCom），破产保护申请日期为2002年7月21日，资产规模为1039亿美元。世界通信公司一度是仅次于美国电话电报公司（AT&T）的美国第二大长途电话公司，因110亿美元的会计丑闻事件申请破产保护。破产一年后的2003年，世界通信公司改名为MCI（之前合并的一家公司的名字），重新营业。2005年，Verizon通信公司以76亿美元收购MCI，世界通信公司前CEO（首席执行官）伯纳德·埃伯斯（Bernard Ebbers）被指控犯有证券欺诈、共谋和伪造文件罪，被判入狱25年。他目前正在路易斯安那州的奥克戴尔联邦监狱服刑。

排名第四位的通用汽车公司（General Motors），申请破产保护日期为2009年6月，资产规模为910亿美元。通用汽车公司多年来一直是美国最大的公司，位于财富500强之首，这样的汽车业巨头申请破产，是美国商业史上最大的工业公司（总体第四大公司）寻求破产保护。该公司可能会进行破产重组，重组后的新公司将继续经营雪佛兰（Chevy）、凯迪拉克（Cadillac）、别克（Buick）和GMC品牌。其余表现不佳的品牌：庞蒂克（Pontiac）、土星（Saturn）、悍马（Hummer）、萨博（Saab）和欧宝（Opel）可能由独立的剥离公司进行经营，这些公司可能会卖给外国制造商或是倒闭。作为救助计划的一部分，美国政府将持有新公司大约72.5%的股权，余下的17.5%将由美国汽车工人联合会（United Auto Workers）持有。

排名第五位的安然公司（Enron），破产保护申请日期为2001年12月2日，资产规模为655亿美元。安然公司曾是美国最大的能源、电力、天然气公司。2001年，一个大规模的财务丑闻摧毁了这家公司。其冗长复杂的破产程序是史上最受关注的。2004年，安然公司完成了破产保护程序。该公司的若干高管后来被指控犯有数起证券和会计欺诈罪行。安然公司的财务丑闻也将安达信会计师事务所（Arthur Andersen）拉下了水。安然公司的丑闻被称为一次重大转折事件，因为它激发了2002年《萨班斯-奥克斯利法案》的诞生，该法案为上市公司规定了新的标准和做法。2007年，安然公司改名为安然债权人保障公司（Enron Creditors Recovery Corp），试图清偿公司的剩余资产。

公司理财的目标是指公司通过财务管理活动要达到的目的。目标就是向导，只有了解公司理财的目标，才能利用公司理财指导财务活动的具体工作。它决定着公司财务管理的基本方向。公司理财目标是一切财务活动的出发点和归宿，是评价公司理财活动是否合理的基本标准。关于公司理财的目标，理论界有不同的观点。目前受到普遍认可的主要有以下三种观点：

1.2.1 利润最大化

利润最大化是假定公司财务管理以实现利润最大化为目标。亚当·斯密关于“经济人”假说的利润最大化目标是经济学界的传统观点。这种观点有三个方面：①公司存在的目的就是赚取利润，那么为公司服务的财务管理也应该服从公司的目的；②在自

由竞争的资本市场中，资本的使用权属于获利最多的公司；③每个公司最大限度地获利，整个社会财富才能实现最大化。

公司赚取的利润越多，那么就越接近公司的目标，但是该观点也存在一些缺点：①没有考虑利润获取的时间，即没有考虑货币的时间价值。例如，同样是获取了1000万元的利润，甲公司花了一年时间，乙公司花了两年的时间，两者的效果明显是不同的。②没有考虑获取的利润与投入资本的关系。例如，同样是获取了1000万元的利润，甲公司投入了5000万元的资本，乙公司投入了1亿元的资本，甲、乙公司的投资效率也是明显不同的。③没有考虑获取的利润与承担的风险的关系。例如，同样是获取了1000万元的利润，甲公司是收到的现金或银行存款，而乙公司是应收账款，会产生“有利无钱”的现象，因此乙公司将可能面临坏账的风险。④容易导致公司管理层短期行为，管理层牺牲公司长远的发展目标来获取短期利润，忽视科技开发、生活福利及社会环保等。例如，三鹿毒奶粉事件导致三鹿集团破产、南京冠生园“陈馅做新饼”的事件使这家曾经辉煌70年的老字号毁于一旦，这都是片面追求利润最大化的结果。

1.2.2 股东财富最大化

股东财富最大化是指公司财务管理以实现股东财富最大化为目标，即增加股东财富，实现资本增值的目的。股东作为公司的出资人，如果公司不能满足股东增加财富的目的，那么股东就会撤资，公司就会不存在。在上市公司中，股东的财富反映在股票的价格中，通过股票价格来反映和衡量。在有效的资本市场条件下，股票价格达到最高，股东财富也就达到最大。

股东财富最大化并非不考虑其他利益相关者的利益，如果不满足其他利益相关者的要求，股东利益也会受到损害，因此股东财富最大化是从多角度来考虑公司财务管理的目标的。财富最大化是指通过财务上的合理经营，为股东带来更多的财富。持这种观点的学者认为，股东创办公司的目的是增加财富，他们是公司的所有者，是公司资本的提供者，其投资的价值在于它能给所有者带来未来报酬，包括获得股利和出售股权获取现金。

与利润最大化相比，股东财富最大化的主要优点有：

（1）考虑了资金的时间价值，在一定程度上能避免公司短期行为；

（2）科学地考虑了风险因素，因为风险的高低会对股票价格产生重要影响；

（3）容易量化，股东财富最大化可以用股票市价来计量，便于考核和奖惩。

同时，以股东财富最大化为公司的理财目标也有不足之处。追求股东财富最大化存在以下缺点：

（1）它只适用于上市公司，对非上市公司很难适用。就中国现在国情而言，上市公司并不是中国企业的主体，因此在现实中，股东财富最大化尚不适合于作为中国公司

理财的目标。

（2）股东财富最大化要求金融市场是有效的。由于股票的分散和信息的不对称，经理人为实现自身利益的最大化，有可能以损失股东的利益为代价做出逆向选择。

（3）股票价格除了受财务因素的影响之外，还受到其他因素的影响，股票价格并不能准确反映公司的经营业绩。所以，股东财富最大化目标受到了理论界的质疑。

1.2.3 公司价值最大化

所谓公司价值最大化是指公司市场价值最大化。公司价值可以理解为公司所有者权益的市场价值，或者是公司所能创造的预计未来现金流量的现值。投资者投资公司、建立新工厂要达到的目的是资本增值。尽可能多地为自身创造财富，这种财富在于公司未来带给投资者的回报大小，通过公司财务上的合理经营，采用最优的财务政策，充分考虑资金的时间价值和风险与报酬的关系，在保证公司长期稳定发展的基础上，使公司总价值达到最大化。其基本思想是将公司长期稳定发展摆在首位，强调在公司价值增长中满足各方利益关系。

以公司价值最大化作为公司理财目标具有以下优点：

（1）价值最大化目标考虑了取得现金性收益的时间因素，并用货币时间价值的原理进行科学的计量，反映了公司潜在或预期的获利能力，从而考虑了资金的时间价值和风险问题，有利于统筹安排长短规划，合理选择投资方案，有效筹措资金，合理制定股利政策等。

（2）价值最大化目标能克服公司在追求利润上的短期行为。因为不仅过去和目前的利润会影响公司的价值，而且预期未来现金性利润的多少对公司价值的影响更大。

（3）价值最大化目标科学地考虑了风险与报酬之间的关系，能有效地克服公司财务管理人员不顾风险的大小，只片面追求利润的错误倾向。

（4）用公司价值替代了价格，克服了过多受外界市场因素的干扰，有效地规避了公司短期经营行为。

以公司价值最大化作为财务管理目标也存在以下问题：

（1）公司价值过于理论化，不易操作。对于上市公司，股票价格的变化在正常情况下揭示了公司的价值变化。但是，股票价格的变化是受多种因素影响的结果，特别是在资本市场效率低下的情况下，股票价格很难反映企业价值。

（2）对于非上市公司，只有对其进行专门的评估才能确定其价值，而在评估公司价值的资产时，评估标准和选择评估方式的差异性，将直接导致公司价值的评价结果不同。

综上所述，本书采用公司价值最大化作为公司的理财目标。

目前，学术界提出相关者利益最大化，强调公司理财目标不仅要追求股东财富最大

化目标，而且要兼顾其他相关利益者。例如，一个城市建设的交通综合枢纽工程，业主是代表政府出资作为经营主体，项目工程发包给工程建设公司，以及由经营活动产生的借贷关系的金融机构、其他债权人、供应商、员工和客户这些相关利益主体，这样才能利于公司的长期稳步发展，体现了合作共赢的现代经营管理理念。这是理想的公司理财目标。

社会价值最大化作为财务管理目标。社会责任是指公司在从事生产经营活动获取正常收益的同时应当承担相应的社会责任。正如公司不能片面地追求产值，应把生态效益等指标作为主要考核内容，再不能简单以 GDP（国内生产总值）增长率来论英雄。公司承担社会责任会造成利润和股东财富的减少。公司理财管理目标和社会责任也有一致性。首先，公司承担社会责任大多是法律所规定的，如消除环境污染、保护消费者权益等，公司财务管理目标的完成，必须以承担社会责任为前提；其次，公司积极承担社会责任，为社会多做贡献，有利于公司树立良好形象，也有利于公司财务管理目标的实现。

1.2.4 公司理财目标的协调

现代公司理财一般以股东财富最大化为目标，这就要协调好与其他各相关利益主体之间的利益关系。

1.2.4.1 财务目标与企业经营者目标的协调

在所有权与经营权相分离的背景下，经营者（如经理人）的目标如要求增加报酬、增加休闲时间、避免风险等与所有人（如股东）的目标是背离的。解决这种冲突的措施通常有：

（1）监督与解聘。经营者背离所有者的条件是双方信息不对称，经营者了解掌握的企业信息比所有者更多、更具体，因此解决问题的方式就是所有者获取更多的信息，如聘请注册会计师加强内部审计，以对经营者进行监督，必要时加以解聘。

（2）激励。采用激励方式，使经营者能够分享企业增加的财富，如企业盈利水平提高，股票价格上升，可以给经营者现金、股份等奖励。

1.2.4.2 财务目标与企业债权人目标的协调

债权人是企业资金的重要提供者，其目标是到期收回本金，并取得约定的利息收入，但这是有风险的，因为债权人一旦把资金借给企业就失去了对资金的控制，企业可能做出不利于债权人利益的行为，如把资金投向于高风险项目，结果遭受损失。举借新的债务，增加债权人的风险。为了防止债权人利益被侵害，法律对债权人的利益有优先保护权，如企业破产时债权人有优先接管、优先分配剩余财产等权利。此外，债权人还可以增加限制性条款，如限定资金的用途、不得举借新债务。债权人发现企业有损害其利益的行为时，可以拒绝进一步合作等。

1.2.4.3 财务目标与企业其他利益相关者目标的协调

其他利益相关者包括除上述企业经营者与债权人之外的其他利益相关者，如政府、税务机关、企业的债务人、其他员工、供应商、客户等，企业与这些利益相关者之间既有共同利益也有利益冲突，一般可以通过立法、签订合同等方式来保障双方的合法权益。此外，企业从道德层次以及承担的责任的角度，通过各种方式，如改善工作环境、增加员工福利等来协调这些利益关系。

1.3 公司理财的方法

公司理财的方法是指在公司理财工作中，为了能组织好各种复杂的财务活动，处理好各种财务关系，达到公司理财目标而使用的公司理财的技能。公司理财方法包括财务预测、财务决策、财务控制、财务分析和财务考核等方法。

1.3.1 财务预测

财务预测是指根据企业收集的企业内外部的历史资料，结合企业当前社会经济形势对企业未来时期的财务收支活动进行全面的分析，并做出各种不同的计划和推断的过程。它是财务管理的基础。财务预测的主要内容有筹资预测、投资预测、成本预测、收入预测和利润预测等。进行财务预测所依据的主要资料有：①企业基期（或历史上）的各种财务与会计资料；②企业计划期各种业务经营活动指标与措施；③国内外同行业企业财务活动与其他业务经营活动的有关资料；④国家现行政策与制度；⑤国际政治经济环境；⑥国内外市场情况（主要有商品劳务市场、资金市场、产权市场等）的变化等。财务预测所采用的具体方法主要有属于定性预测的判断分析法和属于定量预测的时间序列法、因果分析法和税率分析法等。

1.3.2 财务决策

财务决策是指在财务预测的基础上，对不同方案的财务数据进行分析比较，全面权衡利弊，从中选择最优方案的过程。它是公司理财的核心。财务决策的主要内容有筹资决策、投资决策、成本费用决策、收入决策和利润决策等。财务决策所采用的具体方法主要有概率决策法、平均报酬率法、净现值法、现值指数法、内涵报酬率法等。

1.3.3 财务控制

财务控制是指以财务预算和财务制度为依据，利用有关信息和特定手段，对企业财务活动进行影响或调节，对财务活动脱离规定目标的偏差实施干预和校正的过程。财务控制的内容主要有筹资控制、投资控制、货币资金收支控制、成本费用控制和利润控制。财务控制的方式多种多样，按时间不同可分为事前控制、事中控制和事后控制；按具体方式不同可分为计划控制、制度控制、定额控制等；按指标不同可分为绝对数控制

和相对数控制。财务控制必须按照财务活动的不同情况，采取不同的方法，才能收到良好的效果。

1.3.4 财务分析

财务分析是指根据核算资料（会计信息），运用特定方法对一定期间的财务活动过程及其结果进行分析和评价的过程。通过财务分析，可以掌握财务活动的规律，为以后进行财务预测和制定财务预算提供资料。财务分析对加强公司理财有很重要的作用。通过财务历史资料与预计资料的分析，为财务计划的制订与调整提供依据；通过对财务计划执行情况与影响因素的分析，可以及时揭露问题，采取控制措施，保证财务计划的实现；通过对财务活动过程及其结果的分析，可以检查企业内部、行业与国家有关财务制度的执行情况，正确处理企业与各方面的财务关系；通过财务分析，可以研究和掌握企业财务活动的规律性，增强财务管理的自觉性。总之，财务分析能检查财务计划执行与完成情况、遵守财务制度的情况，也能促使企业挖掘潜力、改善经营管理、提高经济效益等。财务分析的一般程序，包括揭示差距、测定各影响因素的影响程度和提出对策几个方面。财务分析的内容主要有偿债能力分析、营运能力分析、获利能力分析和综合财务分析等。财务分析所采用的具体方法有比较分析法、比率分析法、平衡分析法、因素分析法等。

1.3.5 财务考核

财务考核是指将报告期财务指标实际完成数与规定的考核指标进行对比，确定有关责任单位和个人是否完成任务。财务考核与物质奖惩紧密联系，是贯彻责任制原则的要求，是构建激励与约束机制的关键环节。财务考核主要在企业内部进行，国家财务部门对国资企业经营者的考核属于宏观财务考核。财务考核指标应是责任单位或个人完成责任的可控制性指标，一般根据所分管的财务责任指标进行考核，使财务指标的完成有强有力的制约手段与鼓励措施。因此，财务考核是促使企业全面完成财务计划，监督有关单位与个人遵守财务制度，落实企业内部经济核算制的手段。财务考核的形式包括以下几种：①绝对指标考核。这种形式适合于对于某些固定性费用开支和财务成果指标考核，如制造成本中的某些间接费用、期间费用中的某些固定费用指标的考核以及对利润额的考核。②相对指标考核。这种形式适合于变动性较大，而又有一定变化规律的财务指标考核，如运用销售资金率（或产值资金率）考核；这种形式适合某些在基期的基础上要求降低多少或增加多少的财务指标考核，如按费用降低率、流动资金周转加速率等指标考核等。③评分考核。这种方式适合于对多种财务指标进行综合考核的情况。财务考核采用何种形式，应根据企业的具体情况加以确定。各种形式既可以单独运用，也可以配合使用。通过财务考核，可以正确贯彻按劳分配原则，克服平均主义，促使公司加强基础管理工作，提高公司素质。

1.4 公司理财环境

公司理财环境是指对公司财务活动产生影响的外部条件。财务环境是公司从事财务管理活动过程中所处的特定时间和空间。

财务环境既包括公司理财所面临的政治、经济、法律和社会文化等宏观环境，又包括公司自身管理体制、经营组织形式、生产经营规模、内部管理水平等微观环境。就所有公司而言，其宏观财务环境是相同的，但每一个公司的微观财务环境则是千差万别。

1.4.1 法律环境

市场经济是法制经济，企业一切经济活动都要在法律规范内进行，这既是对公司行为的约束，也是为公司从事各种合法经营活动提供法律保障。

法律环境是指公司与外部发生经济关系时所应遵守的各种法律法规和规章制度。目前，对公司理财影响较大的相关法规有：《中华人民共和国公司法》、《中华人民共和国证券法》、《中华人民共和国金融法》、《中华人民共和国证券交易法》、《中华人民共和国合同法》、《中华人民共和国税法》、《企业财务通则》等。这些法律法规对公司影响是多方面的，包括对公司的组织形式、公司治理结构、投资、融资、日常经营管理、收益分配等。法律对公司来说是一把双刃剑，一方面它为公司的经营活动规定了限制空间，另一方面也为公司在相应空间内自由经营提供了法律上的保护。每个公司进行各项财务活动时，必须依法处理各种财务关系，并学会用法律来保护自己的合法权益。在守法的前提下完成公司理财的职能，实现企业财务管理目标。

1.4.2 经济环境

经济环境是影响公司理财的社会经济因素，主要有经济体制、经济周期、通货膨胀、市场竞争、市场季节性等。经济政策环境主要是指国民经济发展规划，如国家的产业政策、财政法规、经济体制的改革方案等。

1.4.2.1 经济发展水平与经济体制

经济发展水平是指一个国家经济发展的规模、速度和所达到的水准。反映一个国家经济发展水平的常用指标有国民生产总值、国民收入、人均国民收入、经济发展速度、经济增长速度。一个国家的经济发展水平越高，公司理财水平就越高，公司在配置资源、控制成本、改进效率、提高收益等方面也就做得更好。经济环境对公司理财模式的影响主要是经济体制的变革对公司理财目标、内容等方面产生的巨大影响。随着市场经济体制的建立，公司成为"自主经营、自负盈亏、自我约束、自我发展"的独立的经济组织。为了在市场中求得生存与发展，公司必须面向市场自主筹资，慎重地进行财务决策，强化财务控制，保持合理的资金结构，灵活调度资金。公司理财的目标转变为公

司价值最大化，从而最终实现资本增值最大化，公司理财的重点也转移到资金筹集、使用和分配方面。

1.4.2.2 经济周期与当前经济状况

在市场经济条件下，一个国家（一个经济体）经济发展与运行具有一定的周期性和波动性，一般会呈现出复苏、繁荣、衰退和萧条四个阶段的循环。经济周期的不同阶段，对公司理财的要求不同，公司理财的策略也不同。西方经济学家对在不同经济周期阶段公司经营与公司理财的策略进行了归纳，见表1-1。

表1-1 不同经济周期阶段的经营理财策略

复苏	繁荣	衰退	萧条
增加厂房设备	扩充厂房设备	停止扩张	建立投资标准
实行长期租赁	继续建立存货	出售多余设备	保持市场份额
建立存货	提高产品价格	停产不利产品	压缩管理费
开发新产品	开展营销策略	停止长期采购	放弃次要利益
增加人力资源	增加人力资源	消减存货	消减存货
		停止扩招雇员	裁减雇员

公司财务管理者必须认清当前形势，并根据经济周期规律，预测经济变化，研究公司在不同的经济条件下应采取的公司理财策略和实施措施。

国家的各项经济政策和法规都是用以促进国民经济发展的，其对公司理财模式的影响主要体现在一些财务目标模式和财务决策方向上，如国家产业政策对一些产业的鼓励或限制，就决定了公司的投资决策目标和方向。

1.4.2.3 宏观经济政策

宏观经济政策的选择原则是：急则治标、缓则治本、标本兼治。“急则治标”是指运用财政、货币等宏观经济政策处理短期经济问题，如刺激经济增长、防止通货紧缩、应付外部冲击等；缓则治本是指通过结构政策与经济改革处理长期经济问题，如调整经济结构、促进技术进步、提高经济效益、实现持续发展、积极参与全球经济。

为了使国民经济健康稳定发展而制定的战略与原则，宏观经济政策包括货币政策、财政政策、汇率政策等。

货币政策是通过政府对国家的货币、信贷及银行体制的管理来实施的。货币政策的性质（中央银行控制货币供应以及货币、产出和通货膨胀三者之间联系的方式）是宏观经济学中最吸引人、最重要，也是最富争议的领域之一。货币政策是指政府或中央银行为影响经济活动所采取的措施，尤其指控制货币供给以及调控利率的各项措施，用以达到特定或维持政策目标，比如抑制通胀、实现完全就业或经济增长，直接地或间接地通过公开市场操作设置银行最低准备金（最低储备金）。货币理论和货币政策是指中央

银行为实现其特定的经济目标而采用的各种控制和调节货币供应量或信用量的方针和措施的总称，包括信贷政策、利率政策和外汇政策。

财政政策是指国家根据一定时期政治、经济、社会发展的任务而规定的财政工作的指导原则，通过财政支出与税收政策来调节总需求。增加政府支出，可以刺激总需求，从而增加国民收入；反之，则压抑总需求，减少国民收入。税收对国民收入是一种收缩性力量，因此，增加政府税收，可以抑制总需求从而减少国民收入；反之，则刺激总需求增加国民收入。财政政策是指政府变动税收和支出以便影响总需求进而影响就业和国民收入的政策。

汇率政策是指一国政府利用本国货币汇率的升降来控制进出口及资本流动以达到国际收支均衡之目的。汇率政策的国际协调可以通过国际融资合作、外汇市场的联合干预以及宏观经济政策的协调进行。在实际操作中，一国的汇率制度目标确定往往受到很多因素的制约，也可能会根据实际情况进行调整，但无论如何，在某一阶段一国的汇率制度的目标总会相对固定。

汇率政策工具主要有汇率制度的选择、汇率水平的确定以及汇率水平的变动和调整。汇率制度传统上分为固定汇率制度和浮动汇率制度两大类。钉住汇率政策的基本观点：通过货币汇率钉住来引入某货币国家的反通货膨胀政策信誉，同时公众通过调整预期通货膨胀率使得通货膨胀率与某货币国家的通货膨胀率相一致。如果本国的通货膨胀率要高于某货币国家的通货膨胀率，那么会引起本国的货币实际汇率升值，本国商品的价格相对来讲比某货币国家商品的价格要高，本国商品的需求就相应地减少，随后会使本国的通货膨胀率和某货币国家的长期通货膨胀率相一致。

宏观经济政策的目标是稳定物价、充分就业、经济增长和国际收支平衡。

1.4.2.4 金融市场环境

金融环境是指一个国家在一定的金融体制和制度下，影响经济主体活动各种要素的集合。

金融环境即金融市场环境，是公司理财所面临的来自于金融市场方面的影响因素。金融市场按照不同的标准有不同的划分，按照时间标准不同可分为货币市场和资本市场。货币市场也称短期资金借贷市场，主要是指一年期以内的短期资金借贷市场；资本市场又称长期资金融通市场，主要是指长期债券和股票市场。金融市场按照范围不同可分为国际金融市场和国内金融市场，其中前者影响后者。不同金融市场环境对企业的作用不同，金融市场环境的好坏，决定着公司未来收益的高低，影响公司的财务目标和财务运行方式。因而，公司面临不同的金融市场要采取不同的财务政策，寻找发展机遇，推动自身发展。尽管我国金融市场建设时间比较晚，又加上受传统计划管理体制的影响，金融市场发育尚不成熟，还存在许多不足之处，但我国公司的财务管理模式依然会受金融市场的影响。

案例讨论

辉煌一时的奥妮　商标拍卖抵债

背景资料：

因拖欠货款和违约金近千万元，曾辉煌一时的重庆奥妮化妆品有限公司（以下简称奥妮公司），被供货商汕头市恒昌实业公司（以下简称恒昌实业）推上被告席而败诉，奥妮公司无钱还债。恒昌实业总经理刘文豪已向法院提出申请，拍卖奥妮系列商标抵债。

原告诉称：欠款近千万元

根据法院的判决书，恒昌实业与奥妮公司是多年的合作伙伴，由恒昌实业向奥妮公司提供洗护用品的塑料瓶外包装。

2004年7月，恒昌实业向资金危机已现端倪的奥妮公司发出一份货款清单。当月，奥妮公司在清单上注明："我司现欠贵司货款共计834.69万元"，并加盖了奥妮公司财务专用章。随后，恒昌实业又向奥妮公司陆续提供了270多万元的货。

在恒昌实业发出货款清单的第二天，奥妮公司当时的董事长黄家齐便签订了一份还款协议。黄表示，在一个月内，保证还款：将公司一辆奔驰600型汽车和一辆丰田沙漠王子变卖，所得的价款偿还欠款。如违约，将承担违约责任。

于是，从2004年7月15日开始，恒昌实业继续向奥妮公司供货。奥妮公司于7月16日还款50万元，但还款协议中的奔驰和丰田车从此不见踪影。

截至2005年7月，奥妮公司陆续向恒昌实业还款440万元，还欠款670万元。依还款协议，奥妮公司还应承担283万元的违约金。

奥妮蒸发：传票无处送达

2005年7月12日，恒昌实业到重庆市第一中级人民法院（以下简称重庆市一中院）状告奥妮公司，要求其还款。据介绍，9月7日，重庆市一中院以"法院专递"形式向奥妮送达法律文书。然而，9月9日，"法院专递"被储奇门邮局以"该公司已迁移"的理由退回。

奥妮蒸发了？2004年5月18日前后，奥妮公司迁出重庆化妆品厂后，搬到了重庆江北区建新南路16号西普大厦3楼。但该大楼保安称，奥妮早已迁出。随后又有人说，奥妮的核心层可能已搬到龙湖西苑的翡翠楼，但前往并没发现。而奥妮搬到广州去的生产线，也无人知晓具体地址。

据最高人民法院出台的《关于以法院专递方式邮寄送达民事诉讼文书的若干规定》，在公告送达中，如因受送达人原因令文书无法接收，文书退回之日则视为送达

之日。

2005年9月15日，该案在重庆市一中院开庭。

原告申请：拍卖商标抵债

据悉，早在2004年3月，奥妮公司董事会就做出决议，免去黄家齐董事长职务，由刘燕铭接任。而恒昌实业却称不知情，在当年7月与黄家齐签订还款协议。

那么，已不是董事长的黄家齐签订的还款协议是否有效？重庆市一中院在庭审中认为，黄家齐在签署还款协议前，尽管已被公司董事会免职，但奥妮公司在2004年9月8日才向工商管理部门提出董事长变更申请，并于同年9月14日才获核准。因此，黄家齐签署的还款协议有效。

重庆市一中院做出判决：奥妮公司须支付恒昌实业欠款670万元及违约金283万元。其后，奥妮公司和恒昌实业均未提出上诉。判决生效。

让恒昌实业老总刘文豪苦恼的是，奥妮公司基本已成空壳，没拿到一分钱。他们曾向法院提出了财产保全请求，奥妮公司的4部汽车被查封。于是，向重庆市一中院提出了拍卖保全资产抵债申请，对奥妮系列商标进行拍卖。

奥妮公司过去主要推了奥妮、百年润发、西亚斯三个品牌，其断断续续注册的可开发商标有上百个。其中，百年润发被人花400多万元买走了。

“奥妮”系列商标共涉及23个，包括奥妮皂角洗发膏、奥妮啤酒香波、奥妮水晶型花旗参香波等，评估总价值为263万元。因为“奥妮”商标的知名度，恒昌实业有意全盘接手。

奥妮沉浮：辉煌烟消云散

2002中国品牌发展报告研究显示，在洗发水品牌渗透率方面，奥妮是国内唯一有三个品牌同时进入综合排名前20名的企业。

奥妮大事记

1985年，拥有员工180多人的重庆化妆品厂经营陷入困境，年销售额仅180多万元。黄家齐任厂长。

1991年，重庆化妆品厂年销售额达5000多万元，与香港新成丰贸易公司合资组建重庆奥妮。

1994年，奥妮皂角洗发浸膏打出“植物一派，重庆奥妮”的广告，强化皂角成分，取得成功，年销售额突破1.5亿元。

1995年，年销售额达3.2亿元。

1996年，奥妮推出刘德华做首乌洗发露代言人，“黑头发，中国货”的广告语深入人心。当年，其品牌价值经权威机构评估为10.25亿元。

1997年，奥妮推出“百年润发”，周润发作为代言人。年销售收入升至8.6亿元，市场占有率提升至12.5%，仅次于飘柔。

1998 年，奥妮与奥美广告合作，重新包装推广“皂角洗发浸膏”，血本无归。

1999 年，资金吃紧的奥妮年销售额下滑到 5 亿元左右。

2003 年，奥妮销售额为 2.8 亿元。

2004 年 2 月，香港新成丰国际贸易控股公司追加 114 万余美元的投资，占奥妮的 51.1%的股份，成为奥妮第一大股东。黄家齐受聘任继续出任董事长。

2004 年 12 月，奥妮营销中心迁往广州。

资料来源：《重庆晚报》2006 年 2 月 17 日，记者邓全伦。

问题：

1. 通过本案例讨论建立公司财务管理体系的重要性？
2. 通过本案例思考公司理财，即价值管理？
3. 奥妮公司资产管理是否有漏洞，会造成什么后果？
4. 通过本案例你得到什么启示？

本章小结

公司理财又称企业理财。从广义的角度讲，公司理财就是对公司的资产进行配置的过程；从狭义的角度讲，公司理财是要最大效能地利用闲置资金，提升资金的总体收益率。

公司理财从传统的三大特点开放性、动态性、综合性转变为公司理财重点的战略化和全局化，人力资源价值成为公司价值评价的重要指标，公司理财技术的智能化发展、全面风险管理体系的建立、人力资本分配成为收益分配的发展重点以及税收筹划成为公司理财新领域。

（1）现代市场经济以金融市场为主导，金融市场作为企业资金融通的场所和连接企业资金供求双方的纽带，对公司财务行为的社会化具有决定性影响。金融市场体系的开放性决定了公司财务行为的开放性。

（2）公司理财以资金运动为对象，而资金运动是对公司经营过程一般与本质的抽象，是对公司再生产运行过程的全面再现。于是，以资金管理为中心的公司理财活动是一个动态管理系统。

（3）公司理财围绕资金运动展开。资金运动作为公司生产经营主要过程和主要方面的综合表现，具有最大的综合性。掌握了资金运动，犹如牵住了公司生产经营的“牛鼻子”，“牵一发而动全身”。综合性是理财的重要特征。

公司经营如逆水行舟，不进则退。昔日世界 500 强大企业经营不善，仍然逃不脱破产的命运。公司经营目标是企业价值最大化，同时要倡导公司的社会责任感和环保意识。

公司是国民经济的细胞，每天都在进行一系列的经济活动。公司的任何一项经济活动，都是公司理财行为。公司在日益竞争的复杂环境中，如何处理好各种财务关系，达到公司理财目标而使用公司理财的技能，如财务预测、财务决策、财务决算、财务控制、财务分析等方法。

公司经营活动的过程，就是公司理财的过程。公司所处的特定时间和空间，必须在大的经济环境中求存。公司经营活动是公司理财决策的实施，应善于运用金融政策，通过持续不断的公司理财活动，不断发挥公司价值最大化。

知识拓展

公司理财理论

公司理财理论是根据公司理财假设所进行的科学推理或对公司理财实践的科学总结而建立的概念体系，其目的是用来解释、评价、指导、完善和开拓财务管理实践。

理论研究的深度，是衡量一门学科成熟与否的标志；首尾一贯的理论，则是评估实务正确与否的指南。公司理财实务已有较长历史，但公司理财理论的出现则较晚。

公司理财理论的发展

从西方公司理财的发展与演进来看，公司理财作为一门独立的学科产生于19世纪末。美国学者格林（Thomas L. Greene）于1897年出版的《公司理财》标志着公司理财学科的诞生。公司理财理论的发展大体经历了资金筹集与财务核算、内部财务控制、投资公司理财和现代公司理财四个阶段。

1. 资金筹集与财务核算阶段（19世纪末到20世纪20年代）

这一阶段的公司理财主要注重于资金筹措和财务核算、股票和债券发行、回收及收益的计算，处理好公司与投资者、债权人之间的财务关系，研究公司治理、证券发行和公司合并等有关法律性业务，为企业筹措资金服务。

2. 内部财务控制阶段（20世纪30年代初）

在激烈的市场竞争中，要维持公司的生存与发展，公司理财的主要问题不仅在于筹措资金，更需要重视资金的运作和使用效益的提高，保持合理的资本结构和偿债能力，严格控制财务收支。因此，从这一时期开始，公司理财学的研究重心开始向内部控制（资金的内部管理）转移。

3. 投资公司理财阶段（20世纪40年代到20世纪70年代）

20世纪40年代和50年代初期，公司理财开始重视现金流量的分析以及从公司内部对这些现金流量进行计划和控制，资本预算也开始引起人们的关注和重视。到了20世纪50年代中期，资本预算以及货币时间价值引起财务人员的广泛关注。资本投资项

目评估和选择的方法与技术得到了发展，公司理财日益重视资本在企业内部的有效配置问题。公司理财人员的责任和权利范围扩大，开始对投放于各种资产的全部资金进行管理。

从20世纪50年代后期开始，公司理财朝着“严谨的数量分析”方向发展。电脑的日益普及，各种复杂的计量模型的应用，使财务分析、财务预测、财务计划和财务控制等方法得到了广泛的应用。

20世纪六七十年代，资产负债表中负债和股东权益的分析再度受到重视。公司理财重点研究公司最佳资本结构的形成，即研究如何均衡负债与普通股、短期资金与长期资金，使公司形成总资本成本最低的资本结构。在这一阶段，财务理论借鉴经济学的新成果，以提高投资收益为目标，以时间价值理论和风险控制理论为基础，开始向高级管理领域拓展，并取得了一系列成果。

4. 现代公司理财阶段

现代公司理财阶段的突出特征是：随着计算机技术的广泛应用，出现了计算机财务决策系统；网络技术和电子商务的发展，推动了公司理财从桌面财务走向网络财务。

西方公司理财理论的基本情况

理财学界普遍认为，1958年美国米勒教授和莫格迪莱尼教授关于资本结构无关论的研究论文的发表，标志着现代理财学的诞生。从那以后，现代西方公司理财理论大体包括这样一些内容：

1. 有效市场理论

这一理论说明的是金融市场上信息的有效性，即证券价格能否有效地反映全部的相关信息。有效市场理论给公司理财活动带来了很多启示，如既然价格的过去变动对价格将来的变动趋势没有影响，就不应该根据股票价格的历史变化决定投资或融资；既然市场价格能够反映公司的状况，市场上的证券价格一般也就是合理的，因此凡是对证券的高估或低估，都应当谨慎；既然资本市场上的证券都是等价的，每种证券的净现值都等于零，因此各种证券可以相互替代，也就可以通过购买各种证券进行投资组合。

2. 资本结构理论

最初的资本结构理论认为，根据某些假设，通过套利活动，公司不会因为资本结构的不同而改变其价值，即对于公司价值来讲，资本结构是无关的。随着研究的深入，对问题的认识有了变化，即如果考虑公司所得税，由于债息可以抵税，在一定假设的前提下，公司的价值会随负债程度的提高而增加，因此公司的负债越多，价值越大。以上理论的某些假设因为在现实生活中不能成立，所以其结论不完全符合实际情况。在放宽了一些假设条件，进一步考虑个人所得税之后，得出的结论是：负债公司的价值等于无负债公司的价值加上负债所带来的节税利益，而节税利益的多少依所得税的高低而定，于是公司的资本结构仍与其价值无关。这些理论引起了很多讨论，产生了一些新的认识，

诸如“权衡理论”“信息不对称理论”等。

3. 证券投资组合理论

这一理论给出了关于证券投资组合收益和风险的衡量办法，即：在一定的条件下，证券投资组合的收益可以由构成该组合的各项资产的期望收益的加权平均数衡量，而风险则可以由各项资产期望收益的加权平均方差和协方差衡量。计量出了证券投资组合的价值，投资者便可以通过适当的证券组合，提高投资效益。

4. 资本资产定价模型

这一理论用于对股票、债券等有价证券价值的评估。按照资本资产定价模型，在一定的假设条件下，某项风险资产，比如某股票的必要报酬率等于无风险报酬率加上风险报酬率。资本资产定价模型回答了为补偿风险投资者应当获得多大报酬的问题。

5. 股利理论

这一理论是关于公司采取怎样的股利发放政策的理论，分为股利无关论和股利相关论两类论点。在股利无关论看来，在完全市场条件（即具备一定的假定条件）下，由于存在套利活动，投资者对于公司留存较多的利润是用于再投资，还是发放较多的股利并无偏好，他们可以通过套利自动补偿损失。既然投资者不关心股利的分配，公司的价值就完全由其投资的获利能力决定，公司的股利政策不影响公司的价值。股利相关论则认为，现实中不存在股利无关论提出的完全市场条件，公司股利的分配是在种种制约因素中进行的，公司不可能摆脱这些因素的影响。这些因素既有法律、社会的又有股东的，还有公司自身的。由于存在诸多影响股利分配因素，公司的股利政策与其价值必然相关，公司的价值就不会仅仅由其投资的获利能力决定。从这一基本观点出发，又形成了若干股利政策影响投资者行为的理论，如“信息传播论”等。

公司理财理论结构是人们基于对公司理财实践活动的认识，通过思维活动对公司理财理论系统的构成要素及其排列和组合方式所做的界定。它具有以下功能：

（1）界定公司理财理论体系的覆盖内容与容量，展示其整体框架，使公司理财理论系统的构成要素科学化、规范化、有序化和层次化。

（2）揭示公司理财理论体系内部各要素之间的内在逻辑结构与层次关系，指明其在体系中的地位和作用，使之成为首尾一贯、结构严谨的有机整体。

（3）梳理公司理财理论研究的基本脉络，指导和促进公司理财学的建设与发展，为构建科学、合理的公司理财学科体系提供理论指南。

（4）有助于推演出更加合理的公司理财原则、程序和方法，有效地改进公司理财实务，促进公司理财实践的发展。

即问即答

即问：

1. 公司理财的内容有哪些？
2. 公司理财的目标是什么？
3. 公司理财的方法有哪些？
4. 公司理财的环境包括哪些？

即答：

1. 公司是财的内容包括投资管理、筹资管理、营运资金管理及利润分配。
2. 公司理财的目标是利润最大化、股东价值最大化、企业价值最大化。
3. 公司理财的方法有财务预测、财务决策、财务控制、财务分析、财务考核。
4. 公司理财的环境包括法律环境、经济环境、金融环境。

实战训练

1. 如何理解利润最大化不是公司目标的最优目标？
2. 公司的财务关系主要有哪些？
3. 公司理财的环节有哪些？
4. 公司理财目标主要有哪些？其优缺点分别是什么？
5. 影响公司理财的环境因素有哪些？

词汇对照

财务 Finance	资金 Funds
现金 Cash	资产 Asset
资本 Capital	股票 Stock
债券 Bond	
金融工具 Financial instrument	金融资产 Financial institution
价值最大化 Value Maximization	利润最大化 Profit Maximization
财政政策 Fiscal policy	财务管理目标 Financial management objective

2 公司理财的价值观

教学目标

1. 了解货币的时间价值；
2. 了解普通年金、预付年金、递延年金、永续年金在现实经济生活中的应用；
3. 掌握投资风险价值；
4. 分析评判投资风险。

内容结构

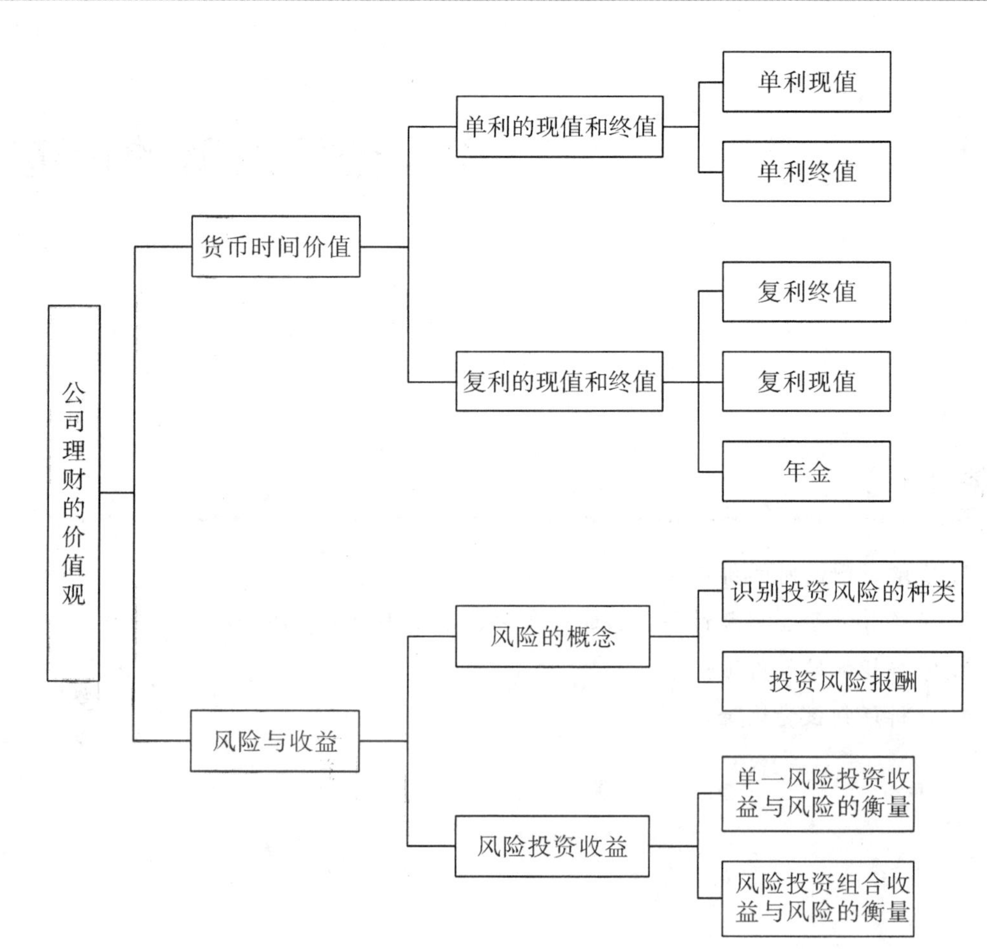

范例引述

你认为24美元能买下美国的曼哈顿吗？也许你认为这是一个笑话，但是他的确是1626年从印第安人手中买来的。故事是这样的：1626年一位名叫Peter Minuit的人以24美元从印第安人手中买下了曼哈顿。据估算截至2000年1月1日曼哈顿价值约达2.5万亿美元。也许你认为Peter Minuit赚了很大一笔，但当你学完本节后你会认为他其实亏了很大一笔。这究竟是什么原因呢，这就是货币时间价值的魅力。

资料来源：《当代海军》1994年第2期，作者：岫启。

本章导言

引例中你认为24美元能买下美国的曼哈顿吗？实际上它涉及财务管理基本理念中的货币时间价值。为了有效地实施公司理财工作，实现公司财务管理目标，树立基本的财务管理理念非常重要。不论是企业在资金筹集、资金投放、资金运营还是利润分配，都必须考虑资金时间价值和投资风险价值问题。

理论概念

2.1 货币时间价值

时间价值是现代公司理财的基本观念，时间价值原则也是最重要的原则之一，有人称为“第一原则”。

时间价值即货币时间价值，是指货币经过一定时间的投资和再投资增加的价值。现实生活中，今天的1000元比明年的1000元的价值更大。例如，五年前1元钱可以买两个鸡蛋，但是五年后只能买一个鸡蛋。即五年前的1元钱和现在的2元钱是相等的。由此可知，不同时间的货币的实际效用不同，因此为了衡量处在不同时间货币的实际效用，有必要将不同时间的货币换算到同一时间进行比较。

时间价值是商品经济中客观存在的经济范畴。任何公司的财务及管理活动都是在特定的时空中进行的，离开了资金的时间价值这一范畴，就无法正确计算不同时期的财务收支，也无法对公司的盈亏进行正确分析和评价。资金时间价值原理正确地揭示了不同时点上资金之间的换算关系，它是公司理财与经营决策的基本依据。

货币在投入生产运营后，其价值会随着时间的增加而增加，这是一种客观的经济现象。例如，李某拥有10万元，可以购小户型按揭房，也可以去海外旅游或用于其他消费。当李某推迟消费，将资金进行投资，李某成为投资者，将资金选择存放银行或进行项目投资。假如银行一年期回报率为8%，一年后李某连本带息可以拿到10.8万元，投入商业生意（书店），书店生意的年利率为18%，一年后李某可以连本带息拿到11.8万元；假如李某投资办一个生产企业，该专业利润率为25%，一年后李某连本带息可以获得12.5万元。假如李某将10万元锁在自家保险柜里，一年后李某依然只有10万元，这10万元失去了得到资金增值的机会。如果10万元没有存放银行、购买国债或做其他投资，根本不会有一分钱的增值，甚至在通货膨胀的情况下还要贬值，或者有的人去购买股票，不但没有增值，还失去了部分原有的本金。所以，货币时间价值是在没有考虑投资风险和通货膨胀的条件下的投资回报。

在市场经济环境下，由于市场竞争机制的作用，货币时间价值表现为社会平均资金利润率，也被称为货币时间价值量的规定性。在一定条件下视同利息率（贷款利率、债券利率、股利率等）；从绝对量上看就是使用货币的机会成本或假设成本及利息。当然资金的时间价值是有条件的，只有当资金及时使用、参与经营流通领域，才能增加其价值。

提示：不是所有资金投资都是增值的，如你将资金投资股票或创办公司是有风险的，也可能会减少其价值。

资金时间价值有两种表现形式：一种是绝对数，即利息；另一种是相对数，即利率。在不考虑通货膨胀和风险的情况下，通常以社会平均资金利润率代表货币时间价值。货币时间价值的计算方式有以下 2 种：①单利计息，仅对本金计算利息；②复利计息，对本金和以前期间产生的利息都计算利息。计算货币的时间价值通常采用复利计息。因此关于货币时间价值的表现形式通常有复利现值、复利终值、年金 3 种。

2.1.1 单利的终值和现值

终值（F：Future Value）又称将来值，是指现在将一定量的现金在未来某一时点上的价值。

现值（P：Present Value）又称本金，是指未来某一时点上的一定量的现金折合为现在的价值。

终值与现值的计算涉及利息计算的选择，单利与复利。在单利形式下，每期按初始本金计算利息，当期利息即使不取出也不计入下期本金，计算基础不变；在复利方式下，以当期末本利为计息基础计算下一期利息，即利滚利。现行银行的计息是采用复利来计算的。

其计算公式如下：

单利现值 $P = \frac{1}{1 + n \times i}$

单利终值 $F = P(1 + n \times i)$

式中：$\frac{1}{1 + n \times i}$ 为单利现值系数；$(1 + n \times i)$ 为单利终值系数；I 为利息；F 为终值；P 为现值；i 为利率（折现率）；n 为计算利息的期数。

结论：①单利的终值和单利的现值互为逆运算；②单利终值系数 $(1 + n \times i)$ 和单利现值系数 $\frac{1}{1 + n \times i}$ 互为倒数。

【例 2-1】某人存入银行 10 000 元，存期 2 年。如果银行年利率为 5%，且不考虑所得税，2 年后他会取回多少元？

解：$F = P(1 + n \times i)$

$= 10\,000(1 + 5\% \times 2) = 11\,000$(元)

【例 2-2】某人希望 5 年后取得本利和 10 000 元，用于支付一笔款项，则在利率为 5%、单利方式计算的条件下，此人现在存入银行多少钱？

$$P = \frac{10\,000}{1 + 5\% \times 5} = 8000(\text{元})$$

2.1.2 复利的终值和现值

复利是计算利息的一种方法。按照这种方法，每经过一个计息期，要将所生利息加入本金再计利息，逐期滚算，俗称“利滚利”。这里所说的计息期是指相邻两次计息的时间间隔，如年、月、日等。除非特别指明，计息期为 1 年。

2.1.2.1 复利终值

复利终值是指现在将一定量的资金按复利计算到未来一定时间的价值。

其计算公式如下：

$F = P \times (1 + i)^n$

式中：P 为现值或本金；i 为报酬率或利率；F 为终值或本利和。（下同）

β 被称为终值系数，用符号 $(F/P, i, n)$ 表示，即 1 个单位的货币在利率为 i 的情况下 n 年以后的复利终值。例如，$(F/P, 10\%, 5)$ 表示利率为 10% 的 5 年期的复利终值系数。不同利率及不同期限的终值系数可以通过复利终值系数表查得。

【例 2-3】某项目投资 100 000 元本金，假如项目年报酬率为 8%，那么 1 年后和 2 年后该投资的终值分别为多少？

$F_1 = P \times (1 + i)^n$

$= 100\,000 \times (1 + 8\%)^1 = 108\,000$(元)

$F_2 = P \times (1 + i)^n$

$= 100\,000 \times (1 + 8\%)^2 = 116\,640$(元)

下面我们再回来讨论一下 Peter Minuit 用 24 美元购曼哈顿究竟是赚了还是亏了，1626 年距 2000 年经历了 374 年，美国近 70 年的平均投资收益率为 11%。试计算当时的 24 美元现在价值多少钱？

章前引例解析：印第安人卖亏了吗？2000 年曼哈顿岛的价值约为 2.5 万亿美元，如果将当时的 24 美元用于投资，其年投资收益要达到多少才不至于“亏损”？我们来看看表 2-1 中利用复利计算器计算的结果。

1626—2000 年（复利年限 374 年）曼哈顿岛价值 2.5 万亿美元（2000 年）。

表 2-1

假设年复利率（%）	1626 年（美元）	2000 年的终值（美元）
6	24	0.07 万亿
7	24	2.34 万亿
7.02	24	2.51 万亿
8	24	75.99 万亿
9	24	2386 万亿

从表 2-1 可以看出，只要每年投资收益率都达到 7.02%，1626 年投资 24 美元到 2000 年就可以买回曼哈顿岛。美国 1990—2000 年的证券投资利率为 11%。由此可见，印第安人在 374 年前并没买亏，货币时间价值显示了神奇魅力。

2.1.2.2　复利现值

复利现值是指未来一定期间的一定量的资金按复利计算的现在的价值。

其计算公式如下：

$$P = \frac{F}{(1+i)^n} = F \times (1+i)^{-n}$$

其中，$(1+i)^{-n}$ 被称为复利现值系数，用符号 $(P/F, i, n)$ 表示，即 1 个单位货币在利率为 i 的情况下 n 年以前的复利现值。例如，$(P/F, 10\%, 5)$ 表示利率为 10%的 5 年期的复利现值系数。不同利率及不同期限的终值系数可以通过复利现值系数表查得。

【例 2-4】现有一项 5 年期的投资，投资回报率为 8%。为了在 5 年后获得 100 000 元，现在应该投入多少本金？

$$P = F \times (1+i)^{-n}$$
$$= 100\,000 \times (1+8\%)^{-5}$$
$$= 100\,000 \times 0.6806 = 68\,060(\text{元})$$

由复利现值系数表查得 $(1+8\%)^{-5}$ 的现值系数为 0.6806。

结论：①复利终值和复利现值互为逆运算；②复利终值系数 $(1+i)^n$ 和复利现值系数 $\frac{1}{(1+i)^n}$ 互为倒数。

$$F = P \times (1+i)^n$$

式中：P 为现值或本金；i 为报酬率或利率；F 为终值或本利和。（下同）

其中，$(1+i)^n$ 被称为终值系数，用符号 $(P/F, i, n)$ 表示，即 1 个单位的货币在利率为 i 的情况下 n 年以后的复利终值。例如，$(P/F, 10\%, 5)$ 表示利率为 10%的 5 年期的复利终值系数。不同利率及不同期限的终值系数可以通过复利终值系数表查得。

相关链接：名义利率、期间利率及实际利率

（1）名义利率是指由银行或金融机构报出的利率，如银行提供的年利率 3.5%即为

名义利率。

（2）期间利率是指每期支付利息时用于计算利息的利率，如半年期或一个季度的利率。期间利率可以用名义利率除以每年计息次数。其计算公式为：

$$期间利率 = \frac{名义利率}{每年计息次数}$$

（3）实际利率是指实际承担的年化利率。其计算公式为：

$$实际利率 = (1 + \frac{名义利率}{N})^{N} - 1$$

式中，N 表示每年计息的次数。

【例 2-5】向银行借一笔贷款 10 000 元，年利率为 8%，每半年记一次息，贷款期限是 5 年，到期还本付息。求实际承担的贷款年利率 R 是多少？

名义利率＝8%

期间利率＝8%÷2＝4%

关于实际率的求法除了用公式法计算，还可以使用内插法计算。

（1）$R = (1 + \frac{8\%}{2})^{2} - 1 = 8.16\%$

（2）用内插法计算的步骤如下：

$$到期时本息和 = 10\ 000 \times (1 + \frac{8\%}{2})^{5\times2} = 10\ 000 \times 1.4802 = 14\ 802$$

用实际利率表达如下：

$$10\ 000 \times (1 + R)^{5} = 14\ 802$$

$$(1 + R)^{5} = 1.4802$$

查复利终值系数表得：$(1 + 8\%)^{5} = 1.4693$，$(1 + 9\%)^{5} = 1.5386$，则有：

$$\frac{1.5386 - 1.4802}{9\% - R} = \frac{1.5386 - 1.4693}{9\% - 8\%}$$

$$R = 8.16\%$$

由此可见，采用名义利率比计算的利息高于按实际利率计算的利息，通过插入法得知，5 年期年利率 8%的名义利率按照半年计息一次，实际年利率为 8.16%。

提示：假设银行贷款年利率为 8%，每季度收一次利息，一年收 4 次利息，实际利率应为 8.24%。

2.1.2.3　年金

年金是指等额、定期的系列收支，即在一定时期内每间隔相同的时间就发生相同数额的收支。按照收付时点及方式的不同，年金可以分为普通年金、预付年金、递延年金和永续年金。年金在现实生活中有着广泛的应用，如每月相等的薪水，每年相同的房贷还款、每年相同的保险费用等。

现实中养老保险是年金的一个重要运用。例如：某人现在 24 岁，为了在 60 岁以后每年社保局取得 5000 元的养老保险，那么从现在起他每个月或是每年需要交纳多少保险金？

（1）普通年金

普通年金又称后付年金，是指在每期期末的时候收付的年金。

①普通年金终值计算

普通年金终值是指其最后一次支付时的本息和。

【例 2-6】某人从今年起每年年底存入银行 10 000 元，利率为 3%，连续存 3 年，3 年后该账户的本息和是多少？

第一年存的 10 000 元的本息和 = $10\ 000 \times (1+3\%)^2 = 10\ 609$（元）

第二年存的 10 000 元的本息和 = $10\ 000 \times (1+3\%)^1 = 10\ 300$（元）

第三年存的 10 000 元的本息和 = $10\ 000 \times (1+3\%)^0 = 10\ 000$（元）

那么，该投资的年金终值 = 10 609+10 300+10 000 = 30 909（元）

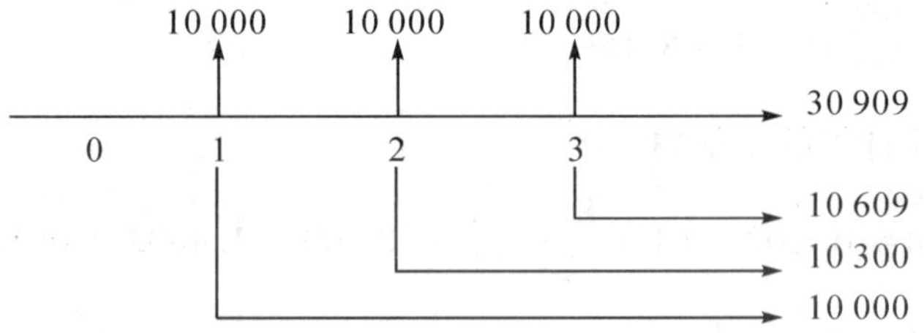

10 000 10 000 10 000

0 1 2 3 → 30 909

10 609

10 300

10 000

图 2-1

假设每年支付金额为 A、利率为 i、期数为 n，则复利计算的年金终值 F 为：

$$F = A + A(1+i) + A(1+i)^1 + A(1+i)^2 + \cdots + A(1+i)^{n-1} \qquad (2.1)$$

等式两边同乘 $(1+i)$，得

$$F(1+i) = A(1+i) + A(1+i)^2 + A(1+i)^3 + \cdots + A(1+i)^n \qquad (2.2)$$

（2.2）-（2.1）得

$$F(1+i) = A(1+i)^n - A$$

$$F = A\frac{(1+i)^n - 1}{i}$$

式中，$\frac{(1+i)^n - 1}{i}$ 被称为年金终值系数，用符号（F/A，i，n）表示，即一个单位货币的年金在利率为 i 的情况下，经过 n 期的年金终值。年金终值系数可以通过年金终值系数表查得。

②普通年金现值计算

普通年金现值是指为在未来某一时期每期取得相等金额的资金，从现在起每期期末

需要投入的资金金额。

【例 2-7】李某开的家书店，租下了一间商铺，租约为 3 年，每年年末支付租金 10 000 元。假如银行利率为 5%，为了支付未来每年的租金，小李现在需要存入多少钱在银行？

第一年支付的租金 10 000 元的现值 $= \frac{10\ 000}{(1+\%)} = 9523.81$（元）

第二年支付的租金 10 000 元的现值 $= \frac{10\ 000}{(1+\%)^2} = 9070.29$（元）

第三年支付的租金 10 000 元的现值 $= \frac{10\ 000}{(1+\%)^3} = 8638.38$（元）

则该年金的现值为 27 232.48 元（9523.81+9070.29+8638.38），因此小李需要现在银行存入 27 232.48 元。

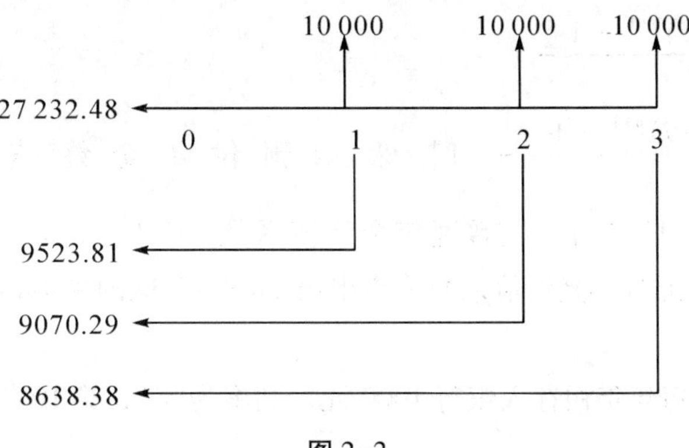

图 2-2

假设每年支付的金额为 A 、利率为 i ，则 n 期的现值系数（$1+i$）为：

$$P = A(1+i)^{-1} + A(1+i)^{-2} + \cdots + A(1+i)^{-n} \tag{2.3}$$

等式两边同乘（$1+i$）得：

$$P(1+i) = A + A(1+i)^{-1} + \cdots + A(1+i)^{-(n-1)} \tag{2.4}$$

（2.4）－（2.3）得：

$$P(1+i) - P = A - A(1+i)^{-n} \tag{2.5}$$

$$P = A\frac{1-(1+i)^{-n}}{i} \tag{2.6}$$

式中，$\frac{1-(1+i)^{-n}}{i}$ 被称为年金现值系数，用符号（P/A，i，n）表示，即一个单位货币的年金在利率为 i 的情况下，经过 n 期后的年金现值。年级现值系数可以通过年金现值系数表查得。

(2) 预付年金

预付年金是指在每期期初收支等额资金的年金。预付年金的收支形式如下图所示：

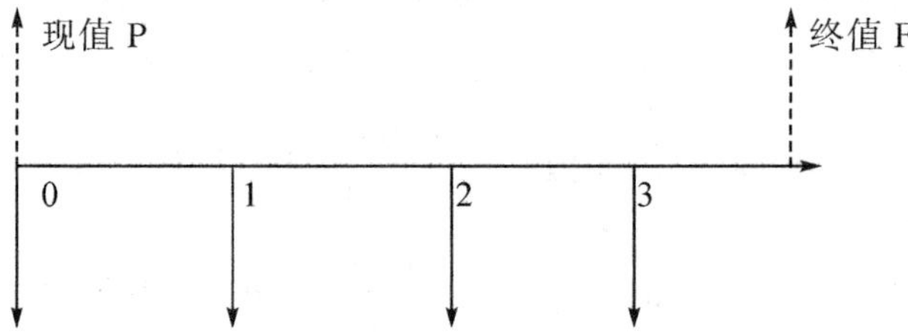

图 2-3 预付年金的终值和现值支付形式

关于预付年金现值及终值的推导公式，读者只需写出基本的推导公式进行数学演算即可得出公式。本部分不再做推导运算。

①预付年金终值的计算公式

$$F = A \times [\frac{(1+i)^{n+1} - 1}{i} - 1]$$

式中，$[\frac{(1+i)^{n+1} - 1}{i} - 1]$ 表示预付年金终值系数，用符号 $[(F/A, i, n+1) - 1]$ 表示。与普通年金终值系数 $(F/A, i, n)$ 相比较，期数加 1，系数减 1，因此可以通过年金终值系数表查出第 $(n+1)$ 期的系数再减 1 求得预付年金终值系数。

【例 2-8】某人每年年初存入银行 1000 元，利率为 5%，第 10 年后的年末可以取得多少存款和利息？

$F = A[(F/A, i, n+1) - 1]$

$= 1000[(F/A, 5\%, 10+1) - 1]$

通过年金终值系数表查得 $(F/A, 5\%, 11) = 14.207$

$F = 1000 \times (14.207 - 1) = 1000 \times 13.207 = 13\ 207$(元)

②预付年金终值的计算公式

$$P = A \times [\frac{1 - (1+i)^{-(n-1)}}{i} + 1]$$

式中，$[\frac{1 - (1+i)^{-(n-1)}}{i} + 1]$ 表示预付年金现值系数，用符号 $[(P/A, i, n-1) + 1]$ 表示。与普通年金现值系数 $(P/A, i, n)$ 相比较，期数减 1，系数加 1，因此可以通过年金现值系数表查出第 $(n-1)$ 期的系数再加 1 求得预付年金现值系数。

【例 2-9】某公司因生产需要，购进了一台分期付款的机器，付款期限为 10 年，每次付款 200 万元，设银行利率为 8%。如果该机器在第一次付款时全额付款，应该支付

多少钱?

$P = A \times [(P/A, i, n-1) + 1]$

$= 100 \times [(P/A, 8\%, 10-1) + 1]$

通过年金现值系数表查得 $(P/A, 8\%, 9) = 6.2469$

$P = 100 \times (6.2469 + 1) = 724.69$(万元)

(3) 递延年金

递延年金是指第一次支付发生在第一期之后的年金。递延年金的支付形式如下图所示:

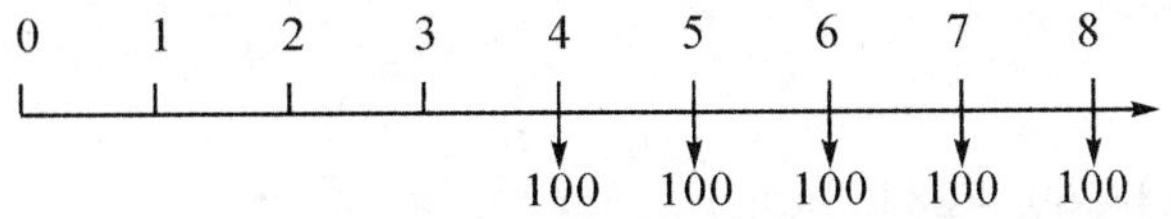

0 1 2 3 4 5 6 7 8

100 100 100 100 100

图 2-4

以现在为 0 时点，年金的支付发生在第四年年末，那么如何计算递延年金的终值和现值。

①递延年金终值的计算方法

递延年金的终值计算方法与普通年金的终值计算相似，那么 5 年期的年金终值为:

$F = A \times (F/A, i, n)$

$= 100 \times (F/A, 10\%, 5)$

$= 100 \times 6.1051$

$= 610.51$

②递延年金现值的计算方法

递延年金现值的计算方法有两种:

第一种是将递延年金视为普通年金，先计算普通年金的现值，再计算复利现值。

首先将第三期作为普通年金的起点，计算普通年金的现值:

$P_3 = A \times (P/A, i, n)$

$= 100 \times (P/A, 10\%, 5)$

$= 100 \times 3.7908$

$= 379.08$(元)

再将 P_3 按复利现值折算到期初:

$P_0 = p_3 \times (P/F, i, n)$

$= p_3 \times (P/F, 10\%, 3)$

$= 379.08 \times 0.7513$

$= 284.80$(元)

第二种方法是假设从第一期就开始支付，按普通年金现值计算整个期间 $(m+n)$ 的

现金现值，再计算实际并未支付期间的年金现值，用整个期间的年金现值减去实际未支付期间（m）的年金现值，即得到递延年金的现值。

$$\begin{aligned}P_{(m+n)} &= A \times (P/A, i, n)\\ &= 100 \times (P/A, 10\%, 8)\\ &= 100 \times 5.3349\\ &= 533.49(\text{元})\end{aligned}$$

$$\begin{aligned}P_m &= A \times (P/A, i, n)\\ &= 100 \times (P/A, 10\%, 3)\\ &= 100 \times 2.4869\\ &= 248.69(\text{元})\end{aligned}$$

$$P_n = 533.49 - 248.69 = 284.8(\text{元})$$

（4）永续年金

永续年金是指无限期定期等额支付的年金。优先股股利的发放即可视为永续年金，企业无限期的定期向优先股股东发放优先股股利。

永续年金其实是普通年金的特殊情况，即年金的支付期数 n 为无限大。由普通年金终值计算公式 $F = A\dfrac{(1+i)^n - 1}{i}$ 可知，当 n 趋于无穷大时，F 也趋于无穷大，即永续年金没有终值。由普通年金现值计算公式 $P = A\dfrac{1-(1+i)^{-n}}{i}$ 可知，当 n 趋于无穷大时 $(1+i)^{-n}$ 趋于 0，因此永续年金现值 $P = A\dfrac{1}{i}$，即永续年金的现值系数为 $\dfrac{1}{i}$。

【例 2-10】甲公司目前要发行一种优先股股票，优先股股利按票面价格的 5%定期发放，每张优先股股票的票面价格 100 元，市场利率为 10%。请计算出该股票的发行价是多少？

$$P = A \times \frac{1}{i} = 100 \times 5\% \times \frac{1}{10\%} = 50(\text{元})$$

永续年金是无期限发生的年金，也可以理解为无穷的年金，如只支付利息、不归还本金的债券，一些奖励基金等都可以视为永续年金。

某慈善机构拟建立一项永久性年金，每年计划发放 10 000 元慈善金。若利率为 10%，则现在要存入银行多少钱？

$$P = 10\,000 \times \frac{1}{10\%} = 100\,000(\text{元})$$

即现在应存入银行 100 000 元。

提示：不同时点上现金流的估值财务经理人在决策时通常要求比较或合并不同时点上的现金流。

规则 1：只有同一时点上的价值才可以进行比较或合并。

例如，当你投资 100 万元，有 A、B 两个项目，A 项目投资后第一年开始回收资金，连续 5 年每年等额收回 25 万元，收回总额为 125 万元；B 项目投资后第五年一次性收回 150 万元。没学过理财的人，可能会选择 B 方案，收回的钱比 A 方案多 25 万元。

常见的错误：加总不同时点的价值比较。

根据规则 1，只有在同一时点的价值才可以进行比较或合并。由此，应将 A、B 方案的未来收回的钱进行折现，假设年资金利率为 10%，比较 A、B 方案。

A 方案：10%的 5 年期年金现值系数为 3.7908，1 年后每年收回 25 万元。

A 方案现值 = 25 × 3.7908 = 94.77（万元）

B 方案：10%的 5 年期复利现值系数为 0.6209，5 年后一次收回 150 万元。

B 方案现值 = 150 × 0.6209 = 93.14（万元）

通过折现同一时点上比较，A 方案比 B 方案好，多收回 1.63 万元。

2.2 风险与收益

2.2.1 风险的概念

风险是指在某一特定环境下，在某一特定时间段内某种损失发生的可能性。风险价值同样是现代财务管理的基本观念，风险价值原则也同样是重要的原则之一，称为理财的“第二原则”。

公司理财主要研究企业的资金运动，投资是财务管理中的一个重要活动。企业投资的目的就是为了获取收益，并且希望获得比银行利率的更高的收益，那么超过银行利率部分的收益可以被称为风险收益。我们可以认为银行的利率为无风险收益率，为了获取超过银行利率的收益企业就必须承担风险。风险与收益的原则是：一般情况下，高风险意味着高收益，低风险意味着低收益。为了获取更大的收益承担的风险也就越大。

作为投资者特别关心投资达到的预期报酬率的可能性。投资风险是指对未来投资收益的不确定性，在投资中可能会遭受收益损失甚至本金损失的风险。例如，股票可能会被套牢，债券可能不能按期还本付息，房地产可能会下跌等都是投资风险。因此企业有必要对投资风险进行控制管理。风险具有普遍性、客观性、损失性及可变性。

投资风险可能给投资人带来超出预期的收益，也可能带来超出预期的损失。通常来讲，投资人关注超出预期损失的程度，比关注超出预期收益要强烈，特别是关注投资达到的预期报酬率的可能性。

2.2.1.1 识别投资风险的种类

市场风险（Market risk）是指在证券市场中因股市价格、利率、汇率等变动而导致

价值未预料到的潜在损失的风险。每天都有不同的市价。市价的波动，受经济因素影响，受心理因素影响、受政治因素影响、甚至受以上三种风险影响。例如，购买了股票，其后股价下跌。

财务风险（Financial Risk）是指公司财务结构不合理、融资不当使公司可能丧失偿债能力而导致投资者预期收益下降的风险。财务风险是企业在财务管理过程中必须面对的一个现实问题，财务风险是客观存在的，企业管理者对财务风险只有采取有效措施来降低风险，而不可能完全消除风险。

公司特有风险是指一些随机事件仅仅影响一家公司的前景，如诉讼、罢工、新产品开发失败等。这些事件造成的随机损失在股票之间是不相关的，因而可以被分散。

经营风险是指公司的决策人员和管理人员在经营管理中出现失误而导致公司盈利水平变化，从而产生投资者预期收益下降的风险或由于汇率的变动而导致未来收益下降和成本增加。

2.2.1.2 投资风险报酬

【例2-11】某人目前拥有10 000元的本金，其投资方式有购买债券、购买股票两种。目前债券的年收益率为5%；股票的收益具有不确定性，假如股市行情较好时年收益率可达10%~20%，如果股市行情一般年收益率为3%~5%，如果股市行情不好则收益率为-10%~-5%。债券可以获得稳定的收益，即在债券到期时可以获得500元的收益；但对于股票而言，行情好其收益可能为1000~2000元；行情一般可能为300~500元，也可能是亏损500~1000元。

所以尽管购买股票可能会获得较高收益但是企业可能会发生损失，这就是所谓的高收益可能面临的高风险，近些年我国房地产行业就是高风险高回报的产业。

从投资主体来看，风险可以分为系统风险和非系统风险。系统风险是指受大环境的影响，所有企业都面临着相同的风险。这种风险是不能够通过投资组合来分散和消除的。如经济周期，当经济步入低谷时所有的行业都会受到经济萧条的影响，无论投资于哪个行业都无法避免经济萧条带来的危机。非系统风险是单个企业或某个行业自身存在的问题而引起的风险，该风险不对其他企业或行业产生影响的，是可以通过分散投资进行消除的。

【例2-12】假如某人有100 000元本金，分别投入50 000元购买了A、B两家公司的股票。购买后A公司因重大环境污染被停产整顿，A公司股价大跌，使其损失30 000元。但B公司经营稳定，获利10 000元。假如当时仅投资于A股票其损失将达60 000元，分散投资后期损失20 000元。

提示：赌徒心理分析，假如某人将100 000元全投入B股，其投资结果是：当B股盈利时，得到的收益为20 000元。假设，这年B股亏20 000元，A股赚钱10 000元，赌徒将亏损60 000元，亏损比例占投资额的60%。

分散投资可降低风险，也就是所谓的“不要把鸡蛋放在一个篮子里”的原理。

2.2.2 风险投资收益

企业存在的目的就是为了获利，为了获取高于无风险的收益企业往往就要冒险。我们可以将投资者分为三类：风险喜好者、风险厌恶者及风险中性者。风险喜好者是指投资者为获取高收益的过程愿意承受相当的风险；风险厌恶者是指投资者不愿意接受收益不确定投资，更愿意接受收益相对稳定的投资，如存款或债券；风险中性者是指介于风险偏好者和风险厌恶者之间的投资。风险中性者对自己承担的风险并不要求风险补偿。因此，我们将风险分为无风险收益和风险补偿。无风险收益类似于投资于债券、银行存款等投资，到期可以获取固定的收益；风险补偿是指将资本投资于比债券风险更大的项目。因为投资者面临风险，所以其希望获得比债券投资更多的收益，超出债券收益的部分就是风险补偿。

图 2-5 表示期望报酬与风险的关系。

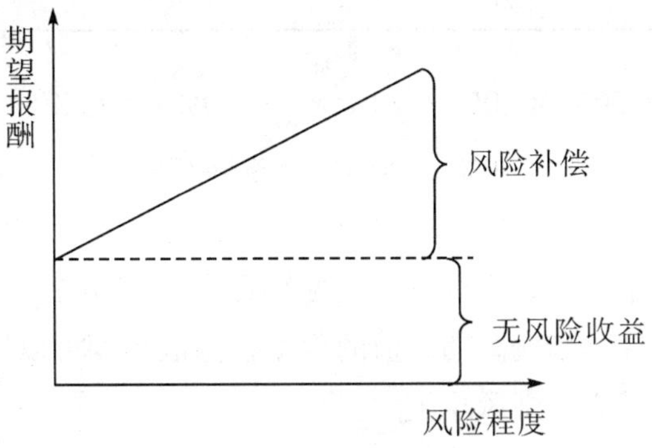

图 2-5 风险与收益的关系

风险投资者的期望收益=无风险收益+风险补偿

风险报酬有两种表示方法：一是用相对数表示，即风险报酬率；二是用绝对数表示，即风险报酬额。在财务管理中，风险报酬通常用相对数计量，即风险报酬率。

假如资金时间价值为 6%，某项投资的期望报酬率为 16%，在不考虑通货膨胀的情况下，该项投资的风险报酬率为 10%。

如图 2-5 所示，期望投资报酬率包括两部分：一部分是无风险报酬率，如购买国库券，到期连本带息肯定可以收回，这就是无风险报酬率；另一部分是高于社会平均报酬率的，它的报酬率越高，其风险就越大。

2.2.2.1 单一风险投资收益与风险的衡量

在讨论风险时我们首先要明确风险发生的可能性，就风险的特征而言风险具有不确定性，即发生与否具有不确定性。因此，我们用概率来衡量一项风险发生与否，以及发生概率的大小。所以，某一投资的预期收益可以用其期望收益来表示，即在不同情况下

的收益率与发生概率相乘，再将不同情况的收益相加之和即为期望收益。其表达式如下：

期望收益 $\bar{E} = x_1p_1 + x_2p_2\cdots\cdots x_np_n = \sum_{i=1}^{n} x_ip_i \quad (\sum_{i=1}^{n} p_i = 1，0 \leqslant p_i \leqslant 1)$

式中，x_i 表示第 i 种情况下的收益率，p_i 表示第 i 种情况发生的概率。

【例 2-13】某公司现有一笔闲置资金可以用于短期投资，就目前公司可以有 A、B 两个可投资项目的方案，A、B 两个项目的投资收益与未来经济状况相关，我们可以将未来经济状况分为三种状况：繁荣、正常、衰退。投资方案的具体情况见表 2-2。

表 2-2　**某公司 A、B 投资项目预期报酬分析表**　单位：%

未来经济状况	发生的概率	A 项目预期收益率	A 项目预期收益率
繁荣	30	50	20
正常	50	10	10
衰退	20	-40	5
合计	100		

$\bar{E}_A = 30\% \times 50\% + 50\% \times 10\% + 20\% \times (-40\%) = 12\%$

$\bar{E}_B = 30\% \times 20\% + 50\% \times 10\% + 20\% \times 5\% = 12\%$

A 项目的预期收益为 12%，B 项目的预期收益也是 12%，从收益来看 A、B 两个项目没有区别。如果考虑了风险，那么 A、B 两个项目还相同吗？因此，我们引入了离散程度这一概念。离散程度是指偏离期望值的程度，离散程度可以用方差或标准差及标准离差率表示。离散程度越大，则风险越大。

方差可以用 $\sigma^2 = \sum_{i=1}^{n} (x_i - \bar{E})^2 \times p_i$ 表示；

标准差可以用 $\sigma = \sqrt{\sigma^2} = \sqrt{\sum_{i=1}^{n} (x_i - \bar{E})^2 \times p_i}$ 表示；

标准离差率 $q = \frac{\sigma}{\bar{E}}$ 表示。标准离差率是一个相对数，可以用来衡量不同收益率的项目投资的风险评估。而方差和标准差是一个绝对数，不适合用来衡量收益率不同的风险投资的风险。

（1）项目 A 的方差：

$$\sigma_A^2 = \sum_{i=1}^{n} (x_i - \bar{E})^2 \times p_i$$
$$= (50\% - 12\%)^2 \times 30\% + (10\% - 12\%)^2 \times 50\% + (-40\% - 12\%)^2 \times 20\%$$
$$= 0.0976$$

$$\sigma_A = \sqrt{\sigma_A^2} = \sqrt{0.0976} = 0.3124$$

$$q_A = \frac{\sigma_A}{\bar{E}_A} = \frac{0.3124}{12\%} = 2.6034$$

（2）项目 B 的方差：

$$\sigma_B^2 = \sum_{i=1}^{n} (x_i - \bar{E})^2 \times p_i$$

$$= (20\% - 12\%)^2 \times 30\% + (10\% - 12\%)^2 \times 50\% + (5\% - 12\%)^2 \times 30\%$$

$$= 0.0031$$

$$\sigma_B = \sqrt{\sigma_B^2} = \sqrt{0.0031} = 0.0557$$

$$q_B = \frac{\sigma_B}{\bar{E}_B} = \frac{0.0557}{12\%} = 0.4640$$

表 2-3

未来经济状况	发生的概率	A 项目预期收益率	A 项目预期收益率
繁荣	30%	50%	20%
正常	50%	10%	10%
衰退	20%	-40%	5%
期望收益 $\bar{E}$	—	12%	12%
方差 σ^2	—	0.0976	0.0031
标准差 σ	—	0.3124	0.0557
标准离差率 q	—	2.6034	0.4620

通过比较 A、B 项目的方差后发现 $\sigma_A^2 > \sigma_B^2$, $\sigma_A > \sigma_B$, $q_A > q_B$ ，说明项目 A 的风险比项目 B 的风险大。当风险收益率相同时，我们更愿意接受项目风险较小的项目投资，因此本例中公司应该投资于项目 B。

2.2.2.2　风险投资组合收益与风险的衡量

在上节已经讨论了关于单一投资收益与风险的衡量，那么对于投资组合的收益与风险应该怎样衡量。由于单一投资的风险较高，因此投资者往往倾向于通过投资于不同的项目来分散风险。例如：投资者打算投资于股票，如果投资者将所有资金投资于一只股票，那么其收益完全决定于该股票的涨跌情况；如果投资者将同样的资金分别投资于两只以上的股票，其收益将由两只以上的股票的涨跌情况决定。如果某一只股票下跌，但是其他股票上涨，那么其亏损的程度将会小于投资于单一的股票。这也是不要把鸡蛋放在一个篮子里的原理的运用。因此，投资者通过投资组合来分散风险、降低风险。

投资组合的投资收益用 R 表示为：

$$R = r_1 w_1 + r_2 w_2 + \cdots + r_n w_n = \sum_{i=1}^{n} r_i w_i$$

式中，r_i 表示第 i 种投资的预期投资收益，w_i 表示投资于第 i 种投资的占整个投资的比例。

【例 2-14】某人打算投资股票，现有 A、B、C 三只目标股票，三只股票的收益率分别为 10%、12%、15%，投资于 A、B、C 三只股票的比重分别为 20%、30%、50%。求该投资组合的收益。

$$R = 10\% \times 20\% + 12\% \times 30\% + 15\% \times 50\%$$
$$= 13.10\%$$

投资组合的风险仍然可以用方差表示，但是其风险的衡量则不能通过简单的加权平均计算得出，而是与投资组合的相关性有关。相关性是指两个投资项目的关联性，相关性的大小介于［-1，1］之间。当为［-1，0］时表现为负相关，即 A、B 两项投资为此消彼长的关系。例如 A、B 两项投资，当 A 股票盈利时，B 股票则是亏损的状态；当为［0，1］时表现为正相关，即 A、B 两项投资是同向关系；当为 0 表示不相关，即 A、B 两项投资没有相关性。见图 2-6。

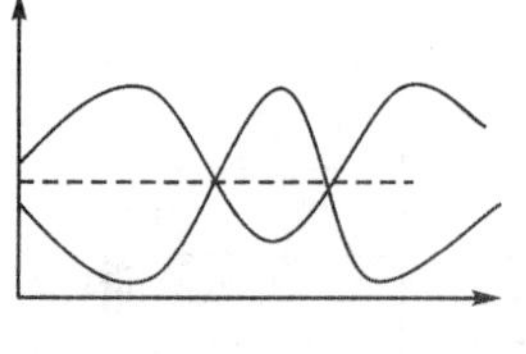

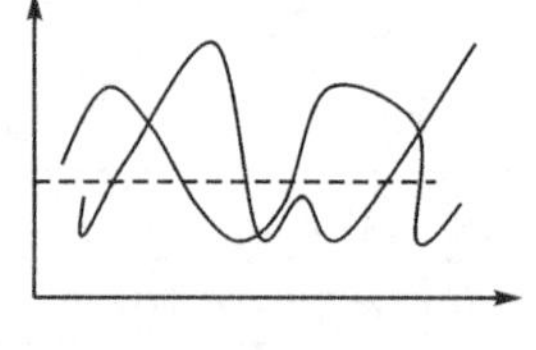

图 2-6

由于涉及相关性的计算更多的是数学推导，本着 MBA 教学大纲的要求对于投资组合风险衡量的计算推导不做过多介绍，感兴趣的同学可以自行收集相关书籍研究推导过程。投资组合的风险用标准差表示，计算公式如下：

$$\sigma = \sqrt{\sum_{i=1}^{n} \sum_{j=1}^{n} w_i w_j \sigma_{ij}}$$

式中，n 表示投资组合中投资种类的总数，w_i 表示投资于第 i 种投资额占总投资的比例，w_j 表示投资于第 j 种投资额占总投资的比例，σ_{ij} 表示第 i 种投资与第 j 种投资收益率的协方差。

$$\sigma_{ij} = r_{ij}\sigma_i\sigma_j$$

式中，r_{ij} 表示投资 i 与投资 j 收益率的相关系数，σ_i 表示第 i 种投资的标准差，σ_j 表示第 j 种投资的标准差。

术语解释

1. 货币时间价值：是指货币经过一定时间的投资和再投资增加的价值。

2. 终值：又称将来值，是指现在一定量的现金在未来某一时点上的价值。

3. 现值：又称本金，是指未来某一时点上的一定量的现金折合为现在的价值。

4. 复利：计算利息的一种方法，每经过一个计息期，要将所产生利息加入本金再计利息，逐期滚算，俗称“利滚利”。

5. 年金：是指等额、定期的系列收支，即在一定时期内每间隔相同的时间就发生相同数额的收支。

6. 风险：是指在某一特定环境下，在某一特定时间段内某种损失发生的可能性。

7. 风险收益：是指超过银行利率部分的收益。

8. 市场风险：是指市场价格常常会出现波动带来的风险。

9. 财务风险：是指公司财务结构不合理、融资不当使公司可能丧失偿债能力而导致投资者预期收益下降的风险。

10. 经营风险：是指公司的决策人员和管理人员在经营管理中出现失误而导致公司盈利水平变化，从而产生投资者预期收益下降的风险或由于汇率的变动，进而导致未来收益下降和成本增加。

理论应用

货币的时间价值案例——田纳西镇的巨额账单

一、案例介绍

如果你突然收到一张事先不知道的1260亿美元的账单，你一定会大吃一惊。而这样的事件却发生在瑞士的田纳西镇的居民身上。纽约布鲁克林法院判决田纳西镇应向某一美国投资者支付这笔钱。最初，田纳西镇的居民以为这是一件小事。但当他们收到账单时，被这张巨额账单吓呆了。他们的律师指出，若高级法院支持这一判决，为偿还债务，所有田纳西镇的居民在其余生中不得不靠吃麦当劳等廉价快餐度日。

田纳西镇的问题源于1966年的一笔存款。斯兰黑不动产公司在内部交换银行（田纳西镇的一家银行）存入一笔6亿美元的存款。存款协议要求银行按每周1%的利率（复利）付息。（难怪该银行第2年破产！）1994年，纽约布鲁克林法院做出判决：从存款日到田纳西镇对该银行进行清算的7年中，这笔存款应按每周1%的复利计算，而在银行清算后的21年中，每年按8.54%的复利计息。

二、问题提出

（1）你知道1260亿美元是如何计算出来的吗？

（2）如果利率为每周1%，按复利计算，6亿美元增加到12亿美元需多长时间？

（3）本案例对你有何启示？

三、案例分析要点

（1）案例背景介绍阅读；

（2）找到案例中适用的理论；

（3）按照步骤分析。

解：（1）若每周按1%的复利计算，则到1973年时 $n = 365 \times 7$ 年 /7 天 $= 365$

到1973年时的终值 $F = 6 \times \left(\frac{F}{P}, 1\%, 365\right) = 6 \times (1 + 1\%) \times 365 = 226.7$（亿美元）

到1994年时的终值 $F = 6 \times \left(\frac{F}{P}, 1\%, 365\right)\left(\frac{F}{P}, 8.54\%, 21\right) = 1260$（亿美元）

（2）每周按1%的复利计算，则增加到12亿美元需要多长时间呢？

$12 = 6 \times \left(\frac{F}{P}, 1\%, n\right)$

$n = 70$ 周

（3）通过本案例的学习，学员加深对理论的理解。

资料来源：道格拉斯·R. 爱默瑞，约翰·D. 芬尼特. 公司财务管理：上册[M]. 荆新，王化成，李焰，等，译. 北京：中国人民大学出版社，1999.

本章小结

企业是社会经济的主体，经济发展的永恒动力在于投资。投资的任务在于研究投资、融资和股利分配的关系，探讨资本增值和稀缺资源配置的问题，这就是公司理财活动。公司理财方法是指为达到企业财务管理目标而使用的财务管理的技能，财务管理常说的公司理财活动的最基本问题是要考虑货币时间价值和收益与风险，资金是特殊产品，本杰明·弗兰克说：钱生钱，并且所生之钱会生出更多的钱。这就是货币时间价值的本质。它会随着时间的推移产生价值。货币时间价值应用贯穿于企业财务管理的方方面面。在筹资管理中，货币时间价值让我们意识到资金的获取是需要付出代价的，这个代价就是资金成本。资金成本直接关系到企业的经济效益，是筹资决策需要考虑的一个首要问题；在项目投资决策中，项目投资的长期性决定了必须考虑货币时间价值，净现值法、内涵报酬率法等都是考虑货币时间价值的投资决策方法；在证券投资管理中，收益现值法是证券估价的主要方法，同样要求考虑货币时间价值。收益与风险是投资决策

中必须考虑的两个要素，收益和风险形影相随，收益以风险为代价。风险用收益来补偿风险与收益相对应的原理只是揭示风险与收益的这种内在本质关系：风险与收益共生共存，承担风险是获取收益的前提；收益是风险的成本和报酬。任何经济组织决策时需要面对选择的，经济组织追逐价值最大化，期望的是低投入、高回报，在信息对称的今天，这样的行业很难找到，即便有也是昙花一现；高投入、低回报，是任何经济组织都不期望的结果。通常是高投入、高风险，收益与风险并存，财务管理的主要方法是要识别风险、控制风险、化解风险。

知识拓展

收益与风险——高风险高回报

现在一夜暴富，瞬间赤贫的事情时有发生，原因在于这些人多数投资了高风险、高收益的项目，所以这种高风险、高收益案例可谓是信手拈来。

李小强原本对什么金融投资并不感兴趣，但听到张立东在一个多月时间已经为公司赚了一百多万美元的时候。并且当李小强听到张立东一个多月的利润率就达到了216%，这是多么恐怖的赚钱速度。所以，李小强对这个期货市场也产生了无比浓厚的兴趣。

原来这个期货主要是与现货相对的。期货是现在进行买卖，但是在将来进行交收或交割的标的物，这个标的物可以是某种商品如黄金、原油、农产品，也可以是金融工具，还可以是金融指标。按照张立东的说法，这个期货最先是以实物为对照，以所标的物品的将来价格进行交易的，比如现在的大豆卖3000元/吨，期货市场价格一般会比实际价格略高或者略低。期货最初的出现是为了让农民的产品的价格能够保值。因为期货的价格可以做双向的，既可以做多，也可以做空。

比如一位农场主现在种下200亩地的大豆，但是大豆的收获季节得好几个月之后去了。在这几个月里，大豆的价格或许会有波动，比如现在3000元/吨，到时候涨到3500元/吨，或者跌倒2500元/吨，都是犹未可知的事情。为了抵御这种未来的风险，农场主可以早早在种豆子之初，便可以将未来预计可以收获的豆子在期货市场上以3000元的价格卖出去。

这样不管大豆的价格是涨是跌，都与农场主没有关系了。如果大豆的价格下跌了，只有2500元/吨，如果农场主自己200亩地产豆子50吨，在实物交易时，这位农场主便比上年少了25 000元的收入。但在期货市场上，当初农场主已经以3000元/吨的价格，把自己的大豆卖出去了，此时大豆跌到只有2500元/吨的时候，农场主可以在期货市场上以2500元的价格再买进50吨大豆，而当初农场主以3000元/吨的价格卖出50吨大豆，此时以2500元/吨的价格买进50吨，这样在期货市场又能赚回25 000元。

这样便抵御了风险。当然如果后来大豆的价格上涨，农场主自己也拿不到好处。因为一旦价格涨到3500元/吨时，他在实物交易时，赚的25 000元在期货市场上又会赔出去。因为那时期货价格是3500元/吨，而当初农场主是以3000元/吨的价格卖出去，到了期货交割的那天，农场主就得以3500元/吨的价格将期货买进以完成期货交割。

对于农场主来说，期货能抵御市场风险，不会亏损，同时也丢掉了高收益的机会，这是一个非常对等的市场。但是期货市场的操作是在贪婪的金融家手里，他们进行期货交易完全是看上其中的高收益，因为期货交易并不需要拿出全部的现金来交易，只需缴纳一定比例的保证金就可以进行交易，这样可以获得与自己本金相比的数十倍杠杆资金。国际一般惯例，保证金大概在8%左右，也有可能是6%。这就是张立东只拿出100万美元入市，却可以调动1600多万美元的原因。

因为你只需缴纳6%的保证金，就可以动用100%的资金，如缴纳100万美元的保证金，你在交易市场上就可以动用1600万美元的资金。如果你拿出600万美元，就可以动用1亿美元的资金；如果你拿出6亿美元，都可以动用600亿美元的资金。正因为有了如此大的杠杆资金，只要市场稍微有些朝自己有利的波动，就可以获得极高的收益，所以张立东在一个多月的时间里赚到216%的利润也是完全可以实现的。当然，高收益的同时也伴随着高风险，一旦市场朝着你不利的方向波动，你就会血本无归。

因为证券交易所的人不是傻子，你拿600万美元可以动用1亿美元在交易所交易，如果这1亿美元亏了，交易所去哪里找人，这些钱可是得他们自己承担。所以，交易所是绝对不会允许出现将钱全部损失的局面出现的，这时你当初交的保证金就极为重要了。如果你的交易形势大好，交易所的人的是不会管你的，一旦你的交易出现风险，人家就会密切关注了，一旦亏损的钱超过你所缴纳的保证金，交易所就会在那个临界点将你的期货强行出仓，强制性卖掉，以保证他们自身的利益。

那个保证金的比例，就是你可以出现亏损的比例。比如缴纳的是6%的比例，一旦市场朝你不利的方向波动6%的话，你就血本无归了，而一旦朝有利的方向波动6%的话，你就已经赚到了100%的利润。正是因为保证金的杠杆左右，可以使得市场波动呈现十多倍的力量。这种力量可以让人一夜暴富，也可以让人一夜一文不值，甚至负债累累。

即问即答

即问：

1. 什么是货币时间价值？

2. 什么是风险收益？

即答：

1. 货币时间价值是指货币经过一定时间的投资和再投资增加的价值。

2. 风险收益是指减去当时基本的市场收益后的投资收益。

实战训练

1. 某人打算5年后从银行取得5000元，那么在利率为10%的情况下，他现在应该在银行存入多少钱？

2. 某人打算从今年年底开始在未来5年里，每年年底向银行存入1000元，当银行利率为10%时，5年后其可以从银行取出多少本息？

3. 甲公司目前有A、B两个投资项目，经过对未来经济形势的预测及推算初步确定了两个项目的收益率，具体情况见表2-4。

表2-4　　单位：%

未来经济状况	发生的概率	A项目预期收益率	A项目预期收益率
繁荣	50	36	15
正常	20	10	10
衰退	30	-40	5
合计	100		

你认为甲公司应该执行哪个方案？

词汇对照

重要名词中英文对照

时间价值　Time value　　利息率　Interest rate

贴现　Discounting　　终值　Future value

现值　Present　　年金　Annuity

本金　principal　　利息　interest

利率　the rate interest　　复利　compound interest

风险报酬（补偿）Risk　premium

第二篇

公司资金运动

随着市场经济特别是资金市场的不断发展，资金运动管理在企业管理中扮演着越来越重要的角色。企业管理的实践表明，资金财务管理是企业管理的中心。如何筹集资金扩大生产经营，成为大多数企业关注的焦点，怎样筹集资金，怎样发行股票，企业有哪些资金来源，公司的资本成本结构如何，筹集到的资金如何有效使用，如何评价投资项目，如何购置机械设备、购买原材料等形成经营性资产，并运用这些资产进行产品生产，将产品销售后取得利润，用于弥补权益资本或者分配给股东。公司资金运动就是追求资金收益的最大化，具体可分为投资、筹资、资本营运和利润分配。

3 筹资管理

教学目标

1. 了解筹资管理的概念、动机分类和原则；
2. 熟悉公司筹资渠道、方法，了解资本金制度；
3. 熟悉筹资预测的依据和基本方法；
4. 掌握权益融资的几种主要方法；
5. 掌握债务融资的几种主要方法。

内容结构

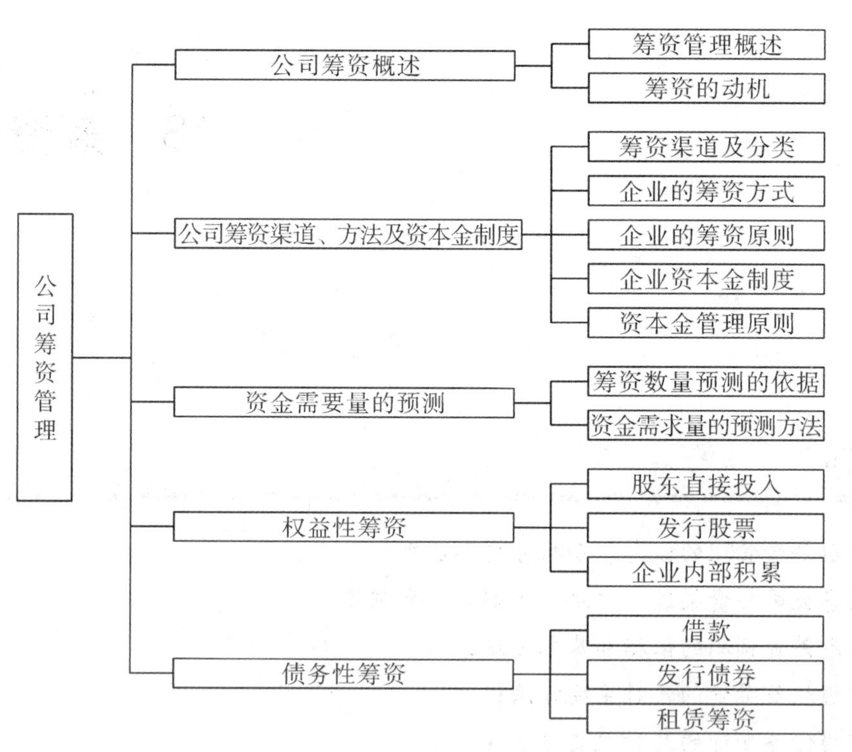

范例引述

恒丰公司短期资金筹资决策

恒丰公司是一个季节性很强、信用为AA级的大中型企业，每年一到生产经营旺季，企业就面临着原材料市场供不应求、资金严重不足的问题，让公司领导和财务经理大伤脑筋。2002年，公司同样碰到了这一问题，公司生产中所需的A种材料面临缺货，急需200万元资金投入，而公司目前尚无多余资金。若这一问题得不到解决，则给企业生产及当年效益带来严重影响。为此，公司领导要求财务经理张峰尽快想出办法解决。接到任务后，张峰马上会同公司其他财务人员商讨对策，以解燃眉之急。经过一番讨论，形成了四种备选筹资方案。

方案一：银行短期贷款。工商银行提供期限为3个月的短期借款200万元，年利率为8%，银行要求保留20%的补偿性余额。

方案二：票据贴现。将面额为220万元的未到期（不带息）商业汇票提前3个月进行贴现。贴现率为9%。

方案三：商业信用融资。天龙公司愿意以“2/10、n/30”的信用条件，向其销售200万元的A材料。

方案四：安排专人将250万元的应收款项催回。

思考题：

现已知恒丰公司的产品销售利润率为9%，请你协助财务经理张峰对恒丰公司的短期资金筹集方式进行选择？

本章导言

李某开办的书店，在创立初期使用的都是自己的资本金，随着书店的规模扩大，发展成连锁店经营，依靠自身的资本积累非常缓慢（企业税后利润的留成部分），借鸡下蛋是公司快速发展的必由之路，公司通过外部举债达到筹集资金的目的。

外部筹资是企业持续发展一个很有效的方式，也是本章讨论的重点。引例中恒丰公司面临着筹资选择，市场经济条件下的公司都面临着筹资管理活动。外部资金的筹集选择的方式很多，需要考虑的因素也很多，不同的企业主体筹资渠道及筹资方式有很大的差异。

理论概念

3.1 公司筹资概述

3.1.1 筹资管理的概念

筹资是指公司根据其生产经营、对外投资和调整资本结构的需要，通过筹资渠道和资本市场，运用筹资方式，经济有效地筹集为企业所需的资金的财务行为。

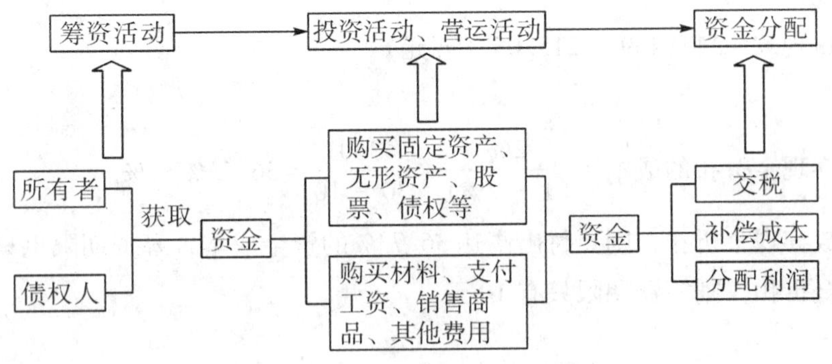

图3-1 企业资金运动流程

莱美药业公司的资金运动如图 3-1 所示。筹集资金是企业进行生产活动的第一步，筹资管理是企业财务管理活动最基本的职能，没有资金企业就不能从事相关经营活动。在市场经济飞速发展的今天资本市场也日趋完善，为企业解决资金来源提供了丰富的筹资渠道及筹资方式。见图 3-2。

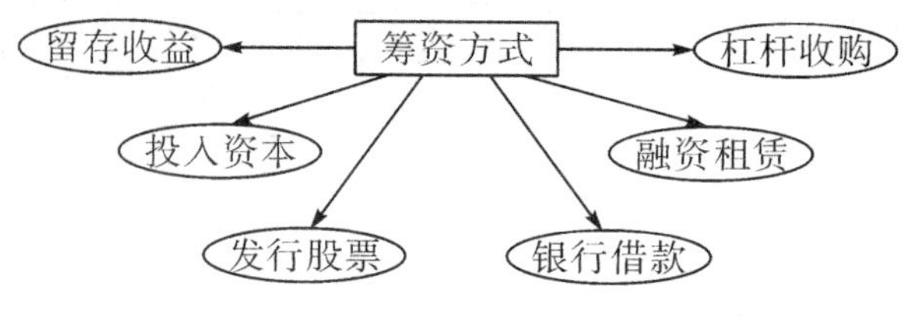

图 3-2

筹资方式（Financing Modes）是指可供企业在筹措资金时选用的具体筹资形式。我国企业目前主要有以下几种筹资方式：①吸收直接投资；②发行股票；③利用留存收益；④向银行借款；⑤利用商业信用；⑥发行公司债券；⑦融资租赁；⑧杠杆收购；⑨内部集资。其中，前三种方式筹措的资金为权益资金，后几种方式筹措的资金是负债资金。

提示：任何企业在持续经营发展过程中，都需要保持与生产经营相匹配的资本规模。资金短缺会导致企业效益下滑、甚至企业倒闭；资金过于充足会导致资金闲置、资金回报率降低。

引例中恒丰公司急需 200 万元购买原材料，在赊购渠道不灵的情况下，企业经营会陷入无米之炊之境。分析与提示：

方案一：实际可动用的借款 = 200 ×（1-20%）= 160（万元）< 200 万元

实际利率 = 8%/（1-20%）×100% = 10% > 产品销售利润率 9%

故该方案不可行。

方案二：

贴现息 $= 220 \times \frac{3}{12} \times 9\% = 4.95$（万元）

贴现实得现款 = 220-4.95 = 215.05（万元）

方案三：

企业放弃现金折扣的成本 $= \frac{2\%}{(1-2\%)} \times \frac{360}{30-10} = 36.73\% > 9\%$

若企业放弃现金折扣，则要付出高达 36.73% 的资金成本，筹资期限也只有 1 个月，而要享受现金折扣，则筹资期限只有 10 天。

方案四：

安排专人催收应收账款必然会发生一定的收账费用。同时如果催收过急，会影响公

司和客户的关系，最终会导致原有客户减少，不利于维持或扩大企业销售规模，因此该方案不可行。

综上所述，恒丰公司应选择票据贴现方式进行融资为佳。

3.1.2 筹资的动机

3.1.2.1 扩张性动机

扩张性动机是因为企业需要扩大企业规模或对外追加投资的需要而产生的扩张性动机，通常发展前景较好以及处于长期成长的企业通常会产生扩张性融资动机。扩张性融资动机的最后结果就是导致企业的资产规模增加。

3.1.2.2 新建性动机

新建性动机是指企业在新建立时需要资金，因此产生了新建筹资的动机。新建筹集的资金来源一般属于权益资金，原因在于新建企业的收益尚不确定，风险较高，资金所有者通常不愿意以借款的形式将资金借给企业。新建筹集的资金提供者多为风险投资家。如蒙牛创业初期就是由摩根斯坦利等风险投资家投入的资金。

3.1.2.3 调整性动机

权益资金和债务资金的比例、长期资金和短期资金的比例构成了企业的资金结构。在企业的财务活动中，由于种种原因会出现资金结构不合理的状况，影响企业的生存和发展。为了解决资金结构不合理的问题，企业需要通过筹集资金来保持合理的资金结构。

3.1.2.4 偿债性动机

偿债性动机是指企业为了按时偿还之前的借款本金及利息而进行新的举债而产生的融资动机，也就是举新债换旧债。该种举债动机在补充企业流动资金中尤为常见，可以维护企业的信誉。

3.1.2.5 混合性动机

混合性动机是指同时包括了前面几种筹资动机，即包括了新建性、扩张性、调整性及偿债性动机。混合性动机兼容了扩张性筹资和调整性筹资。在这种混合性动机的驱动下，企业通过筹资既扩大了资本和资产的规模又调整了资本结构，以及补充流动资金的需要。

表 3-1　某公司扩张前后资产及资本总额变动表　单位：万元

资产	扩张前	扩张后	资本	扩张前	扩张后
货币资金	1000	1000	短期借款	1000	1500
应收账款	1500	2000	应付账款	1000	1000
存货	2000	2500	长期借款	2500	4000
长期投资	3500	4500	应付债券	2500	2500

表3-1（续）

资产	扩张前	扩张后	资本	扩张前	扩张后
固定资产	5000	5000	股东权益	6000	6000
资产总额	13 000	15 000	资本总额	13 000	15 000

通过对表 3-1 扩张前后的金额比较，该公司资产总额及资本总额都发生了变化，资产及资本总额都增加了 2000 万元。其中，短期借款增加 500 万元，长期借款增加 1500 万元，资产负债率由 54%上升到 60%。这是公司通过债务融资增加投资的结果。

表 3-2　　某公司扩张前后资产及资本总额变动表　　单位：万元

资产	扩张前	扩张后	资本	扩张前	扩张后
货币资金	1000	1000	短期借款	1000	1000
应收账款	1500	2000	应付账款	1000	1000
存货	2000	2500	长期借款	2500	3000
长期投资	3500	4500	应付债券	2500	2500
固定资产	5000	5000	股东权益	6000	7500
资产总额	13 000	15 000	资本总额	13 000	15 000

通过对表 3-2 扩张前后的金额比较，该公司资产总额及资本总额都发生了变化，资本结构发生了变化，资产及资本总额都增加了 2000 万元，股东权益增加 1500 万元，公司资产负债率由 54%下降至 50%。这是公司直接追加股东投资的结果。

3.2　公司筹资渠道、方法与资本金制度

3.2.1　筹资渠道的分类

表 3-3　　企业筹资可以按不同的标准进行分类

标志	类型	说明
按筹集资金的来源	权益筹资	企业依法长期拥有，能够自主调配运用的资本。权益资本在企业持续经营期内，投资者不得抽回，因而也称之为企业的自由资本、主权资本或股东权益资本。企业的权益资本通过吸收直接投资、发行股票、内部积累、公益性项目政府财政资金拨入，以及上级公司拨付资本金等渠道取得。
	债务筹资	企业通过借款，发行债券、融资租赁以及赊购商品或服务等方式取得的资金形成在规定期限内需要偿还的债务。
	其他筹资	衍生工具筹资，包括兼具权益和债务特性的混合融资与其他衍生工具融资。

表3-3(续)

标志	类型	说明
是否以金融机构为中介	直接筹资	企业筹资不通过金融机构直接向资金所有者融得资金。如发行股票、发行债券、直接向资金的所有者募集资金。
	间接筹资	企业通过金融机构取得资金，如向金融机构取得贷款。
是否由企业内部生产经营形成	内部筹资	企业通过利润留存而形成的筹资来源。
	外部筹资	企业通过向外界融得资金，如发行股票、债权或是向金融机构取得贷款。
筹资期限	长期筹资	企业筹集的资金的使用期限超过一年。
	短期筹资	企业筹集的资金的使用期限在一年之内。

3.2.1.1 内部筹资渠道

企业内部筹资渠道是指从企业内部开辟资金来源。从企业内部开辟资金来源有三个渠道：企业自有资金、企业应付税利和利息、企业未使用或未分配的专项基金。在企业购并中，企业都尽可能选择这一渠道。因为这种方式保密性好，企业不必向外支付借款成本，因而风险很小。

这种筹资方式利用的是企业的内部资本，是企业通过生产经营活动产生的利润而积累的企业自有资金，包括各项公积金以及未分配利润等。

3.2.1.2 外部筹资渠道

外部筹资渠道是指企业从外部开辟的资金来源。按照目前我国的市场环境，企业的融资渠道主要有政府财政资本、银行信贷资本、非银行金融机构资本、其他企业资本，民间资本及国外资本。企业在进行融资策划时需要对不同融资渠道进行分析，以使企业选择合理恰当的渠道合理安排筹资。

从企业外部筹资具有速度快、弹性大、资金量大的优点；但其缺点是保密性差，企业需要负担高额成本，在使用过程中应当注意权衡利弊。

（1）政府财政资本

政府财政资本是国有企业筹资的主要来源，政策性很强，通常只有国有企业才能利用。国家通过财政直接对企业投资以及通过建立各种税收从而间接对企业投资。国有企业是典型的国家直接投资的企业。

（2）银行信贷资本

银行信贷资本是指企业通过向银行机构贷款获取的资金。银行一般划分为商业银行和政策性银行。在我国，商业银行主要有工商银行、农业银行、建设银行、中国银行以及交通银行等；政策性银行有国家开发银行、农业发展银行和进出口银行。银行信贷资本拥有居民储蓄、单位存款等经常性的资本来源，贷款方式灵活多样，适应企业债务资本筹集的需要。

(3) 非银行金融机构资本

非银行金融机构资本是指企业从信托公司、保险公司、证券公司、租赁公司以及企业集团财务公司获取的资金，从非银行金融机构获取的资金与从银行获取的信贷资本的性质相似，都是属于债务资本，都需要向资本的提供者支付利息。这种渠道的财力虽然比银行要小，但具有较大的发展潜力。

(4) 其他企业资本

其他企业资本是指企业向其他企业借款，其他企业从而成为企业的债权人。其他企业向企业提供资本的性质与银行提供的信贷资本的性质是相似的。只是在办理贷款手续时企业与企业之间的手续相对简单。

(5) 民间资本

民间资本可以为企业直接提供筹资来源，我国企事业单位的职工和广大城乡居民持有大量的货币资本，有盈利的企业通常可以利用。在当前信贷紧缩的情况下，民间借贷凭借其融资速度快、资金调动方便、门槛低等特点，有了越来越广泛的市场，其中温州地区及东部沿海地区的民间借贷的规模最大，逐渐成为中小企业的主要资本来源。

(6) 国外资本

在改革开放的条件下，企业吸收国外以及我国港澳台地区的投资者持有的资本，从而形成所谓的外商投资企业的渠道。

上述几种筹资渠道中，政府财政资本、其他企业资本、民间资本、企业内部资本、国外和我国港澳台地区资本最终可以形成企业的股权资本；银行信贷资本、非金融机构资本、其他企业资本、民间资本、国外和我国港澳台地区资本形成企业的债务资本。

3.2.2 企业的筹资方式

筹资方式是指取得资本的具体形式和手段，体现着资本属性的期限。目前我国企业通常用的筹资方式主要包括吸收直接投资、发行股票、银行借款、发行债券、租赁、商业信用及留存收益等。从资本的权益角度来看，吸收直接投资、发行股票及留存收益融资属于权益筹资，银行借款、发行债券、租赁及商业信用属于债务筹资。

筹资渠道与筹资方式的对应关系。筹资渠道解决的是资金来源问题，筹资方式则解决通过何种方式取得资金的问题，它们之间存在一定的对应关系。一定的筹资方式可能只适用于某一特定的筹资渠道，但是同一渠道的资金往往可以采用不同的方式取得，同一筹资方式又往往适用于不同的筹资渠道。因此，企业在筹资时应实现两者的合理配合。

企业不论筹集的资金来源如何，都存在一定的资金成本。由此，筹资决策的目标就是要降低资金成本。不同筹资方式的税负轻重程度是存在差异的，这便为企业在筹资决策中运用税收筹划提供了可能。企业经营活动中所需的资金，通常可以通过从银行取得

长期借款、发行债券、发行股票、融资租赁以及利用企业的保留盈余等途径取得。

3.2.3 企业的筹资原则

3.2.3.1 合法性原则

资金筹集首先要合法，企业筹资行为必须遵循国家的相关法律法规，依法履行法律法规和投资合同约定的责任。即便是有资金供给，也必须要避免非法筹资行为给企业本身及相关主体造成损失。

3.2.3.2 规模适当原则

企业筹集资金需要合理预测确定资金的需要量。筹资规模与资金需要量应当匹配一致，否则会加大资金成本、造成资金短缺或浪费。

3.2.3.3 筹措及时原则

企业筹集资金需要合理预测确定资金需要的时间。要根据资金需求的具体情况，合理安排资金的筹集时间，适时获取所需资金。

3.2.3.4 来源经济原则

企业筹资与投资在效益上应当相互权衡，应充分考虑筹资难易程度，对不同来源资金成本进行分析，尽可能选择经济、可行的筹资渠道与方式，力求降低筹资成本。

3.2.3.5 结构合理原则

企业筹资要综合考虑权益资金与债务资金的关系、长期资金与短期资金的关系、内部筹资与外部筹资的关系，合理安排资本结构。

目前，我国中小企业数量增加迅速，其活力不断增强，对中国经济建设和改革开放、构建和谐社会等方面发挥着越来越重要的作用。但中小企业融资难也是当前亟待解决的难题，导致中小企业融资难是内部与外部原因所致。中小企业内部成因包括：①缺乏完善的内部控制机制，中小企业公司治理结构相对落后，财务制度不规范；②资本规模小，盈利差，风险高；③抵押物是中小企业发展的硬伤，商业银行具有典当行的功能，抵押物不足是中小企业在商业银行融资难的主要问题。而国有企业在商业银行融资却可以变通通融。例如，国有企业在工程项目融资，可以在工程建设初始阶段匹配25%~35%的项目资本金，便可以取得商业银行的资本。当工程项目进展到一定规模，可以采用在建工程项目抵押继续在商业银行取得资本。由此可见，在我国现阶段融资主体不同，融资的方式及融资渠道有很大的差异。

3.2.4 企业资本金制度

资本金制度是指国家围绕资金的筹集、管理以及所有者的责权利等方面所做的法律规范。其内容主要包括：①资本金的确定方法；②法定资本金；③资本金的分类；④资本金的筹集；⑤资本金的管理。它是世界各国通行的做法，被称为国际惯例。这一国际惯例在不同国家有所差别。选择资本金制度实质是在寻找一个在安全与效率之间求得最

佳平衡点的过程。由于我国市场经济体制还处在建立和逐步完善的过程中，市场体系、社会诚信、市场道德和社会经济环境都需要进一步培育，我国商业银行引进授权资本金制度或折中资本金制度时机尚不成熟，现阶段仍有必要施行法定资本金制度。

资本金具有以下特征：

（1）从性质上看，资本金是投资者创建企业所投入的资本，是原始启动资金；

（2）从功能上看，资本金是投资者用以享有权益和承担责任的资金；

（3）从法律地位来看，所筹集的资本金要在工商行政管理部门办理注册登记，投资者只能按约定所投入的资本金而不是所投入的实际资本数额享有权益和承担责任；

（4）从时效来看，投资者不得随意从企业收回资本金，企业可以无限期地占用投资者的出资。

3.2.5 资本金管理原则

企业资本金的管理，应当遵循资本保全这一基本原则。实现资本保全的具体要求，可分为资本确定、资本充实和资本维持三部分内容。

3.2.5.1 资本确定原则

资本确定原则——资本确定，是指企业设立时资本金数额的确定。企业成立时，必须明确规定企业的资本总额以及各投资者认缴的数额。如果投资者没有足额认缴资本总额，企业就不能成立。为了强化资本确定原则，法律规定由工商行政管理机构进行企业注册资本的登记管理。这是保护债权人的利益、明晰企业产权的根本需要。一方面，投资者以认缴的资本为限对公司承担责任；另一方面，投资者以实际缴纳的资本为依据行使表决权和分取红利。

企业获准工商登记即正式成立后 30 日内，应依据验资报告向投资者出具出资证明等凭证。以此为依据确定投资者的合法权益，界定其应承担的责任。特别是占有国有资本的企业需要按照国家有关规定申请国有资产产权登记，取得企业国有资产产权登记证，但这并不免除企业向投资者出具出资证明书的义务，因为前者仅是国有资产管理的行政手段。

3.2.5.2 资本充实原则

资本充实原则——资本充实，是指资本金的筹集应当及时、足额。对企业登记注册的资本金，投资者应在法律法规和财务制度规定的期限内缴足。如果投资者未按规定出资，即为投资者违约，企业和其他投资者可以依法追究其责任，国家有关部门还将按照有关规定对违约者进行处罚。投资者在出资中的违约责任有两种情况：一是个别投资单方违约，企业和其他投资者可以按企业章程的规定，要求违约方支付延迟出资的利息、赔偿经济损失；二是投资各方均违约或外资企业不按规定出资，则由工商行政管理部门进行处罚。

企业筹集的注册资本，必须进行验资，以保证出资的真实可信。对验资的要求，一是依法委托法定的验资机构，二是验资机构要按照规定出具验资报告，三是验资机构依法承担提供验资虚假或重大遗漏报告的法律责任。因出具的验资证明不实给公司债权人造成损失的，除能证明自己没有过错的外，在其证明不实的金额范围内承担赔偿责任。

3.2.5.3 资本维持原则

资本维持原则——资本维持，是指企业在持续经营期间有义务保持资本金的完整性。企业除由股东大会或投资者会议做出增减资本决议并按规定程序办理者外，不得任意增减资本总额。

企业筹集的实收资本，在持续经营期间可以由投资者依照相关法律法规以及企业章程的规定转让或者减少，投资者不得抽逃或者变相抽回出资。除《中华人民共和国公司法》（以下简称《公司法》）等有关法律法规另有规定外，企业不得回购本企业发行的股份。在下列四种情况下，股份公司可以回购本公司股份：①减少公司注册资本；②与持有本公司股份的其他公司合并；③将股份奖励给职工；④股东因对股东大会做出的公司合并、分立决议持有异议而要求公司收购其股份。

股份公司依法回购股份，应当符合法定要求和条件，并经股东大会决议。用于将股份奖励给本公司职工而回购本公司股份的，不得超过本公司已发行股份总额的5%；用于收购的资金应当从公司的税后利润中支出；所收购的股份应当在1年内转让给职工。

3.3 资金需要量的预测

3.3.1 筹资数量预测的依据

企业筹集资金的数量预测必须科学合理地进行。影响企业筹资数量的因素和条件很多，既有企业的自身生产产能、市场环境、经营销售能力方面的，也有法律规范方面的等。企业筹集资金数量预测的依据主要有如下几个方面：

3.3.1.1 法律依据

我国法律依据上主要有以下两方面：

（1）注册资本限额。《公司法》根据行业的不同特点规定，有限责任公司的最低注册资本是10万元，股份有限公司的注册资本最低限额为500万元，股份有限公司申请股票上市，公司股本总额不少于人民币3000万元。公司在考虑筹集资金数量时必须满足注册资本最低限额的要求。

（2）公司负债限额的规定。我国《证券法》规定，公开发行的公司债券的公司累计债券余额不得超过公司净资产的40%。其目的是保证公司的偿债能力，从而保障债权人的利益。

3.3.1.2 公司经营规模依据

通常来讲，依据公司经营规模的大小来确定公司筹集资本。公司经营规模越大，所需

要的资本就越多；反之，所需资本就越少。由此，公司从小做到大需要追加注册资本金。

3.3.1.3 影响公司筹资数量预测的其他因素

公司信用状况、资金成本的高低、对外投资的规模等对筹资数量的预测都会产生一定影响。

企业的资金需要量是企业筹资数量的依据。筹资数量的预测主要是为了保证企业能够正常的进行生产经营，使筹集的资金不仅能够满足企业生产经营的需求，同时又不会使资金闲置造成资源浪费，从而有助于财务管理的目标的实现。

3.3.2 资金需求量的预测方法

3.3.2.1 定性预测

定性预测法是指有丰富经验的财务人员和熟悉业务的专业人员，根据已掌握的历史资料和借鉴产业相关资料，运用个人的经验和分析判断能力，对企业的未来发展做出性质和程度上的判断。然后，再通过一定形式综合各方面的意见，根据经济理论和实际情况进行分析和论证，辅以定量方法，将定性的财务资料进行量化，作为预测资金需要量的主要依据。这种方法一般在缺乏完整准确的历史资料时使用。

3.3.2.2 定量预测

定量预测是使用历史数据或因变量来预测需求的数学模型。企业根据已掌握的比较完备的财务历史统计数据，运用一定的数学方法进行科学的加工整理，借以揭示有关变量之间的规律性联系，用于预测和推测未来发展变化情况的一类预测方法。定量预测通常使用销售百分比法和因素分析法来预测资金的需求量。

（1）因素分析法的基本原理

因素分析法又称分析调整法，是指以有关资本项目上年度的实际平均需要量为基础，根据预测年度的生产经营任务和加速资本周转的要求，进行分析调整，预测资本需要量的方法。

这种方法计算比较简单，容易掌握，但预测结果不太精确。因此，它通常用在品种繁多、规格复杂、用量较小、价格较低的资本占用项目的预测，也可以用来匡算企业全部资本的需要量。

采用这种方法时，首先应在上年度资本实际平均额的基础上，剔除其中呆滞积压不合理部分；然后根据预测期的生产经营任务和加速资本周转的要求进行测算。因素分析法的基本模型是：

资本需要量 =（上年度资本实际平均额不合理平均额）×（1 ±预测年度销售增减率）×（1 ±预测年度资本周转速度变动率）

提示：如果销售预测增长就用“+”，反之用“-”；如果资金周转加速就用“-”，反之用“+”。

【例 3-1】甲公司上年度资金平均占用额为 1000 万元，经过分析，其中不合理占用额为 100 万元，本年的销售额预计增长 10%，资金周转速度比上年度加速 5%。请预测本年的资金需要量。

本年的资金需要量 = (1000 − 100) × (1 + 10%) × (1 − 5%) = 940.5(万元)

（2）销售百分比法

销售百分比法是指根据企业的各个资金项目与销售收入之间存在的依存关系，通过计算销售增长量来预测资金的需求量的方法。

销售百分比法的优点：能为财务管理提供短期的预计财务报表，以适应外部筹资的需要。销售百分比法的缺点：倘若有关销售百分比与实际不符，据以进行预测就会形成错误的结果。因此，在有关因素发生变动的情况下，必须相应地调整原有的销售百分比。

通常运用销售百分比法，可以借助于预计利润表和预计资产负债表。通过预计利润表来预测企业留存收益；通过预计资产负债表来预测企业资本需要总额和外部筹资的增加额。

销售百分比法的假设条件有以下几个：

①资产负债表的各项目可以划分为敏感项目与非敏感项目；

②敏感项目与销售额之间成正比例关系；

③基期与预测期的情况基本不变，企业的资本结构已达到最优；

④只有销售预测准确，才能比较准确地预测资金需要量。

销售百分比法的运用程序：

①计算百分比。根据基期的资产、负债项目中敏感项目的金额及基期收入额计算销售百分比，包括流动资产销售百分比、长期资产销售百分比、应付款项销售百分比等。

②计算预测期的资产、负债和所有者权益的金额。根据基期的有关销售百分比和预测期的销售收入额，分别计算预测期的资产、负债和所有者权益数额。与销售额无关的项目金额按基期金额计算，留存收益项目的预测金额按基期金额加上新增留存收益金额预计。

③计算留存收益的增加额。根据预测期的销售收入额、净利率和留存收益率或股利支付率，据以计算预测期留存收益的增加额。

④计算外部融资需求。

【例 3-2】A 公司 2013 年度利润表及各项目与销售收入百分比、A 公司 2013 年资产负债表及其各项目与销售收入百分比分别见表 3-4、表 3-5。预测 2014 年度的销售收入将比 2013 年增加 50%，将达到 15 000 万元，经研究 A 公司资产负债表项目中库存现金、应收账款、存货、应付账款、应付费用为敏感项目。A 公司适用所得税税率为 25%、留存收益比率为 50%。试计算 A 公司 2014 年是否需要追加外部筹资。

表 3-4　　2013 年度利润表（简表）　　单位：万元

项目	2013 年实际数	占销售百分比(%)	2014 年预计数
一、营业收入	10 000	100	15 000
减：营业成本	6000	60	9000
营业税金及附加	1000	10	1500
销售费用	300	3	450
管理费用	500	5	750
财务费用	600	6	900
二、营业利润	1600	16	2400
三、利润总额	1600	16	2400
减：所得税	400	4	600
四、净利润	1200	12	1800

表 3-5　　2013 年 12 月 31 日资产负债表（简表）　　单位：万元

项 目	2013 年实际数	销售百分比(%)	2014 年预计数
资产			
货币资金	500	5	750
应收账款	3000	30	4500
存货	3200	32	4800
固定资产净值	5200	—	6000
资产总额	11 900	67	16 050
负债			0
短期借款	1000	10	1500
应付账款	1500	15	2250
应付费用	200	2	300
长期负债		—	
负债合计	2700	27	4050
实收资本	5000		5000
留存收益	4200		6000
所有者权益合计	9200		11 000
追加外部筹资			1000
负债及所有者权益	11 900		16 050

2014 年度资金需求的预测程序如下：

①根据 2013 年利润表中各项成本的资金成本习性计算并编制 2014 年度预测利润，见表 3-4。

②根据预测利润表中的净利润计算 2014 年度留存收益增加额。

③根据 2013 年度资产负债表计算并编制 2014 年度预计资产负债表，具体结果见表 3-5。

④计算外部资金需求量，依据资产负债关系：资产-负债=所有者权益。

A 公司 2014 年需要追加的资本投入

=16 050（预计资产总额）-4050（预计负债总额）-11 000（预计的所有者权益总额）

= 1000（万元）

或

A 公司 2014 年需要追加的资本投入

=预计资产增加额-预计负债增加额-（预计的所有者权益增加额）

=（16 050-11 900）-（4050-2700）-（11 000-9200）

= 1000（万元）

3.4 权益性融资

权益性融资通过扩大企业的所有权益，如吸引新的投资者、发行新股、追加投资等来实现。权益性融资的后果是稀释了原有投资者对企业的控制权。为了改善经营或进行扩张，特许人可以利用多种权益性融资方式获得所需的资本。

权益性融资的主要方式包括：股东直接投入、发行股票和企业内部积累。目前，有不少投资机构形式上选择采用权益性投资，实际上采用的依然是债务性融资。两者的区别在于：是否需要质押物、偿还本金及支付固定资金利息。权益投资者成了企业的部分所有者，通过股利支付获得他们的投资回报，或者是权益投资者通过股票买卖收回他们的资金及资本利得。

3.4.1 股东直接投入

吸收直接投资是指企业按照“共同投资、共同经营、共担风险、共享利润”的原则来吸收国家、法人、个人、外商投入资金的一种投资方式。吸收直接投资是非股份公司筹集权益资本的基本方式。

3.4.1.1 吸收直接投资的种类

（1）吸收国家投资

国家投资是指有权代表国家投资的政府部门或机构，以国有资产投入公司，这种情况下形成的资本称为国有资本。吸收国家投资一般具有以下特点：①产权归属国家；②资金的运用和处置受国家约束较大；③在国有公司中采用比较广泛。

（2）吸收法人投资

法人投资是指法人单位以其依法可支配的资产投入公司，这种情况下形成的资本称

为法人资本。吸收法人资本投资一般具有以下特点：①发生在法人单位之间；②以参与公司利润分配或控制为目的；③出资方式灵活多样。

（3）吸收个人投资

个人投资是指社会个人或本公司职工以个人合法财产投入公司，这种情况下形成的资本称为个人资本。吸收个人投资一般具有以下特点：①参加投资的人员较多；②每人投资的数额相对较少；③以参与公司利润分配为基本目的。

（4）吸收外商直接投资

企业可以通过合资经营或合作经营的方式吸收外商直接投资，即与境外的投资者共同投资、共同经营、共担风险、共负盈亏、共享利益。

3.4.1.2　吸收直接投资的优缺点

直接投资的出资者是企业的所有者、共享经营管理权，这种直接吸收资金的融资方式手续简便，是大多数中小企业筹资的主要方式。

吸收直接投资的筹资方式也有优点和缺点，见表 3-6。

表 3-6　　**吸收直接投资筹资方式的优缺点比较**

优点	增强公司信誉	与债务资本相比较，吸收直接投资能够提高公司的资信和借款能力。
	财务风险较低	相对于债务资本，直接投资可以根据经营状况向投资者支付报酬，大大降低了财务风险。
缺点	资本成本较高	企业经营状况良好时尤为明显，支付投资者的报酬会随之升高。
	容易分散企业的控制权	如外部投资较多，则这些投资者会有相当大的管理权，甚至完全控制企业。
	难以吸收大量的社会资本参与	不会面向社会公众、范围较小。

3.4.1.3　吸收直接投资中的出资方式

企业在采用吸收投资方式筹集资金时，投资者可以用现金、厂房、机械设备、材料物资、无形资产等作价出资。出资方式主要有以下几种：

（1）以现金出资

以现金出资是吸收投资中一种最主要的出资方式。有了现金，便可以获取其他物质资源。因此，企业应尽量动员投资者采用现金方式出资。吸收投资中所需投入资金的数额，取决于投入的实物、工业产权之外尚需多少资金来满足建厂的开支和日常周转需要。

（2）以实物出资

以实物出资是投资者以厂房、建筑物、设备等固定资产和原材料、商品等流动资产所进行的投资。一般来说，企业吸收的实物应符合如下条件：①确为企业科研、生产、

经营所需要；②技术性能比较好；③作价公平合理。

（3）以工业产权出资

以工业产权出资是指投资者以专有技术、商标权、专利权等无形资产所进行的投资。一般来说，企业吸收的工业产权应符合以下条件：①能帮助研究和开发出新的高科技产品；②能帮助生产出适销对路的高科技产品；③能帮助改进产品质量，提高生产效率；④能帮助大幅度降低各种消耗；⑤作价比较合理。

企业在吸收工业产权投资时应特别谨慎，认真进行技术时效性分析和财务可行性研究。因为以工业产权投资实际上是把有关技术资本化，把技术的价值固定化。而技术具有时效性，因其不断老化而导致价值不断减少甚至完全丧失，风险较大。

（4）以土地使用权出资

投资者也可以用土地使用权来进行投资。土地使用权是按有关法规和合同的规定使用土地的权利。企业吸收土地使用权投资应符合以下条件：①是企业科研、生产、销售活动所需要的；②交通、地理条件比较适宜；③作价公平合理。

3.4.2 发行股票

股票发行是指符合条件的发行人以筹资或实施股利分配为目的，按照法定的程序，向投资者或原股东发行股份或无偿提供股份的行为。股票是股份公司在筹集资本时向出资人公开或私下发行的、用以证明出资人的股本身份和权利，并根据持有人所持有的股份数享有权益和承担义务的凭证。股票是一种有价证券，代表着其持有人（股东）对股份公司的所有权，每一股同类型股票所代表的公司所有权是相等的，即“同股同权”。

3.4.2.1 股票的特点

（1）永久性。公司发行的股票筹资是公司长期自有资金，从期限上看，只要公司存在，它所发行的股票就存在，股票的期限等于公司存续的期限。

（2）参与性。股票持有者的投资意志和享有的经济利益，通常是通过出席股东大会来行使股东权。股东参与公司决策的权利大小，取决于其所持有的股份的多少。从实践中看，只要股东持有的股票数量达到左右决策结果所需的实际多数时，就能掌握公司的决策控制权。

（3）收益性。股东凭其持有的股票，有权从公司领取股息或红利，获取投资的收益。股息或红利的大小，主要取决于公司的盈利水平和公司的利润分配政策。

（4）流通性。股票的流通性是指股票在不同投资者之间的可交易性。股票具有很强的变现能力，流通性很强。

（5）风险性。由于股票的永久性，股东成为企业的主要承担者。风险的表现形式有：股票价格波动、红利的不确定性、破产清算时股东处于剩余财产分配的最后顺序。

3.4.2.2 股东的权利

股东权利可以分为两类：财产权和管理参与权。前者如股东身份权、资产收益权、优先受让和认购新股权、转让出资或股份的权利；后者如参与决策权，选择、监督管理者权，知情权，提议、召集、主持股东会临时会议权。其中，财产权是核心，是股东出资的目的所在，管理参与权则是手段，是保障股东实现其财产权的必要途径。

普通股股东按其所持有股份比例享有以下基本权利：

（1）公司决策参与权。普通股股东有权参与股东大会，并有建议权、表决权和选举权，也可以委托他人代表其行使其股东权利。

（2）利润分配权。普通股股东有权从公司利润分配中得到股息。普通股的股息是不固定的，由公司盈利状况及其分配政策决定。普通股股东必须在优先股股东取得固定股息之后才有权享受股息分配权。

（3）优先认股权。如果公司需要扩张而增发普通股股票时，现有普通股股东有权按其持股比例，以低于市价的某一特定价格优先购买一定数量的新发行股票，从而保持其对企业所有权的原有比例。

（4）剩余资产分配权。公司破产或清算时，若公司资产在偿还欠债后还有剩余，其剩余部分按先优先股股东、后普通股股东的顺序进行分配。

3.4.2.3 普通股的种类

（1）按股票有无记名，可将股票分为记名股和不记名股

记名股是指在股票票面上记载股东姓名或名称的股票。这种股票除了股票上所记载的股东外，其他人不得行使其股权，且股权的转让有严格的法律程序与手续，需办理过户。《公司法》规定，向发起人、国家授权投资的机构、法人发行的股票，应为记名股。

不记名股是指票面上不记载股东姓名或名称的股票。这类股票的持有人即股份的所有人，具有股东资格，股票的转让也比较自由、方便，无需办理过户手续。

（2）按股票是否标明金额，可将股票分为面值股票和无面值股票

面值股票是指在票面上标有一定金额的股票。持有这种股票的股东，对公司享有的权利和承担的义务大小，依其所持有的股票票面金额占公司发行在外股票总面值的比例而定。

无面值股票是指不在票面上标出金额，只载明所占公司股本总额的比例或股份数的股票。无面值股票的价值随公司财产的增减而变动，而股东对公司享有的权利和承担义务的大小，直接依股票标明的比例而定。2012 年，《公司法》不承认无面值股票，规定股票应记载股票的面额，并且其发行价格不得低于票面金额。

（3）按投资主体的不同，可将股票分为国家股、法人股、个人股等

国家股是指有权代表国家投资的部门或机构以国有资产向公司投资而形成的股份。

法人股是指企业法人依法以其可支配的财产向公司投资而形成的股份，或具有法人资格的事业单位和社会团体以国家允许用于经营的资产向公司投资而形成的股份。

个人股是指社会个人或公司内部职工以个人合法财产投入公司而形成的股份。

（4）按发行对象和上市地区的不同，可将股票分为 A 股、B 股、H 股和 N 股等

A 股是指供中国大陆地区个人或法人买卖的，以人民币标明票面金额并以人民币认购和交易的股票。

B 股、H 股和 N 股是指专供外国和我国港澳台地区投资者买卖的，以人民币标明票面金额但以外币认购和交易的股票。其中，B 股在上海、深圳上市；H 股在香港上市；N 股在纽约上市。

3.4.2.4　股票的发行

（1）股份有限公司的设立

设立股份有限公司，应当有 2 人以上 200 人以下为发起人，其中须有半数以上的发起人在中国境内有住所。公司全体发起人的首次出资额不得低于注册资本的 20%，其余部分由发起人自公司成立之日起两年内缴足。其中，投资公司可以在五年内缴足。在缴足前，不得向他人募集股份。

股份有限公司采取募集方式设立的，注册资本为在公司登记机关登记的实收股本总额。股份有限公司注册资本的最低限额为人民币 500 万元。法律、行政法规对股份有限公司注册资本的最低限额有较高规定的，从其规定。

股票发行是指符合条件的发行人以筹资或实施股利分配为目的，按照法定的程序，向投资者或原股东发行股份或无偿提供股份的行为。

（2）发行条件

①公司的生产经营符合国家产业政策。

②公司发行的普通股只限一种，同股同权。

③发起人认购的股本数额不少于公司拟发行的股本总额的 35%。

④在公司拟发行的股本总额中，发起人认购的部分不少于人民币 3000 万元，但是国家另有规定的除外。

⑤向社会公众发行的部分不少于公司拟发行的股本总额的 25%。其中公司职工认购的股本数额不得超过拟向社会公众发行的股本总额的 10%；公司拟发行的股本总额超过人民币 4 亿元的，证监会按照规定可酌情降低向社会公众发行部分的比例，但是最低不少于公司拟发行的股本总额的 15%。

⑥发行人在近三年内没有重大违法行为。

⑦国务院证券委员会规定的其他条件。

（3）发行方式

股票在上市发行前，上市公司与股票的证券商签订代理发行合同，确定股票发行的

方式，明确各方面的责任。股票代理发行的方式按发行承担的风险不同，一般分为包销发行方式和代理发行方式两种。

①包销发行，是由代理股票发行的证券商一次性将上市公司新发行的全部或部分股票承购下来，并垫支相当股票发行价格的全部资本。

由于金融机构一般都有较雄厚的资金，可以预先垫支，以满足上市公司急需大量资金的需要，所以上市公司一般都愿意将其新发行的股票一次性转让给证券商包销。如果上市公司股票发行的数量太大，一家证券公司包销有困难，还可以由几家证券公司联合起来包销。

②代销发行，是由上市公司自己发行，中间只委托证券公司代为推销，证券公司代销证券只向上市公司收取一定的代理手续费。

股票上市的包销发行方式，虽然上市公司能够在短期内筹集到大量资金，以应付资金方面的急需。但一般包销出去的证券，证券承销商都只按股票的一级发行价或更低的价格收购，从而不免使上市公司丧失了部分应有的收获。代销发行方式对上市公司来说，虽然相对于包销发行方式能够获得更多的资金，但整个筹款时间可能很长，从而不能使上市公司及时得到自己所需的资金。

（4）股票上市

股票上市是指已经发行的股票经证券交易所批准后，在交易所公开挂牌交易的法律行为。上市后，公司将获得巨额资金投资，有利于公司的发展。新的股票上市规则主要对信息披露和停牌制度等进行了修改，增强了信息披露的透明性，尤其是重大事件要求细化持续披露，有利于普通投资者化解部分信息不对称的影响。

①股票上市的目的

第一，资本大众化。股票上市后，会有更多的投资者认购公司股份，公司则可以将部分股份转售给这些投资者，再将得到的资金用于其他方面，这就分散了公司的风险。

第二，提高股票的变现力。股票上市后便于投资者购买，自然提高了股票的流动性和变现力。

第三，便于筹措新资金。股票上市必须经有关机构审查并接受相应的管理，执行各种信息披露和股票上市的规定，这就大大增强了社会公众对上市公司的信赖度，使之乐于购买上市公司的股票。同时，由于一般人认为上市公司实力雄厚，所以便于公司采用其他方式（如负债）筹措资金。

第四，提高公司知名度。上市公司为社会所知，并被认为经营优良，会带来良好声誉，吸引更多的顾客，从而扩大销售量。

第五，便于确定公司价值。股票上市后，公司股价有市价可循，便于确定公司的价值，有利于促进公司财富最大化。

②股票上市的条件

第一，股票经中国证监会核准已公开发行；

第二，公司股本总额不少于人民币 3000 万元；

第三，公开发行的股份达到公司股份总额的 25%以上，公司股本总额超过人民币 4 亿元的，公司发行股份的总额的比例为 10%；

第四，公司在最近 3 年内无重大违法行为，财务会计报告无虚假记载。

③股票暂停上市的条件

第一，上市公司股本总额（3000 万元）、股权分布（25%、10%）等发生变化不再具备上市条件；

第二，上市公司不按照规定公开其财务状况，或者对会计报告做虚假记载，可能误导投资者；

第三，上市公司有重大违法行为；

第四，上市公司最近 3 年连续亏损。

④股票终止上市的条件

第一，上市公司股本总额、股权分布等发生变化不再具备上市条件，在证券交易所规定的期限内仍不能达到上市条件；

第二，上市公司不按照规定公开其财务状况，或者对财务会计报告做虚假记载，且拒绝纠正；

第三，上市公司最近 3 年连续亏损，在其后一个年度内未能恢复盈利；

第四，上市公司解散或者被宣告破产。

3.4.2.5 股权筹资的优缺点

（1）股票筹资的优点

①股权筹资是企业稳定的资本基础

股权资本没有固定的到期日，无需偿还，是企业的永久性资本，除非企业清算时才有可能予以偿还。这对于保障企业对资本的最低需求，促进企业长期持续稳定经营具有重要意义。

②股权筹资是企业良好的信誉基础

股权资本作为企业最基本的资本，代表了公司的资本实力，是企业与其他单位组织开展经营业务，进行业务活动的信誉基础。同时，股权资本也是其他方式筹资的基础。尤其可为债务筹资，包括银行借款、发行公司债券等提供信用保障。

③企业财务风险较小

股权资本不用在企业正常运营期内偿还，不存在还本付息的财务风险。相对于债务资本而言，股权资本筹资限制少，资本使用上也无特别限制。另外，企业可以根据其经营状况和业绩的好坏，决定向投资者支付报酬的多少，资本成本负担比较灵活。

（2）股权筹资的缺点

①资本成本负担较重

一般而言，股权筹资的资本成本要高于债务筹资。这主要是由于投资者投资于股权特别是投资于股票的风险较高，投资者或股东相应要求得到较高的报酬率。企业长期不派发利润和股利，将会影响企业的市场价值。从企业成本开支的角度来看，股利、红利从税后利润中支付，而使用债务资本的资本成本允许税前扣除。此外，普通股的发行、上市等方面的费用也十分庞大。

②容易分散企业的控制权

利用股权筹资，由于引进了新的投资者或出售了新的股票，必然会导致企业控制权结构的改变，分散了企业的控制权。控制权的频繁迭变，势必要影响企业管理层的人事变动和决策效率，影响企业的正常经营。

③信息沟通与披露成本较大

投资者或股东作为企业的所有者，有了解企业经营业务、财务状况、经营成果等的权利。企业需要通过各种渠道和方式加强与投资者的关系管理，保障投资者的权益。特别是上市公司，其股东众多而分散，只能通过公司的公开信息披露了解公司状况。这就需要公司花费更多的精力，用于公司的信息披露和投资者关系管理。

3.4.3 企业内部积累

内部积累主要是通过留存收益来筹集资金。留存收益是指企业在经营活动中积累的财富，主要包括盈余公积及未分配利润。

3.4.3.1 内部积累的资金成本

内部积累的资金成本就是股东的回报率，跟普通股筹资成本基本一样，但是没有一次性的筹资费用。因为内部积累从权益角度来讲仍然是股东权益。

3.4.3.2 内部积累筹资的优缺点

（1）内部积累的优点

①内部积累不发生实际的资金成本支出。内部积累不同于债务筹资，因此没有利息支出；同时又不同于股票筹资，不必要支付股利，因此可以缓解现金支出的压力。

②内部积累可以提升企业的举债能力。内部积累是权益资本，因此可以作为对外举债的基础。

③内部积累可以不分散股东的控制权。内部积累既不涉及增发也不涉及举债，因此，对股东的控制权没有影响。

（2）内部积累的缺点

①资金筹集时间缓慢。内部积累是靠企业经营活动获取的收益，因此很难在短时间内获取需要数量的资金。

②受到股利分配机制的制衡。企业的股利分配基础可能影响留存收益的积累。同时提取过高的留存收益可能导致现金股利分配不足给企业带来负面影响。

3.5 债务筹资

债务筹资的概念有狭义和广义之分。狭义的债务筹资是指企业按约定代价和用途取得且需要按期还本付息的一种筹资方式，如对外借款；广义的债务筹资包括借款、发行公司债券、融资租赁及商业信用。

3.5.1 借款

借款是企业常用的筹资方式，借款的渠道主要包括银行、其他金融机构（如保险公司）、财务公司及其他企业。尽管借款有不同的筹资渠道，但是其实质都需要因为使用资金而支付一定的成本。因此，本章在介绍借款的相关内容时包括了上述四种筹资渠道的借款。不同筹资渠道的借款，其办理的借款的程序也不同，相比而言银行借款的程序较为繁琐。企业与企业之间的借款程序的办理相对简单，但是借款企业所面临的风险也是比较大的。就借款而言，按使用资金的长短分为短期借款和长期借款。短期借款的借款时间在一年以内，长期借款的借款时间在一年以上。

3.5.1.1 短期借款

短期借款是指企业向银行、其他金融机构、财务公司等借入的偿还期限在一年以内的借款。短期借款一般是补充企业的流动资金。

短期借款时企业需要向贷款方提出申请，贷款方对其贷款额度进行审查，审查的目的就是为了确保借款方的偿债能力，以免造成损失。审核通过后借贷双方就可以签订借款合同，在合同上注明相关条款。合同签订成功以后贷款方放款，借款方取得资金。见图 3-3。

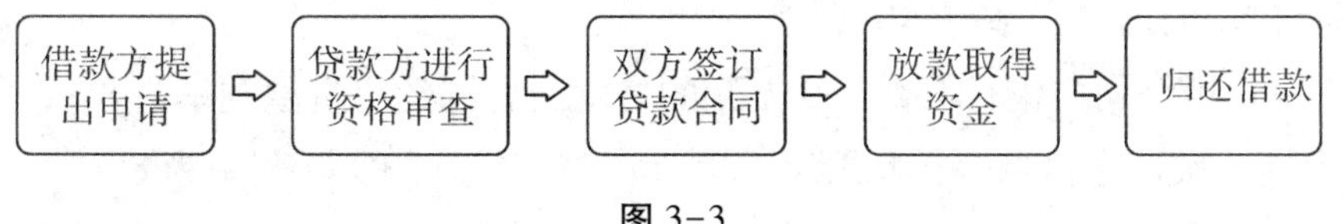

图 3-3

（1）短期借款的信用条件

为了降低贷款方的风险，企业取得短期借款的通常都会有一定的限制。通常，对于短期借款有以下限制：

①信用限额。信用限额是指贷款方对借款方的无担保的贷款做出的限定，即规定某一借款人的无担保贷款不能超过某一额度。通常，信用限额会根据不同企业的不同信誉制定。信誉较好的企业的信用限额较高，信誉较低的企业的信用限额较低。如果某借款方的信誉极度恶劣，借款方对其制定的信用限额为零，即银行不愿意发放无担保贷款给

此借款方。

②周转信用协定。周转信用协定是指贷款方具有法律义务承诺，在某一限额内满足借款方的借款要求。即在协议期内，只要借款方的借款额度没有超过协定的额度，只要借款方提出资金需求，贷款方就要满足其需求。周转信用协定对于借款方而言是一种权利，借款方获取这样的权利通常需要向贷款方支付一笔承诺费。

③补偿性余额。补偿性余额是指贷款方要求借款方在其借款账户中保留不低于借款额一定比例的资金。补偿性余额主要是为了降低贷款方的风险，但是对于借款方而言则实际上增加了借款的实际利率。

【例 3-3】甲公司向银行申请 100 万元的短期借款利率为 8%，用于补充流动资金。银行鉴于以往甲公司的还款能力，要求甲公司在其银行账户中要保留不低于借款额 20%的比例。试计算甲公司该笔借款的实际利率？

解：甲公司的实际可支配的款项为 80 万元。

年借款利息 = 100 × 8% = 8（万元）

实际用款额 = 100 × (1 − 20%) = 80（万元）

$$实际借款利率 = \frac{8}{80} \times 100\% = 10\%$$

④借款抵押。借款抵押是指贷款方为了降低自身的风险，规定借款方需要向贷款方提供一定的抵押物作为担保。借款抵押属于担保贷款，从一定程度上降低了贷款方的风险。

（2）短期借款的成本

短期借款的成本因利息支付方式及贷款的附加规定的不同而造成短期借款的名义利率与实际利率的不一致。利息的支付方式包括收款法、贴现法、加息法、补偿性余额。

①收款法下的实际利率。收款法是指企业支付利息的时间是到期一次还本付息。在收款法下，借款的名义利率与实际利率一致。

【例 3-4】甲公司向银行取得 100 万元的贷款，合同约定贷款利率为 8%，贷款期限 6 个月，到期一次还本付息，在此情况下甲公司该笔贷款的实际利率为 8%。

②贴现法下的借款成本。贴现法是指贷款方向借款方提供借款时，先从借款本金中扣除利息，借款到期时再按本金偿还全部贷款的计息方式。在该付息方式下，借款方实际使用的资金是本金减去借款利息后的金额。因此，该付息方式下的借款的实际利率要高于名义利率。

【例 3-5】甲公司向银行取得借款 100 万元，合同规定年利率为 10%，贷款期限为 1 年，按贴现法付息。试计算甲公司借款的实际利率？

$$解：甲公司借款的实际利率 = \frac{10\%}{(1 - 10\%)} = 11.1\%$$

当贷款的期限小于 1 年时，则贷款的实际利率可以通过以下公式计算：

$$\left(1+\frac{I}{1-I}\right)^{\frac{n}{12}}-1$$

式中，I 表示借款利息，n 表示借款期限。

承接上例：若贷款期限为半年，问甲公司借款的实际利率是多少？

$$\left(1+\frac{8\%}{1-8\%}\right)^{\frac{6}{12}}-1=4.3\%$$

③加息法的借款成本。加息法是指借款人分期等额归还本息的方法。该方法下通过计算名义利息与本金之和，然后等额归还本息。下面通过举例来说明加息法下的借款成本与名义成本的关系。

加息法下借款的实际成本的计算公式如下：

$$\frac{M \times I}{M \div 2} \times 100\%$$

式中，I 表示借款利率，M 表示借款本金。

【例 3-6】甲公司向银行取得借款 100 万元，合同规定年利率为 8%，贷款期限为 1 年，按加息法分 4 次偿还本息，即每 3 个月后归还一次本金和利息。试计算甲公司借款的实际利率。

解：该笔借款到期后的本息和为 108 万元，分 4 次偿还，每期需偿还 27 万元，偿还期为每期 90 天。

$$实际成本=\frac{100 \times 0.08}{100 \div 2} \times 100\% = 16\% > 8\%$$

从上述事例可以看出，加息法下的借款的实际成本比名义成本高。并且还可以得到这样一个规律，借款的实际利率随还款次数的增加而增加。如果还款次数为无限次，那么借款的实际利率约为名义利率的两倍。

④补偿性余额的借款成本。补偿性余额借款的实际成本也会高于名义成本。

$$实际利率=\frac{名义借款金额 \times 名义利率}{名义借款金额 \times (1-补偿性余额比例)} \times 100\%$$

$$=\frac{名义利率}{1-补偿性余额比率} \times 100\%$$

（3）短期借款的优点与缺点

短期借款的优点：一是对于季节性和临时性的资金需求，采用短期借款尤为方便。而那些规模大、信誉好的大企业，更可以较低的利率借入资金。二是短期借款具有较好的弹性，可以在资金需要增加时借入、在资金需要减少时还款。

短期借款的缺点：一是资金成本较高。采用银行短期借款成本比较高，不仅不能与

商业信用相比，与短期融资券相比也高出许多。而抵押借款因需要支付管理和服务费用，成本更高。二是限制较多。如向银行借款，银行要对企业的经营和财务状况进行调查以后才能决定是否贷款，有些银行还要对企业有一定的控制权，要企业把流动比率、负债比率维持在一定的范围之内，这些都有会构成对企业的限制。

3.5.1.2 长期借款

长期借款是指借款人向银行或其他非银行金融机构等借入的使用期限超过一年的借款。借款人举借长期借款主要用于购建固定资产和满足企业长期资金的需求。

对于长期借款，贷款方通常对借款方的资格审查比较严。其原因在于，长期借款涉及的贷款金额比较大、时间比较长，时间过长其不确定性也就越大。因此，贷款方为了降低自身的贷款的不确定性风险，通常对提出申请的借款方都有比较严格的审查。

（1）长期借款的条件

我国金融部门对企业发放长期借款的原则是：按计划发放、择优扶持、有物资保证、按期归还。此外，企业举借长期借款还需满足以下条件：

①独立核算，自负盈亏，具有法人资格；

②经营方向和业务范围符合国家产业政策，借款用途属于贷款办法规定的范围；

③借款企业具有一定的物质和财产保证，担保单位具有相应的经济实力；

④具有偿还贷款的能力；

⑤财务管理和经济核算制度健全，资本使用效益及企业效益良好；

⑥在银行设有账户，办理结算。

（2）长期借款的程序

长期借款的程序见图 3-4。

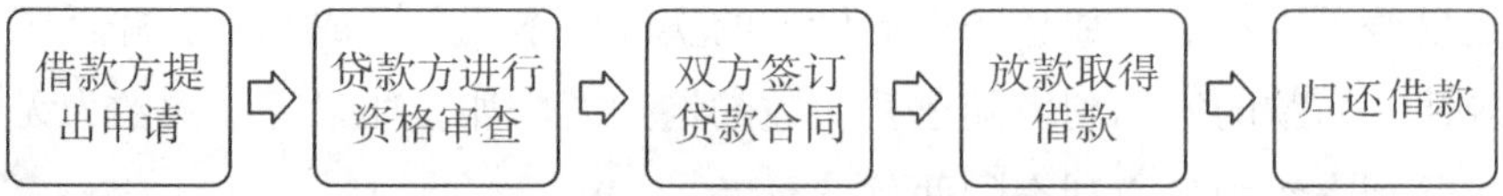

借款方提出申请 ⇨ 贷款方进行资格审查 ⇨ 双方签订贷款合同 ⇨ 放款取得借款 ⇨ 归还借款

图 3-4

具备长期借款的条件，在向银行申请长期借款时首先要陈述申请借款的原因、金额、用款的时间以及如何归还借款。银行根据借款方提出的申请对其资格进行审查，针对其财务状况、信用等级、盈利能力、发展前景做一个综合评价。如果借款方通过审查则可以与银行签订长期借款合同，合同要明确借款的种类、借款的用途、借款金额和期限、借款利率及支付利息的方式、还款方式以及提前还款的条件等。合同签订完成以后，银行向借款方放款，借款方取得长期借款。放款以后，银行还要对借款方进行长期追踪，追查其长期借款是否用于合同规定的地方，评价其财务状况是否发生变化等。

（3）长期借款的利率

长期借款的利率的大小取决于金融市场的供求关系、借款期限、借款方的信誉及借

款方用于抵押贷款物的流动性。长期借款的利率通常分为固定利率和浮动利率。

①固定利率是指借贷双方通过参考一定的标准确定一个贷款利率。通常，只有借款方预计未来期间利率会上升的情况下才会签订固定利率。

②浮动利率是指在长期借款的期限内，长期借款的利率可能会随着实际情况的变化而变动。一般利率的调整频率为每半年或每年调整一次。就目前而言，我国企业的长期借款利率大多采用浮动利率，即在中国人民银行制定的基准利率的基础上，金融机构在中国人民银行规定的浮动范围内浮动。

（4）长期借款的附加条件

长期借款的附加条件主要是为了保护贷款方，原因在于长期借款贷款期限长、风险大。所以，金融机构为了降低自身的风险，在签订长期借款合同时都会在合同上附加一定的附加条件。这些附加条件主要包括：标准条款、限制性条款、惩罚性条款。

①标准条款包括：借款方定期向贷款方提供财务报表；如期缴纳税款和清偿到期债务；保持正常的盈利能力。

②限制性条款包括：借款方的流动比率不能低于某一规定指标；限制借款方在未经贷款方同意的情况下增加企业债务；要求借款必须用于合同规定的用途上；要求在贷款期限内不随意更换管理层。

③惩罚性条款是指借款方在违反合同规定时贷款方可以要求其提前归还借款。

（5）长期借款的还款方式

借贷双方在签订长期借款合同时便规定了长期借款的本息的偿还方式，不同的本息偿还方式对借款方的影响是不同的。长期借款的还本付息的方式包括：①到期一次还本付息；②定期还息，到期一次还本；③定期等额还本付息。

①到期一次还本付息。到期一次还本付息企业面临的偿债压力也比较大。并且各期间产生的利息在以后期间也会产生利息。也就是本书前面章节所讲的复利。

【例 3-7】甲公司向银行借款 100 万元，合同规定借款利率为 8%，借款期限为 5 年，到期一次还本付息。问五年后公司要支付的本息和为多少？

$100 \times (1 + 8\%)^5 = 146.93$(万元)

②定期还息，到期还本。在还本付息方式下，要求借款方按合同规定定期支付当期利息，到期一次性偿还本金。

接上例：如果借贷双方约定每年支付一次利息到期一次还本付息，那么甲公司每年需要向银行支付利息 8 万元（100 × 8%），贷款到期时甲公司只需向银行支付当期利息和借款本金 108 万元。

③定期等额偿还本息。在这种还款方式下，企业的还款压力最小。

（6）长期借款的优点与缺点

①长期借款的优点：不会影响企业的股权结构，有利于保护股东对企业的控制力；

在一定条件下可以增加股东的收益水平。当企业所获得的投资利润率高于长期负债的固定利率时，剩余利润全部归投资者所有。长期负债利息的支出，可以作为财务费用从税前利润中扣除，减少了企业所交的所得税。

②长期借款的缺点：长期负债的本金和利息都有明确的偿还日期，企业必须为债务的偿还做好财务安排。如果企业经营状况不好，将成为企业沉重的负担；如果企业未能按期偿还利息和本金，将严重损害企业的信用，影响企业本来的经营和融资活动，甚至导致企业破产清算，因此长期负债将增加企业的财务风险。

3.5.2 发行债券

公司债券是指公司依照公司法等法定程序，发行的约定在一定期限内还本付息的有价证券。通常公司发行债券是为了一次性筹集大笔的长期资本。

3.5.2.1 公司发行债券的条件

（1）股份公司的净资产额不低于人民币3000万元，有限责任公司净资产额不低于人民币6000万元；

（2）累计债券总额不得超过公司净资产额的40%；

（3）最近三年平均可分配利润足以支付公司债券一年的利息；

（4）筹集资金的投向符合国家产业政策；

（5）债券利率不得超过国务院限定的利率水平；

（6）国务院规定的其他条件。

3.5.2.2 债券的基本要素

债券的基本要素有四个：票面价值、债券价格、偿还期限、票面利率。

（1）票面价值

债券的票面价值简称面值，是指债券发行时设定的票面金额。

（2）债券价格

债券价格包括发行价格和交易价格。债券的发行价格可能不等同于债券面值。当债券发行价格高于面值时，称为溢价发行；当债券发行价格低于面值时，称为折价发行；当债券发行价格等于面值时，称为平价发行。债券的交易价格即债券买卖时的成交价格。在行情表上我们还会看到开盘价、收盘价、最高价和最低价。最高价是一天交易中最高的成交价格；最低价即一天交易中最低的成交价格；开盘价是当天开市第一笔交易价格；闭市前的最后一笔交易价格则为收盘价。

（3）偿还期限

债券的偿还期限是个时间段，起点是债券的发行日期，终点是债券票面上标明的偿还日期。偿还日期也称为到期日。在到期日，债券的发行人偿还所有本息，债券代表的债权债务关系终止。

(4) 票面利率

票面利率是指每年支付的利息与债券面值的比例。投资者获得的利息就等于债券面值乘以票面利率。

3.5.2.3 公司债券的分类

企业债券按不同标准可以分为很多种类。最常见的分类有以下几种：

(1) 按照期限划分，企业债券有短期企业债券、中期企业债券和长期企业债券。短期企业债券期限在 1 年以内，中期企业债券期限在 1 年以上 5 年以内，长期企业债券期限在 5 年以上。

(2) 按是否记名划分，企业债券可分为记名债券和不记名债券。如果债券上登记有债券持有人的姓名，投资者领取利息时要凭印章或其他有效的身份证明，转让时只能以背书方式或者法律法规规定的其他方式，同时还要到发行公司登记，这种债券称为记名企业债券；反之，则称为不记名企业债券。

(3) 按债券有无担保划分，企业债券可分为信用债券和担保债券。信用债券是指仅凭筹资人的信用发行的、没有担保的债券。信用债券只适用于信用等级高的债券发行人。担保债券是指以抵押、质押、保证等方式发行的债券。其中：抵押债券是指以不动产作为担保品所发行的债券，质押债券是指以其有价证券作为担保品所发行的债券，保证债券是指由第三者担保偿还本息的债券。

(4) 按债券可否提前赎回划分，企业债券可分为可提前赎回债券和不可提前赎回债券。如果企业在债券到期前有权定期或随时购回全部或部分债券，这种债券就称为可提前赎回企业债券；反之，则称为不可提前赎回企业债券。

(5) 按债券票面利率是否变动，企业债券可分为固定利率债券、浮动利率债券和累进利率债券。固定利率债券是指在偿还期内利率固定不变的债券；浮动利率债券是指票面利率随市场利率定期变动的债券；累进利率债券是指随着债券期限的增加，利率累进的债券。

(6) 按发行人是否给予投资者选择权分类，企业债券可分为附有选择权的企业债券和不附有选择权的企业债券。附有选择权的企业债券是指债券发行人给予债券持有人一定的选择权，如可转让公司债券、有认股权证的企业债券、可退还企业债券等。可转换公司债券的持有者，能够在一定时间内按照规定的价格将债券转换成企业发行的股票；有认股权证的债券持有者，可凭认股权证购买所约定的公司的股票；可退还的企业债券，在规定的期限内可以退还。反之，债券持有人没有上述选择权的债券，即是不附有选择权的企业债券。

(7) 按发行方式分类，企业债券可分为公募债券和私募债券。公募债券是指按法定手续经证券主管部门批准公开向社会投资者发行的债券；私募债券是指以特定的少数投资者为对象发行的债券，发行手续简单，一般不能公开上市交易。

3.5.2.4 债券发行方式与发行价格

按照债券的发行对象的不同，可分为私募发行和公募发行两种方式。私募发行是指面向少数特定的投资者发行的债券。私募债券发行一般以少数关系密切的单位和个人为发行对象，不对所有的投资者公开出售。具体发行对象有两类：一类是机构投资者，如大的金融机构或是与发行者有密切业务往来的企业等；另一类是个人投资者，如发行单位自己的职工，或是使用发行单位产品的用户等。私募发行一般多采取直接销售的方式，不经过证券发行中介机构，不必向证券管理机关办理发行注册手续，可以节省承销费用和注册费用，手续比较简便。但是私募债券不能公开上市，流动性差，利率比公募债券高，发行数额一般不大。公募发行是指公开向不特定的投资者发行的债券。公募债券发行者必须向证券管理机关办理发行注册手续。由于发行数额一般较大，通常要委托证券公司等中介机构承销。公募债券信用度高，可以上市转让，因而发行利率一般比私募债券利率低。

公募债券采取间接销售的具体方式又可以分为以下三种：

（1）代销。代销是指发行者和承销者签订协议，由承销者代为向社会销售债券。承销者按规定的发行条件尽力推销，如果在约定期限内未能按照原定发行数额全部销售出去，债券剩余部分可以退还给发行者，承销者不承担发行风险。采用代销方式发行债券，手续费一般较低。

（2）余额包销。余额包销是指承销者按照规定的发行数额和发行条件，代为向社会推销债券，在约定期限内推销债券，如果有剩余，须由承销者负责认购。采用这种方式销售债券，承销者承担部分发行风险，能够保证发行者筹资计划的实现，但承销费用高于代销费用。

（3）全额包销。首先由承销者按照约定条件将债券全部承购下来，并且立即向发行者支付全部债券价款，然后再由承销者向投资者分次推销。采用全额包销方式销售债券，承销者承担了全部发行风险，可以保证发行者及时筹集到所需要的资金，因而包销费用也比余额包销费用高。

按照债券的实际发行价格和票面价格的异同，债券的发行可以分为平价发行、溢价发行和折价发行。①平价发行是指债券的发行价格和票面额相等，因而发行收入的数额和将来还本数额也相等。前提是债券发行利率和市场利率相同，这在西方国家比较少见。②溢价发行是指债券的发行价格高于票面额，以后偿还本金时仍按票面额偿还。只有在债券票面利率高于市场利率的条件下，才能采用这种方式发行。③折价发行是指债券发行价格低于债券票面额，而偿还时却要按票面额偿还本金。折价发行是因为规定的票面利率低于市场利率。

债券发行价格的计算公式如下：

$$P = \frac{M}{(1+\text{市场利率})^{n}} + \sum_{t=1}^{n} \frac{I}{(1+\text{市场利率})^{t}}$$

$$= M \times (P/F,\ i,\ n) + I \times (P/A,\ i,\ n)$$

式中：P——债券的发行价格；

I——债券每期支付的票面利息；

M——债券的面值；

i——市场利率。

【例3-8】甲公司欲发行一种面值为1500元、票面利率为10%、期限为5年期的一种中长期债券。债券规定，每年年末支付利息，到期还本。试计算当市场利率分别为8%、10%、12%的情况下的债券发行价格。

解：

债券每年的票面利息＝1500×10%＝150(元)

当市场利率为8%时，发行价格计算如下：

$$P = 1500 \times (P/F,\ 8\%,\ 5) + 150 \times (P/A,\ 8\%,\ 5)$$
$$= 1500 \times 0.6806 + 150 \times 3.9927$$
$$= 1619.81\ (\text{元})$$

当市场利率为10%时，发行价格计算如下：

$$P = 1500 \times (P/F,\ 10\%,\ 5) + 150 \times (P/A,\ 10\%,\ 5)$$
$$= 1500 \times 0.6209 + 150 \times 3.7908$$
$$= 1500\ (\text{元})$$

当市场利率为12%时，发行价格计算如下：

$$P = 1500 \times (P/F,\ 12\%,\ 5) + 150 \times (P/A,\ 12\%,\ 5)$$
$$= 1500 \times 0.5674 + 150 \times 3.6048$$
$$= 1391.82\ (\text{元})$$

3.5.2.5 债券筹资的优缺点

（1）债券筹资的优点

①资本成本较低。与股票的股利相比，债券允许在所得税前扣除，公司可享受税收上的抵减，故公司实际负担的债券成本一般低于股票成本。

②可利用财务杠杆。无论发行公司盈利多少，持券者一般只收取固定的利息，若公司用资后收益丰厚，增加的收益大于支付的利息额，则会增加股东财富和公司价值。

③保障公司控制权。持券者一般无权参与发行公司的管理决策，因此发行债券一般不会分散公司控制权。

④便于调整资本结构。

（2）债券筹资的缺点

①财务风险较高。债券通常有固定的到期日，需要定期还本付息，财务上始终有压力。在公司不景气时，还本付息将成为公司严重的财务负担，有可能导致公司破产。

②限制条件多。发行债券的限制条件较长期借款、融资租赁的限制条件多且严格，从而限制了公司对债券融资的使用，甚至会影响公司以后的筹资能力。

③筹资规模受制约。公司利用债券筹资一般受一定额度的限制。《公司法》规定，发行公司流通在外的债券累计总额不得超过公司净产值的40%。

3.5.3 租赁筹资

租赁筹资是指出租人以收取租金为条件，授予承租人在约定的期限内占有和使用财产权利的一种契约性行为。其行为实质是一种借贷属性，不过它直接涉及的是物而不是钱。租赁分为经营租赁和融资租赁。

3.5.3.1 经营租赁筹资

经营租赁是指为满足承租人临时或季节性使用资产的需要而发生的不完全支付式租赁。它是一种纯粹的、传统意义上的租赁。承租人只是为了满足经营上短期的、临时的或季节性的需要，并没有添置资产上的意图。出租人不仅要向承租人提供设备的使用权，还要向承租人提供设备的保养、保险、维修和其他专门性技术服务。经营租赁泛指融资租赁以外的其他一切租赁形式。租赁开始日租赁资产剩余经济寿命低于其预计经济寿命25%的租赁，也视为经营租赁，而不论其是否具备融资租赁的其他条件。

（1）经营租赁筹资的特征

①可撤销。合同期间，承租人可中止合同，退回设备，以租赁更先进的设备。

②不足支付。基本租期内，出租人只能从出租中收回设备的部分垫支资本，需通过该项设备以后多次出租给多个承租人使用，方能补足未收回的那部分设备投资外加其应获得的利润。

③租赁机构不仅提供融资便利，还提供维修管理等多项专门服务，对出租设备的适用性、技术性能负责，并承担过时风险，负责购买保险。

（2）经营租赁筹资的优点

①筹资速度快。租赁设备往往比借款购置设备更迅速、更灵活。因为租赁是筹资与设备购置同时进行的，可以缩短设备的购进、安装时间，使企业尽快形成生产能力，有利于企业尽快占领市场，打开销路。

②限制条款少。企业运用股票、债券制约条件多，而租赁筹资则没有太多的限制。安装时间短，使企业尽快形成生产能力，有利于长期借款等方式筹资。

③设备淘汰风险小。随着科学技术的不断进步，设备陈旧过时的风险很高，利用租赁筹资，企业可以减少这一风险。因为经营租赁期限较短，到期把设备归还出租人，这

种风险完全由出租人承担；租赁筹资的期限一般为资产使用年限的75%，不会像自己购买设备那样整个期间都承担风险；多数租赁协议都规定由出租人承担设备陈旧过时的风险。

④到期还本负担轻。租金在整个租期内分摊，不用到期归还大量本金。许多借款都在到期日一次偿还本金，这会给财务基础较弱的企业造成相当大的困难，有时会造成不能偿付的风险。而租赁则把这种风险在整个租期内分摊，可适当减少不能偿付的风险。

⑤保存企业的借款能力。利用租赁筹资不会增加企业负债，不会改变企业的资本结构，不会直接影响承租企业的借款能力。有些企业由于种种原因，负债比率过高，不能向外界筹措大量资金。在这种情况下，采用租赁形式就可以使企业在资金不足而又急需设备时，不需要付出大量资金就能及时得到所需设备。有些企业可能会发现，当它们的信用额度已全部用完，贷款协议又限制它们去进一步举债时，租赁筹资便成为最佳的选择。

⑥税收负担轻。租金费用可在税前扣除，具有抵免所得税的效用，使承租企业能享受税收上的优惠。

（3）经营租赁筹资的缺点

①筹资成本高。筹资成本高是租赁筹资的主要缺点，租金总额占设备价值的比例一般要高于同期银行贷款的利率。在承租企业经济不景气、财务发生困难时期，固定的租金也会对企业构成一项较为沉重的财务负担。

②丧失资产残值。租赁期满，如承租企业不能享有设备残值，也可以视为承租企业的一种机会损失。如企业购买资产，就可以享有资产残值。

③难于改良资产。由于租赁资产所有权一般归出租人所有，因此承租企业未经出租人同意，往往不得擅自对租赁资产加以改良，以满足企业生产经营的需要。

3.5.3.2 融资租赁筹资

融资租赁是指出租人根据承租人对租赁物件的特定要求和对供货人的选择，出资向供货人购买租赁物件，并租给承租人使用，承租人则分期向出租人支付租金。租期届满，租金支付完毕并且承租人根据融资租赁合同的规定履行全部义务后，对租赁物的归属没有约定的或者约定不明的，可以协议补充；不能达成补充协议的，按照合同有关条款或者交易习惯确定，仍然不能确定的，租赁物件所有权归出租人所有。

融资租赁和经营租赁本质的区别就是：经营租赁以承租人租赁使用物件的时间计算租金，而融资租赁以承租人占用融资成本的时间计算租金。

融资租赁是集融资与融物、贸易与技术更新于一体的新型金融产业。由于其融资与融物相结合的特点，出现问题时租赁公司可以回收、处理租赁物，因而在办理融资时对企业资信和担保的要求不高，所以非常适合中小企业融资。

（1）融资租赁的基本特征

①租赁物由承租人决定，出租人出资购买并租赁给承租人使用，并且在租赁期间内只能租给一个企业使用。

②承租人负责检查验收制造商所提供的租赁物，对该租赁物的质量与技术条件出租人不向承租人做出担保。

③出租人保留租赁物的所有权，承租人在租赁期间支付租金而享有使用权，并负责租赁期间租赁物的管理、维修和保养。

④租赁合同一经签订，在租赁期间任何一方均无权单方面撤销合同。只有租赁物毁坏或被证明为已丧失使用价值的情况下方能中止执行合同，无故毁约则要支付相当重的罚金。

⑤租期结束后，承租人一般对租赁物有留购和退租两种选择，若要留购，购买价格可由租赁双方协商确定。

（2）融资租赁的种类

①简单融资租赁。简单融资租赁是指由承租人选择需要购买的租赁物件，出租人通过对租赁项目风险评估后出租租赁物件给承租人使用。在整个租赁期间承租人没有所有权但享有使用权，并负责维修和保养租赁物件。出租人对租赁物件的好坏不负任何责任，设备折旧在承租人一方。

②杠杆融资租赁。杠杆融资租赁是一种专门做大型租赁项目的有税收好处的融资租赁，主要由一家租赁公司牵头作为主干公司，为一个超大型的租赁项目融资。首先成立一个脱离租赁公司主体的操作机构——专为本项目成立资金管理公司提供项目总金额20%以上的资金，其余部分资金来源则主要是吸收银行和社会闲散游资，利用100%享受低税的好处“以二博八”的杠杆方式，为租赁项目取得巨额资金。其余做法与融资租赁基本相同，只不过合同的复杂程度因涉及面广而随之增大。由于可享受税收好处、操作规范、综合效益好、租金回收安全、费用低，一般用于飞机、轮船、通信设备和大型成套设备的融资租赁。

③委托融资租赁。委托融资租赁包括两种方式：第一种方式是拥有资金或设备的人委托非银行金融机构从事融资租赁，第一出租人同时是委托人，第二出租人同时是受托人。出租人接受委托人的资金或租赁标的物，根据委托人的书面委托，向委托人指定的承租人办理融资租赁业务。在租赁期内租赁标的物的所有权归委托人，出租人只收取手续费、不承担风险。这种委托租赁的特点就是让没有租赁经营权的企业，可以“借权”经营。电子商务租赁即依靠委托租赁作为商务租赁平台。第二种方式是出租人委托承租人或第三人购买租赁物，出租人根据合同支付货款，又称委托购买融资租赁。

④项目融资租赁。项目融资租赁是指承租人以项目自身的财产和效益为保证，与出租人签订项目融资租赁合同，出租人对承租人项目以外的财产和收益无追索权，租金的

收取也只能以项目的现金流量和效益来确定。出卖人（即租赁物品生产商）通过自己控股的租赁公司采取这种方式来推销产品，扩大市场份额。通信设备、大型医疗设备、运输设备甚至高速公路经营权都可以采用这种方法。其他还包括：返还式租赁，又称售后租回融资租赁；融资转租赁，又称转融资租赁等。

（3）融资租赁租金的计算

①决定融资租赁租金的因素

第一，租赁设备的购置成本及残值。购置成本包括设备价款、运输费、安装费及保险费；残值是指租赁期满后设备出售的售价。

第二，利息。利息是指出租方为承租方购买设备而垫付资金的利息。

第三，租赁手续费。租赁手续费是按设备成本的一定比例计算，并无固定标准。

第四，租赁期限。租赁期限既影响租赁租金总额又影响每期租金。

第五，租金的支付方式。租金的支付方式也会影响租金的总额及每期支付租金的数额。支付方式按支付间隔期分为：年付、半年付、季付及月付。支付方式按期初和期末支付分为：先付和后付。支付方式按支付是否为等额分为：等额支付和非等额支付。在实际业务中，融资租赁租金的支付方式通常为后付等额年金方式支付。

②租金的确定方法

通常，租金的确定方式采用后付等额年金的方式，通常以资本成本作为折现率。每期支付租金的计算公式为：

$$A = \frac{(C - S) + I + F}{N}$$

式中：A ——每期支付的租金；

C ——设备购买成本；

S ——设备的残值；

I ——租赁期间利息；

F ——租赁期间手续费；

N ——租期内支付次数。

【例 3-9】甲公司从某租赁公司租一设备，该设备购置成本为 108 万元，双方约定租期 10 年，每年年末支付租金。租赁期满后设备归租赁公司所有，残值为 8 万元，年利率为 10%，租赁手续费为价格的 3%。问甲公司每年需支付的租金为多少？

$$A = \frac{(108 - 8) + [108 \times (1 + 10\%)^{10} - 108] + 108 \times 3\%}{10} = 27.54(\text{万元})$$

融资租赁的优点：

（1）筹资速度较快。租赁会比借款更快获得企业所需设备。

（2）限制条款较少。相比其他长期负债筹资形式，融资租赁所受限制的条款较少。

3 筹资管理

（3）设备淘汰风险较小。融资租赁期限一般为设备使用年限的75%。

（4）财务风险较小。分期负担租金，不用到期归还大量资金。

（5）税收负担较轻。租金可在税前扣除。

融资租赁的缺点：

（1）资金成本较高。租金较高，成本较大；

（2）筹资弹性较小。当租金支付期限和金额固定时，增加企业资金调度难度。

案例讨论

默多克的债务危机

很多公司在发展过程中，都要借助外力的帮助，体现在经济方面就是债务问题。债务结构的合理与否，直接影响着公司的前途、命运。世界头号新闻巨头默多克就曾有过一个惊险的债务危机故事。

默多克出生于澳大利亚。加入美国国籍后，他的总部仍设在澳大利亚，企业遍布全球。麦克斯韦尔生前主要控制镜报报业集团和美国的《纽约每日新闻》。默多克的触角比麦克斯韦尔伸得更广，在全世界有100多个新闻事业，包括闻名于世的英国《泰晤士报》。

世上豪富，大都肥头大耳，粗粗壮壮，有一副大亨的体态。可默多克压根儿是个不起眼的糟老头。若是以貌取人，谁都不能相信，他是拥资25亿美元的大富豪。

默多克不像麦克斯韦尔是个白手起家的暴发户，他从事的新闻出版业庇荫于父亲。老默多克在墨尔本创办了导报公司，取得成功。在儿子继承父业时，年收入已达400万美元了。默多克经营导报公司以后，筹划经营，多有建树，最终建成了一个每年营业收入达60亿美元的报业王国。它控制了澳大利亚70%的新闻业、45%的英国报业，又把美国相当一部分电视网络置于他的王国统治之下。

1988年，他施展铁腕，一举集资20多亿美元，把美国极有影响的一座电视网买到了手。默多克和他的家族对他们的报业王国有绝对控制权，掌握了全部股份的45%。

西方的商界大亨无不举债立业，向资金市场融资。像滚雪球一样，债务越滚越大，事业也越滚越大。

默多克报业背了多少债呢？24亿美元。他的债务遍于全世界，美国、英国、瑞士、荷兰，连印度和我国香港地区的钱他都借去花了。那些大大小小的银行也乐于给他贷款，他的报业王国的财务机构里共有146家债主。

正因为债务大、债主多，默多克对付起来也实在不容易，一发牵动全身，投资风险特高。若是碰到一个财务管理上的失误，或是一种始料未及的灾难，就可能像多米诺骨

牌一样，把整个事业搞垮。但多年来默多克经营得法，一路顺风。

殊不知，1990 年西方经济衰退刚露苗头，默多克报业王国就像中了邪似的，几乎在阴沟里翻船，而且令人不能置信，仅仅为 1000 万美元的一笔小债务。

对默多克说来，年收入达 60 亿美元的这一报业王国，区区 1000 万美元算不了什么，对付它轻而易举。谁知这该死的 1000 万美元，弄得他焦头烂额，应了“一文钱逼死英雄汉”的这句古话。

美国匹兹堡有家小银行，前些时候贷款给默多克 1000 万美元。原以为这笔短期贷款，到期可以付息转期，延长贷款期限。也不知哪里听来的风言风语，这家银行认为默多克的支付能力不佳，通知默多克这笔贷款到期必须收回，而且规定必须全额偿付现金。

默多克毫不在意，筹集 1000 万美元现款轻而易举。他在澳大利亚资金市场上享有短期融资的特权，期限一周到一个月，金额可以高到上亿美元。他派代表去融资，大出意外，说默多克的特权已冻结了。为什么？对方说日本大银行在澳大利亚资金市场上投入的资金抽了回去，头寸紧了。默多克得知被拒绝融资后很不愉快，东边不亮西边亮，他亲自带了财务顾问飞往美国去贷款。

到了美国，却始料不及，那些跟他打过半辈子交道的银行家，这回像是联手存心跟他过不去，都婉言推辞，一个子儿都不给。默多克又是气恼又是焦急，悔不当初也去当个大银行家，不受这份罪。他和财务顾问在美洲大陆兜来兜去，弄到了求爷爷告奶奶的程度，还是没有借到 1000 万美元。而还贷期一天近似一天，商业信誉可开不得玩笑。若是还不了这笔债务，那么引起连锁反应，就不是匹兹堡的一家银行闹到法庭，还有 145 家银行都会像狼群一般，成群结队而来索还贷款。具有最佳能力的大企业都经受不了债权人联手要钱。这样一来，默多克的报业王国就得清盘，被 24 亿美元债券压垮，而默多克也就完了。

默多克有点手足无措，一筹莫展。但他毕竟是个大企业家，经过多少风风雨雨。他强自镇定下来思考，豁然开朗，一个主意出来了，决定口头去找花旗银行。花旗银行是默多克报业集团的最大债主，投入资金最多，如果默多克完蛋，花旗银行的损失最大。债主与债户原本同乘一条船，只可相帮不能拆台。花旗银行权衡利弊，同意对他的报业王国进行一番财务调查，对资产负债状况做出全面评估，取得结论后采取对策行动。花旗银行派了一位女副经理、加利福尼亚大学柏克莱分校出身的女专家带了一个班子前往着手调查。

花旗银行的调查工作班子每天工作 20 小时，通宵达旦，把一百多家默多克企业一个个拿来评估，一家也不放松，最后完成了一份调查研究报告，这份报告的篇幅竟有电话簿那么厚。

报告递交给花旗银行总部，女副经理写下这样一个结论：支持默多克！

原来这位女银行专家观察默多克报业王国的全盘状况后，对默多克的雄才大略，对他发展事业的企业家精神由衷敬佩，决心要帮助他渡过难关。

她向总部提出一个解救方案：由花旗银行牵头，所有贷款银行都必须待在原地不动，谁也不许退出贷款团。以免一家银行退出，采取收回贷款的行动，引起连锁反应。匹兹堡那家小银行，由花旗出面，对它施加影响和压力，要它到期续贷，不得收回贷款。

已经到了关键时刻，报告提交到花旗总部时距离还贷最后时限只剩下10个小时。默多克带着助手飞到伦敦，花旗银行的女副经理也在伦敦等候纽约总部进一步的指示。真是千钧一发，默多克报业王国的安危命运此时取决于花旗银行的一项裁决了。

女副经理所承受的压力也很大，她所做出的结论关系到一个报业王国的存亡，关系到14亿美元贷款的安全，也关系到她自身的命运。她所提出的对策，要对花旗银行总部直接承担责任。如果146家银行中任何一家或几家不接受原地不动这项对策的约束，那么花旗银行在财务与信誉上都会蒙受严重损失，而她个人的前程也要受到重大挫折。

她虽然感到风险很大，内心忐忑不安，可她保持镇静、谈笑自若，她的模样使屋子里的所有人都能够放松一些。

时间在一小时一小时地过去，最后的10小时已所剩无几，到了读秒的关头了！

花旗银行纽约总部的电话终于在最后时刻以前来了：同意女副经理的建议，已经与匹兹堡的这家银行谈过了，现在应由默多克自己与对方经理直接接触。

默多克松了一口气，迫不及待地拨通越洋电话到匹兹堡，不料对方经理避而不接电话，空气一下子紧张起来。

默多克再挂电话，电话在那家银行里转来转去，最终落到贷款部主任那里。

默多克听到匹兹堡的那家银行贷款部主任的话音，他发觉这位先生一变先前拒人于千里之外的冷淡口气，忽而和悦客气起来："你是默多克先生啊，我很高兴听到你的声音呀，我们已决定向你继续贷款……"

一屋子的人都变得轻松，气氛顿时活跃起来。只有默多克搁下电话后像是要瘫了，他招了一下手，说道：我已经筋疲力尽了！侍者递给他一杯香槟，他一饮而尽。

默多克渡过了这一关，但他在支付能力上的弱点已暴露在资金市场上。此后半年，他仍然处在生死攸关的困境之中。由于得到了花旗银行牵头146家银行一起都不退出贷款团的保证，他有了充分时间调整与改善报业集团的支付能力，半年后，他终于摆脱了财务的困境。

亿万富豪和一文不名的穷人，同样都有穷困和危难的时候，但其产生的原因与解困的途径截然不同。

渡过难关以后，默多克又恢复最佳状态，进一步开拓他的报业王国的领地。这位有成就的企业家最了解开拓是保护事业特别有效的手段。

1992 年，他打通好莱坞，买下地皮盖起摄影棚，拍了第一部影片——惊险科幻片《孤家寡人》，上映后大获成功，票房很高，续集同样赢得了观众。

今年，已有 192 年历史的《纽约邮报》因财政问题严重，面临倒闭危险。《纽约邮报》曾是美国发行量最大的 10 家报纸之一，近年来由于经营不善，每年亏损 1200 万~1500 万美元。

像当年收购垂危的伦敦《泰晤士报》一般，默多克在今年 3 月下达指示给他的美国新闻出版公司总裁珀塞尔，向美国破产法庭申请收购，法庭准许并授权默多克控制邮报。他派珀塞尔接任邮报出版人，与工会谈判希望取得雇用与解雇人员的权利，改组班子，减少 600 万美元的亏损，一度谈判破裂，后经纽约州州长斡旋才最终完成收购。

默多克报业王国的旗帜上又多了一颗星。澳大利亚最近公布富豪名单：默多克名列榜首，拥有资产已上升到 45 亿美元。

资料来源：代凯军. 管理案例博士点评 [M]. 北京：中华工商联合出版社，2000.

讨论：

（1）为什么这次财务危机中默多克有惊无险，他凭借的是什么？

（2）“从这次事件可以看出，默多克支付能力很差”这个观点正确吗？如果正确，为什么很多银行还愿意贷款给他？

（3）请分析高负债经营的优缺点。

本章小结

企业筹资的基本动机有新建性动机、扩张性动机、调整性动机、偿债性动机和混合性动机，企业筹资必须遵循合法性、规模适当、效益性、合理性和及时性等基本原则。

企业所借助的具体筹资渠道，包括政府财政资本、银行信贷资本、非银行金融机构资本、其他企业资本、民间资本、我国港澳台和国外资本、企业内部资本等；企业所采用的具体筹资方式包括吸收直接资本筹资、发行股票筹资、发行债券筹资、发行商业股票筹资、银行借款筹资、商业信用筹资和租赁筹资等。

企业的筹资需求量是筹资的数量依据，企业筹资数量预测的常用方法主要有因素分析法、销售百分比法。

长期筹资的方式包括权益性筹资、债务性筹资和混合性筹资。其中，权益性筹资主要有投入资本和发行普通股两种方式。债务性筹资一般有发行债券、长期借款和租赁三种方式。混合性筹资通常包括发行优先股筹资、发行可转换债券筹资。

短期筹资主要包括：银行短期借款、商业信用和短期融资券。

知识拓展

资产证券化

资产证券化通俗而言是指将缺乏流动性但具有可预期收入的资产，通过在资本市场上发行证券的方式予以出售，以获取融资，以最大化提高资产的流动性。资产证券化在一些国家运用非常普遍。目前美国一半以上的住房抵押贷款、3/4以上的汽车贷款是靠发行资产证券提供的。资产证券化是通过在资本市场和货币市场发行证券筹资的一种直接融资方式。

资产证券化是指某一资产或资产组合采取证券资产这一价值形态的资产营运方式。它包括以下四类：

（1）实体资产证券化。实体资产证券化即实体资产向证券资产的转换，是以实物资产和无形资产为基础发行证券并上市的过程。

（2）信贷资产证券化。信贷资产证券化是指把欠流动性但有未来现金流的信贷资产（如银行的贷款、企业的应收账款等）经过重组形成资产池，并以此为基础发行证券。

（3）证券资产证券化。证券资产证券化即证券资产的再证券化过程，就是将证券或证券组合作为基础资产，再以其产生的现金流或与现金流相关的变量为基础发行证券。

（4）现金资产证券化。现金资产证券化是指现金的持有者通过投资将现金转化成证券的过程。

狭义的资产证券化是指信贷资产证券化。

具体而言，它是指将缺乏流动性但能够产生可预见的稳定现金流的资产，通过一定的结构安排，对资产中风险与收益要素进行分离与重组，进而转换成在金融市场上可以出售的流通的证券的过程。其中，最先持有并转让资产的一方，为需要融资的机构，整个资产证券化的过程都是由其发起的，称为“发起人”。购买资产支撑证券的人称为“投资者”。在资产证券化的过程中，为减少融资成本，在很多情形下，发起人往往聘请信用评级机构对证券信用进行评级。同时，为加强所发行证券的信用等级，会采取一些信用加强的手段，提供信用加强手段的人被称为“信用加强者”。在证券发行完毕之后，往往还需要一专门的服务机构负责收取资产的收益，并将资产收益按照有关契约的约定支付给投资者，这类机构称为“服务者”。

即问即答

即问：

1. 简述筹资方式的概念和分类。

2. 筹资的动机是什么？

3. 筹资渠道有哪些？

4. 长期筹资预测方法有哪些？

即答：

1. 筹资方式是指可供企业在筹措资金时选用的具体筹资形式，分为权益筹资和债务筹资。

2. ①新建性动机；②扩张性筹资动机；③调整性动机；④偿债性筹资动机；⑤混合性筹资动机。

3. ①政府财政资金；②银行信贷资金；③非银行金融机构资金；④其他法人资金；⑤民间资金；⑥企业内部资金；⑦外商资本。

4. ①因素分析法；②销售百分比法。

实战训练

1. 股票有何特点？

2. 公司发行股票的条件有哪些？

3. 公司增资扩股发行新股的一般程序是什么？

4. 股份有限公司申请股票上市应具备哪些条件？

5. 普通股筹资有何优点？

6. 优先股筹资有何优缺点？

7. 融资租赁筹资的主要优点有哪些？

8. 什么是商业银行贷款？商业银行贷款有何特点？

9. 公司向银行取得一年期限的银行借款600 000元，每月末偿还50 000元，借款合同约定附加年利率为6%，公司适用的企业所得税税率为25%。公司该笔借款的应付利息为多少？实际负担的年利率为多少？短期借款成本为多少？

10. 公司将一张不带息的面值为500 000元的商业承兑汇票向银行办理贴现，月贴现率为0.9%，贴现天数为100天。公司应付贴现利息为多少？公司取得贴现借款为多少？公司实际负担的月利率为多少？

11. 公司发行面值为100元，票面利率为8%的5年期公司债券1000万元，到期还

本，每年末付息一次，发行时市场平均利率为6%。该债券的发行价格为多少？

12. 公司由于生产需要，从租赁公司租入生产设备一台，设备买价及运杂费合计为560万元，残值率为5%，租赁手续费为购置价格的3%，双方约定折现率为10%，租期10年，设备预计寿命10年，每年年初支付租金。

（1）判断属于哪种租赁类型？

（2）计算每年应支付的租金额。

13. 某公司上年销售收入为2000万元，上年年末资产负债表（简表）见表3-7。

表3-7　资产负债表（简表）　单位：万元

资产	期末余额	负债及所有者权益	期末余额
货币资金	100	应付账款	100
应收账款	300	应付票据	200
存货	600	长期借款	900
固定资产	700	实收资本	400
无形资产	100	留存收益	200
资产总计	1800	负债与所有者权益合计	1800

该公司今年计划销售收入比上年增长20%，为实现这一目标，公司需新增设备一台，需要300万元资金。根据历年财务数据分析，公司流动资产与流动负债随销售额同比增减。假定该公司今年的销售净利率为10%，净利润的50%分配给投资者。

（1）计算今年公司需增加的营运资金 ；

（2）计算今年的留存收益；

（3）预测今年需要对外筹集的资金量。

词汇对照

筹资方式	Financing Modes	权益资金	Equity capital
债务筹资	Debt financing	股权筹资	Equity financing
直接筹资	Direct financing	间接筹资	Indirect financing
内部筹资	Internal financing	外部筹资	External financing
长期筹资	Long-term financing	短期筹资	Short term financing
商业信用	Convertible bond	留存收益	Retained earnings
普通股	Common stock	优先股	Preference stock

4 资本成本与资本结构

教学目标

1. 了解资本成本的概念和分类，掌握资本成本的计算方法；

2. 理解财务风险的概念、影响因素和衡量方式；

3. 掌握财务活动中的杠杆原理与计量方法；

4. 了解传统资本结构理论、现代资本结构的 MM 理论及其发展，掌握资本结构的决策方法。

内容结构

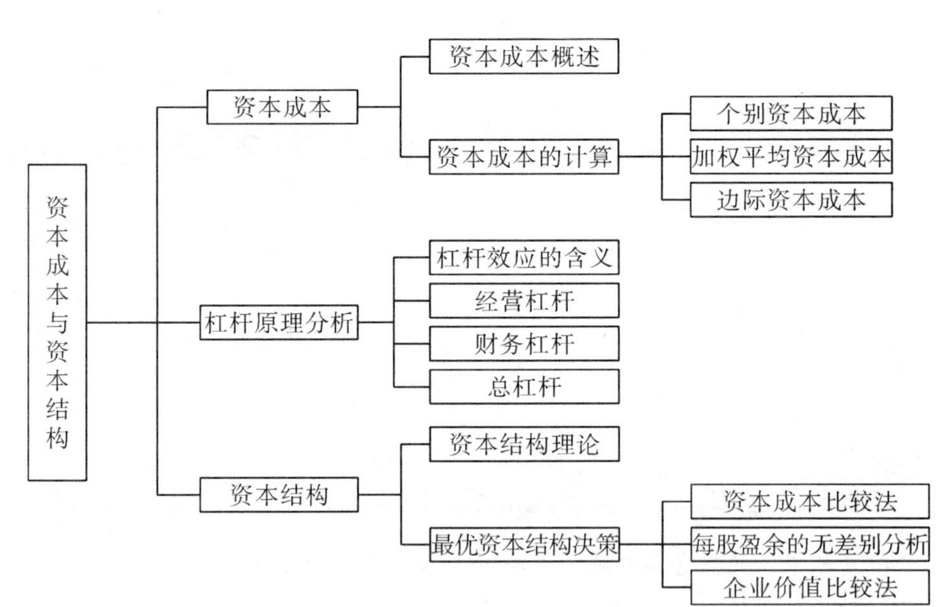

范例引述

爱迪生国际公司负债经营

爱迪生国际公司是南加州爱迪生公司（SCE）和五家非公用事业公司的母公司。从客户数量的角度来看，南加州爱迪生公司是这个国家第二大电力公用事业公司。SCE 目前在一个高度管制的环境中运营，它有义务给客户提供电力服务，以作为在南加州垄断经营权的回报。在 1996 年，SEC 实现了 75 亿美元的经营收入，大约占爱迪生国际公司总收入的 90%。传统上，长期债务一直是爱迪生国际公司的资本结构中的一部分。爱迪生国际公司在 1996 年基于市场价值的资本结构见表 4-1。

表 4-1

项目	金额（百万美元）	百分率（%）
债务	8464	47.8
优先股	709	4.4
股票的市场价值	8529	48.8
总计	17 702	100

爱迪生国际公司在很多方面与马绍尔工业公司正好相反。过去的若干年里，它一直

是在一个受管制的、非竞争性的环境中缓慢发展。公司支付大量股利。它的多数资产是以传送、分配和发电系统的形式存在的有形资产。以下是爱迪生国际公司的副总裁和财务主管阿兰·J.弗雷尔（AJF）回答的问题：

采访者：传统上，爱迪生国际公司依赖于高财务杠杆，这是为什么呢？

AJF：这是一个低成本的资金来源，我们有伴随稳定收入流的重要借款能力、恰当的大量资产及SEC的管制框架。正如你知道的债务的利息抵税。如果我们不用纳税，情况将不同，但税收扣减相当重要。

采访者：爱迪生国际公司有一个目标财务杠杆比率吗？

AJF：不明确。我们需要每个子公司有进入债务市场的准备，因此，高于BBB的等级才有重要意义，低于BBB的等级将使得新的借款更加困难。现在的差距是最低限度的，目前最大的问题是可得到性。

爱迪生国际公司是一家成熟的、高度管制的公司，具有不习惯于保持低财务杠杆的现金量。公司已确立了高股利支付率以便使现金流量回流其投资者，并保持高财务杠杆。这种行为与目标负债比率和资本结构的选择理论相一致。

爱迪生公司的资产绝大部分是有形资产，而且州管制委员会使经理参与一些利己策略的可能性减少。结果是，对类似于爱迪生国际公司的公司而言，财务困境成本低于未受管制的公司。

表 4-2　　爱迪生国际公司

（1996年12月31日）

收入（百万美元）	8 545
净收入（百万美元）	717
长期债务（百万美元）	7 375
股票的市场价值（百万美元）	8 529
股利支付率（%）	61.0
权益收益率（%）	11.1
债务占总资本比（%）	48
五年综合收入年增长率（%）	2.5
市值-面值比	1.3

问题：

1. 爱迪生国际公司的高负债经营会带来哪些风险？

2. 爱迪生国际公司为什么会采用高股利支付率？请分析高股利支付率的利与弊。

本章导言

本章的重要内容：资本成本、杠杆原理与资本结构。首先介绍资本成本如何计算；其次介绍经营风险与经营杠杆的概念、经营杠杆原理与计量方法；再次介绍财务风险的概念、影响因素、财务杠杆的原理及计量方法；最后介绍传统资本结构理论、现代资本结构的 MM 理论及其发展和资本结构决策方法。

在市场经济条件下，公司不能无偿地使用资金，公司筹集和使用资金都是有代价的。如果你作为一家公司的财务总监，需要为公司筹集一笔资金，你可以选择向银行贷款、发行债券、发行股票或者使用公司留存收益。每一种选择都会有不同的成本，财务总监必须利用所掌握的相关信息来估计其资本成本，并以此作为主要依据，以资金成本为导向做出正确的筹资决策。

理论概念

4.1 资本成本

4.1.1 资本成本概述

资金成本（Cost of Funds）是指企业为筹集资金和使用资金而付出的代价。资本成本包括用资费用和筹资费用两部分。用资费用是指企业占用资金而付出的代价，如借款所支付的利息，发行债券支付的债权利息，发行股份支付的股利；筹资费用是指企业为取得资金而支付的成本，如发行债券的费用、发行股票的手续费等。

4.1.1.1 资本成本的作用

（1）资本成本在企业筹资决策中的作用表现为：

①资本成本是影响企业筹资总额的重要因素；

②资本成本是企业选择资金来源的基本依据；

③资本成本是企业选用筹资方式的参考标准；

④资本成本是确定最优资金结构的主要参数。

（2）资本成本在投资决策中的作用表现为：

①在利用净现值指标进行投资决策时，常以资本成本作为折现率；

②在利用内部收益率指标进行决策时，一般以资本成本作为基准收益率。

4.1.1.2 资本成本的影响因素

（1）无风险报酬率。无风险报酬率是指无风险投资所要求的报酬率。典型的无风险投资的例子就是政府债券投资。

（2）经营风险溢价。经营风险溢价是指由于公司未来的前景的不确定性导致的要求投资报酬率增加的部分。一些公司的经营风险比另一些公司高，投资人对其要求的报酬率也会增加。

（3）财务风险溢价。财务风险溢价是指高财务杠杆产生的风险。公司的负债率越高，普通股收益的变动性越大，股东要求的报酬率也就越高。

由于公司所经营的业务不同（经营风险不同），资本结构不同（财务风险不同），因此各公司的资本成本不同。公司的经营风险和财务风险大，投资人要求的报酬率就会较高，公司的资本成本也就较高。

4.1.1.3 资本成本的分类

（1）债务资本成本

债务资本成本是指借款和发行债券的成本，包括借款或债券的利息和筹资费用。债务资本成本是资本成本的一个重要内容，在筹资、投资、资本结构决策中均有广泛的应用。利息费用具有如下特点：①资本成本的具体表现形式是利息；②在长期债务生效期内，一般利息率固定不变，而且利息应按期支付；③利息费用是税前的扣除项目；④债务本金应按期偿还。

债务资本成本主要包括借款成本和债券筹资成本等。由于债务利息可以在所得税前列支，具有抵税作用，所以企业为此而负担的实际成本低于名义利率。债务利息主要包括以下两种：①借款资金成本。借款筹资时的筹资费用往往比较小，因此可以忽略不计，所以借款成本主要表现在借款利息上。②债券资金成本。由于债券筹资时的筹资费用较高，所以必须考虑其筹资费用。此外，债券发行价格与债券面值可能存在着差异，计算其成本时要按预计的发行价格确定其筹资总额。

（2）权益资本成本

权益资本成本是指企业通过发行股票获得资金而付出的代价，它等于股利收益率加资本利得收益率，也就是股东的必要收益率。从财务管理学的角度看，权益资本成本率也称为权益资本成本，包括普通股成本和留存收益成本。留存收益成本又可以称为内部权益成本，普通股成本又可以称为外部权益成本。

在单独测算各种类型资本成本（主要是权益资本成本）方面，目前应用较为广泛的工具有资本资产定价法（CAPM）、多因子模型法、历史平均收益法、股利折现法、股利增长模型法等。这些方法主要基于企业实际收益计算企业的资本成本。

目前应用最为广泛的方法是 CAPM 法和多因子模型法，这些模型试图以资本资产的各种风险因子来预测其收益。由于投资者来自资本资产的收益便是公司为此应支付的资本成本，因此，通过该方式计算得到的资本收益便是企业面临的资本成本。但该方法的应用前提是企业的 β 值较为稳定，且在预测期间不会发生变化。除此之外，历史平均收益法由于应用较为简便，因此使用范围也较为广泛。而股利折现法和股利增长模型法

由于比较难以对未来股利进行预测，应用范围则较为有限。

4.1.2 资本成本的计算

资本成本可以有多种计量形式。在比较各种筹资方式时，使用个别资本成本，包括优先股成本、普通股成本、留存收益成本、银行借款成本和债券成本；在进行资本结构决策时，使用加权平均资本成本；在进行追加筹资决策时，则使用边际资本成本。

4.1.2.1 个别资本的计算

个别资本成本是单一筹资方式的资本成本。它主要包括银行借款成本、发行债券的成本、融资租赁成本、优先股成本、普通股成本及留存收益成本。

（1）银行借款成本

银行借款成本包括银行借款的利息以及筹资费用。由于借款的利息允许在计算所得税时扣除，因此银行借款的实际计算公式为：

$$\text{银行借款筹资成本} = \frac{\text{年利息} \times (1 - \text{所得税税率})}{\text{银行借款筹资总额} \times (1 - \text{银行借款筹资费率})} \times 100\%$$

$$K_L = \frac{I(1-T)}{L(1-f)} = \frac{i(1-T)}{1-f}$$

式中：K_L ——银行借款资金成本；

I ——银行借款年利息；

L ——银行借款筹资总额；

T ——所得税税率；

i ——银行借款利息率；

f ——银行借款筹资费率。

由于银行借款的手续费很低，上式中的 f 常常可以忽略不计，则上式可以简化为：

$$K_L = i(1-T)$$

【例 4-1】A 公司向银行取得 5 年期 1000 万元的长期借款，年利率为 10%，每年付息一次，到期一次还本，借款手续费率为 0.4%，所得税税率为 25%。计算该银行借款的资金成本。

该银行借款的资金成本为：

$$K_L = \frac{1000 \times 10\% \times (1 - 25\%)}{1000 \times (1 - 0.4\%)} \times 100\% = 7.53\%$$

由于银行借款的手续费很低，上式中的筹资费率常常可以省略不计，则上式可以简化为：

银行借款筹资成本＝借款利率×（1－所得税税率）＝10%×（1－25%）＝7.5%

【例 4-2】A 公司为了扩展业务需要，打算举借 5 年期、2000 万元的长期借款，通过与银行接洽，最后签订了一份借款利率为 9%、5 年期的长期借款合同；同时银行需

要支付 2 万元的手续费，甲公司适用所得税税率为 25%。试计算该笔长期借款的实际成本。

$$K_1 = \frac{2000 \times 9\% \times (1 - 25\%)}{2000 - 2} \times 100\% = 6.75\%$$

（2）债券筹资的资本成本

债券利息与借款利息一样在税前利润中支付，这样企业实际上就少缴一部分所得税，因此，债券资金成本可比照长期借款来计算。其计算公式为：

$$债券筹资成本 = \frac{年利息 \times (1 - 所得税税率)}{债券筹资金额 \times (1 - 债券筹资费率)} \times 100\%$$

$$K_b = \frac{I(1 - T)}{B_0(1 - f)} = \frac{B \times i(1 - T)}{B_0(1 - f)}$$

式中：K_b ——债券成本；

I ——债券每年支付的利息；

B ——债券面值；

i ——债券票面利率；

B_0——债券筹资额，按发行价格确定；

f ——债券筹资费率。

T ——所得税税率

【例 4-3】A 公司发行面值为 1500 万元、期限为 6 年、票面利率为 10% 的长期债券，利息每年支付一次。发行费为发行价格的 3%，公司所得税税率为 25%。要求：分别计算债券按面值、按面值的 110% 以及按面值的 90% 发行时的资金成本。

该公司资金成本的计算如下：

①债券按面值发行时的资金成本：

$$K_b = \frac{1500 \times 10\% \times (1 - 25\%)}{1500 \times (1 - 3\%)} = 7.73\%$$

②债券溢价发行时的资金成本：

$$K_b = \frac{1500 \times 10\% \times (1 - 25\%)}{1500 \times 110\% \times (1 - 3\%)} = 7.03\%$$

③债券折价发行时的资金成本：

$$K_b = \frac{1500 \times 10\% \times (1 - 25\%)}{1500 \times 90\% \times (1 - 3\%)} = 8.59\%$$

【例 4-4】甲公司发行某种债券，债券面值为 1700 万元，票面利率为 12%，期限为 30 年，发行价格为 1900 万元，发行费用率为 4%，甲公司适用所得税税率 25%。试计

算该债券的实际成本。

$$K_b = \frac{1700 \times 12\% \times (1 - 25\%)}{1900 \times (1 - 4\%)} = 8.39\%$$

（3）融资租赁资本成本

在融资租赁各期的租金中，包含有每期的偿还和各期手续费用（即租赁公司的各期利润），其资本成本率只能按贴现模式计算。其计算公式为：

资本成本率 = 所采用的折现率

【例 4-5】A 公司采用融资租赁方式租入设备，该设备价值 300 万元，租期 5 年，租赁期满时预计残值 20 万元，归租赁公司，租赁合同约定每年租金为 800 743 元。试采用折现模式计算租赁的资产成本。

$3\ 000\ 000 = 800\ 743 \times (P/A,\ i,\ 5) + 200\ 000 \times (P/F,\ i,\ 5)$

这种计算利率的一般都是采用逐步测试法，查表得，i = 12%

（4）优先股资本成本

优先股资本成本的计算公式如下：

$$K_P = \frac{D}{P_0(1 - f)}$$

式中：K_P ——优先股资本成本；

D ——优先股每年的股利；

P_0 ——发行优先股总额；

f ——优先股筹资费率。

【例 4-6】A 公司发行面值为 15 元的优先股，每股市价为 20 元，发行 100 万股，筹资费率 5%，年股息率为 12%。试计算优先股的资本成本。

$$K_P = \frac{15 \times 100 \times 12\%}{20 \times 100 \times (1 - 5\%)} = 9.47\%$$

【例 4-7】甲公司向原有股东发行优先股，每股价格 15 元，发行 100 万股，每年可以获得股利 2 元，发行费率为 5%。试计算该优先股的实际成本。

$$K_p = \frac{2 \times 100}{15 \times 100 \times (1 - 5\%)} = 14.04\%$$

（5）普通股资本成本

普通股的资本成本是普通股股东要求的必要的投资报酬率，通常计算普通股成本的方法有三种：股利折现模型、资本资产定价模型和无风险收益加风险溢价模型。

①股利折现模型

在每年股利固定的情况下，采用股利折现模型计算普通股成本的公式为：

$$普通股筹资成本=\frac{每年固定股利}{普通股筹资金额 \times (1-普通股筹资费率)} \times 100\%$$

【例 4-8】A 公司拟发行普通股，发行价格 25 元，每股发行费用 2 元，每年分派现金股利每股 1.5 元。则该普通股筹资成本为多少？

$$普通股筹资成本=\frac{1.5}{(15-1)}=10.71\%$$

在股利增长率固定的情况下，采用股利折现模型计算普通股筹资成本的公式为：

$$普通股筹资成本=\frac{每年固定股利}{普通股筹资金额 \times (1-普通股筹资费率)} \times 100\% +股利固定增长率$$

【例 4-9】B 公司准备增加普通股，每股发行价为 20 元，发行费用 2 元，第一年分派现金股利 1.5 元，以后每年股利增长 7%。则该普通股筹资成本为多少？

$$普通股筹资成本=\frac{1.5}{(20-2)} \times 100\% + 7\% = 15.33\%$$

②资本资产定价模型

资本资产定价模型给出了普通股筹资成本 K_e 与它的市场风险 β 值之间的关系：

$$K_e = R_f + \beta(R_m - R_f)$$

式中：K_e 为普通股筹资成本；R_f 为无风险报酬率；R_m 为市场报酬率或市场投资组合的期望收益率；β 为某公司股票收益率相对于市场投资组合期望收益率变动幅度。

【例 4-10】A 公司的普通股 β 值为 1.6，无风险利率为 7%，股票市场投资组合的期望收益率为 13%。该公司的普通股股票的资金成本为多少？

$$K_e = 7\% + 1.6 \times (13\% - 7\%) = 16.6\%$$

③无风险收益加风险溢价模型

由于持有普通股股票的风险大于持有债券的风险，因此股票持有人就必然要求获得一定的风险补偿。一般来说，通过一段时间的统计数据，可以测算出某公司股票期望收益率超出无风险利率的大小，即风险溢价，无风险利率一般用同期国债收益率表示。用无风险收益加风险溢价模型计算普通股筹资成本的公式为：

$$K_e = R_f + R_p$$

式中：R_p 为风险溢价。

【例 4-11】假定 A 股份公司普通股的风险溢价估计为 10%，而无风险利率为 5%，则该公司普通股筹资成本为多少？

普通股筹资成本 = 5% + 10% = 15%

通常用公司债券收益率来表示，因为股票投资的风险高于债券投资的风险，因此股票投资的收益是建立在债券投资收益的基础上的，是通过一系列经验数据测得的，是投

资者风险投资的风险回报。

（6）留存收益成本

留存收益成本与普通股的成本一样，留存收益作为未分配的收益留存在企业，同样相当于股东的股本投资。因此，留存收益的资本成本与普通股的成本计算方式基本相同，只是不考虑筹资费用，这里就不再赘述。

①在普通股股利固定的情况下：

$$留存收益筹资成本=\frac{每年固定股利}{普通股筹资金额}\times 100\%$$

【例4-12】B公司留存收益金额为1000万元，预计每年固定股利为160万元，则该企业留存收益筹资成本为多少？

$$留存收益筹资成本=\frac{160}{1000}\times 100\%=16\%$$

②在普通股股利逐年固定增长的情况下，留存收益筹资成本的计算公式为：

$$留存收益筹资成本=\frac{第一年预期鼓励}{普通股筹资金额}\times 100\%+股利年增长率$$

$$K_e=\frac{D_1}{P_0}+g$$

式中：K_e——留存收益筹资成本。

D_1——第一年预期股利

P_0——普通股筹资金额

g——股利固定增长率

【例4-13】A公司普通股每股市价15元，预计第一年年末每股收益2元，每股发放股利0.7元，股利增长率为8%，则留存收益筹资成本为多少？

$$K_e=\frac{0.7}{15}+8\%=12.67\%$$

【例4-14】B公司目前股票市价为25元，预计明年的每股股利将达到2元，并且在未来时间里，股利按7%的速度增长。目前股票市场的平均收益率为12%，国债收益率为9%，甲公司股票的β值为1.6，债券投资收益为10%，根据经验数据股票的风险溢价测算为6%。求甲公司普通股的成本。

①根据股利模型计算：

$$K_e=\frac{2}{25}+7\%=15\%$$

②根据资本资产定价模型计算：

$$K_g=9\%+1.6\times(12\%-9\%)=13.8\%$$

③根据无风险收益加风险溢价模型计算：

$K_e = 9\% + 6\% = 15\%$

三种方法计算出甲公司普通股的成本在13%~15%之间，通常可以取三种方法的算术平均值来确定甲公司普通股的成本。

4.1.2.2 加权平均资本成本

加权平均资本成本（WACC）是指企业以各种资本在企业全部资本中所占的比重为权数，对各种长期资金的个别资本成本加权平均计算出来的资本总成本。加权平均资本成本的计算公式为：

$$加权平均资金成本 = \sum(某种占总资金的比重 \times 该种资金的成本)$$

$$K_w = \sum W_j \cdot K_j$$

式中：K_w ——加权平均的资金成本；

W_j ——第 j 种资金占资金的比重；

K_j ——第 j 种资金的成本。

【例4-15】A企业筹资总额2000万元，其中发行普通股1000万元，资金成本率为15%；发行债券600万元，资金成本率为8%；银行借款400万元，资金成本率为7%。要求：计算加权平均资本成本。

（1）计算各种资金所占的比重：

普通股占资金总额的比重=1000/2000×100%=50%

债券占资金总额的比重=600/2000×100%=30%

银行借款占资金总额的比重=400/2000×100%=20%

（2）计算加权平均资金成本：

加权平均资金成本=15%×50%+8%×30%+7%×20%=11.3%

4.1.2.3 边际资本成本

在企业筹资数量不断增加的情况下，资金提供者所承担的风险也在不断提高，当筹资额达到一定数量时，资金提供者将提高要求的投资报酬率，最终将导致边际资金成本的提高。

边际资本成本是指公司无法以某一固定的资本成本筹集无限的资金，当公司筹集的资金超过一定限度时，原来的资本成本就会增加。追加一个单位的资本增加的成本称为边际资本成本。通常，资本成本率在一定范围内不会改变，而在保持某资本成本率的条件下可以筹集到的资金总限度称为保持现有资本结构下的筹资突破点，一旦筹资额超过突破点，即使维持现有的资本结构，其资本成本率也会增加。由于筹集新资本都按一定的数额批量进行，故其边际资本成本可以绘成一条有间断点的曲线。若将该曲线和投资机会曲线置于同一图中，则可以进行投资决策：内部收益率高于边际资本成本的投资项目应接受；反之则拒绝；两者相等时则是最优的资本预算。

边际资金成本的计算方法如下：

（1）确定目标资金结构。目标资金结构应该是企业的最优资金结构，即资金成本最低、企业价值最大时的资金结构。企业筹资时，应首先确定目标资金结构，并按照这一结构确定各种筹资方式的筹资数量。

（2）确定各种资金不同筹资范围的资金成本。每种筹资方式的资金成本不是一成不变的，往往是筹资数量越多，资金成本就越高。因此，在筹资时要确定不同筹资范围内的资金成本水平。

（3）计算筹资总额突破点。筹资总额突破点是某一种或几种个别资金成本发生变化从而引起加权平均资金成本变化时的筹资总额。筹资总额突破点可按下列公式计算：

$$BP_i = \frac{TF_i}{W_i}$$

式中：BP_i——筹资总额突破点；

TF_i——个别资金的成本率发生变化时的筹资临界点；

W_i——个别资金的目标结构。

（4）计算边际资金成本。根据上一步骤计算出的筹资总额突破点排序，可以列出预期新增资金的范围及相应的综合资金成本。

【例4-16】A公司拥有长期资金1000万元。其中：长期借款200万元，资本成本率为8%；长期债券300万元，资本成本率为12%；普通股500万元，资本成本率为15%。平均资本成本为12.7%。由于扩大经营规模的需要，拟筹集新资金。经分析，目前的资本结构为最佳资本结构，认为筹集新资金后，仍应保持目前的资本结构，即长期借款占20%、长期债券占30%、普通股占50%，并测算出了随筹资的增加各种资本成本的变化，见表4-3。

表4-3　A公司筹资资料表

资金种类	目标资本结构（%）	新筹资额	资本成本（%）
长期借款	20	50万元以内	8.0
		50万~100万元	9.0
		100万元以上	10.0
长期债券	30	90万元以内	12.0
		90万~150万元	13.0
		150万元以上	14.0
普通股	50	300万元以内	15.0
		300万~500万元	16.0
		500万元以上	17.0

因为花费一定的资本成本率只能筹集到一定限度的资金，超过这一限度多筹集资金就要多花费资本成本，引起原资本成本的变化，于是就把在保持某资本成本的条件下可以筹集到的资金总限度称为现有资本结构下的筹资突破点。在筹资突破点范围内筹资，原来的资本成本不会改变；一旦筹资额超过筹资突破点，即便维持现有的资本结构，其资本成本也会增加。

筹资突破点的计算公式为：

筹资突破点=可用某一待定成本筹集到的某种资金额/该种资金在资金结构中所占的比重

在花费8%的资本成本率时，取得的长期借款筹资限额为250万元，其筹资突破点便为250万元（50/20%）；而在花费9%的资本成本率时，取得的长期借款筹资限额为100万元，其筹资突破点则为100万元（100/20%）。

按此方法，资料中各种情况下的筹资突破点的计算结果见表4-4。

表4-4　A公司筹资突破点计算表

资金种类	资本结构（%）	资本成本（%）	新筹资额	筹资突破点
长期借款	20	8.0	50万元以内	250万元以内
		9.0	50万~100万元	250万~500万元
		10.0	100万元以上	500万元以上
长期债券	30	12.0	90万元以内	300万元以内
		13.0	90万~150万元	300万~500万元
		14.0	150万元以上	500万元以上
普通股	50	15.0	300万元以内	600万元以内
		16.0	300万~500万元	600万~1000万元
		17.0	500万元以上	1000万元以上

根据上一步计算出的筹资突破点，可以得到6组筹资总额范围：① 250万元以内；② 250万~300万元；③ 300万~500万元；④ 500万~600万元；⑤ 600万~1000万元；⑥ 1000万元以上。对以上6组筹资总额范围分别计算加权平均资本成本，即可得到各种筹资总额范围的边际资本成本计算结果见表4-5。

表4-5　A公司边际资本成本计算表

筹资总额	资金种类	资本结构（%）	资本成本（%）	加权平均资本成本（%）
250万元以内	长期借款	20	8	1.60
	长期债券	30	12	3.60
	普通股	50	15	7.50
	加权平均资本成本			12.70

表4-5(续)

筹资总额	资金种类	资本结构（%）	资本成本（%）	加权平均资本成本（%）
250万~300万元	长期借款	15	9	1.35
	长期债券	25	12	3.00
	普通股	60	15	9.00
	加权平均资本			13.35
300万~500万元	长期借款	15	9	1.35
	长期债券	25	13	3.25
	普通股	60	15	9.00
		-	-	13.60
500万~600万元	长期借款	15	10	1.50
	长期债券	25	14	3.50
	普通股	60	15	9.00
		-	-	14.00
600万~1000万元	长期借款	15	10	1.50
	长期债券	25	14	3.50
	普通股	60	16	9.60
		-	-	14.60
1000万元以上	长期借款	15	10	1.50
	长期债券	25	14	3.50
	普通股	60	17	10.20
		-	-	15.20

表4-5右侧计算得出的各种加权平均资本之差，就是随着筹资额增加而增加的边际资本成本。

4.2 杠杆原理分析

由于企业在融资的过程中筹资渠道的不同以及筹资方式的不同，最终会导致企业的综合资本的成本不同。不同筹资渠道的资本的提供者对资本回报率的要求不同，因此导致了不同渠道资本的资本成本不同。为此，企业要在筹资的时候考虑不同筹资渠道的资金成本，因而会导致企业的资本结构的不同。为了使企业股东价值最大化，企业有必要确定一个最优的资本结构，以使资本成本最优。资本结构是指企业各种资本的价值构成及其比例。资本结构反映的是企业债务与股权的比例关系，它在很大程度上决定着企业的偿债和再融资能力，决定着企业未来的盈利能力，是企业财务状况的一项重要指标。合理的融资结构可以降低融资成本，发挥财务杠杆的调节作用，使企业获得更大的自有资金收益率。

4.2.1 杠杆效应的含义

杠杆效应是指由于固定费用的存在而导致的，当某一财务变量以较小幅度变动时，另一相关变量会以较大幅度变动的现象。也就是指在企业运用负债筹资方式（如银行借款、发行债券）时所产生的普通股每股收益变动率大于息税前利润变动率的现象。

财务管理中的杠杆效应有三种形式：经营杠杆、财务杠杆和复合杠杆。

4.2.2 经营杠杆

经营杠杆又称营业杠杆或营运杠杆，反映销售和息税前利润的杠杆关系。在企业生产经营中由于存在固定成本而使利润变动率大于产销量变动率的规律。根据成本形态，在一定产销量范围内，产销量的增加一般不会影响固定成本总额，但会使单位产品固定成本降低，从而提高单位产品利润，并使利润增长率大于产销量增长率；反之，产销量减少，会使单位产品固定成本升高，从而降低单位产品利润，并使利润的下降率大于产销量的下降率。所以，产品只有在没有固定成本的条件下，才能使边际贡献等于经营利润，使利润变动率与产销量变动率同步增减。但这种情况在现实中是不存在的。这样，由于存在固定成本而使利润变动率大于产销量变动率的规律，在管理会计和企业财务管理中就常根据计划期产销量变动率来预测计划期的经营利润。

4.2.2.1 经营杠杆的衡量

只要企业存在固定成本，那么就存在经营杠杆的作用，因此有必要对经营杠杆进行衡量，通常使用经营杠杆系数对经营杠杆进行衡量。其计算公式为：

$$经营杠杆系数=\frac{息税前利润变动率}{销售变动率}$$

$$DOL=\frac{\Delta EBIT/EBIT}{\Delta S/S}$$

式中：DOL——经营杠杆系数；

$\Delta EBIT$——息税前利润变动额；

$EBIT$——基期息税前利润；

ΔS——销售额变动额；

S——基期销售额。

当固定成本为0时，经营杠杆系数为1。

另外，对上述公式进行变形处理可以得到另一个计算经营杠杆系数的公式：

$$经营杠杆系数=\frac{基期边际贡献}{基期息税前利润}$$

$$DOL=\frac{Q(p-v)}{Q(p-v)-a}=\frac{M}{EBIT}$$

式中：Q ——当期销售数量；

P ——产品单位销售价格；

V ——产品单位变动成本；

a ——总固定成本。

【例 4-17】A 公司基期和计划期的数据见表 4-6。

表 4-6　　A 公司基期数据和计划期预测数据　　单位：万元

项目	基期	计划期	变动百分比（%）
销售收入	2000	2400	20
减：变动成本总额	1200	1440	20
边际贡献总额	800	960	20
减：固定成本总额	400	400	—
息税前利润	400	560	40

另外，基期销量为 20 000 件，单价为 1000 元，单位变动成本为 600 元，固定成本为 400 万元，计划期预计销量为 24 000 件。计算经营杠杆系数。

经营杠杆系数为：

$$DOL=\frac{20\,000\times(1000-600)}{20\,000\times(1000-600)-4\,000\,000}=\frac{8\,000\,000}{4\,000\,000}=2$$

【例 4-18】A 公司生产甲产品，固定成本为 500 万元，变动成本率为 50%。当公司的销售额分别为 4000 万元、2000 万元、500 万元时，经营杠杆系数分别为多少？

解：

当销售额为 4000 万元时：

$$DOL=\frac{4000-4000\times 50\%}{4000-4000\times 50\%-500}=1.33$$

当销售额为 2000 万元时：

$$DOL=\frac{2000-2000\times 50\%}{2000-2000\times 50\%-500}=2$$

当销售额为 500 万元时：

$$DOL=\frac{500-500\times 50\%}{500-500\times 50\%-500}=-1$$

4.2.2.2　与经营杠杆相关的收益和风险

（1）与经营杠杆相关的收益

经营杠杆营业杠杆利益是指在扩大销售额的条件下，由于经营成本中固定成本相对降低所带来增长程度更快的经营利润。在一定产销规模内，固定成本并不随销售量的增加而增加；反之，随着销售量的增加，单位销售量所负担的固定成本会相对减少，从而

给企业带来额外的收益。

（2）与经营杠杆相关的风险

经营风险是指与企业经营相关的风险，尤其是指利用营业杠杆而导致息税前利润变动的风险。影响营业风险的因素主要有产品需求的变动、产品售价的变动、单位产品变动成本的变动、营业杠杆的变动等。营业杠杆对营业风险的影响最为综合，企业欲取得营业杠杆利益，就需承担由此引起的营业风险，需要在营业杠杆利益与风险之间做出权衡。

4.2.3 财务杠杆

财务杠杆又叫筹资杠杆或融资杠杆，是指由于固定债务利息、融资租赁租金和优先股股利的存在而导致普通股每股利润变动幅度大于息税前利润变动幅度的现象。无论企业营业利润多少，债务利息和优先股的股利都是固定不变的。当息税前利润增大时，每一元盈余所负担的固定财务费用就会相对减少，这能给普通股股东带来更多的盈余。财务杠杆影响的是企业的息税后利润而不是息前税前利润。通常财务杠杆伴随着财务杠杆收益和财务杠杆风险，合理地利用财务杠杆有利于为股东创造更多的价值；否则，股东会遭受损失。财务杠杆的存在是不可避免的，只要企业存在财务费用及优先股股利，那么企业就会受到财务杠杆作用的影响。

4.2.3.1 财务杠杆的衡量

财务杠杆衡量的主要指标是财务杠杆系数。财务杠杆系数是指普通股每股利润的变动率相当于息税前利润变动率的倍数。其基本计算公式为：

$$财务杠杆系数 = \frac{普通股每股收益变动率}{息税前利润变动率}$$

$$DFL = \frac{\Delta EPS/EPS}{\Delta EBIT/EBIT}$$

式中：DFL ——财务杠杆系数；

ΔEPS ——普通股每股收益变动额；

EPS ——基期普通股每股收益；

$\Delta EBIT$ ——息税前利润变动额；

$EBIT$ ——基期息税前利润。

将上述公式变形可以得到另一个计算财务杠杆系数的公式：

$$财务杠杆系数 = \frac{息税前利润}{息税前利润 - 利息 - \frac{优先股股利}{1 - 所得税税率}}$$

$$DFL = \frac{EBIT}{EBIT - I - \frac{d}{1 - T}}$$

式中：I——债务利息；

d——优先股股利；

T——所得税税率。

由于优先股股利是税后所得，因此在计算财务杠杆系数时将优先股股利还原成税前的股利。

【例 4-19】A 公司 2012—2013 年的预测数据见表 4-7。

表 4-7　　A 公司 2012—2013 年的预测数据　　单位：万元

项目	2012 年	2013 年	变动百分比（%）
销售收入	2000	2300	15.00
息税前利润（EBIT）	400	520	30.00
利息（10%）	50	50	—
税前利润	350	470	34.29
所得税（25%）	87.5	117.5	34.29
税后利润	262.5	352.5	34.29
减：优先股股息	32	32	—
普通股净收益	230.5	320.5	39.05
普通股股数（万股）	1000	1000	—
每股收益（EPS）	0.23	0.32	39.05

要求：计算 2013 年总杠杆系数。

解：总杠杆系数为：

$$DFL = \frac{EBIT}{EBIT - I - \frac{d}{1 - T}} = \frac{520}{520 - 50 - \frac{32}{1 - 25\%}} = 1.22$$

4.2.3.2　财务杠杆的收益与风险

（1）财务风险主要由财务杠杆产生

通过前面的论述我们已经知道所谓财务杠杆利益（损失）是指负债筹资经营对所有者收益的影响。

“风险是关于不愿发生的事件发生的不确定性之客观体现”。这一定义强调了风险是客观存在的而不是“不确定性”的。而财务风险是指未来收益不确定的情况下，企业因负债筹资而产生的由股东承担的额外风险。如果借入资金的投资收益率大于平均负债利息率，则可以从杠杆中获益。财务杠杆作用使得资本收益由于负债经营而绝对值增加，从而使得权益资本收益率大于企业投资收益率，且产权比率（债务资本/权益资本）越高，财务杠杆利益越大；反之，则会遭受损失。这种不确定性就是杠杆带来的财务风险。

从理论上讲，企业财务杠杆系数的高低可以反映财务风险的大小。这里需要指出，负债中包含有息负债和无息负债。财务杠杆只能反映有息负债给企业带来的财务风险而没有反映无息负债，如应付账款的影响。通常情况下，无息负债是正常经营过程中因商业信用产生的，而有息负债是由于融资需要借入的。如果存在有息负债，财务杠杆系数大于1，放大了息税前利润的变动对每股盈余的作用。实质是由负债所取得的一部分利润转化给了权益资本，从而使得权益资本收益率上升。财务杠杆系数越大，当息税前利润率上升时，权益资本收益率会以更大的比例上升，若息税前利润率下降，则权益利润率会以更快的速度下降。此时，财务风险较大。相反，财务杠杆系数较小，财务风险也较小。财务风险的实质是将借入资金上的经营风险转移给了权益资本。

（2）财务杠杆与财务风险是不可避免的

首先，自有资金的筹集数量有限，当企业处于扩张时期，很难完全满足企业的需要。负债筹资速度快，弹性大，适当的借入资金有利于扩大企业的经营规模，提高企业的市场竞争能力。同时，由企业负债而产生的利息，在税前支付。若经营利润相同，负债经营与无债经营的企业相比，缴纳的所得税较少，即节税效应。所以，债务资本成本与权益资本成本相比较低，负债筹资有利于降低企业的综合资本成本。但是，未来收益的不确定性使借入资金必然承担一部分经营风险，即债务资本的经营风险转嫁给权益资本而形成的财务风险也必定存在。其次，闲置资金的存在也会促进借贷行为的发生。资金只有投入生产过程才能实现增值。如果把一笔资金作为储藏手段保存起来，若不存在通货膨胀，随着时间的推移是不会产生增值的。所以，企业将闲置资金存入银行以收取利息，由银行贷出投入生产。因此，财务杠杆以及财务风险也将伴随着债务资本而存在。

4.2.4 总杠杆

经营杠杆是反映营业收入的变动对息税前利润的影响；财务杠杆是反映息税前利润的变动对每股收益的影响。如果要反映营业收入的变动对每股收益的影响，就可以用经营杠杆与财务杠杆的总杠杆进行反映。总杠杆（DTL）的程度直接反映了营业收入的变动对每股收益的影响。其计算公式为：

$$总杠杆系数 = \frac{每股收益变动率}{产销量变动率}$$

总杠杆的计算公式还可以表示为经营杠杆与财务杠杆的乘积：

$$DTL = DOL \times DFL$$

总杠杆的计算公式的另一种表达式为：

$$DTL = \frac{M}{EBIT - I - \frac{d}{1 - T}}$$

【例4-20】甲公司只生产和销售A产品。假定该企业2012年度A产品销售量为10 000件，每件售价为100元，单位变动成本为40元，固定成本为20万元。按市场预测2013年A产品的销售数量将增长15%。

要求：

（1）计算2012年该企业的边际贡献总额。

（2）计算2012年该企业的息税前利润。

（3）计算2013年该企业的经营杠杆系数。

（4）计算2013年该企业的息税前利润增长率。

（5）假定企业2012年发生负债利息为20万元、优先股股息为7.5万元、所得税税率为25%，计算2012年的总杠杆系数。

解：

（1）2012年该企业的边际贡献总额为：

10 000×（100-40）= 60（万元）

（2）2012年该企业的息税前利润为：

10 000×（100-40）-200 000=40（万元）

（3）2012年的经营杠杆系数为：

60÷40=1.5

（4）2013年的息税前利润增长率为：

1.5×15%=22.5%

（5）2012年的总杠杆系数为：

1.5×{40÷[40-20-7.5/(1-25%)]}=6

4.3 资本结构

4.3.1 资本结构理论

资本结构理论阐述了企业负债、企业价值与企业资本成本的关系。资本结构理论中比较有代表性的理论包括MM理论、净收益理论、净营业收益理论、代理理论等。

4.3.1.1 MM理论

MM理论是1958年由美国弗朗哥·莫迪格莱尼（Franco Modigliani）和莫顿·米勒（Merton Miller）两位教授经过严格的理论推导得出的。MM理论有较深远的影响，后来的资本结构理论都是在该理论的基础上发展而来的。

该理论成立的假设条件：

（1）企业的经营风险是可衡量的，有相同经营风险的企业即处于同一风险等级；

（2）投资者对企业未来收益和取得这些收益所面临风险的预期是一致的；

（3）证券市场是完全的资本市场，没有交易成本；

（4）投资者可同公司一样以同等利率获得借款；

（5）无论借债多少，公司及个人的负债均无风险，故负债利率为无风险利率；

（6）投资者预期的息税前利润不变。

在严格遵守假设条件的情况下，MM 理论认为：

（1）在没有企业和个人所得税的情况下，任何企业的价值，不论其有无负债，都等于经营利润除以适用于其风险等级的收益率。风险相同的企业，其价值不受有无负债及负债程度的影响。

（2）在考虑所得税的情况下，由于存在税额庇护利益，企业价值会随着负债程度的提高而增加，股东也可以获得更多好处。于是，负债越多，企业价值也会越大。

4.3.1.2 代理理论

代理理论认为，企业资本结构会影响经理人员的工作水平和其他行为选择，从而影响企业未来现金收入和企业市场价值。该理论认为，债权筹资有很强的激励作用，并将债务视为一种担保机制。这种机制能够促使经理多努力工作，少个人享受，并且做出更好的投资决策，从而降低由于两权分离而产生的代理成本。但是，负债筹资可能导致另一种代理成本，即企业接受债权人监督而产生的成本。均衡的企业所有权结构是由股权代理成本和债权代理成本之间的平衡关系来决定的。

4.3.1.3 净收益理论

净收益理论认为，利用债务可以降低企业的综合资金成本。由于债务成本一般较低，所以，负债程度越高，综合资金成本越低，企业价值越大。当负债比率达到 100% 时，企业价值将达到最大。但是实际工作中该理论是不成立的，话说空手套白狼就可以很好地解释该理论的缺点，即自己不用垫资任何成本，不承担任何风险就可以把收益赚取。

4.3.1.4 净营业收益理论

该理论认为，资本结构与企业的价值无关，决定企业价值高低的关键要素是企业的净营业收益。尽管企业增加了成本较低的债务资金，但同时也加大了企业的风险，导致权益资金成本的提高，企业的综合资金成本仍保持不变。不论企业的财务杠杆程度如何，其整体的资金成本不变，企业的价值也不受资本结构的影响，因而不存在最佳资本结构。

4.3.2 最优资本结构决策

4.3.2.1 资本成本比较法

在筹资决策时，企业往往有多个筹资方案测算可供选择，通过计算各个方案的加权资本成本，最后通过比较选择加权资本成本最低的方案的长期筹资方案的综合资本成本

率，并以此为标准相互比较，选择综合成本率最低的长期筹资方案，该方案下确定的资本结构即为最佳资本结构。资本成本比较法是一种比较快捷的决策方法。但需要注意的是，通过资本成本比较法确定的资本结构只是相对的最优资本结构，毕竟提供的备选方案并没有把实际加权成本最低的方案包含，因此资本成本比较法确定的资本结构只是相对最优资本结构。另外，该方法只是比较了不同方案的资本成本的大小，并没有反映不同方案下的风险因素。

【例 4-21】某企业初始成立时需要资本总额 10 000 万元，有以下三种筹资方案：

表 4-8　　各种筹资方案基本数据　　单位：万元

	方案一		方案二		方案三	
筹资方式	筹资金额	资本成本	筹资金额	资本成本	筹资金额	资本成本
长期借款	1000	8	2000	8	4000	9
长期债券	2000	10	3500	11	2000	10
优先股	1000	12	500	12	1000	12
普通股	6000	15	4000	14	3000	13
资本合计	10 000	10 000	10 000			

将表 4-8 中的数据代入计算三种不同筹资方案的加权平均资本成本。

方案一：加权平均资本成本

$$= \frac{1000}{10\ 000} \times 8\% + \frac{2000}{10\ 000} \times 10\% + \frac{1000}{10\ 000} \times 12\% + \frac{6000}{10\ 000} \times 15\%$$

$$= 13.3\%$$

方案二：加权平均资本成本

$$= \frac{2000}{10\ 000} \times 8\% + \frac{3500}{10\ 000} \times 11\% + \frac{500}{10\ 000} \times 12\% + \frac{4000}{10\ 000} \times 14\%$$

$$= 11.75\%$$

方案三：加权平均资本成本

$$= \frac{4000}{10\ 000} \times 9\% + \frac{2000}{10\ 000} \times 10\% + \frac{1000}{10\ 000} \times 12\% + \frac{3000}{10\ 000} \times 13\%$$

$$= 10.8\%$$

比较后不难发现，方案三的加权平均资本成本最低。因此，在适度的财务风险条件下，企业应按方案三的各种资本比例筹集资金，由此形成的资本结构为长期借款 40%、长期债券 20%、优先股 10%、普通股 30%，也就是相对最优的资本结构。

资本成本比较法仅以资本成本最低为选择标准，因测算过程简单，是一种便捷的方法。但这种方法仅是比较了各种融资方案的资本成本，难以区别不同融资方案之间的财务风险因素差异，在实际计算中有时也难以确定各种融资方式的资本成本。

4.3.2.2 每股盈余的无差别分析

每股盈余的无差别分析是利用每股盈余的无差别点来进行分析的。所谓每股盈余的无差别点，是指每股盈余不受融资方式影响的销售水平。根据每股盈余的无差别点，可以分析判断在什么样的销售水平下适合于采用何种资本结构。基本原理是测算多种筹资方案下普通股每股利润相等时的息税前利润点，在预期息税前利润的条件下，选择使每股利润达到最大的长期筹资方案，以确定最佳资本结构。每股收益的计算公式为：

$$EPS=\frac{(EBIT-I)(1-T)}{N}=\frac{(S-VC-F-I)(1-T)}{N}$$

式中：EPS ——每股收益；

$EBIT$ ——息税前利润；

I ——利息；

T ——所得税税率；

N ——流通在外普通股股数；

S —— 销售收入；

VC —— 变动成本；

F ——固定成本。

在每股盈余的无差别点上，不管是采用负债融资还是采用权益融资，每股盈余都是相等的。若以 EPS_1 代表负债融资，EPS_2 代表权益融资，则：

$$EPS_1=EPS_2$$

$$\frac{(\overline{EBIT}-I)(1-T)}{N_1}=\frac{(\overline{EBIT}-1)(1-T)}{N_2}$$

【例 4-22】B 公司目前有资金 5000 万元，适用的所得税税率为 25%，现因生产需要准备再筹集 3000 万元。现有两种方案：一是发行 1000 万元普通股，每股面值 1 元，发行价格为 3 元；二是按面值发行年利率为 12%的公司债券 3000 万元。该公司目前的资本成本及融资后的资本结构见表 4-9。

表 4-9　甲公司资本结构变化情况　　单位：万元

融资方式		方案一	方案二
	目前资本结构	增发普通股	增发公司债券
公司债券（利率 12%）	800	800	3800
普通股（每股面值 1 元）	1200	2200	1200
资本公积	1500	3500	1500
留存收益	1500	1500	1500
资本总额	5000	8000	8000

试为甲公司做出融资决策。

第一步，计算每股利润无差别点。

$$\frac{(\overline{EBIT}-800\times 12\%)\times(1-25\%)}{2200}=\frac{(\overline{EBIT}-3800\times 12\%)\times(1-25\%)}{1200}$$

$$\Rightarrow \overline{EBIT}=888\text{ 万(元)}$$

在此点上：$EPS_1 = EPS_2 = 0.27$(元／股)

第二步，决策。也就是说，当未来盈利能力 *EBIT* >888 万元时，甲公司应当采用方案二，即采用增发公司债券融资方式。在这种融资方式下，公司股东的每股利润较高。而当未来预期盈利能力 *EBIT* <888 万元时，甲公司采用方案一，即采用增发普通股融资方式。在这种融资方式下，公司股东的每股利润较高，见图 4-1。

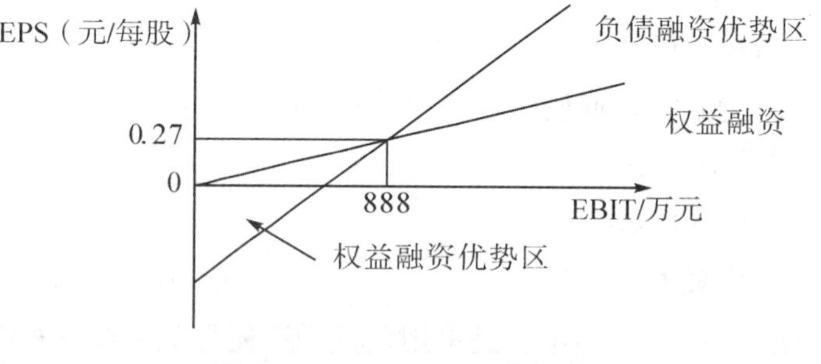

图 4-1　*EBIT* - *EPS* 分析图

每股利润无差别点法只考虑了资本结构对每股利润的影响，并假设每股利润最大，股票价格也就最高。但把资本结构对风险的影响置之于视野之外，是不全面的。因为随着负债的增加，投资者的风险加大，股票价格和企业价值也会有下降的趋势，所以单纯地运用 *EBIT* - *EPS* 分析法有时会做出错误的决策。

4.3.2.3　企业价值比较法

公司价值比较法是在充分考虑财务风险的前提下，以个别资本成本率和综合资本成本率作为折现率，测算不同长期筹资方案的公司价值，并以此为标准选择使公司价值达到最大的长期筹资方案，以确定最佳资本结构。

我们知道，公司理财的基本目标是公司价值最大化或股价最高。只有在风险不变的情况下，每股盈余的增长才会直接导致股价的提高。而在现实生活中，经常是每股盈余增加时，风险也随之增加。若每股盈余的增加不足以补偿风险增加所需的报酬，尽管每股盈余增加，股价仍然会下跌。所以，公司的最佳资本结构应当是可使公司的总价值最高，而不一定是每股盈余最大的资本结构。不同的资本结构将产生不同的加权平均资本成本，而加权平均资本成本的大小与公司价值的大小成反向关系。在公司总价值最大的资本结构下，公司的资本成本也是最低的。

为了简化问题，假定公司只有债券和普通股两种资本。债券的市场价值等于它的面

值，公司股利支付率为100%，即所有的税后盈利全部以股利方式支付给股东，则公司的市场总价值 V 应该等于其股票的价值 S 加上债券的价值 B，即：

$$V = B + S$$

式中：$S = \frac{(EBIT - I)(1 - T)}{K_s}$。

其中，K_s 为权益资本成本，即普通股资本成本。

所以，$V = B + (EBIT - I)(1 - T)/K_s$

采用资本资产定价模型计算股票的资本成本。其计算公式为：

$$K_s = K_f + \beta(K_M - K_F)$$

加权平均资本成本的计算为：

$$K_w = \frac{B}{V}K_b(1 - T) + \frac{S}{V}K_s$$

【例4-23】A公司2013年息税前盈余为1000万元，资金全部由普通股资本组合，股票账面价值为5000万元，假设无风险报酬率为8%，市场平均报酬率为12%，所得税税率为25%。该公司为了调整资本结构，准备用发行债券购回部分股票的办法予以整理。目前的债务利率和权益资本的成本情况见表4-10。

表4-10　　不同债务水平对公司债务资本成本和权益资本成本的影响

债务资本价值（万元）	负债税前利率（%）	β 系数	权益资本成本（%）
0	0	1.50	14.00
600	9	1.60	14.40
800	10	1.70	14.80
1000	11	1.80	15.20
1200	12	2.00	16.00
1400	14	2.40	17.60

根据表4-10的资料，运用上述公式即可计算出筹借不同金额的债务时的公司的市场价值和资本成本，见表4-11。

表4-11　　公司市场价值和资本成本

债务资本价值（万元）	股票的市场价值（万元）	公司的市场价值（万元）	税后债务资本成本（%）	权益资本成本（%）
0	5000	5000	0	14
600	4997	5597	6.75	14.4
800	4764	5564	7.5	14.8
1000	4527	5527	8.25	15.2
1200	4181	5381	9	16
1400	3635	5035	10.5	17.6

从表 4-11 中的数据可以看出，在没有债务的情况下，公司的总价值就是其原有股票的市场价值 5000 万元。当公司用债务资本部分地替换权益资本时，一开始公司总价值上升，加权平均资本成本下降；在债务达到 600 万元时，公司的总价值最高；债务超过 600 万元后，公司总价值下降。因此，债务为 600 万元时的资本结构是该公司的最佳资本结构。

案例讨论

蒙牛引入 PE 投资

一、公司简介

1999 年 8 月，蒙牛乳业成立，总部设在中国乳都核心区——内蒙古和林格尔经济开发区，拥有总资产 100 多亿元，职工近 3 万人，乳制品年生产能力达 600 万吨。到目前为止，包括林基地在内，蒙牛乳业已经在全国 16 个省市区建立生产基地 20 多个，拥有液态奶、酸奶、冰淇淋、奶品、奶酪 5 大系列 400 多个品项，产品以其优良的品质覆盖国内市场，并出口到美国、加拿大、蒙古、东南亚及我国港澳等多个国家和地区。本着“致力于人类健康的牛奶制造服务商”的企业定位，蒙牛乳业集团在短短十年中，创造了举世瞩目的“蒙牛速度”和“蒙牛奇迹”。从创业初“零”的开始，至 2009 年年底，主营业务收入实现 257.1 亿元，年均递增超过 100%，是全国首家收入超过 200 亿元的乳业企业。其主要产品的市场占有率超过 35%；UHT 牛奶销量全球第一，液化奶、冰淇淋和酸奶销量居全国第一；乳制品出口量、出口的国家和地区居全国第一。

据 2006 年 9 月国家统计局发布的“中国大企业集团首届竞争力 500 强”，蒙牛乳业集团位居第 11 位，名列全国同行业之首。另据权威机构发布的数据，蒙牛乳业集团跻身 2009 年全国大企业集团 500 强第 241 位，2009 年全球乳业 20 强第 19 位，居全国同行业之首。蒙牛股票被国际著名金融服务公司摩根士丹利评选为至 2012 年全球 50 只最优质股票之一。

二、主题内容

1999 年牛根生遭到伊利董事会免职，从此选择了自己创业的历程，同年 8 月成立内蒙古蒙牛乳业股份有限公司。最初的启动资金仅仅为 900 万元，通过整合内蒙古 8 家濒临破产的奶企，成功盘活 7.8 亿元资产，当年实现销售收入 3730 万元。

据蒙牛相关人员介绍，他们在创立企业之初就想建立一家股份制公司，然后上市。除了早期通过原始投资者投资一些资金外，蒙牛在私募之前基本上没有大规模的融资。如果要抓住乳业的快速发展机会，在全国铺建生产和销售网络，对资金有极大的需求。对于当时蒙牛那样一家尚不知名的民营企业，又是依靠重品牌轻资产的商业模式，银行

贷款当然是有限的。

2001 年开始，他们开始考虑一些上市渠道。首先他们研究当时盛传要建立的深圳创业板，但是后来创业板没做成，这个想法也就搁下了。同时他们也在寻求 A 股上市的可能，但是对于蒙牛当时那样一家没有什么背景的民营企业来说，上 A 股恐怕需要好几年的时间，蒙牛根本等不起。

他们也尝试过民间融资。不过国内一家知名公司来考察后，对蒙牛团队说他们一定要 51%的控股权，对此蒙牛不答应；另一家大企业本来准备要投资，但被蒙牛的竞争对手给劝住了；还有一家上市公司对蒙牛本来有投资意向，结果又因为公司的第一把手突然调走当某市市长而把这事又搁下了。

2002 年年初，蒙牛股东会、董事会均同意，在法国巴黎百富勤的指导下上中国香港二板。为什么不能上主板？因为当时蒙牛历史较短、规模小，不符合上主板的条件。这时，摩根士丹利和鼎晖（私募资金）通过相关关系找到蒙牛，要求与蒙牛团队见面。见面之后摩根士丹利等提出来，劝其不要去香港二板上市。众所周知，中国香港二板除了极少数公司以外，流通性都不好，机构投资者一般不感兴趣，企业再融资非常困难。摩根士丹利与鼎晖劝蒙牛团队应该引入私募投资者，资金到位，帮助企业成长与规范化，大到一定程度了就直接上中国香港主板。

牛根生是个相当精明的企业家，对摩根士丹利和鼎晖提出的私募建议，他曾经征询过很多专家意见，包括正准备为其做中国香港二板上市的百富勤朱东（现任其执行董事）的意见。眼看到手的肥肉要被私募抢走，朱东还是非常职业化地给牛根生提供了客观的建议，他认为先私募后上主板是一条可行之路（事实上，在这之前，朱东已向蒙牛提到过中国香港主板的优势）。这对私募投资者是一个很大的支持。

（一）蒙牛公司的第一轮资本运作

1. 初始股权结构

1999 年 8 月 18 日内蒙古蒙牛乳业股份有限公司（上市公司主营子公司）成立，股份主要由职员、业务联系人、国内独立投资公司认购，股份结构也十分简单。当时注册资本 1398 万股，筹集到的资金仅为 1000 多万元，当时的股权结构如图 4-2 所示。

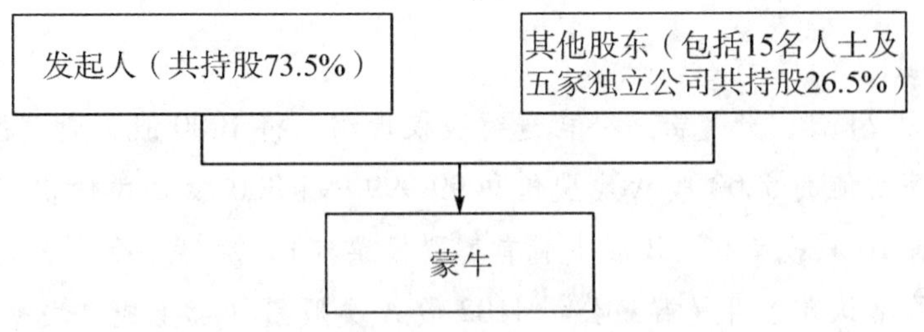

图 4-2　蒙牛乳业股份有限公司股权结构图

2. 首轮投资前股权结构

为了成功在海外上市，首先要有资金让它运转起来，然而原始的资本结构过于僵硬，对大量的资金注入以及资本运作活动将产生桎梏作用，因此蒙牛在PE投资团队的指导下，自2002年起就开始逐步改变股权结构，以便为日后的上市创造一个灵活的股权基础。

蒙牛在避税地注册了四个壳公司，即在维京群岛注册的金牛公司、银牛公司和在开曼群岛注册的开曼群岛公司公司及在毛里求斯注册的毛里求斯公司。其中，金牛公司的发起人主要是股东，银牛公司的发起人主要是其他投资者、业务联系人员和职员等，这样使得蒙牛管理层、其他投资者、业务联系人员、职员的利益都被悉数注入两家公司中，透过金牛和银牛两家公司对蒙牛人员的间接持股，蒙牛管理层理所当然成为公司股东。开曼群岛公司和毛里求斯公司为两家典型的海外壳公司，作用主要在于构建二级产权平台，以方便股权的分割和转让。这样，蒙牛不但可以对风险进行一定的分离，更重要的是可以在不同情况下根据自己需要灵活运用两个平台吸引外部资金。四家壳公司的关系如图4-3所示。

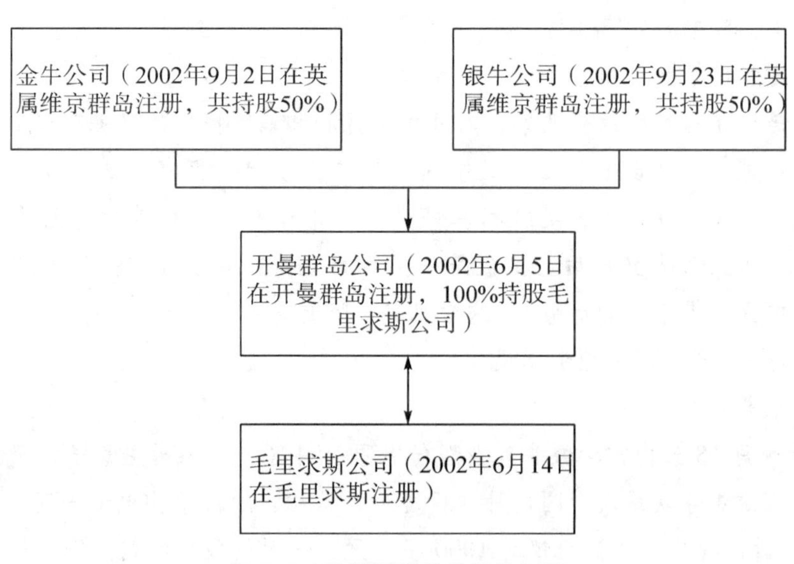

图4-3 首轮投资前股权构架图

3. 首轮注资

2002年9月24日，开曼群岛公司进行股权拆细，将1000股每股面值0.001美元的股份划分为同等面值的5200股A类股份和99 999 994 800股B类股份（根据开曼公司法，A类1股有10票投票权，B股1股有1票投票权）。次日，金牛公司与银牛公司以每股1美元的价格认购了开曼群岛公司4102股A类股票（加上成立之初的1000股，共5102股），而MS Dairy、CDH和CIC三家海外战略投资者则用约为每股530.3美元的价格分别认购了32 685股、10 372股、5923股B股股票（共48 980股），总注资约为

25 973 712 美元。

至此，蒙牛完成了首轮增资，三家战略投资者 MS Dairy、CDH、CIC 被成功引进，而蒙牛管理层与 PE 机构在开曼群岛公司的投票权分别是 51%、49%（即蒙牛管理层拥有对公司的绝对控制权）；股份数量比例分别为 9.4%和 90.6%。紧接着开曼群岛公司用三家金融机构的投资认购了毛里求斯国内公司的股份，而后者又用该款项在一级市场和二级市场中购买了蒙牛 66.7%的注册资本，蒙牛第一轮投资与股权重组完成，第一轮注资完成后的构架如图 4-4 所示。

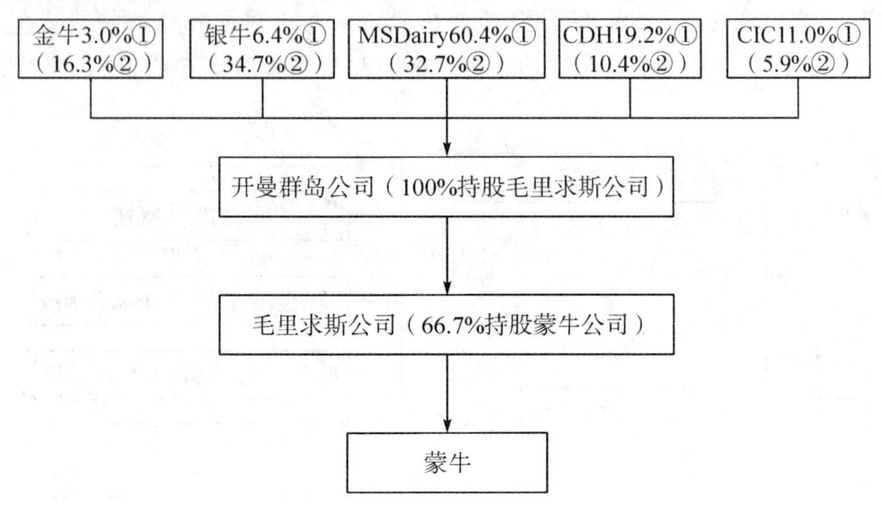

注：①按面值计算占公司股本的比例；

②各股东的投票权；

③MS Dairy 由摩根士丹利投资，CDH 为鼎晖投资，CIC 为英联投资。

图 4-4　蒙牛第一轮引资后的股权构架图

值得一提的是，首轮注资的引入，还有一份 PE 和蒙牛管理层的协议也随之产生：如果蒙牛管理层没有实现维持蒙牛高速增长，开曼公司及其子公司毛里求斯公司账面上剩余的大笔投资现金将由投资方完全控制，届时外资系将拥有蒙牛股份 60.4%（90.6%×66.7%）的绝对控制权。如果蒙牛管理层实现蒙牛的高速增长，一年后，蒙牛系可以将 A 类股按 1 拆 10 的比例转换为 B 类股。这样，蒙牛管理层可以实现在开曼群岛公司的投票权与股权比例一致。即蒙牛系真正持有开曼群岛公司的 51%的股权。2003 年 8 月，蒙牛管理层提前完成任务；同年 9 月 19 日，金牛公司、银牛公司将所持有的开曼群岛公司 A 类股的 5102 股转换为 B 类股（51 020 股），持有开曼公司 51%的股权和投票权。至此，蒙牛系通过自身及开曼群岛共持有蒙牛股份的股权为 67.32%［51%×66.7%+(1-66.7%)］，外资持有蒙牛股份的股权为 32.68%（49%×66.7%）。

（二）蒙牛公司的第二轮资本运作——二次注资

为了促使三家战略投资者的二次注资，2003 年 9 月 30 日，开曼群岛公司重新划分

股票类别，以 900 亿股普通股和 100 亿股可换股证券分别代替已发行的 A 类、B 类股票，每股面值 0.001 美元。金牛、银牛、MS Dairy、CDH 和 CIC 原持有的 B 类股票对应各自面值转换为普通股。

2003 年 10 月，三家战略投资者认购开曼群岛公司发行的可换股证券，再次注资 3523 万美元，认购“蒙牛乳业”发行的 3.67 亿可换股证券，约定未来转股价为 0.74 港元（2004 年 12 月后可转换 30%，2005 年 6 月可全部转换）。9 月 18 日，毛里求斯公司以每股 2.1775 元的价格购得蒙牛股份的 80 010 000 股。10 月 20 日，毛里求斯公司再次以 3.038 元的价格购买了 96 000 000 股蒙牛股份，对于蒙牛乳业的持股比例上升至 81.1%。至此，二次注资完成。第二次注资后的股权构架如图 4-5 所示。

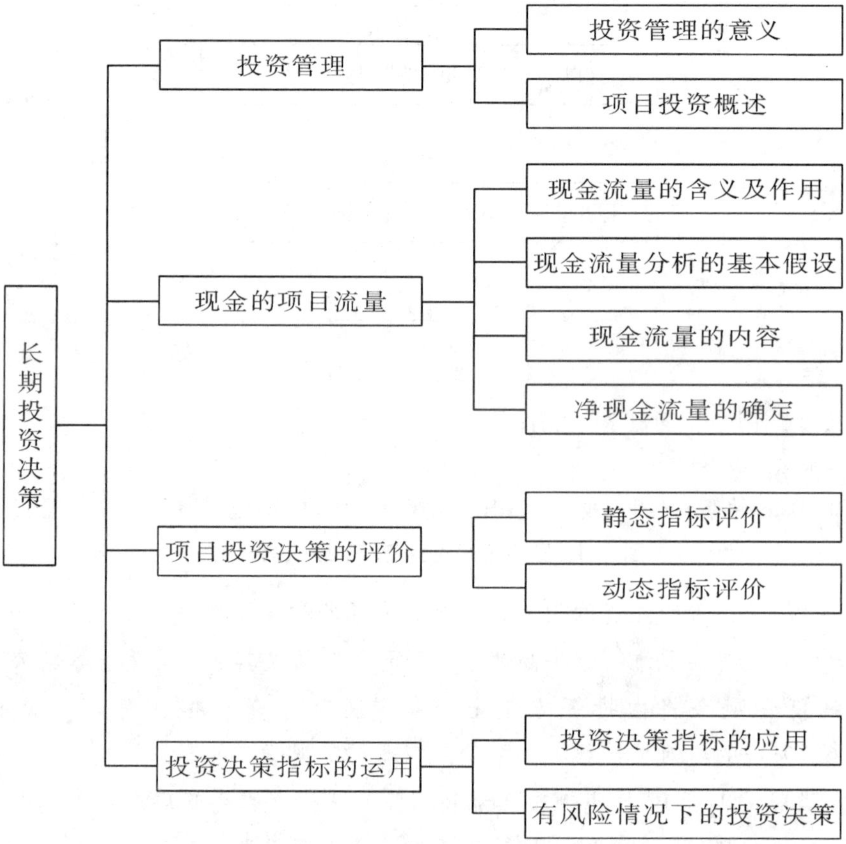

- 长期投资决策
  - 投资管理
    - 投资管理的意义
    - 项目投资概述
  - 现金的项目流量
    - 现金流量的含义及作用
    - 现金流量分析的基本假设
    - 现金流量的内容
    - 净现金流量的确定
  - 项目投资决策的评价
    - 静态指标评价
    - 动态指标评价
  - 投资决策指标的运用
    - 投资决策指标的应用
    - 有风险情况下的投资决策

注：① 图中数据是按面值计算占公司股本的比例；

② MS Dairy 由摩根士丹利投资，CDH 为鼎晖投资，CIC 为英联投资。

图 4-5　蒙牛第二轮注资后的股权构架图

二次增资的最大特点显然是发行可转股证券。根据当时的协议，PE 在开曼群岛公司股份首次公开售股（IPO）完成后第 180 天以后最多可转化 30% 的可转股证券，而 IPO 完成后一年后则可转化剩余部分。此次增资方案没有在发行同期增加公司股本规

模，并且同时暗藏了三大玄机：其一，暂时不摊薄管理层的持股比例，保证管理层的绝对控制与领导；其二，确保公司每股经营业绩稳定增长，做好上市前的财务准备；其三，可转股计划锁定了三家风险投资者的成本。

首先，这笔可转债是以蒙牛海外母公司——毛里求斯公司的全部股权为抵押的，如果股价不尽如人意，那么此可转债将维持债券的模式，蒙牛有义务还本付息，这在最大程度上减少了三家机构的投资风险；其次，本金为3523万美元的票据在蒙牛上市后可转为3.68亿股蒙牛股份，按2004年蒙牛的IPO价格3.925港元计算这部分股票价值达14.4亿港元。三家机构取得巨额收益的同时还获得增持蒙牛股权、控股控制权的机会。此可转股证券还设有强制赎回及反摊薄条款，可以说是在最大程度上维护了投资者的利益，因此，这种可转股证券更像是一种延期换股凭证，也从另一个角度反映了PE和蒙牛管理层在博弈过程中的优势地位。

随后，牛根生又与三家海外投资商签署了一份被媒体称之为“对弈国际投资巨头，牛根生豪赌7千万股权”的协议。大致内容是：如果蒙牛股份今后三年的复合增长超过某一数值，三家海外投资商将赔偿金牛公司7800万股的蒙牛乳业股份；否则，金牛公司要向三家海外投资商赔偿同样数量的股份或相当数量的资金。

（三）蒙牛公司的第三轮资本运作——股改

2004年，蒙牛乳业为上市做了最后的准备。2004年1月15日，牛根生从谢秋旭手中购得18 100 920股蒙牛股份，占蒙牛总股本的8.2%。2004年3月22日，金牛与银牛扩大法定股本，由5万股扩至10万股。同日，金牛与银牛向原股东发行32 294股和32 184股新股，金牛、银牛分别推出公司“权益计划”，“以酬谢金牛、银牛的管理层人员、非高级管理人员、供应商和其他投资者对蒙牛集团发展做出的贡献”。

2004年3月23日，“牛氏信托”诞生，牛根生本人以1美元/份的价格买下了绝大部分金牛“权益计划”和全部银牛“权益计划”，分别购入5816股、1846股、1054股的蒙牛乳业的股权。这些股份的投票权和绝对财产控制权信托给牛根生本人。至此，牛根生直接控制了蒙牛乳业的6.1%的股权。

（四）蒙牛公司的第四轮资本运作——上市

2004年6月10日，“蒙牛乳业”（2319.HK）在中国香港挂牌上市，并创造出一个奇迹：全球公开发售3.5亿股（包括通过中国香港公开发售3500万股以及通过国际发售的3.15亿股），公众超额认购达206倍，股票发行价高达3.925港元，全面摊薄市盈率19倍，IPO融资近13.74亿港元。

摩根士丹利称：“蒙牛首次公开发行创造了2004年第二季度以来，全球发行最高的散户投资者和机构投资者超额认购率。”事实上，2005年4月7日，蒙牛乳业宣布，由于公司表现超出预期，3名外资股东已向金牛公司提出以无偿转让一批价值约为598.8万美元的可转股证券作为交换条件，提前终止“千万豪赌”的协议。这则报道应该可

以解读为三家海外投资商已经承认了失败。牛根生先后两次与国际资本进行博弈，最终大获全胜。

资料来源：李彤. 风投的价值［J］. 中国商业评论，2005（1）.

讨论：

1. 蒙牛为什么选择了外资 PE 方式？
2. 蒙牛是否被贱卖？
3. 为何本土难有这样的 PE 投资？
4. 蒙牛为何选择在中国香港上市？

本章小结

资本成本是企业筹集和使用资本所承付的代价。它包括筹资费用和用资费用。资本成本率有个别资本成本率、综合资本成本率和边际资本成本率之分。需要运用相应的方法分别予以测算。

资本成本对于企业财务管理具有重要作用。它是企业筹资管理的主要依据，也是企业投资管理的重要标准，亦可作为评价企业经营业绩的经济标准。

杠杆利益与风险是企业资本结构决策的一个基本因素。它包括经营杠杆利益与风险、财务杠杆利益与风险和总杠杆利益与风险，分别以经营杠杆系数、财务杠杆系数和总杠杆系数来衡量。

资本结构理论是关于公司资本结构、公司综合资本成本率与公司价值三者之间的关系的理论。从资本结构理论与实践的发展考察，主要有早期资本结构理论、MM 资本结构理论和新的资本结构理论。

资本结构是企业各种资本的价值构成及其比例关系。它有广义和狭义之分。通常所说的资本结构是指狭义的资本结构，即企业各种长期资本价值的构成及其比例关系。资本结构的决定因素很多，主要有企业财务管理的目标、投资者的动机、债权人的态度、经营者的行为、企业的财务状况及发展能力、政府的税收政策、资本结构的行业差别等。

最佳资本结构是在适度财务风险的条件下，使预期综合资本成本最低，达到预期利润或价值最大的资本结构。它作为企业的目标资本结构，可采用资本成本比较法、每股利润分析法和公司价值比较法来测算。

知识拓展

中西方对资本成本的不同理解

在我国理财学中，资本成本可能是理解最为混乱的一个概念。人们对它的理解往往是基于表面上的观察。比如，许多人觉得借款利率是资本成本的典型代表，为数不少的上市公司由于可以不分派现金股利而以为股权资本是没有资本成本的。在大多数的理财学教材中，关于资本成本最常见的定义是：资本成本是指企业为筹集和使用资金而付出的代价，包括资金筹集费用和资金占用费用两部分。

出现这种情况是因为，我国的财务管理理论是从苏联引进的，因此按照苏联的做法，将财务作为国民经济各部门中客观存在的货币关系包括在财政体系之中。虽然其后的学科发展打破了苏联的财务理论框架，但财务一直是在大财政格局下的一个附属学科。学术界普遍认为，财务管理分为宏观财务和微观财务两个层次，并把微观财务纳入宏观财务体系，以财政职能代替财务职能。在这种学科背景下，企业筹措资金时只考虑资金筹集和使用成本，没有市场成本意识和出资者回报意识，从而得出与西方理论界迥异的资本成本概念。

现代财务管理思想来自西方微观经济学，财务管理与公共财政完全分离，是一种实效性的企业财务，即西方的财务概念都是指企业财务。财务管理以资本管理为中心，以经济求利原则为基础，着重研究企业管理当局如何进行财务决策、怎样使企业价值最大化。在这种市场化背景下，股东的最低回报率即资本成本就成为应有之义了。西方理财学界对资本成本的定义为：资本成本是企业为了维持其市场价值和吸引所需资金而在进行项目投资时所必须达到的报酬率，或者是企业为了使其股票价格保持不变而必须获得的投资报酬率。可以说，对资本成本的理解偏差是我国理财学发展不成熟的一个重要表现。

资料来源：中华会计网 http://www.canet.com.cn.

即问即答

即问：

1. 什么是资本成本？
2. 什么是资本成本率？
3. 什么是经营杠杆？
4. 什么是资本结构？

即答：

1. 资本成本是指企业筹集和使用资本而承付的代价。

2. 资本成本率包括：①个别资本成本率；②综合资本成本率；③边际资本成本率。

3. 经营杠杆是指企业在经营活动中对营业成本中固定成本的利用。

4. 资本结构是指企业各种资本的价值构成及其比例关系。

实战训练

1. 试分析资本成本中筹资费用和用资费用的不同特性。

2. 试说明测算综合资本成本率中三种权数的影响。

3. 试说明营业杠杆的基本原理和营业杠杆系数的测算方法。

4. 试说明财务杠杆的基本原理和财务杠杆系数的测算方法。

5. 试说明联合杠杆的基本原理和联合杠杆系数的测算方法。

6. 试对企业资本结构的决策因素进行定性分析。

7. 试说明每股利润分析法的基本原理和决策标准。

8. 试说明公司价值比较法的基本原理和决策标准。

9. 公司发行总价值为 1000 万元的优先股，股息率约定为 6%，发行费用率为 1%；同时，发行普通股总价值为 20 000 万元，筹资费用率为 3%，预期第一年红利率为 5%，以后每年增长 2%。请计算优先股资本成本和普通股资本成本各为多少？股权筹资的加权平均资本成本为多少？

10. 公司为改造一条生产线向银行借入 5 年期借款 800 万元，借款年利率为 8%，利息每年支付一次，到期还本，筹资费用率为 0.3%；同时发行 5 年期公司债券面值为 2000 万元，债券票面年利率为 9%，采取溢价发行，实际发行额为 2200 万元，筹资费用率为债券实际发行额的 2%；公司适用的所得税税率为 33%。请计算长期借款的资本成本水平和长期债券资本成本水平各为多少？这条生产线改造后的最低报酬率应达到多少？

11. 公司全部资本为 8000 万元，其中，债务资本比率为 50%，债务利率为 7%，公司息税前利润额为 980 万元。请计算公司的财务杠杆系数为多少？

12. 某企业拟追加筹资 2500 万元。其中：发行债券 1000 万元，筹资费率为 3%，债券年利率为 5%，期限为两年，每年付息，到期还本，所得税税率为 20%；优先股 500 万元，筹资费率为 3%，年股息为 7%；普通股 1000 万元，筹资费率为 4%，每一年预期股利为 100 万元，以后每年增长 4%。试计算该筹资方案的综合资本成本。

13. 某公司拥有总资产 2500 万元，债务资金与权益资金的比例为 4∶6，债务资金

的平均利率为8%，权益资金中有200万元的优先股，优先股股利率为6.7%，公司发行在外的普通股为335万股。2013年公司发生固定成本总额300万元，实现净利润348.4万元，公司的所得税税率为25%。

计算：①普通股每股收益；②息税前利润；③财务杠杆系数；④营业杠杆系数；⑤总杠杆系数。

14. 某公司目前拥有资金500万元。其中：普通股250万元，每股价格10元；债券150万元，年利率为8%；优先股100万元，年股利率为15%。所得税税率为25%。该公司准备追加筹资500万元，有下列两种方案可供选择：A方案，发行债券500万元，年利率为10%；B方案，发行股票500万元，每股发行价格20元。

要求：

（1）计算A方案的下列指标：①增发普通股的股份数；②公司的全年债券利息。

（2）计算B方案下公司的全年债券利息。

（3）计算A、B两个方案的每股收益无差别点。

（4）为该公司做出筹资决策。

词汇对照

资本成本	The cost of capital	杠杆原理	Lever principle
资本结构	The capital structure	经营杠杆	Degree of operating leverage
财务杠杆	Degree of financial leverage	经营风险	Operating risk
复合杠杆	Degree of combined leverage		
息税前利息	Earnings before interest and taxes		

5 投资管理

教学目标

1. 了解项目投资的概念、特点、分类、计算和程序等基本内容；
2. 熟悉项目投资决策评价指标的含义和典型项目投资决策的方法；
3. 掌握项目投资现金流量的估算方法。
4. 掌握项目投资决策评价指标的种类和计算方法并能熟练地应用。

内容结构

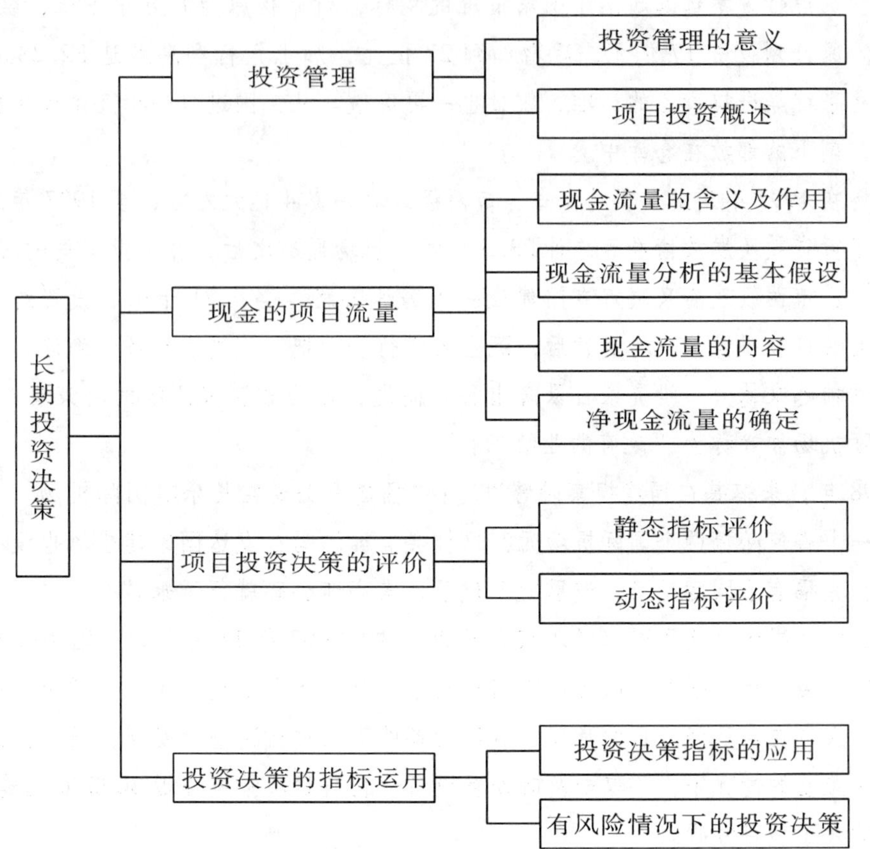

范例引述

福州长乐国际机场的项目投资

福州长乐国际机场是20世纪90年代初以福建省、福州市两级政府为主要投资方新建的大型基建项目。长乐国际机场与福州区相距50千米（车程需要60分钟以上），1997年正式通航，是当时国内已建成的最大的现代化大型国际机场，占地面积1万多亩。飞行区等级达到民航最高等级4E级，能起降目前世界上最大的波音747-400型飞机，满足直飞东南亚、北美等地区远距离航程的要求。

2002年，审计署审计长李金华向媒体宣称："长乐国际机场由于建设规模过度超前，目前游客量和货邮量只达到设计规模的1/3左右，航站楼和机场生活区大量闲置，运营4年半累计亏损达11亿元。"

长乐国际机场的建设，从选址到通航，从亏损到重组，在当地一直都是个相当敏感的话题。机场的规划设计原由中国民航设计院负责，最后确定由新加坡雅思柏机场设计公司负责。设计方案远远超出了国家批准的指标，航站楼原为8万平方米，实建13万平方米。原计划投资17亿元，后增加到27亿元，加上银行利息就达32.28亿元。灯光、联络系统等进口设备的标准、数量也一再突破。从德国进口的十几个登机桥才用了七八个，剩下的都放在仓库中。

机场在1992年正式立项时，省、市两级政府筹资4亿元左右，至1997年工程竣工得到了银行贷款及发放债券等总计23.5亿元。机场通航之后，客运量不足的现状突出。为此，省、市两级政府又决定专门建设一条高速公路，全长21千米、投资约12亿元，后因资金缺口被叫停。机场运营后，沉重的银行贷款把它拖进了债务的海洋，债务积重难返，亏损越来越大。投资项目暴露出种种问题，作为省、市两级的决策者难辞其咎，长乐国际机场被戏称为“政府的业绩工程”。

1998年，朱镕基在福建视察时曾讲道：“福建没必要在长乐建国际机场。厦门有机场了，一个省何必搞两个国际机场呢？这样会有客源吗？发达国家建机场也没有这么密集。法兰克福有了国际机场，波恩就不建了，有高速公路就行了嘛。”

长乐国际机场的问题引起了北京高层的关注，2002年11月下旬，国务院有关领导指示国家计委、审计署成立联合调查组对长乐国际机场项目进行了为期两个月的审计。

审计人员在对已经进口的货库集装区设备的去向进行追查时发现，长乐国际机场在运营后效益差的情况下，不仅未及时处置设备，仍盲目决策投资近3000万元建设货库，进一步加大了项目亏损。

审计组最终全面清查了福州长乐国际机场亏损的直接原因：一是项目决策不科学，可行性研究中市场预期论证不充分，基础数据采集不科学，预测结果过于乐观；二是项目建设规模过度超前，大量举债加大运营成本；三是项目建设管理比较混乱，未严格执行基建程序，资金损失和资产闲置浪费；四是机构运营后体制不顺，管理不到位，业务经营不理想等。

2002年11月国家审计署对其重点审计之后，把它作为国内重点建设项目的负面典型，定性为“决策失误造成重大国有资产损失”。

思考题：

1. 福建长乐机场为什么会投资失败？

2. 通过案例告诉我们，在投资时应注意哪些事项？

3. 投资的程序是什么？

资料来源：钟岷源. 福州长乐机场决策失误调查［J］. 南风窗，2004（1）.

本章导言

本章就长期投资决策的基本概念、特点以及意义做了全面的概括与总结。所谓长期投资决策即指拟定长期投资方案，用科学的方法对长期投资方案进行分析、评价、选择最佳长期投资方案的过程。长期投资决策是涉及企业生产经营全面性和战略性问题的决策，其最终目的是为了提高企业总体经营能力和获利能力。因此，长期投资决策的正确进行，有助于企业生产经营长远规划的实现。

理论概念

5.1 投资管理

5.1.1 投资管理概述

5.1.1.1 投资的概念

投资（Investment）是指特定经济主体（包括国家、企业和个人）为了在未来可预见的时期内获得收益或使资金增值，在一定时期向一定领域的标的物投放足够数额的资金或实物等货币等价物的经济行为。从特定企业角度看，投资就是企业为获取收益而向一定对象投放资金的行为。

5.1.1.2 投资的种类

按照不同的标准进行分类，投资有不同的内容，具体如表 5-1 所示。本章主要讲述项目投资的相关内容。

表 5-1 投资的种类

分类标准	内容	含义
按投资方向分类	对内投资	又称项目投资，把资本企业放在企业内部，以购置生产经营用资产，获取自己经营利润的投资。
	对外投资	以货币、财产物资、无形资产或购买股票、债券的形式向外单位投资。
按与生产经营的关系分类	直接投资	将资本投放于生产经营性资产（开厂、设点），以获取经营利润为目的的投资。
	间接投资	将资本投放于证券等金融资产，以获取股利或利息为目的的投资。
按投入的领域不同分类	生产性投资	将资金投向物质生产领域。
	非生产性投资	将资金投向非物质生产领域。

表5-1(续)

分类标准	内容	含义
按决策角度分类	独立方案投资	只有一个方案，是否投资该项目的决策。
	互斥方案投资	在两个以上方案中，只能选择其中一个方案的投资决策。
按回收期间分类	短期投资	又称流动资产投资，是指在一年内能收回的投资，主要指对货币资金、应收账款、存货、短期有价证券的投资。
	长期投资	是指一年以上才能收回的投资，主要指对厂房、机器设备等固定资产的投资，也包括对无形资产和长期有价证券的投资。
按投资的风险程度分类	确定性投资	投资风险很小，投资的收益可以比较准确地预测的投资。
	风险性投资	投资风险较大，投资的收益很难准确地预测的投资。

5.1.1.3 投资管理的意义

投资风险是指企业在投资活动中，由于各种难以预计或无法控制的因素使投资收益率达到预期目标而产生的风险。

不同的投资项目，对企业价值和财务风险的影响程度也不同。如果投资决策不科学、投资所形成的资产结构不合理，那么投资项目往往不能达到预期效益，影响企业的盈利水平和偿债能力，从而产生财务风险。巨额固定资产和无形资产投资带来的风险尤其突出，兴盛一时的巨人集团、河南红高粱快餐连锁就是因为这类投资风险失控而走向衰败的。

5.1.2 项目投资概述

5.1.2.1 项目投资的概念及分类

项目投资（Project Investment）是一种以特定项目为对象，直接与新建项目或更新改造项目有关的长期投资行为，主要包括新建项目和更新改造项目。

（1）新建项目

新建项目是指以新建生产能力为目的的外延式扩大再生产。新建项目按涉及内容细分为单纯固定资产投资项目和完整工业投资项目。

①单纯固定资产投资项目（简称固定资产投资）。其特点在于：在投资中只包括为取得固定资产而发生的垫支资本投入，而不涉及周转资本的投入。

②完整工业投资项目。其特点在于：在投资中不仅包括固定资产投资，而且涉及流动资金投资，甚至包括无形资产等其他长期投资决策。

（2）更新改造项目

更新改造项目是指以恢复或改善生产能力为目的的内涵扩大再生产。

项目投资的种类如图5-1所示。

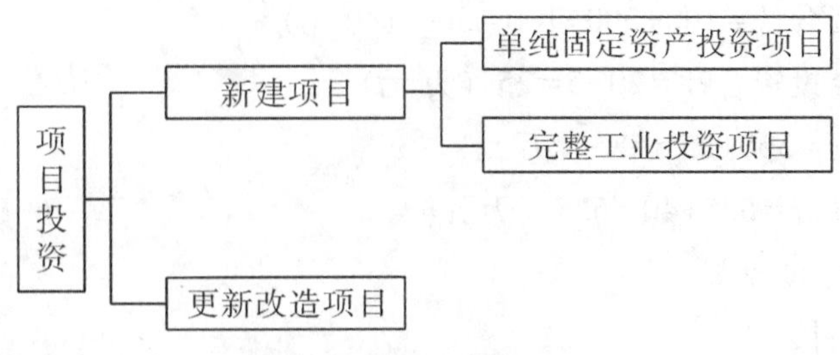

图 5-1　项目投资的种类

因此，不能将项目投资简单地等同于固定资产投资。项目投资对企业的生产和发展具有重要意义。项目投资是企业开展正常生产经营活动的必要前提，是推动企业生产和发展的重要基础，是提高产品质量、降低产品成本不可缺少的条件，是增加企业市场竞争能力的重要手段。

5.1.2.2　项目投资的内容

项目总资产包括原始投资和建设期资本化利息，是反映项目投资总体规模的价值指标。原始投资（又称初始投资）等于企业为使该项目完全达到设计生产能力、开展正常经营而投入的全部现实资金，包括建设投资和流动资产投资两项内容。建设投资是指在建设期内按一定生产经营规模和建设内容进行的投资，具体包括固定资产投资、无形资产投资和其他资产投资三项内容。项目总投资的内容如图 5-2 所示。

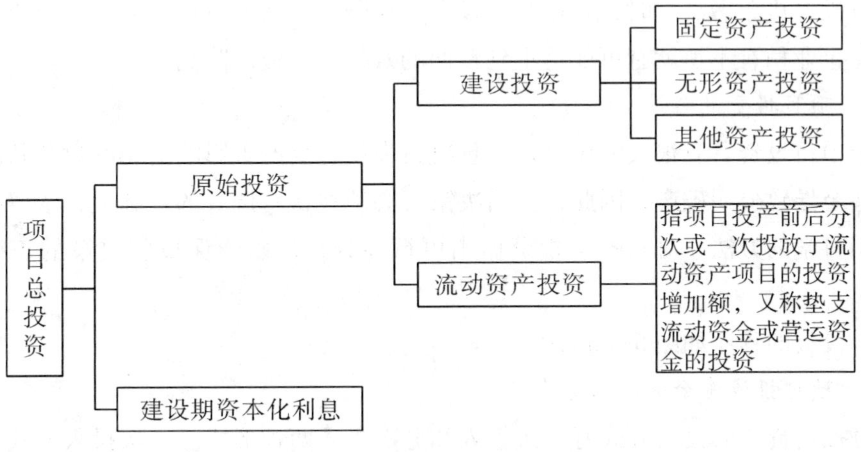

图 5-2　项目总投资的内容

【例 5-1】A 企业拟新建一条生产线项目，建设期为 2 年，运营期为 15 年，全部建设投资分别安排在建设起点、建设期第二年年初和建设期末分三次投入，投资额分别为 160 万元、300 万元和 100 万元；全部流动资金投资安排在建设期末和投产后第一年年末分两次投入，投资额分别为 20 万元和 5 万元。根据项目筹资方案的安排，建设期资本化借款利息为 40 万元。

要求：分别计算建设投资、流动资金投资、原始投资和项目总投资金额。

(1) 建设投资合计 = 160+300+100 = 560 (万元)

(2) 流动资金投资合计 = 20+5 = 25 (万元)

(3) 原始投资 = 560+25 = 585 (万元)

(4) 项目总投资 = 585+40 = 625 (万元)

5.1.2.3 项目投资的特点

(1) 影响期限长

固定资产一般使用时间较长，能在非常长的时间内多次参加企业的生产经营活动，但仍保持物质形态。固定资产的投资决策一旦做出，将在很长时间内影响到企业的经营成果和财务状况。

(2) 变现能力差

固定资产主要是一些厂房和设备等，往往是该企业从事经营活动的必要劳动资料和劳动工具，特别是设备类换到其他企业不一定能适用。因此，一旦投资决策完成，要想改变用途或出售是比较困难的。

(3) 次数少、金额大

与流动资产相比，固定资产投资并不经常发生，一般要间隔几年才投资一次，但每次投资的金额都比较大。

(4) 投资风险高

在对投资机会做决策时，企业假定投资是在既定的状况下进行的。然而市场状况瞬息万变，企业稍有不慎就有可能达不到预期的效果，投资风险高。

5.1.2.4 项目投资的程序

由于项目投资具有很大的风险，一旦决策失误，会严重影响公司的财务状况和现金流量，甚至导致公司破产，因此，公司决策者必须在认真调查的基础上，依照特定的程序，运用科学的方法，对每一项投资做出可行性分析，以确保投资决策的正确性和合理性。

项目投资的程序如图 5-3 所示。

5.1.2.5 项目投资资金的投入方式

项目投资资金的投入方式有一次投入和分次投入两种形式。一次投入方式是指投资行为集中一次发生在项目计算期第一年度的年初或年末；如果投资行为涉及两个或两个以上年度，或虽然只涉及一个年度但同时在该年的年初和年末发生，则属于分次投入方式。

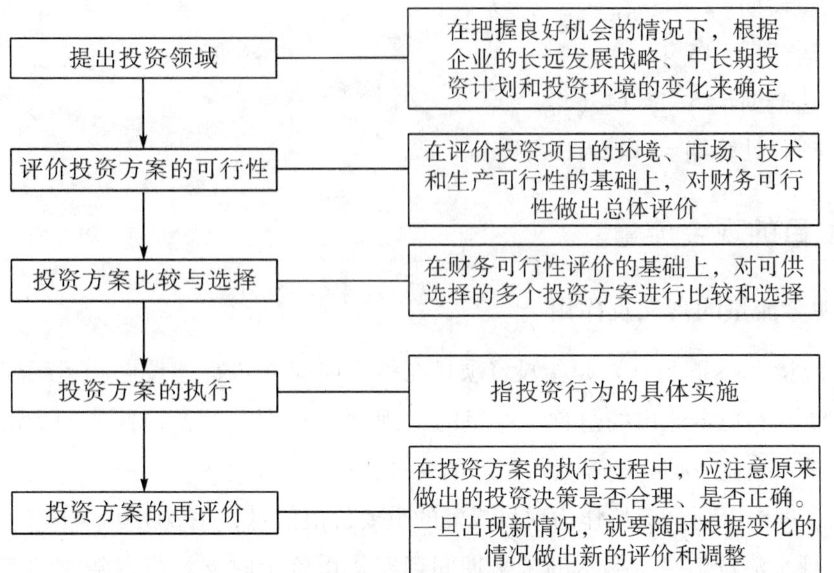

图 5-3　项目投资的程序

5.1.2.6　项目计算期的构成

项目计算期是指投资项目从投资建设开始到最终清理介绍整个过程的全部时间，包括建设期和运营期。用公式表示为：

项目计算期（n）= 建设期（s）+运营期（p）

（1）建设期（记为 s，s≥0）。建设期是指项目资金从正式投入（建设起点）开始到项目建成投产（投产日）为止所需要的时间。

（2）运营期（记为 p）。运营期是指从投产日到终结点之间的时间间隔，包括试产期和达产期。

项目计算期的构成示意图，如图 5-4 所示。

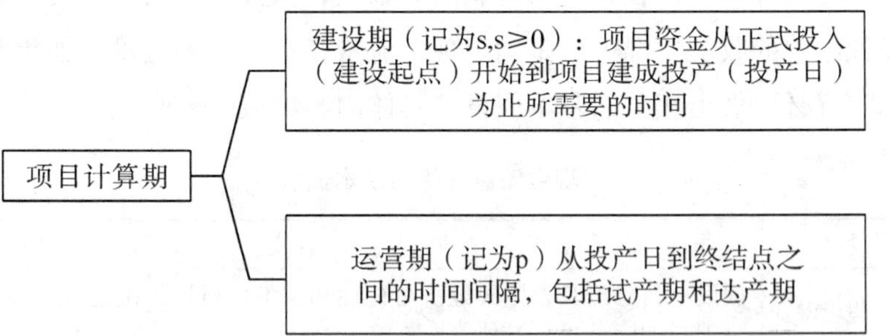

图 5-4　项目计算期的构成示意图

【例 5-2】A 企业拟投资新建一个项目，在建设起点开始投资，历经两年后投产，试产期为 1 年，主要固定资产的预期使用寿命为 15 年。

要求：分别计算该项目的建设期、运营期、达产期、项目计算期。

（1）建设期 = 2 年

（2）运营期 = 15 年

（3）达产期 = 15－1 = 14（年）

（4）项目计算期 = 2+15 = 17（年）

5.2 项目的现金流量

5.2.1 现金流量的含义及作用

现金流量（Cash Flow）是指投资项目在整个期间（包括建设期和运营期）内所产生的现金流入和现金流出的总称。这里的“现金”是广义的，包括各种货币资金以及项目需要投入企业所拥有的非货币资源的变现价值。

财务管理中以现金流量作为项目投资的重要价值信息，主要出于以下考虑：

（1）现金流量信息所揭示的未来期间现实货币资金收支，可以随时动态地反映项目投资的流向与收回之间的投入产出关系，使决策者处于投资主体的立场上，便于更完整、准确、全面地评价具体投资项目的经济效益。

（2）利用现金流量指标代替利润指标作为反映项目效益的信息，可以摆脱在贯彻财务会计的权责发生制时必然面临的困境。

（3）利用现金流量信息，排除了非现金收付内部周转的资本运动形式，从而简化了有关投资决策评价指标的计算过程。

（4）由于现金流量信息与项目计算期的各个时点密切结合，有助于在计算投资决策评价指标时，应用资金时间价值的形式进行动态投资效果的综合评价。

5.2.2 现金流量分析的基本假设

确定项目的现金流量是在收付实现制的基础上，预计并反映现实货币资本在项目计算期内未来各年中的收支情况。但是确定现金流量存在一定的困难，如相关因素的不确定性。因此，有必要做出相关的基本假设，具体内容如表 5-2 所示。

表 5-2　现金流量分析的基本假设

基本假设	含义
财务可行性假设	假设项目已经具备国民经济可行性和技术可行性，确定现金流量就是为了进行项目的财务可行性研究。
项目投资类型假设	假设投资项目只包括单纯固定资产投资项目、完整工业投资项目和更新改造投资项目。
全投资假设	假定在确定投资项目的现金流量时，只考虑全部投资的运动情况，而不具体区分自有资金和借入资金等具体形式的现金流量，即使实际存在借入资金也将其作为自有资金看待。

表5-2(续)

基本假设	含义
时点指标假设	建设投资在建设期内有关年度的年初或年末发生，流动资金投资在期初发生，经营期内各年的收入、成本、折旧、摊销、利润、税金等项目的确认均在年末发生，项目最终报废或清理均发生在终结点，但更新改造项目除外。
建设期与运营期不重叠假设	假设先投资建设，后运营，两者不同时进行。
经营期与折旧年限一致假设	折旧年限与经营年限相同。
确定性假设	假设与项目现金流量有关的价格、产销量、成本水平、所得税等因素均为已知常数。

5.2.3 现金流量的内容

在进行项目投资决策时，首要环节就是估计投资项目的预算现金流量。现金流量按流向可以分为现金流入量和现金流出量。

5.2.3.1 现金流入量

现金流入量是指投资项目实施后在项目计算期内所引起的企业现金流入的增加额，简称现金流入，包括：

（1）营业收入

营业收入是指项目投产后每年实现的全部营业收入。为简化核算，假定正常经营年度内，每期发生的赊销额与回收的应收账款大致相等。营业收入是运营期主要的现金流入量项目。

（2）固定资产的余值

固定资产的余值是指投资项目的固定资产在终结报废清理时的残值收入，或中途转让时的变价收入。

（3）回收流动资金

回收流动资金是指投资项目在项目计算期结束时，收回原来投放在各种流动资产上的营运资金。

固定资产的余值和回收流动资金统称为回收额。

（4）其他现金流入量

其他现金流入量是指以上三项指标以外的现金流入量项目。

5.2.3.2 现金流出量

现金流出量是指投资项目实施后，在项目计算期内所引起的企业现金流出的增加额，简称现金流出，包括：

（1）建设投资（含更新改造投资）

建设投资是指在建设期内按一定生产经营规模和建设内容进行的投资，包括固定资

产投资、无形资产投资和其他资产投资三项内容。建设投资是建设期发生的主要现金流出量。

（2）垫支的流动资金

垫支的流动资金是指投资项目建成投产后为开展正常经营活动而投放在流动资产（存货、应收账款等）上的营运资金。

（3）付现成本（或经营成本）

付现成本（Outlay Cost）是指在经营期内为满足正常生产经营而需用现金支付的成本，它是生产经营期内最主要的现金流出量。其计算公式为：

付现成本 = 变动成本 + 付现固定成本

= 总成本 - 折旧额（及摊销额）

（4）所得税税额

所得税税额是指投资项目建设投产后因应纳税所得额增加而增加的所得税。

（5）其他现金流出量

其他现金流出量是指不包括在以上内容中的现金流出项目。

5.2.4 净现金流量的确定

5.2.4.1 净现金流量概述

净现金流量（Net Cash Flow，NCF）是指在项目计算期内每年现金流入量与同年现金流出量之间的差额所形成的序列指标。一定期间的现金流入量大于现金流出量时，净现金流量为正值；反之，净现金流量为负值。无论在运营期还是建设期内都存在净现金流量；建设期内的净现金流量一般小于或等于零，运营期内的净现金流量则多为正值。净现金流量用公式表示如下：

净现金流量 = 现金流入量 - 现金流出量

$$NCF_t = CI_t - CO_t \quad (t = 0, 1, 2, \cdots, n)$$

式中：NCF_t 表示第 t 年的净现金流量；CI_t 表示第 t 年的现金流入量；CO_t 表示第 t 年的现金流出量。

5.2.4.2 净现金流量分阶段的计算

由于一个项目从准备投资到投资结束，经历了项目筹备和建设期、生产经营期及项目终止期三个阶段，因此投资项目净现金流量包括建设期净现金流量、运营期净现金流量和项目终结点净现金流量。

（1）建设期净现金流量

建设期净现金流量是指开始投资时发生的现金净流量，包括固定资产投资、无形资产投资和其他资产投资等建设投资、流动资产投资和原有固定资产的变价收入。建设期净现金流量，一般为现金流出量，用负数表示。其计算公式为：

建设期净现金流量= -该年发生的投资额

（2）运营期净现金流量

运营期净现金流量是指投资项目完成后，在整个寿命期内正常生产经营过程中的净现金流量。根据是否考虑企业所得税，可以分为运营期税前净现金流量和运营期税后净现金流量。

①运营期税前净现金流量的计算公式为：

运营期税前净现金流量= 营业收入 - 付现成本

= 营业收入 -（总成本 - 折旧）

= 税前利润 + 折旧

②运营期税后净现金流量的计算公式为：

运营期税后净现金流量= 营业收入 - 付现成本 - 所得税

= 营业收入 -（总成本 - 折旧）- 所得税

= 税后利润 + 折旧

或　运营期税后净现金流量

= 营业收入 - 付现成本 - 所得税

= 营业收入 - 付现成本 -（营业收入 - 付现成本 - 折旧）× 所得税税率

= 营业收入 ×（1 - 所得税税率）- 付现成本 ×（1 - 所得税税率）+ 折旧 × 所得税税率

（3）终结点净现金流量

终结点净现金流量是指项目经济寿命终结时发生的现金净流量，包括固定资产变价收入或者处置支出、原垫支的净流动资金回收额。根据是否考虑企业所得税，可以分为终结点税前净现金流量和终结点税后净现金流量。

①终结点税前净现金流量的计算公式为：

终结点税前净现金流量= 营业收入 - 付现成本 + 回收额

=税前利润 + 折旧 + 回收垫支流动资金 + 回收固定资产残值

②终结点税后净现金流量的计算公式为：

终结点税后净现金流量= 营业收入 - 付现成本 + 回收额

= 净利润 + 折旧 + 回收垫支流动资金 + 回收固定资产残值

现金流量分析中应注意的问题。在确定项目投资的现金流量时，应遵循的基本原则是：只有增量现金流量才是与投资项目相关的现金流量。所谓增量现金流量是指由接受或放弃某个投资项目所引起的现金变动部分。由于采纳某个投资方案引起的现金流入量增加额，才是该方案的现金流入；同理，某个投资方案引起的现金流出增加额，才是该方案的现金流出。为了正确计算投资项目的增量现金流量，要注意以下几个问题：

（1）沉没成本。沉没成本是过去发生的支出，而不是新增成本。这一成本是由于过去的决策所引起的，对企业当前的投资决策不产生任何影响。

（2）机会成本。在投资决策中，如果选择了某一投资项目，就会放弃其他投资项目，其他投资机会可能取得的收益就是本项目的机会成本。它不是实际发生的支出或费用，而是一种潜在的放弃的收益。在投资决策过程中考虑机会成本，有利于全面分析所面临的各个投资机会，以便选择经济上最为有利的投资项目。

（3）公司其他部分的影响。一个项目建成后，该项目会对公司的其他部门和产品产生影响，这些影响所引起的现金流量变化应计入项目现金流量。

（4）对净营运资金的影响。一个新项目投产后，存货和应收账款等流动资产的需求随之增加，同时应付账款等流动负债也会增加。这些与项目相关的新增流动资产与流动负债的差额即净营运资金应计入项目现金流量。

【例 5-3】A 企业拟建一条生产线项目，建设期为 2 年，运营期为 15 年，全部建设投资分别安排在建设起点和建设期末分两次等额投入，共投资 200 万元，全部流动资金投资安排在建设期末投入，投资额为 10 万元。投产后每年的税前利润为 100 万元。固定资产残值收入 20 万元，所得税税率为 25%。

要求：计算该项目投资各年所得税前净现金流量和所得税后净现金流量。

项目计算期＝建设期+运营期＝2+15＝17（年）

固定资产原值＝200 万元

年折旧＝（200-20）/15＝12（万元）

各年所得税前净现金流量：

NCF_0＝-建设投资＝-100 万元

NCF_1＝0 万元

NCF_2＝-（建设投资+流动资金投资）＝-100-10＝-110（万元）

NCF_{3-11}＝税前利润+折旧＝100+12＝112（万元）

NCF_{12}＝税前利润+折旧+回收垫支流动资金+回收固定资产残值

＝100+12+10+20

＝142（万元）

各年所得税后净现金流量：

NCF_0＝-建设投资＝-100 万元

NCF_1＝0 万元

NCF_2＝-（建设投资+流动资金投资）＝-100-10＝-110（万元）

NCF_{3-11}＝税后利润+折旧＝100×（1-25%）+12＝87（万元）

NCF_{12}＝税后利润+折旧+回收垫支流动资金+回收固定资产残值

＝100×（1-25%）+12+10+20

＝117（万元）

【例 5-4】A 公司因扩大生产需要，准备购入一台设备，有甲、乙两种方案可以选择。甲方案需投资 500 万元，使用寿命 5 年，采用直线折旧法，5 年后无残值。五年中，每年的销售收入为 300 万元，每年付现成本为 160 万元。乙方案需投资 600 万元采用直线折旧使用寿命 5 年，五年后残值收入 100 万元。五年中每年销售收入 400 万元，付现成本第一年为 150 万元，以后随着设备陈旧，将逐年增加修理费 35 万元，另需垫付营运资金 200 万元。假设所得税税率为 25%，试计算这两种方案的现金流量。

表 5-3　　投资项目现金净流量计算表　　单位：万元

年度	第 1 年	第 2 年	第 3 年	第 4 年	第 5 年
甲方案					
销售收入①	300	300	300	300	300
付现成本②	160	160	160	160	160
折旧③	100	100	100	100	100
税前利润④=①-②-③	40	40	40	40	40
所得税⑤=④×25%	10	10	10	10	10
税后利润⑥=④-⑤	30	30	30	30	30
经营现金净流量⑦=⑥+③=①-②-⑤	130	130	130	130	130
乙方案					
销售收入①	400	400	400	400	400
付现成本②	150	185	220	255	290
折旧③	100	100	100	100	100
税前利润④=①-②-③	150	115	80	45	10
所得税⑤=④×25%	37. 5	28. 75	20	11. 25	2. 5
税后利润⑥=④-⑤	112. 5	86. 25	60	33. 75	7. 5
经营现金净流量⑦=⑥+③=①-②-⑤	212. 5	186. 25	160	133. 75	107. 5

表 5-4　　投资项目全部现金净流量计算表　　单位：万元

年度	第 0 年	第 1 年	第 2 年	第 3 年	第 4 年	第 5 年
甲方案						
固定资产投资	-500					
经营现金净流量		130	130	130	130	130
现金净流量合计	-500	130	130	130	130	130
乙方案						
固定资产投资	-600					
营运资金垫支	-200					
经营现金净流量		212. 5	186. 25	160	133. 75	107. 5

表5-4(续)

年度	第0年	第1年	第2年	第3年	第4年	第5年
固定资产残值						100
营运资金回收						200
现金净流量合计	-800	212.5	186.25	160	133.75	407.5

【例5-5】A公司拟更新一套尚可使用5年的旧设备。旧设备原价90万元，账面净值50万元，期满残值5万元，目前旧设备变价净收入40万元。旧设备每年营业收入100万元，付现成本80万元。新设备投资总额175万元，可用5年，使用新设备后每年可增加营业收入40万元，并降低付现成本10万元，期满残值25万元。

要求：

①计算旧方案的各年现金净流量；

②计算新方案的各年现金净流量；

③更新方案的各年差量现金流量。

解析：

①继续使用旧设备的各年现金净流量：

$NCF_0 = -40$ 万元

$NCF_{1-4} = 100 - 80 = 20$(万元)

$NCF_5 = 20 + 5 = 25$(万元)

②采用新设备的各年现金净流量：

$NCF_0 = -175$ 万元

$NCF_{1-4} = (100 + 40) - (80 - 10) = 70$(万元)

$NCF_5 = 70 + 25 = 95$(万元)

③更新方案的各年差量现金净流量：

$\Delta NCF_0 = -175 - (-40) = -135$(万元)

$\Delta NCF_{1-4} = 70 - 20 = 50$(万元)

$\Delta NCF_5 = 95 - 25 = 70$(元)

5.3 项目投资决策的评价

项目投资决策评价指标是指用于衡量和比较投资项目可行性，并据以进行方案决策的定量化标准和尺度，主要包括投资报酬率、静态投资回收期、净现值、净现值率、获利指数、内含报酬率。按照是否考虑资金时间价值因素分类，项目投资决策评价指标可以分为静态评价指标和动态评价指标。

5.3.1 静态指标评价法

静态指标评价法是指不考虑时间价值因素的决策方法，即非贴现法。

5.3.1.1 静态投资回收期

静态投资回收期（Payback Period，PP）是指以投资项目经营净现金流量抵偿原始投资所需要的全部时间，简称回收期。静态投资回收期指标可以采用公式法和列表法计算。

（1）公式法

使用公式法来计算静态投资回收期要满足以下两个条件：①项目投资集中发生在建设期内；②投产后一定期间内每年净现金流量相等，且其合计数大于或等于原始投资额。如果满足以上两个条件，则可以按以下简化公式直接计算静态投资回收期：

$$\text{不包括建设期的投资回收期} = \frac{\text{原始投资额}}{\text{投产后前若干年每年相等的净现金流量}}$$

包括建设期的投资回收期 = 不包括建设期的投资回收期 + 建设期

（2）列表法

如果投资项目的净现金流量不能满足公式法的两个条件，那么只能采用列表法计算静态投资回收期。列表法就是通过列表计算项目投资的累计净现金流量，累计净现金流量为零的年限就是包括建设期的投资回收期，然后再计算不包括建设期的回收期。这种方法不论在什么情况下都可以使用，是一种计算投资回收期的通用方法。

采用列表法计算项目投资回收期，会出现两种情况：①“累计净现金流量”为零的年限是个整数，在表中能直接找到，那么对应的年限就包括建设期的投资回收期；②“累计净现金流量”为零的年限不是个整数，在表中不能直接找到，通过下式计算包括建设期的投资回收期。

包括建设期的投资回收期

$$= \text{累计净现金流量最后一项负值所对应的年数} + \frac{\text{至该年尚未回收的投资额}}{\text{下年净现金流量}}$$

5.3.1.2 投资报酬率

投资报酬率（ROI）又称投资利润率，是指达产期正常年份的年平均利润占项目总投资的百分比。其计算公式为：

$$\text{投资报酬率} = \frac{\text{年平均利润}}{\text{项目总投资}} \times 100\%$$

5.3.2 动态指标评价法

动态指标评价法又称贴现法，是考虑了货币的时间价值的决策方法。

5.3.2.1 净现值决策法

净现值（NPV）是指在项目计算期内，按基准折现率或设定折现率计算的各年净

现金流量的代数和。其计算公式为：

$$净现值(NPV) = \sum_{t=0}^{n} NCF \times (P/F, i, t)$$

【例5-6】某企业新建一项固定资产，投资600万元，建设期一年，建设资金分别于年初和年末各投入300万元，按直线法计提折旧，使用寿命为5年，期末有100万元净残值，预计投产后每年可获利160万元，假定该项目的基准折现率为9%，则有：

年折旧额 = (600 − 100) ÷ 5 = 100(万元)

$NCF_0 = -300$ 万元

$NCF_1 = -300$ 万元

$NCF_{2-5} = 160 + 100 = 260$(万元)

$NCF_6 = 260 + 100 = 360$(万元)

净现值计算如下：

$NPV = -300 - 300 \times (P/F, 9\%, 1) + 260 \times (P/A, 9\%, 4) \times (P/F, 9\%, 1) + 360 \times (P/F, 9\%, 6) = 412.21$(万元)

5.3.2.2　净现值率决策法

净现值率（NPVR）是指投资项目的净现值占原始投资现值总和的百分比指标。其计算公式为：

$$净现值率 = \frac{投资项目的净现值}{原始投资的现值合计}$$

【例5-7】根据【例5-6】的净现值数据，则有：

净现值$(NPV) = 412.21$ 万元

原始投资现值 $= 300 + 300 \times (P/F, 9\%, 1) = 575.22$(万元)

$$净现值率 = \frac{412.21}{575.22} = 0.72$$

净现值率的决策标准是：如果投资方案的净现值率大于或等于零，则该方案具有财务可行性；如果投资方案的净现值率小于零，则该方案不行；如果几个方案的净现值率均大于零，则净现值率最大的方案为最优。

5.3.2.3　获利指数决策法

获利指数（PI）也称现值指数，是指投产后按基准折现率或设定折现率折算的各年净现金流量的现值合计与原始投资的现值合计之比。其计算公式为：

$$获利指数 = \frac{投产后各年净现金流量的现值合计}{原始投资的现值合计}$$

获利指数与净现值率有以下的关系：

获利指数$(PI) = 1 +$ 净现值率$(NPVR)$

【例 5-8】根据【例 5-6】的净现值数据，则有：

净现值 (NPV) = 412.21 万元

原始投资现值 = 300 + 300 × (P/F，9%，1) = 575.22(万元)

投产后的净现值 = 412.21 + 575.22 = 987.43(万元)

$$获利指数\ (PI) = \frac{987.43}{575.22} = 1.72$$

获利指数与净现值率的关系验证如下：

1 + 净现值率($NPVR$) = 1 + 0.72 = 1.72 = 获利指数(PI)

获利指数法的决策标准是：如果投资方案的获利指数大于或等于 1，则该方案具有财务可行性；如果投资方案的获利指数小于 1，该方案不可行。

5.3.2.4 内含报酬率决策法

内含报酬率（IRR）也称内部收益率，是指该项目投资实际可望达到的报酬率，实质上，它是使投资项目的净现值等于零时的折现率。内含报酬率计算满足下列公式：

$$\sum_{t=0}^{n} \{NCF \times (P/F,\ IRR,\ t)\} = 0$$

内含报酬率的计算方法有两种。一种是根据计算的年金现值系数求得；另一种采用逐次逼近法计算。

5.3.2.5 动态评价指标之间的关系

NPV 、NPVR、PI 和 IRR 四个动态评价指标之间的关系如下：

当 NPV>0 时，NPVR>0，PI>1，IRR>i

当 NPV=0 时，NPVR=0，PI=1，IRR=i

当 NPV<0 时，NPVR<0，PI<1，IRR<i

5.4 投资决策的指标运用

5.4.1 投资决策指标的应用

5.4.1.1 固定资产更新决策

随着科学技术的不断发展，固定资产更新周期大大缩短。这是因为旧设备往往消耗大、维修费用多，当生产效率更高，原材料、燃料、动力的消耗更低的高效能设备出现，尽管旧设备继续使用，但企业也会对固定资产进行更新。因此，固定资产更新决策便成为企业长期投资决策的一项重要内容。固定资产更新决策通常有以下两种方法：

（1）差量分析法。差量分析法用来计算新设备相对于旧设备的 ΔNPV。

若 ΔNPV<0，应继续用旧设备；

若 ΔNPV>0，应更新设备。

（2）净现值法。净现值法用来计算两种方案的净现值。

【例 5-9】A 公司考虑购买一台新设备替代原来的旧设备，以减少成本，增加收益。旧设备购置成本为 80 万元，预计使用年限 10 年，已使用 5 年，期满无残值。如果现在处置该设备可收入 40 万元，如果继续使用该设备可以每年获得收入 100 万元，每年的付现成本 60 万元。新设备购置成本 120 万元，可使用 5 年，期满有残值 20 万元，使用新设备每年可获得收入 160 万元，每年付现成本 80 万元。假定公司资本成本率为 9%，所得税税率为 25%。新旧设备都使用直线法折旧。试问 A 公司是否应该进行资产更新？

决策过程：从新设备的角度去分析两种方案的差量现金流？

（1）计算初始投资现金流的差额及折旧现金流的差额。

Δ 初始投资现金流 120-40=80（万元）

Δ 年折旧差额=20-8=12（万元）

（2）计算各年现金流差额，见表 5-5。

表 5-5

项目	1~5 年各年现金流
Δ 销售收入①	60
Δ 付现成本②	20
Δ 折旧额③	12
Δ 税前利润④=①-②-③	28
Δ 所得税⑤=④ × 25%	7
Δ 税后利润⑥=④-⑤	21
Δ 经营现金净流量⑦=⑥+③	33

（3）根据上表计算的现金流量差额计算两个方案的最终现金流量差额，见表 5-6。

表 5-6

项目	第 0 年	第 1 年	第 2 年	第 3 年	第 4 年	第 5 年
Δ 初始投资	-80					
Δ 经营现金净流量		33	33	33	33	33
Δ 终结现金净流量						20
Δ 现金流量	-80	33	33	33	33	53

（4）计算净现值的差额。

$$\Delta NPV = 33 \times (P/A，9\%，4) + 53 \times (P/F，9\%，5) - 80$$
$$= 33 \times 3.2397 + 53 \times 0.6499 - 80$$
$$= 61.35（万元）$$

固定资产更新后可以多获得 61.35 万元的差额，因此选择更新固定资产。

5.4.1.2 资本限量决策

资本限量是指企业的资金有一定的限度，不能投资于所有可接受的投资项目。也就是说，企业也许有很多可以获利的项目，但是企业没有足够的资金。因此，资本限量决策就是为了使企业拥有的资金，使其投资效率最大化。资本限量决策一般有两种方法：现值指数法和净现值法。

（1）现值指数法的决策步骤

①计算所有项目的现值指数，并列出其初始投资额；

②接受所有 PI≧1 的项目，如果所有可接受的项目都有足够的资金，则没有资本限量，决策完成；

③如果资金不能满足所有 PI≧1 项目，则要对上一步进行修正，对所有资本限量可接受的项目进行组合，计算出加权平均现值指数；

④选取加权平均现值指数最大的组合。

（2）净现值法的决策步骤

①计算所有项目的净现值，并列出其初始投资额；

②接受所有 NPV≧0 的项目，如果所有可接受的项目都有足够的资金，则没有资本限量，决策完成；

③如果资金不能满足所有 NPV≧0 的项目，则要对上一步进行修正，对所有资本限量可接受的项目进行组合，计算出各种组合的净现值；

④选取净现值最大的组合。

【例 5-10】B 公司现在有 4 个可选的投资项目，其中，A 与 B、C 与 D 为互斥项目，公司的资本限额是 800 万元。各项目的具体信息见表 5-7。

表 5-7

投资项目	初始投资额（万元）	现值指数（PI）	净现值(NPV)(万元)
A	240	1.56	134.4
B	300	1.53	159
C	600	1.37	222
D	250	1.17	42.5

上述各投资项目的组合见表 5-8。

表 5-8

投资项目	初始投资额（万元）	加权平均现值指数（PI）	合计净现值(NPV)(万元)
ABD	790	1.42	331.8
AB	540	1.37	199.8
AD	490	1.22	107.8
BD	550	1.25	137.5

关于组合的加权平均现值指数的算法，ABD 组合仍有 10 万元的剩余，那么将该剩余资金投资于有价证券。假设投资与有价证券的现值指数为 1，则 ABD 组合的加权平均现值指数的计算方法如下：

$$\frac{240}{800} \times 1.56 + \frac{300}{800} \times 1.53 + \frac{250}{800} \times 1.17 + \frac{10}{800} \times 1 = 1.42$$

同理，其他组合的加权平均现值指数也可以由此求出。从上表的结果可以看出，ABD 组合为最优投资方案，其净现值为 331.8 万元。

5.4.1.3 投资开发时机决策

对于某些稀缺资源开发时机不同其收益也不同，因此开发时机决策也就较为重要。

决策方法：首先计算各种方案在同一时点的净现值（NPV），然后再进行比较，选择净现值大的方案。

【例 5-11】B 公司拥有一处矿产资源，市场上该种产品供不应求，该矿产品的价格正在不断攀升。据预测，6 年后该矿产品的价格会一次性上升 50%，因此，公司目前在研究什么时候开发的问题。无论是现在开发还是 6 年后开发其初始投资都相同。建设期均为 1 年，从第二年开始投产，投产后 5 年就开采完全部矿藏。具体资料见表 5-9。

表 5-9　　投资回报预测表

项目		项目	
固定资产投资	160 万元	年产销量	3000 吨
营运资本垫支	20 万元	现在开发每吨价格	0.2 万元
固定资产残值	0	6 年后开发每吨价格	0.3 万元
资本成本率	9%	年付现成本	120 万元
		所得税税率	25%

（1）计算现在开发的净现值：

现在开发的经营现金流量见表 5-10。

表 5-10　　经营现金流量表

项目	2~6 年各年现金流
销售收入①	600
付现成本②	120
折旧额③	32
税前利润④=①-②-③	448
所得税⑤=④ × 25%	112
税后利润⑥=④-⑤	336
经营现金净流量⑦=⑥+③	368

根据经营现金流量、初始投资和终结现金流量编制现金流量计算表，见表5-11。

表5-11 **现金流量计算表**

项目	第0年	第1年	第2年	第3年	第4年	第5年	第6年
初始投资	-160						
营运资金垫支	-20						
经营现金净流量		0	368	368	368	368	368
营运资金收回							20
现金流量	-180	0	368	368	368	368	388

计算现在开发的净现值：

$$NPV = [368 \times (P/A,\ 9\%,\ 4) \times (P/F,\ 9\%,\ 1) + 388 \times (P/F,\ 9\%,\ 6)] - 180$$
$$= (368 \times 3.2397 \times 0.9174 + 388 \times 0.5963) - 180$$
$$= 1145.1(\text{万元})$$

（2）计算6年后开发的净现值

6年后开发的经营现金流量见表5-12。

表5-12 **经营现金流量表**

项目	2~6年各年现金流
销售收入①	900
付现成本②	120
折旧额③	32
税前利润④=①-②-③	748
所得税⑤=④×25%	187
税后利润⑥=④-⑤	561
经营现金净流量⑦=⑥+③	593

根据经营现金流量、初始投资和终结现金流量编制现金流量计算表，见表5-13。

表5-13 **投资项目现金流量表**

项目	第0年	第1年	第2年	第3年	第4年	第5年	第6年
初始投资	-160						
营运资金垫支	-20						
经营现金净流量		0	593	593	593	593	593
营运资金收回							20
现金流量	-180	0	593	593	593	593	613

计算 6 年后开发到开发期净现值：

$$NPV = [593 \times (P/A,\ 9\%,\ 4) \times (P/F,\ 9\%,\ 1) + 613 \times (P/F,\ 9\%,\ 6)] - 180$$
$$= (593 \times 3.2397 \times 0.9174 + 613 \times 0.5963) - 180 = 1947.99(\text{万元})$$

计算开发期到现在的净现值的折现值：

$$6\text{年后开发折算为立即开发的净现值} = 1947.99 \times (P/A,\ 9\%,\ 6)$$
$$= 1947.99 \times 0.5963$$
$$= 1161.59(\text{万元})$$

结论：比较两种开发方案的净现值 6 年后开发的净现值要比立即开发的净现值高 16.49 万元，因此选择 6 年后开发。

5.4.1.4　投资期决策

从投资开始至投资结束投入生产所需要的时间成为投资期。不同的决策可以缩短或增加投资期的长度，因而对整个投资的现金流量也会有较大的影响。

决策方法：差量分析法。根据缩短投资期与正常投资期的现金流量差额计算净现值差额（ΔNPV）。①若 ΔNPV≥0，则缩短投资期有利；②若 ΔNPV≤0，则正常投资期有不利。

【例 5-12】B 公司有一项投资方案，正常的投资期为 3 年，每年需投入 100 万元。第 4 年至第 13 年每年产生现金净流量 105 万元。如果把投资期缩短为 2 年，则每年需投资 160 万元，竣工后使用寿命与每年净现金流量不变，项目资本成本率为 12%，项目终结无残值，无需垫支营运资金。请你决策是否应该缩短投资期？

（1）以缩短投资期的为标准，计算两个方案的现金流量的差额，见表 5-14。

表 5-14　　投资现金流量表

项目	第 0 年	第 1 年	第 2 年	第 3 年	第 4-12 年	第 13 年
投资期缩短的现金流量	-160	-160	0	105	105	0
正常投资短的现金流量	-100	-100	-100	0	105	105
现金流量差额	-60	-60	100	105	0	-105

（2）计算现金流量差额的现值：

缩短投资期的 ΔNPV

$$= -60 - 60 \times (P/F, 12\%, 1) + 100 \times (P/F, 12\%, 2) + 105 \times (P/F, 12\%, 3) - (P/F, 12\%, 13)$$

$$= -60 - 60 \times 0.8929 + 100 \times 0.7972 + 105 \times 0.7118 - 105 \times 0.2292$$

$$= 16.82(\text{万元})$$

因为缩短投资期后，其差额现金流的现值大于 0，所以应选择缩短投资期。

5.4.1.5 项目寿命不等的投资决策

由于项目寿命不同，因而就不能对其净现值、内部报酬率和现值指数进行准确比较。为了使项目具有可比性，必须使两个项目有相同的寿命周期。

常用的决策方法有：

（1）最小公倍寿命法。最小公倍寿命法是使两个寿命不同的项目的寿命周期调整一致，在一致的寿命内进行净现值（NPV）的比较。

（2）年均净现值法。年均净现值（ANPV）是把项目总的净现值转化为项目每年的平均净现值。其计算公式为：

$$ANPV = \frac{NPV}{(P/A,\ r,\ n)}$$

式中：$ANPV$ 表示年均净现值；$(P/A,\ r,\ n)$ 表示建立在资本成本率和项目周期基础上的年金现值系数。

【例 5-13】 B 公司要在两个投资方案中选一个方案进行投资。方案一需要初始投资 80 万元，每年产生 40 万元的现金净流量，项目寿命 3 年，3 年后必须更新且无残值；方案二需要初始投资 105 万元，使用寿命 6 年，每年产生 32 万元的现金净流量，6 年后必须更新且无残值。企业资本成本率为 12%，B 公司应该选取哪个方案？

两个方案的净现值如下：

方案一：

$$\begin{aligned} NPV &= NCF \times (P/A,\ K,\ n) - C \\ &= 40 \times (P/A,\ 12\%,\ 3) - 80 \\ &= 40 \times 2.4018 - 80 \\ &= 16.07(\text{万元}) \end{aligned}$$

方案二：

$$\begin{aligned} NPV &= 32 \times (P/A,\ 12\%,\ 6) - 105 \\ &= 32 \times 4.1114 - 105 \\ &= 26.56(\text{万元}) \end{aligned}$$

由此表明方案二优于方案一，应先选用方案二。但这种分析是不准确的，因为没有考虑两个投资方案之间的寿命是不同的。对于项目寿命期不同的项目，无法直接比较其净现值得出结论。这便出现了进行合理比较的两种基本方法——最小公倍寿命法和年均净现值法。下面分别是两种决策方法的运用。

（1）最小公倍寿命法。

方案一寿命 3 年，方案二寿命 6 年，那么其最小公倍寿命为 6 年，因此将方案一的寿命调整至 6 年，即对方案一进行二次投资，方案二可以保持不变。假设项目要在第 0 年和第 3 年进行相同投资的净现值，调整后方案一的现金流计算见表 5-15。

表 5-15　　投资现金流量表

项目	第 0 年	第 1 年	第 2 年	第 3 年	第 4 年	第 5 年	第 6 年
第 1 次投资现金流	-80	40	40	40			
第 2 次投资现金流				-80	40	40	40
合并现金流	-80	40	40	- 40	40	40	40

两次投资现金流的现值计算如下：

方案一 6 年期的净现值=第 0 年投资的净现值+第 3 年投资的净现值×(P/F,12%,3)

=16.07+16.07×0.7118

=27.51（万元）

方案二的净现值为 26.56 万元，对比调整后两个项目的净现值，因此应该选择方案一。

（2）年均净现值法。

$$方案一：ANPV = \frac{16.07}{(P/A，12\%，3)} = \frac{16.07}{2.4018} = 6.69(万元)$$

$$方案二：ANPV = \frac{26.56}{(P/A，12\%，6)} = \frac{26.56}{4.1114} = 6.46(万元)$$

比较结果，可以确认方案一较好。

5.4.2 有风险情况下的投资决策

5.4.2.1 按风险调整贴现率法

（1）用资本资产定价模型

特定项目投资按风险调整贴现率可以按以下公式计算：

$K_j = R_F + \beta_j(R_m - R_F)$

式中：K_j ——项目 j 按风险调整的贴现率或项目必要报酬率；

R_F ——无风险报酬率；

β_j ——项目 j 的不可分散风险的 β 系数；

R_m ——所有项目的平均贴现率或必要报酬率。

（2）按投资项目的风险等级来调整贴现率

首先给各个项目的风险打分，在确定各个项目所处的风险等级，根据风险等级调整贴现率。

例如：

表 5-16

总分	风险等级	调整后的贴现率
0~8 分	很低	8%
8~18 分	较低	9%
18~24 分	一般	13%
24~32 分	较高	16%
32~40 分	很高	19%
40 分以上	最高	25%以上

（3）按风险报酬率模型调整贴现率

一项风险投资的报酬包括无风险报酬和风险报酬。其计算公式为：

$K = R_F + bV$

因此，特定项目按风险调整可按下式计算：

$K_i = R_F + b_i V_i$

式中：K_i ——项目 i 按风险调整的贴现率或项目必要报酬率；

R_F ——无风险报酬率；

b_i ——项目 i 的风险报酬系数；

V_i ——项目 i 的预期标准离差率。

5.4.2.2　按风险调整现金流量法

风险使得各年的现金流变得不确定，因此，就需要对各年的现金流进行调整。然后用无风险报酬率作为折现率计算净现值。常用的方法叫确定当量法。

通常根据项目标准离差率选择约当系数。其计算公式为：

$$NPV = \sum_{t=0}^{n} \frac{a_t \times CF_t}{(P/F,\ i,\ t)}$$

式中：a_t ——第 t 年的当量系数；

CF_t ——第 t 年现金流量；

i ——折现率。

例如：

表 5-17

（标准离差率）	约当系数
0~0.07	1
0.08~0.15	0.90
0.16~0.23	0.80
0.24~0.32	0.70
0.33~0.42	0.60

表5-17(续)

(标准离差率)	约当系数
0.43~0.54	0.50
0.55~0.7	0.40
……	……

【例 5-14】B 公司准备进行一项投资，其各年的现金流量和分析人员确定的约当系数如下表，无风险报酬率为 12%。判断该项目是否值得投资?

表 5-18

项目	第 0 年	第 1 年	第 2 年	第 3 年	第 4 年
NCF	-100	40	40	40	40
d	1	0.95	0.90	0.85	0.80

$$NPV = 0.95 \times 40 \times (P/F, 12\%, 1) + 0.90 \times 40 \times (P/F, 12\%, 2) + 0.85 \times 40 \times (P/F, 12\%, 3) + 0.80 \times 40 \times (P/F, 12\%, 4) + 1 \times (-100) = 107.17\text{(万元)}$$

$NPV \geqslant 0$ 时，B 公司规定的投资是可以接受的。

案例讨论

上海康奈特光学股份有限公司的项目投资分析

2011 年 9 月 7 日，上海康奈特光学股份有限公司对外公布了《关于投资建设 1.60 和 1.67 高折射树脂镜片生产项目的可行性分析报告》。现将全文整理如下：

一、项目概况

本项目建设地点为上海康耐特光学股份有限公司（以下简称公司）上海川沙厂区，拟在原有车间新建三条生产线：1.60 高折射树脂镜片生产线、1.67 高折射树脂镜片生产线和加硬镀膜生产线，这三条生产线部分设备可以通用。项目投产后公司将实现年产 1.60 高折射树脂镜片 200 万副、1.67 高折射树脂镜片 100 万副的产能。

本项目预计总投资 3000 万元人民币，其中厂房装修 321 万元，采购设备 1564 万元，铺底流动资金 1115 万元。项目投产后预计可以实现年销售收入 9450 万元，净利润 1847.48 万元。

二、项目实施的必要性

1. 优化公司产品结构，符合公司战略目标

国内以平光、单光镜片为主的 1.499 和 1.56 系列基础树脂镜片生产企业众多，行

业内部竞争非常激烈，产品质量良莠不齐。尽管公司产品质量处于国际领先水平，经营业绩稳步提高，但为实现公司未来的可持续发展，投资建设本项目，扩大1.60和1.67高折射树脂镜片的生产规模，将进一步优化公司产品结构，提高公司产品整体档次，符合公司整体发展战略。

2. 提高综合毛利率水平，提升公司盈利能力

1.60和1.67高折射树脂镜片属高附加值镜片，对生产工艺和技术、设备的精密性、操作人员的技术水平均有较高要求，目前国内完全掌握此类镜片生产技术的企业为数不多，而市场需求逐年增长，产品毛利率远远高于1.499和1.56系列中基础镜片的毛利率。公司通过投资建设本项目，将有利于提升公司产品的综合毛利率，提高公司的整体盈利能力。

3. 强化公司核心竞争力，巩固公司行业领先地位

公司从事树脂镜片的研发、生产与销售已超过10年，在树脂镜片生产领域已有相当的技术和工艺积累，凭借稳定的产品质量和出色的售后服务，公司已成为国内镜片生产行业的知名企业，产品出口排名行业前列。公司主要产品均获得美国FDA及欧盟CE认证，生产与销售规模逐年扩大。本项目建成投产后将进一步强化公司的核心竞争力，巩固并扩大公司在高附加值树脂镜片生产领域的领先地位。

三、项目实施的可行性

1. 市场容量与需求分析

折射率是镜片性能的重要参数，是镜片对入射的光的投射光角度和入射光角度的正弦之比。在相同度数下，折射率越高，镜片越薄，质地越轻，佩戴起来更为美观，价格也更高。1.60折射率镜片厚度约为1.56折射率镜片厚度的75%，1.67折射率镜片则更为轻薄。

随着科技的进步和消费者对眼睛保护意识的增强，消费者在注重眼镜的品质和功能的同时，越来越重视眼镜的装饰功能，也更加重视眼镜的科技含量。钛、钛合金、记忆金属镜架，渐进多焦点、非球面及高折射率的镜片越来越多的消费者认识和接受，消费需求逐渐上升。

根据依视路在其2009年年度报告中公布的市场数据：1988年1.60折射率的树脂镜片销量占全球镜片销量的比重不到1%，1.67和1.74折射率的树脂镜片尚未在市场出现；2008年1.60折射率的树脂镜片销量增长至全球的7%，1.67和1.74折射率的树脂镜片销量增至全球的4%。高折射率的树脂镜片销量逐渐上升，且增长速度逐渐加快。

2. 生产技术及生产工艺储备已完成

公司自成立以来一直专注于热固型树脂镜片的研发与生产，在基础镜片领域拥有丰富的生产管理经验。通过借鉴国外先进的制造技术和自身长期的研发积累，公司已申请了《超薄型高折射率光学树脂镜片的制造工艺》、《高折射率光学树脂材料的制备方法》

等发明专利及实用新型专利。为了更好地掌握并改进生产技术，公司利用现有设备进行了1.60和1.67高折射树脂镜片的研发及试生产，产品投放市场后已得到了客户的认可。

3. 及时掌握国际生产技术与市场需求的动态

由于偏振光及光致变色树脂镜片的生产技术和研发处于不断的更新换代之中，为保证本项目能够成功实施，公司必须紧随国际先进的生产与研发动态。公司产品主要销往美国、德国、西班牙、新加坡等六十多个国家和地区，可以及时掌握国际市场需求的变化趋势，改进生产工艺，从而确保公司产品能够及时与国际需求接轨。

4. 成熟稳定的销售网络

经过十多年的精心经营，公司凭借稳定可靠的产品质量和完善的售后服务，积累了大批优质客户，树立了良好的声誉。目前公司1.60和1.67高折射树脂镜片主要销往美国、中国、韩国、泰国、意大利、加拿大等十多个国家，与多名客户形成了稳定的合作关系。

四、项目的具体实施方案

1. 选址

本项目无需征地，利用公司现有厂房进行建设，拟占用川沙厂区二号车间第一层生产厂房，面积约2800平方米。

2. 设备配置

本项目计划从国内外购置镀膜机、固化炉等64套（台）设备，主要设备如表5-19所示。

表5-19　主要设备明细表

设备名称	数量	设备名称	数量
普卢泰镀膜机	4	模具预清洗机	1
莱宝镀膜机	2	循环制冷固化炉	20
6槽预清洗机	1	30千克配料、浇料罐	10
清洗加硬全套设备	2	10匹冰水机	6
加硬二次固化炉	2	罗茨真空泵	1
焦度计	4	二次固化炉	5
14槽镜片清洗机	1	66平方米冷库	1
Ro纯水设备	1	精密过滤器	3

3. 人员配置、招聘及培训

根据项目实施计划，公司将分三年招聘员工200名，具体招聘计划如表5-20所示。

表 5-20 **招聘计划**

项目	2012 年	2013 年	2014 年	合计
1.60 和 1.67 高折射树脂	100 人	50 人	50 人	200 人

注：1.60、1.67 和加硬镀膜机三条生产线在同一个车间，且部分工艺流程接近，部分设备可以共用，所以员工可以在三条生产线互相调换、轮岗。

4. 主要原辅材料的供应

（1）1.60 和 1.67 高折射树脂镜片所需的主要原材料 MR-7、MR-8 全部由外国进口，主要从日本或者韩国进口。

（2）1.60 和 1.67 高折射树脂镜片所需的辅助材料基本都由国内供应商提供，公司与供应商均保持了长期良好的合作关系，相关材料供应充足，可以保证公司生产需要。

5. 水电等能源配套设施

本项目位于上海市川沙工业园区，水、电等相关能源配套设施完备，能够满足本项目的需求。

6. 投资概算

本项目投资总额为 3000 万元，具体估算如表 5-21 所示。

表 5-21 **投资概算明细表**

项目名称		投资额（万元）
厂房装修费	生产车间吊顶、隔断、净化	168
	防静电环氧树脂地坪	20
	车间排风系统	15
	车间电气、电缆	35
	车间监控、通信、网络系统	8
	中央空调系统	40
	空调	35
	小计	321
生产线及其他设备		1564
铺底流动资金	模具、镜片存货	605
	原辅材料	412
	现金	98
	小计	1115
投资总额		3000

7. 项目的实施进度

本项目自 2011 年 9 月开始建设，建设期约为 6 个月，2012 年投产，如表 5-22 所示。

表 5-22　　1.60 和 1.67 高折射树脂镜片生产项目实施进度表

项目	实施时间
车间装修	2011 年 9 月
工程	2011 年 10 月
采购设备	2011 年 11 月
设备安装	2011 年 12 月
员工培训	2012 年 1 月
投入运营	2012 年 2 月

五、项目经济效益分析

1. 主要假设及依据

（1）本项目经过 3 年投产，其中投产当年产量达到 30%，第 2 年达到 60%，第 3 年达到 100%。

（2）产品产销率为 70%，产品销售价格不变。

（3）产品成本按《企业会计准则》、公司现有的相关数据及变化趋势确定。

（4）固定资产折旧采用直线折旧法，其中机械设备折旧年限为 10 年，残值率为 5%；电子设备折旧年限为 5 年，残值率为 5%。

（5）所得税税率为 15%，其他税种不计。

（6）法定盈余公积金按净利润的 10%计算。

（7）贴现率（必要报酬率）按 10%计算。

（8）项目的财务评价计算期为 10 年。

2. 盈利能力预测

本项目总投资 3000 万元，各年营业收入、总成本费用、利润及相关盈利能力指标预测如表 5-23 所示。

表 5-23　　分析指标预测表

项目	第 1 年	第 2 年	第 3~10 年	合计
营业收入（万元）	2835.00	5670.00	9450.00	
总成本费用（万元）	2409.75	4592.70	7276.50	
利润总额（万元）	425.25	1077.30	2173.50	
净利润（万元）	361.46	915.71	1847.48	
净现值（贴现率 = 10%）（万元）				6251
税后内部收益率（%）				39.23
投资回收期（静态）（年）				2.92

注：本项目是在公司原有厂房内建设生产线，不涉及购置土地、建造厂房等事项，因此本项目效益分析未考虑土地和厂房的初始投资及以后年度摊销和折旧。

六、项目风险分析

1. 产能扩张不能及时消化的风险

本项目投产后，主要生产1.60和1.67高折射树脂镜片。虽然该产品有巨大的市场需求为本项目的成功实施提供有力的保障，同时公司依据自己在技术、营销、品牌、客户等方面的优势制定了详细的营销策略，但是若市场容量增长低于预期或公司营销网络体系未能按计划迅速扩大，可能会带来产能扩张不能及时消化的风险。

2. 产品价格下降的风险

1.60和1.67高折射树脂镜片相比大众、基础镜片有较高的毛利率，必然会吸引更多的资本投入，在未来几年，可能会有更多的企业参与1.60和1.67高折射树脂镜片的研发、生产，竞争的加剧会影响公司1.60和1.67高折射树脂镜片的价格。

七、报告结论

综合以上分析，本项目成功实施后，将会进一步优化公司产品结构，巩固和提升公司高端镜片生产实力和市场地位，增强公司竞争优势。本投资项目有良好的投资收益预期，能够创造较好的股东价值，建议公司尽快实施该项目。

要求：

（1）熟悉投资项目可行性分析报告的内容、结构；

（2）熟悉投资项目可行性分析报告中项目经济效益分析的假设及依据；

（3）判断经济效益分析的准确性、完整性；

（4）提出该投资项目可行性分析报告的修改建议。

资料来源：至诚财经频道。

本章小结

项目投资是一种以特定建设项目为对象，直接与新建项目或更新改造项目有关的长期投资活动，企业进行项目投资，必须对投资项目进行可行性分析和评价，其使用的指标是不计利润，而是现金流量。

现金流量是指投资项目在其计算期内因资本循环而发生的各项资金流入和现金流出的总称，包括现金流入量、现金流出量和净现金流量，在项目的不同时期，现金流量的内容有所不同。

项目投资评价指标主要有静态评价指标和动态评价指标。静态评价指标包括投资回收期和投资利润率，动态评价指标包括净现值、净现值率、获利指数和内含报酬率，其中净现值指标是投资决策评价指标中最重要的指标。

项目投资决策评价是指利用特定评价指标作为标准或依据的各种方法的统称，主要有净现值法、净现值率法、获利指数、内含报酬率法。

因投资项目的类型不同，如资本限量的方案、投资开发时机不同的投资方案、投资期不同的方案、项目寿命不等的投资方案和设备更新方案，应根据项目类型和使用条件选择合适的决策方法。

投资项目的实施将给企业带来风险，在投资决策中也需考虑投资风险，具体的决策方法有按风险调整贴现率法和按风险调整现金流量法。

知识拓展

计算期统一法

计算期统一法包括方案重复法和最短计算期法。最短计算期法又称最短寿命期法，是指在将所有方案的净现值均还原为等额年回收额的基础上，再按照最短的计算期来计算出相应净现值，进而根据调整后的净现值指标进行多方案比较决策的一种方法。

在这种方法下，具有最短计算期的方案，其调整后的净现值与调整前的净现值是一样的。在最短计算期法下，如果计算期最长的方案不重复的话，计算期最长方案的调整净现值等于原净现值。

最短计算期法的计算：

1. 计算期最短的方案调整后的净现值 NPV =该方案本身的净现值 NPV。

2. 其他方案调整后的净现值 NPV =年等额回收额×$(P/A, i_c, n)$，其中 n 是指最短计算期。

例：为了满足扩大生产的需要，甲企业拟投资建设一条新生产线，现有 A、B 两个方案可供选择。A 方案的项目计算期为 10 年，净现值为 130 万元。B 方案的项目计算期为 15 年，净现值为 150 万元。该企业基准折现率为 12%。

要求：采用最短计算期法做出最终的投资决策。

A 方案的调整后净现值 = 130 万元

B 方案的调整后净现值 = 150/（P/A，12%，15）×（P/A，12%，10）

= 150/6.8109×5.6502

= 124.44（万元）

通过计算得出，A 方案调整后的净现值大于 B 方案调整后的净现值，所以该企业应选择 A 方案。

即问即答

即问：

1. 项目投资评价指标有哪些?

2. 项目投资决策方法有哪些?

即答：

1. 项目投资评价指标主要有静态评价指标和动态评价指标。静态评价指标包括投资回收期和投资利润率，动态评价指标包括净现值、净现值率、获利指数和内含报酬率，其中净现值指标是投资决策评价指标中最重要的指标。

2. 项目投资决策方法是指利用特定评价指标作为标准或依据的各种方法的统称，主要有净现值法、净现值率法、获利指数法、内含报酬率法。因投资项目的类型不同，如资本限量的方案、投资开发时机不同的投资方案、投资期不同的方案、项目寿命不等的投资方案和设备更新方案，应根据项目类型和使用条件选择合适的决策方法。

实战训练

1. 什么是现金流量？如何估算投资项目的现金流量。

2. 如何进行互斥方案的决策比选。

3. 什么是项目投资？有什么特点？项目投资的程序有哪些?

4. 如何评价独立方案的财务可行性。

5. 如何进行设备更新决策。

6. 某企业打算进行一系列的固定资产投资，为开拓新的市场做好先期准备，根据企业的实力提供了甲、乙两种可供选择的方案。

甲方案：原始投资1000万元。其中固定资产投资800万元，流动资金投资200万元，净残值为10%。该项目的建设期为2年，经营期10年，固定资产投资在前两年平均投入，流动资金在项目完工时投入，预计项目投产后，每年发生的营业收入和营业成本分别为500万元和300万元，所得税税率为25%，该行业的基准折现率为10%。

乙方案：原始投资1200万元。其中固定资产1000万元，流动资金投资200万元，净残值为10%。该项目的建设期为1年，经营期10年，固定资产投资一次性投入，流动资金在项目完工时投入，其他条件不变。

（1）请分别计算甲、乙两个投资方案的静态投资回收期、净现值、净现值率、获利指数、内含报酬率指标，并且进行财务可行性评价。

（2）如果你是企业领导，你会选择哪个方案进行投资？

（3）如果你是项目的投资分析人员，你认为有哪些不确定的因素？

7. 假设你是公司的财务经理，现有甲、乙两个投资项目，它们的初始投资额均为100万元，资本成本均为12%。各项目预计现金流量表见表5-24。

表5-24　**投资项目净流量表**　单位：万元

	0	1	2	3	4	5
甲项目	-100	32	32	32	32	32
乙项目	-100	60	35	20	20	10

要求：（计算结果均保留两位小数）

（1）分别计算甲、乙两个项目的投资回收期、净现值、盈利指数以及内含报酬率。

（2）如果这两个项目是相互独立的，哪些项目会被接受？请说明理由。

（3）如果这两个项目是相互排斥的，按净现值和内含报酬率分别评价两个项目会出现什么现象？此时应该如何决策？请说明理由。

词汇对照

投资项目决策　the investment project decision

投资报酬率　rate of income on investment

净现值　net present value

净现值率　net present value rate

获利指数　profitability index

内含报酬率　internal rate of return

资本资产定价模型　Capital Asset Pricing Model

6 营运资本管理

教学目标

1. 熟悉营运资本的含义、特性和管理的基本内容；

2. 掌握现金的持有动机和成本、最佳现金持有量的计算，熟悉现金日常管理的主要内容；

3. 掌握应收账款的成本、信用政策的构成与决策，了解应收账款日常管理的主要内容；

4. 掌握存货的成本、存货经济批量的计算，熟悉存货日常管理的主要内容。

内容结构

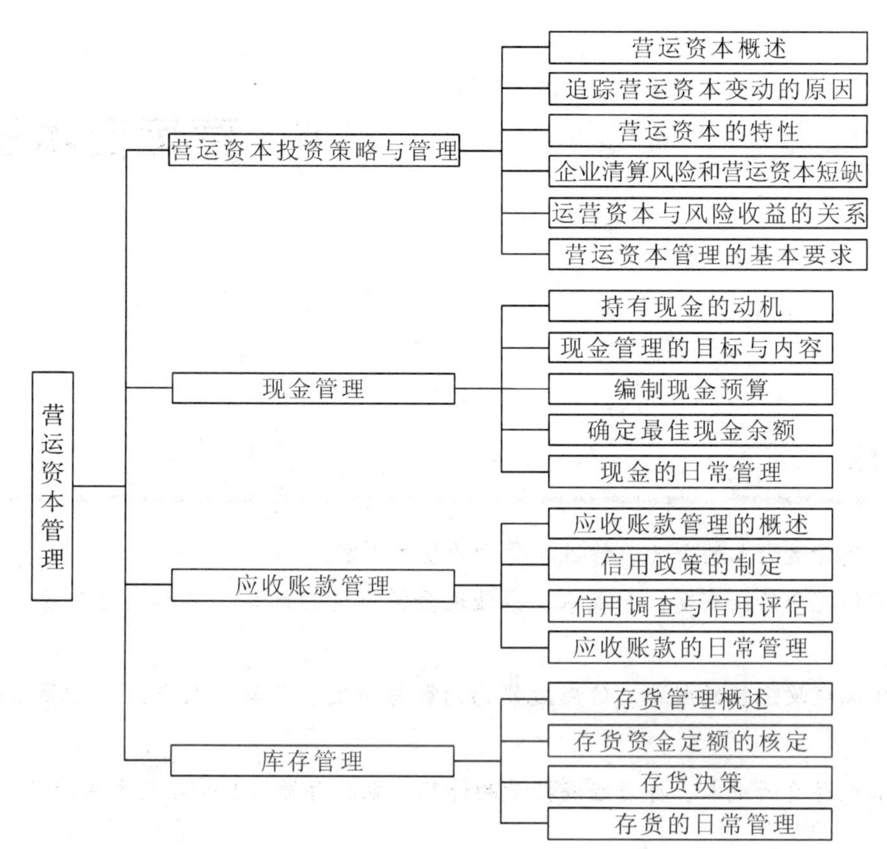

范例引述

福日电子股份存货管理

福建福日电子股份有限公司（以下简称福日公司）主要生产福日牌彩电，于 1999 年 4 月向社会公开发行 6000 万普通股，募集资金 2.54 亿元，主要投向数字化大屏幕彩电、超大屏幕背投彩电等项目。该公司所用的主要原材料有显像管、机芯散件、外壳等。招股说明书披露：“存货取得采用实际成本计价，存货发出采用以下方法计价，外购商品采用分批确认法；原材料按移动加权平均法；生产成本中费用分配按工时费用率；低值易耗品采用一次性摊销。根据福建日立电视机有限公司董事会决议，福日公司产成品核算方法从 1998 年 1 月 1 日起由原来的先进先出法改为后进先出法。”

根据该公司披露的财务数据，公司产品成本中主要组成部分为显像管，而显像管价格一直处于下跌趋势。在这样的价格趋势下，改变存货计价方式将会影响公司成本和毛

利率。公司披露存货计价方式改变后，平均每台彩电销售成本降低5%左右。公司1997年的彩电产品毛利率为11%，如果产品价格维持不变，则存货计价方式的改变将提高毛利率至15%的水平。但事实上，1998年福日公司产品的毛利率为8%，比1997年的11%还有较大幅度下降（见表6-1），这从另一方面说明了价格大幅下降是该行业当时的竞争状况。

表6-1 单位：万元

项目	1998年度	1997年度	1996年度
主营业务收入	676 216	413 083	875 399
减：主营业务成本	620 844	367 512	792 298
毛利润	55 372	45 571	83 101
毛利率	8%	11.03%	9.49%

如果福日公司没有改变存货发出计价方法，则毛利率还要减少。相反，当市场价格处于不断上涨时，后进先出法有利于企业获得税收上的好处，减少企业的现金流出。但是，期末存货的计价不能反映真实情况，会使存货成本出现低估现象，而且也为人为地调节利润提供了机会。企业采纳新准则后，此类盈余管理空间将不复存在。

思考题：

1. 存货的计价方法有哪些？
2. 存货管理对企业利润有哪些影响？

本章导言

在一个有效营运组织中，我们需要熟悉市场和衍生金融工具，利用这些衍生工具来制定资金决策。营运资本决策通常由财务总监或财务经理来做，公司会计师或财会人员辅助决策。

如莱美药业，在生产经营中，公司如何处置多余现金，是购买短期债券获取收益或存入银行账户；面临短期支付的短缺、收益风险的增加等伴随着的问题该怎么解决。

建立一个系统，不至于让现金闲置，保持最佳的在产品和应收账款，公司自然要将资金投入原材料储备、半成品、在制品及产成品，财务要协调销售与生产，保持一个合适的资金占用。货币资金也是个机会成本，这个最佳点的估算是重点，需要靠数学模型及对市场的经验判断。

理论概念

6.1 营运资本投资策略与管理

6.1.1 营运资本概述

企业为了生存和发展，必须持有一定数量的营运资本。不论在商业企业还是工业企业，营运资本在企业总资产中占的比重都很高。

营运资本又称运营资金，是指流动资产与流动负债的净额，是企业为维持日常经营活动所需要的资金。

6.1.1.1 营运资本的计算公式

营运资本=流动资产－流动负债

=（总资产－非流动资产）－（总资产－所有者权益－长期负债）

6.1.1.2 营运资金的作用

营运资金可以用来衡量公司或企业的短期偿债能力，其金额越大，代表该公司或企业对于支付义务的准备越充足，短期偿债能力越好。当营运资金出现负数，也就是一家企业的流动资产小于流动负债时，这家企业的营运可能随时因周转不灵而中断。

一家企业的营运资金到底多少才算足够，才称得上具备良好的偿债能力，是决策的关键。偿债能力的数值若是换成比例或比值进行比较，可能会出现较具意义的结论。

6.1.2 追踪营运资本变动的原因

营运资本与企业的生产经营息息相关，营运资本的变化也影响着企业的各种决策的制定。只有明确影响营运资本的变动原因，才能更好地为企业的生存和发展服务。营运资本变动的原因如下：

6.1.2.1 外部环境的不确定性

随着社会主义市场经济的发育和完善，企业所面临的外部环境也将日趋复杂，外部环境的不可控性也日益增大。企业的外部环境尽管复杂多样，但主要包括三个方面：一是政治、经济和国家宏观经济政策的变化；二是市场状况的变化以及竞争对手的出现；三是投资者的投资结构、投资行为和投资偏好的变化。由于这些外部环境因素变化的不可预测性，因而具有极大的不确定性，从而导致了运营资本的变动。

6.1.2.2 资本运营活动本身的复杂性

随着资本市场的发展，新的金融衍生物的产生，经济活动的国际化，资本经营日趋复杂，资本经营活动的难度加大，从而加大了企业进行资本经营的困难性。

6.1.2.3 企业资源的有限性

企业的资本运营受到人、财、物、技术、信息等各个要素的影响。当外部环境发生

变化、资本经营活动的复杂性和难度超过企业的能力时，风险便可能发生。企业资本经营中人的要素很重要，如决策者、管理者的素质、能力、风险处理技巧等都对营运资本活动造成影响。

6.1.3 营运资本的特性

为了有效地管理企业的营运资金，必须研究营运资金的特点，以便有针对性地进行管理。营运资金具有以下特点：

（1）周转时间短。根据这一特点，说明营运资金可以通过短期筹资方式加以解决。

（2）非现金形态的营运资金容易变现。如存货、应收账款、短期有价证券。

（3）数量具有波动性。流动资产或流动负债容易受内外条件的影响，数量的波动往往很大。

（4）来源具有多样性。营运资金的需求问题既可通过长期筹资方式解决，也可通过短期筹资方式解决。仅短期筹资就有银行短期借款、短期融资、商业信用、票据贴现等多种方式。

6.1.4 企业清算风险和营运资金短缺

营运资金的管理直接关系到企业的偿债能力和企业信誉。一旦企业的营运资金管理出现问题，就有可能造成企业资不抵债、面临破产的风险。

在企业的破产清算程序中，破产财产的处理和分配，股东的权益是在分配次序的最后。当营运资金的增长不能满足企业经营规模扩张的需要时，一方面抑制增长率，另一方面面临流动性短缺。企业的营运资金短缺，造成的财务风险加大，破产清算的风险也就增长了，一旦破产清算，最终损害的是股东的权益。

6.1.5 运营资本与风险收益的关系

根据流动资产在总资产中所占的比重，营运资本的投资政策包含激进型、稳健性和保守型。在决定企业适当的营运资本投资政策之前，需要对预计盈利能力和无法完成时带来的风险进行权衡。盈利能力用总资产收益率来衡量。下面我们用一个例子来说明营运资本投资政策与风险收益之间的关系。

例如：某企业预计息税前利润为20万元，固定资产80万元，三种投资政策下的流动资产分别为20万元、30万元、40万元，见表6-2。

表6-2

投资政策	A激进型	B稳健性	C保守型
流动资产（万元）	20	30	40
固定资产（万元）	80	80	80

表6-2(续)

投资政策	A 激进型	B 稳健性	C 保守型
总资产（万元）	100	110	120
流动负债（万元）	10	10	10
预计息税前利润(万元)	20	20	20
总资产收益率（%）	20	18.2	16.7
净营运资本（万元）	10	20	30
流动比率（%）	2	3	4

例子中 A 方案流动资产的持有比例较小，净营运资本比较少，预计收益率达到了20%，同时也加大了遇到财务困难的风险。

C 方案持有较多低盈利性的流动资产，导致了预计总资产收益率下降，增加了净营运资本，同时也降低了财务风险。

6.1.6 营运资本管理的基本要求

表 6-3

原　则	阐　述
保证合理的资金需求	营运资金管理的首要任务。
提高资金使用效率	关键是采取得力措施，缩短营业周期，加速变现过程，加快营运资金周转。
节约资金使用成本	一方面，要挖掘资金潜力，盘活全部资金，精打细算地使用资金；另一方面，积极拓展融资渠道，合理配置资源，筹措低成本资金，服务于生产经营。
保持足够的短期偿债能力	合理安排流动资产和流动负债的比例关系，保持流动资产结构与流动负债结构的适配性，保证企业有足够的短期偿债能力是营运资金管理的重要原则之一。

6.2 现金管理

6.2.1 持有现金的动机

6.2.1.1 交易性动机

企业持有现金是为了满足日常生产经营的需要。企业在生产经营过程中，需要购买原材料，支付各种成本费用。为了满足这种要求，企业应持有一定数量的现金。

6.2.1.2 预防性动机

企业在现金管理时，要考虑到可能出现的意外情况。为了应付企业发生意外可能对现金的需要，企业应准备一定的预防性现金。

6.2.1.3 投机性动机

企业的现金是与有价证券投资联系在一起的，即多余的现金购买有价证券，需要现金将有价证券变现成现金。但是，有价证券的价格与利率的关系非常紧密。一般来说，利率的下降会使有价证券的价格上升；利率的上升会使有价证券的价格下降。当企业持有大量现金要购买有价证券时，可能由于预测利率将要上升而停止购买有价证券，这样企业就会持有一定量的现金，即投机性现金需求。

6.2.2 现金管理的目标与内容

现金管理的目标是：权衡现金的流动性和收益性，合理安排现金收支，最大限度地获取收益。

现金管理的内容包括：

（1）制度管理。首先要遵守国家关于现金的管理规定。国家关于现金的管理制度主要包括现金的使用范围、库存现金的限额、现金的存取规定等。其次要建立企业内部的关于现金管理的制度。企业内部现金的管理制度包括专人管理制度、现金登记制度、内部审计制度。

（2）预算管理。以现金预算作为管理现金活动的标准。主要包括现金收入管理、现金支出管理、现金余额管理等内容。利用预算管理能够提高企业的整体管理水平。

（3）收支管理。收支管理主要包括两个方面：一是加速收款，采取一些技术手段尽量使现金回收的时间缩短；二是控制现金支出。在不影响企业信誉的情况下，尽可能推迟款项的支付，利用银行存款的浮游量。

6.2.3 现金预算的编制

现金预算（Cash Budget）是指企业运用一定的方法，对未来一定时期的现金需要进行预测，并采取相应对策的方法。现金预算为投资和筹资决策的制定提供了基础，能够最大限度地提高企业现金管理的效率。

编制现金预算通常使用收支法。在收支法下，现金预算的编制步骤如下：

（1）预测现金收入，根据收入计算企业所能获得的现金流入；

（2）预测现金支出，根据现金支出计划，计算购买原材料、支付工资、支付费用和税费等现金流出额；

（3）计算现金余缺。其计算公式为：

现金结余=期初余额+本期流入-本期流出-期末余额

6.2.4 确定最佳现金余额

为了满足生产经营的需要，企业需要持有一定量的现金。但是持有过多会发生大量成本，降低收益；持有过少又会影响到企业正常的生产经营，到底持有多少现金才合

适呢?

最优现金水平：既满足生产经营的需要，将企业的违约水平控制在较低水平，又避免过多现金占用，使现金使用的效率和效益达到最高。

确定最佳现金余额的方法主要有存货模型、米勒—奥尔模型、经验公式。

6.2.4.1 存货模型（鲍曼模型）

现金是企业生产经营活动中的一种特殊存货。

基本原理：将现金持有量与有价证券联系起来衡量，即将持有现金的成本与转换有价证券所发生的交易成本进行平衡，以求得两项成本之和最低时的现金持有量。

基本假设：

（1）未来现金流稳定均衡且可以预测；

（2）企业所需要的现金可以通过证券变现取得，且证券变现的不确定性很小；

（3）证券的利率或报酬率以及每次固定性交易费用可以确定；

（4）只考虑现金流出，不考虑现金流入。

其计算公式为：

现金总成本=持有现金成本+现金交易成本

$$TC = \frac{Q_C}{2}K + \frac{T}{Q_C}F$$

式中：Q_c——最优现金余额（年现金总需求量）；

K——持有现金的机会成本；

T——特定时期内的现金的总需求量；

F——进行证券交易或贷款的固定成本（平均每次资产转化费用）。

使总成本最小的现金持有量就是最优现金余额：

$$Q_C = \sqrt{\frac{2TF}{K}}$$

最低总成本：

$$TC = \sqrt{2TFK}$$

$$交易次数 = \frac{T}{Q} = \sqrt{\frac{TK}{2F}}$$

【例 6-1】B 公司现金收支状况稳定，根据历年资料分析，预计全年现金总需求量为 150 万元，有价证券的转换成本为每次 100 元，国库券的年收益率为 12%。请用存货模式计算最佳现金余额和最低总成本。

$$最佳现金持有量\ Q_C = \sqrt{\frac{2TF}{K}}$$

$$=\sqrt{\frac{2\times 年现金需求总量\times 证券交易成本}{国库券收益率}}$$

$$=\sqrt{\frac{2\times 1\ 500\ 000\times 100}{12\%}}$$

$$=50\ 000(元)$$

最低总成本 $=\sqrt{2\times 1\ 500\ 000\times 100\times 12\%}=6000$（元）

机会成本 $=50\ 000\div 2\times 10\%=2500$(元)

转换成本 $=1\ 500\ 000\div 50\ 000\times 100=3000$(元)

6.2.4.2　米勒—奥尔模型

假设：

（1）现金流入和流出随机波动；

（2）每日既有现金流入也有现金流出；

（3）每日净现金流量服从正态分布。

设：H 为现金控制上线；L 为现金控制下线；Z 为最佳现金余额（现金余额的均衡点）。

企业的现金余额在 H 和 L 之间随机上下波动，此时不会发生现金交易。当现金余额升至 H 时，如 X 点，则企业购入 H-Z 元有价证券。当现金余额降至 L 时，如点 Y，企业就需要出售 Z-L 元有价证券，使现金余额回升到 Z。管理层设置 L 下限取决于企业对现金短缺风险的承受程度、公司筹款能力、公司日常周转所需资金等因素。见图 6-1。

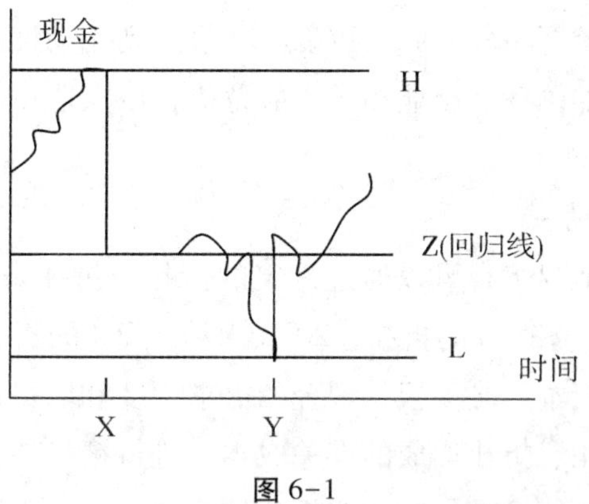

图 6-1

米勒—奥尔模型每期的交易次数是随各期变化而变化的一个随机变量，它取决于现金流入与现金流出的模式。

每期的交易成本取决于该期有价证券的期望交易次数。持有现金的机会成本是每期期望现金余额的函数。

现金持有政策的期望总成本=期望交易成本+期望机会成本

则最佳现金余额的计算公式为：

$Z = \sqrt[3]{3F\sigma^2/4K}$

现金余额的持有上限的计算公式为：

$H = 3Z + L$

【例 6-2】企业现金经理决定现金余额下限 L 为 15 000 元，估计现金流量标准差为 1500 元，持有现金的年机会成本为 20%，换算为日投资收益率为 0.041%，固定转换成本 F 为 200 元。试计算该企业最佳现金余额。

最佳现金余额 $Z = \sqrt[3]{\frac{3 \times 200 \times 1500^2}{4 \times 0.041\%}} = 9372$(元)

最低总成本 TC =9372+15 000=24 372（元）

现金余额上限 H =3×9372+15 000=43 116（元）

6.2.4.3 经验公式

最佳现金余额=(上年现金平均占用额-不合理占用额)×(1±预计销售收入变化百分比)

6.2.5 现金的日常管理

6.2.5.1 建立健全企业的现金管理制度

实行钱账分离、财务主管保管印章的相互牵制制度。

6.2.5.2 闲置现金投资管理

企业在筹集资金和经营业务时会取得大量的现金，这些现金在用于资本投资或其他业务活动之前，通常会闲置一段时间。可以将其投入到流动性高、风险性低、交易期限短，且容易变现的投资如国债、企业债券、股票等，以获取更多的利益。

6.2.5.3 现金收入的管理

（1）折扣、折让激励法

在企业急需现金的情况下，可以通过一定的折扣、折让来激励客户尽快结付账款。例如：10 天内付款给予客户 3%的折扣，20 天内给予 2%的折扣，30 天内给予 1%的折扣等。使用这种方法企业本身必须根据现金的需求程度和取得该笔现金后所能发挥的经济效益，以及为此而折扣、折让形成的有关成本，进行精确地预测和分析，从而确定出一个令企业和客户双方都能满意的折扣或折让比率。

（2）银行业务集中法

这是一种通过建立多个收款中心来加速现金流转的方法。

（3）大额款项专人处理法

企业设立专人负责制度，将现金收取的职责明确落实到具体的责任人，提高办事效

率，从而加速现金流转速度。采用这种方法时，必须保持人员的相对稳定，因为处理同样类型的业务，有经验的通常比没有经验的要方便、快捷。

6.2.5.4 现金支出管理

在合理合法的前提下，尽可能地延缓现金的支出时间是控制企业现金持有量最简便的方法。当然，这种延缓必须不影响企业信誉的；否则，企业延期支付所带来的效益必将远小于为此而遭受的损失。企业延期支付账款的方法主要有：

（1）推迟支付应付账款法

供应商在向企业收取账款时，都会给企业预留一定的信用期限。企业可以在不影响信誉的前提下，尽量推迟支付的时间。

（2）汇票付款法

这种方法是在支付账款时，可以采用汇票付款的尽量使用汇票，而不采用支票或银行本票，更不是直接支付现钞，从而达到合法地延期付款的目的。

（3）合理利用“浮游量”

现金的浮游量是指企业现金账户上现金金额与银行账户上所示的存款额之间的差额。有时企业已开出的付款票据，银行尚未付款出账，而形成的未达账项。对于这部分现金的浮游量，企业可以根据历年的资料进行合理地分析预测，有效地加以利用。

（4）分期付款法

适当地采取分期付款的方法，可以采用大额分期付款、小额按时足额支付的方法。对于采用分期付款方法时，一定要妥善拟订分期付款计划，并将计划告之客户，且必须确保按计划履行付款义务，这样就不会失信于客户。

（5）外包加工法

对于生产型企业特别是工序繁多的生产型企业，可以采取部分工序外包加工的方法，有效地节减企业现金。外包后，只需要先付给外包单位部分定金就可以了。在支付外包单位的账款时，还可以采用上述方法合理地延缓付款时间。

6.3 应收账款管理

应收账款是指企业因销售商品、提供劳务等经营活动，向购货单位或接受劳务单位应收而未收的款项，主要包括企业销售商品或提供劳务等应向有关债务人收取的价款及代购货单位垫付的包装费、运杂费等。

6.3.1 应收账款管理概述

应收账款管理是指在赊销业务中，从授信方（销售商）将货物或服务提供给受信方（购买商），债权成立开始，到款项实际收回或作为坏账处理结束，授信企业采用系统的方法和科学的手段，对应收账款回收全过程所进行的管理。其目的是保证足额、及

时收回应收账款，降低和避免信用风险。应收账款管理是信用管理的重要组成部分，它属于企业后期信用管理范畴。

应收账款管理的目标对于一个企业来讲，应收账款的存在本身就是一个产销的统一体，企业一方面想借助于它来促进销售，扩大销售收入，增强竞争能力；另一方面希望尽量避免由于应收账款的存在而给企业带来的资金周转困难、坏账损失等弊端。如何处理和解决好这一对立又统一的问题，便是企业应收账款管理的目标。

应收账款管理的目标是要制定科学合理的应收账款信用政策，并在这种信用政策所增加的销售盈利和采用这种政策预计要担负的成本之间做出权衡。只有当所增加的销售盈利超过运用此政策所增加的成本时，才能实施和推行使用这种信用政策。同时，应收账款管理还包括企业未来销售前景和市场情况的预测与判断，以及对应收账款安全性的调查。如企业销售前景良好，应收账款安全性高，则可以进一步放宽其收款信用政策，扩大赊销量，获取更大利润；相反，则应相应严格其信用政策，或对不同客户的信用程度进行适当调整，确保在企业获取最大收入的情况下，使损失降到最低点。

企业应收账款管理的重点，就是根据企业的实际经营情况和客户的信誉情况制定企业合理的信用政策。这是企业财务管理的一个重要组成部分，也是企业为达到应收账款管理目的必须合理制定的方针策略。

6.3.2 信用政策的制定

赊销能够扩大销售，刺激利润增长，是企业促进销售的重要手段。但应收账款会占用企业大量现金，产生机会成本，引起资金的周转，使企业的财务风险增大。

为了更好地利用应收账款，享受赊销带来的收益，同时降低企业风险，更好地管理应收账款，必须制定符合自身特点的信用政策。

6.3.2.1 信用标准

信用标准是指顾客获得企业的交易信用所应具备的条件。如果顾客达不到信用标准，便不能享受企业的信用或只能享受较低的信用优惠。在设定信用标准时，要充分考虑客户可能延期支付和最终成为坏账损失的可能性。在收集、整理客户的信用资料后，即可采用五 C 评估法系统分析客户的信用程度。为避免信用评价人员的主观性，在对客户信用状况进行定性分析的基础上，有必要对客户的信用风险进行定量分析。企业应根据具体情况权衡利弊，制定合理的信用标准，既能使企业保持适当的应收账款水平，又能满足扩大销售规模、提高市场竞争力、增加利润的需要。

6.3.2.2 信用条件

信用条件是指销货企业要求赊购客户支付货款的条件，包括信用期限、折扣期限和现金折扣。信用期限是企业为顾客规定的最长付款时间，折扣期限是为顾客规定的可享受现金折扣的付款时间，现金折扣是在顾客提前付款时给予的优惠。

信用期限是企业对客户提供商业信用而提出的最长付款时间。信用期间过短，不足以吸引客户，在竞争中会使销售额下降；信用期间过长，对销售额固然有利，但如果盲目放宽信用期，可能影响资金周转，使得相应的费用增加，甚至造成利润的减少。现金折扣是企业对客户早付款时的一种优惠。建立现金折扣政策的主要目的是为了吸引客户为享受优惠而提前付款，缩短平均收现期。现金折扣同样会对企业的收益和费用同时产生影响。如果制定方法不当，也会使企业得不偿失。所以，企业要根据具体情况制定合适的信用条件。

6.3.3 信用调查与信用评估

6.3.3.1 客户的信用评估

企业在对客户进行赊销前，首先必须对客户的信用状况进行调查，然后对客户的信用情况进行评估。客户信用状况的评估结果是企业制定信用政策、确定信用标准的前提。进行企业信用评估的方法很多，常用的有以下两种：

（1）5C 评估法

所谓 5C 评估法是指通过重点分析影响企业信用的五个方面，而对客户信用进行评估的方法。

①品质。品质是指债务到期时客户愿意主动履行偿债义务的可能性。客户的品质主要是企业领导人或主管部门负责人的品质。其好坏将直接影响到应收账款的回收速度和数量，品质被认为是影响信用状况最重要的因素。

②能力。能力是指客户的偿债能力。通过分析与客户收益有关的各种财务资料，企业就可以大致预测出该企业客户在信用期满时的偿债能力。

③资本。资本是指客户的一般财务状况。企业通过分析客户的各项财务比率，如流动比率、资产负债率等，可以了解客户的一般财务状况。

④抵押品。抵押品是指客户为获得信用可能提供担保的资产。如果客户能够提供抵押品，企业向他们提供信用的风险就小得多，因此信用标准可以适当放宽。

⑤环境。环境是指外部环境，如经济形势和竞争状况。外部环境对客户来说虽然不可控，但会直接或间接影响到客户的信用状况。

对以上五个因素分别分析后，还要对这些因素进行排列综合。每个因素都是良好，说明客户的信用状况最佳；反之，每个因素都不好，说明客户的信用状况最差。

（2）信用评级法

信用评级法是指直接借用评估机构所发布的信用等级结论，对客户信用进行评估的方法。信用评估机构在企业信用等级评价方面，目前主要采用两种标准。

①三等九级制。三等九级制把企业的信用状况分为 A、B、C 三等和 AAA、AA、A、BBB、BB、B、CCC、CC、C 九级。按照国际惯例 AAA 级和 AA 级表示信用状况良

好；A 级和 BBB 级表示信用状况一般；BB 级和 B 级表示信用状况较差；CCC 级、CC 级和 C 级表示信用状况很差。

②三级制。三级制把企业的信用状况分为 AAA、AA、A 三个等级。通常 AAA 级表示信用状况良好，AA 级表示信用状况一般，A 级表示信用状况较差或很差。

专门的信用评估机构通常评估方法先进，评估调查细致，评估程序合理，从而做出的结论的可信程度较高。信用评级法是一种对客户信用评估的较为简捷的方法。

6.3.3.2　判断客户的信用等级

信用评分是对客户的有关财务比率指标和其他信用指标进行分析的数量结果。

$$Y = a_1x_1 + a_2x_2 + a_3x_3 + \cdots + a_nx_n = \sum_{i=1}^{n} a_ix_i$$

式中：x_1 表示企业的利息保障倍数；x_2 表示速动比率；x_3 表示资产负债率；x_4 表示存续时间。

权重系数依照不同的金融机构确定的执行。

基本经营和竞争地位，考察企业管理层素质的高低及稳定性、行业发展战略和经营理念是否明确、稳健，企业的治理结构是否合理等，关联交易、担保和其他还款保障。

6.3.4　应收账款的日常管理

6.3.4.1　设置应收账款明细分类账

企业为加强对应收账款的管理，在总分类账的基础上按信用客户的名称设置明细分类账，来详细地、序时地记载与各信用客户的往来情况，明细账应定期同总账核对。

6.3.4.2　设置专门的赊销和征信部门

应收账款收回数额的多寡及时间的长短取决于客户的信用。坏账将造成损失，收账期过长将削弱应收账款的流动性。所以，企业应设置赊销和征信部门，专门对客户的信用进行调查，并向对企业进行信用评级的征信机构取得信息，以便确定要求赊购客户的信用状况及付款能力。

6.3.4.3　实行严格的坏账核销制度

应收账款因赊销而存在，所以，应收账款从产生的那一天起就冒着可能收不回来的风险，即发生坏账的风险，可以说坏账是赊销的必然结果。对于整个赊销而言，可以将个别坏账理解为赊销费用。为了缩小企业的损失，根据配比原则，发生的坏账应同收益进行配比，从收益中扣除，从而列示企业的实有资产。同时，不虚夸所有者权益及收益，这也是谨慎性原则的要求。

6.3.4.4　制定合理的应收账款政策

应收账款政策：信用标准、信用条件（赊账期限和现金折扣）和收账政策。

信用标准的确定要求在应收账款成本（坏账成本、管理成本、机会成本）和收益

之间取得平衡，使边际收益等于边际成本。

【例 6-3】A 公司生产某种产品，单价为 6 元/件，变动成本为 3 元/件，固定成本 80 万元，采用 15 天内按发票金额付款的信用政策，销售量为 100 万件。为了增加销售量，现拟将信用期放宽到 30 天。该公司投资的最低报酬率为 12%，其他数据见表 6-4。

表 6-4　　信用期与收账费用及坏账关系　　单位：万元

应收账款天数（天）	15	30
销售量	100	120
销售额	600	720
销售成本		
变动成本	300	360
固定成本	180	180
毛利	120	180
可能发生的收账费用	1.5	2
可能发生的坏账损失	2	3.2

收益增加：

销售量增加×单位边际贡献=（120-100）×（6-3）=60（万元）

信用期为 15 天时：

应收账款平均余额= 600×15 ÷ 360=25（万元）

销售成本率=（300+180）÷ 600=75%

应收账款占用资金=25 × 0.8 = 20(万元)

应收账款应计利息= 20 × 0.12 = 2.4(万元)

信用期为 30 天时：

应收账款平均余额= 600×30 ÷ 360=50（万元）

销售成本率=（360+180）÷ 720=75%

应收账款占用资金=50 × 0.75 = 37.5(万元)

应收账款应计利息= 37.5 × 0.12 = 4.5(万元)

应计利息增加=4.5-2.4=2.1（万元）

收账费用和坏账损失增加：

收账费用增加=2-1.5=0.5

坏账损失增加=3.2-2=1.2

改变信用期间的净收益：

收益增加-费用增加=60-（2.1+0.5+1.2）=56.2（万元）

由于收益增加大于费用增加，故采用 30 天信用期。

6.4 存货管理

6.4.1 存货管理概述

存货管理是指将厂商的存货政策和价值链的存货政策进行作业化的综合过程。一种管理理念是反应方法或称拉式存货方法。它是利用顾客需求，通过配送渠道来拉动产品配送的方法。另一种管理理念是计划方法。它是按照需求量和产品可得性，主动排定产品在渠道内的运输和分配的方法。

6.4.2 存货资金定额的核定

核定存货资金定额的方法通常有定额日数计算法、因素分析法、比例计算法和余额计算法。

（1）定额日数计算法是根据资金完成一次循环所需要的天数（资金定额日数）和每日平均周转额（每日平均资金占用额）来计算存货资金定额的方法。

（2）因素分析法是以有关存货资金项目上年度的实际平均占用额为基础，根据计划年度的生产任务和加速存货资金周转的要求，进行分析调整，来计算存货资金定额的方法。

（3）比例计算法是根据影响存货资金需要量的相关指标的变动情况，按比例推算存货资金定额的方法。

（4）余额计算法是以基年结转余额为基础，根据计划年度发生额、摊销额来计算存货资金定额的方法。

6.4.3 存货的决策管理

企业的存货是制造业采购生产销售循环中各个环节的缓冲器，可以使企业有弹性的选择原材料的采购时间，合理地进行资源的配置，满足产品生产和销售的需要。但是企业持有存货过多会产生储存和管理成本、占用资金，持有过少又会影响企业正常的生产经营活动，不能满足企业生产经营的需要。为了有效地降低成本，保证企业生产经营的需求，企业要保持一定量的存货。我们用经济订货模型来为企业的存货管理做决策。

基本假设：

（1）存货总需求和订货提前期是已知常数，单位货物成本为常数，无批量折扣；

（2）货物一次性入库；

（3）库存持有成本与库存量呈线性关系；

（4）货物是独立需求的商品，不受其他货物的影响。

设：TC 为每期存货的总成本；Q 为每次订货批量；R 为每期对存货的总需求；C_0 为每次订货费用；C_F 为每期单位存货持有费率（保管费）。则有：

$$TC = C_0 \times \frac{R}{Q} + \frac{Q}{2} \times C_F$$

$$EOQ = \sqrt{\frac{2RC_0}{C_F}}$$

$$TC = \sqrt{2C_0C_FR}$$

【例6-4】A公司甲材料的年需求量为5000千克，每千克标准进价为20元。销售企业规定：客户每批购买量不足1000千克的，按照标准价格计算；每批购买量1000千克以上2000千克以下的，优惠3%；每批购买量2000千克以上的，价格优惠5%。已知每批进货费用100元，单位材料的年储存成本4元。计算经济进货批量。

在没有数量折扣（即进货批量1000千克以下）时的经济进货批量和存货成本总额为：

经济进货批量 = $\sqrt{2 \times 5000 \times 100/4}$ = 500（千克）

存货成本总额 = 5000×20+5000/500×100+500/2×4 = 106 000（千克）

进货批量在1000~1999千克之间，可以享受2%的价格优惠。在此范围内，进价成本总额是相同的，越接近价格优惠的批量范围内，成本总额就越低。所以，在可享受3%的价格优惠的批量范围内，成本总额最低批量是1000千克。存货成本总额计算如下：

存货成本总额 = 5000×20×（1−3%）+5000/1000×100+1000/2×4 = 99 500（元）

同理，在享受5%的价格优惠的进货批量范围内，成本总额最低的进货批量为2000千克。存货成本总额的计算如下：

存货成本总额 = 5000×20×（1−5%）+5000/2000×100+2000/2×4 = 99 250（元）

通过比较可以发现，在各种价格条件下的批量范围内，成本总额最低的进货批量为2000千克。

6.4.4 存货的日常管理

6.4.4.1 存货采购管理

一律通过供应部统一采购，各部门需采购存货时，应填写一式三份的采购申请表，列明其要求和建议，经部门负责人审批后交供应部。供应部根据公司采购流程实施采购。

6.4.4.2 存货的验收、入库

外购存货，公司仓库管理人员应根据随货同行的送货单验收货物，需要确认货物是否为公司订单所定货物，实物货物是否与送货单一致，货物是否有损伤。

自制存货，生产部门加工完毕移交于仓库的产品，由仓库部门认真验收合格后，出具产成品入库单，并经双方签字、确认。

6.4.4.3 存货的发出

外销，仓库管理员根据订单生成销售出库单并发货，打印销售出库单。

内部领用，仓库管理员根据审核批准后的领料申请单发货。

6.4.4.4 存货的盘点

企业确定存货的实物数量有两种方法：一种是实地盘存制；另一种是永续盘存制。实地盘存制通常仅适用于一些单位价值较低、自然损耗大、数量不稳定、进出频繁的特定货物。会计年度终了，应由仓库管理人员及独立的会计记账人员和科室存货保管人员进行一次全面的盘点清查，并编制盘点表，保证账实相符。如有不符，应查明原因及时处理。存货盘点共同进行。

案例讨论

万科运营资本管理

近几年来，房地产行业迅速扩张、“屯地”在为房地产企业进行资源贮备的同时，也影响到其资金的周转效率。尽管从2007年下半年起，中央银行政策对市场发展有一定的影响，但2007年以来至今，房地产市场仍继续保持较快的增长速度。万科地产(000002)作为房地产行业的龙头老大，2006年以来一改前期“现金为王”的策略，开始大规模“屯地”。即使以每年平均500万平方米的消化量计算，公司土地储备也至少可以维持4年以上。更何况，万科的“屯地”步伐丝毫没有停止。虽然2007年万科高价拿地，吃过“地王”苦头，但从2008年和2009年的拿地面积来看，万科启动了其久违的“拿地模式”，营业收入和营业利润在经过2008年的低谷期之后，迅速回升。红火的市场需求固然喜人，可是大规模“屯地”引发的高比率的存货又会给万科带来怎样的影响？利润的激增表明了企业迅速成长，可是公司是否有足够的融资能力满足经营活动对现金流的需求？在高成长性的背后，万科的营运资金管理状况究竟如何？

万科高盈利背后的营运资金效率分析

1. 案例背景

与制造业相比，房地产开发行业存货变现的时间更长，受宏观环境和政策的影响更多，经营风险也更大。很多房地产企业通过囤地和捂盘追求高销售利润率，或通过保持投资性房地产（商业地产出租）平滑利润，借以控制经营风险。然而，在2006年以前，万科奉行的却是“专注于住宅开发，通过资产高速周转来获取超额回报”的战略。通过品牌营销和深入挖掘客户需求，充分利用现有资源扩大和加速销售；通过标准化设计和工业化生产缩短建设周期；通过业务外包和严控成本费用，以较少的投入实现较大的产出。与同行业优秀企业相比，万科的存货周转率长期处在较好水平，流动周转率和

总资产周转率在同行中也长期处于领先水平。然而，随着房地产行业迅速扩张、“屯地”争夺愈演愈烈，万科也逐渐感受到来自各竞争对手的压力，2000 年以后开始改变其一直贯彻的“现金为王”的政策，启动了久违的“拿地模式”。

表 6-5

年度	每股收益(元)	资产报酬率(%)	净资产收益率(%)	净利润(亿元)	营业收入(亿元)
2007	0.73	5.62	46.55	53.18	355.27
2008	0.37	4.20	12.65	46.4	409.92
2009	0.48	4.95	14.26	64.3	488.81

从表 6-5 可以看出，万科的每股收益、资产报酬率和净资产收益率在 2008 年跌入谷底后，2009 年发生反转，较 2008 年有一定的增幅，2009 年的净利润和营业收入甚至还超过了 2007 年的数值，创出历年新高。众所周知，2008 年我国的房地产行业进入低谷，万科也不例外。从万科公布的数据来看，万科 2008 年累计销售面积 557.0 万平方米，销售金额 478.7 亿元。其中，销售面积同比下滑近 9.2%，销售金额下滑 8.6%。但 2008 年 12 月销售额环比增长 50%以上，12 月万科实现销售面积 66.1 万平方米、销售金额 53.4 亿元。万科这一业绩基本上与市场预期相符合，虽然 2008 年总体业绩下滑，但这是整个经济环境所致。万科在 2008 年的经营低谷之后，迅速恢复“拿地模式”，各项盈利能力指标也显示着其高速的发展。进一步深入分析其盈利增长来源，我们发现万科 2009 年盈利的增长主要来源于：一是资产减值准备的转回。受政策利好、市场信心恢复的影响，2009 年全国房地产成交大幅增长，带动了房价、土地价格的上涨，万科所储备的土地、在建及已建商品房获得增值，原计提的存货跌价准备于 2009 年转回，转回金额达 55 267 万元，对净利润的增长起着很大的推动作用。二是投资收益的增加。被投资单位分红，按成本法核算，万科获得投资收益 19 795 万元，较 2008 年增加 4763%；被投资单位收益增长，按权益法核算，万科获得投资收益 54 186 万元，较 2008 年增加 158%，而被投资单位基本是从事房地产或与房地产相关的行业。三是利息费用的减少。从报表附注可以看出，万科债务的利息率较 2008 年下降，企业承担的利息费用减少，这也有利于净利润的提高。虽然营业收入创历年新高，但营业毛利、主要经营利润较 2008 年有明显下降，对净利润的增长产生负向作用，万科主要经营活动创造利润的能力略有下降，并未得到增强。由此可见，万科高速增长的账面利润背后可能隐藏着经营方面的问题。下面我们就从万科的营运资金入手，分析其高盈利的背后营运资金周转及融资状况。

2. 万科的营运资金状况

(1) 收入与资产结构的配比分析

表 6-6　2007—2009 年万科营运资金与主营业务收入比率　单位：亿元

项目	2007 年	2008 年	2009 年
总资产	1000.94	1192.37	1376.09
流动资产占总资产比例（%）	95.34	95.15	94.71
流动资产	954.33	1134.56	1303.23
流动负债	487.74	645.54	680.58
净营运资金	466.59	489.02	622.65
主营业务收入	355.27	409.92	488.81
净营运资金主营业务收入比率（%）	1.31	1.19	1.27
对比			
保利地产	2.68	2.17	2.19
招商地产	2.28	5.12	1.87
金融街	0.83	2.53	3.37
陆家嘴	3.06	2.41	0.82

万科的总资产和主营业务收入从 2007 年到 2009 年，增长了约 40%，相对于地产行业均值来说，万科的主营业务收入增长并不算很高。对比于同行业的招商地产、保利地产等的高速发展，万科采取的似乎是一种稳健的发展策略。三年来，其流动资产占总资产比例一直维持在 95%左右。从营运资金需求上分析，万科的生产经营活动有显著特点。首先，营运资金需求量大，占主营业务收入的比例较高（为了更好地研究营运资金与主营业务收入的增长配比情况，我们引入“净营运资金主营业务收入比率”这一指标，即营运资金周转率的倒数）。但与同行业的保利地产、招商地产、金融街以及陆家嘴相比，其净营运资金主营业务收入比率相对比较小。近三年，营运资金数额均大于营业收入数额，这与资金密集型行业特点有关，地产项目一般生产周期较长，附加价值较高。其次，收入和营运资金需求的增长方向一致。三年里，万科的营运资金增长 33%，主营业务收入增长 38%，相比较于同行业高速增长的招商地产等来看，其销售收入和流动资产结构的配比是比较合理的。

（2）资金周转状况

表 6-7　　2007—2009 万科资金周转率　　单位：亿元

年度	营业收入	流动资产		应收账款		应付账款		存货		营运资金	
		数额	周转率（%）	数额	周转率（%）	数额	周转率（%）	数额	周转率（%）	数额	周转率（%）
2007	355.27	954.33	0.49	8.65	57.79	111.04	2.42	664.73	0.41	466.59	0.76
2008	409.92	1134.56	0.39	9.23	45.83	128.96	2.08	858.99	0.33	489.02	0.84
2009	488.81	1303.23	0.40	7.13	59.76	163	2.36	900.85	0.39	622.65	0.79

三年中万科加强了对应收账款的管理，应收账款周转率有所提高，但由于房地产行业按揭贷款销售的特征，应收账款比重很小，占流动资产的比例不到1%，很难对公司整体的流动性造成影响，所以应收账款的周转不具有重要性。而应付账款的比例较大，平均约占流动资产的12%，应付账款周转率在近三年变化不大，只是略微有下降趋势。在流动资产总额里，存货占了很大的比重（近三年平均占总资产的72.03%），因此，存货周转率的变动对流动资产周转率变动的影响最大。

（3）存货资金的沉淀

万科的存货周转率一直很低，一方面是由于房产这种商品本身周转比较慢；另一方面，随着近几年“房地产热”，企业不断扩张，增加企业的存货量。除去每年保持20%左右的货币资金，万科其余的流动资产全部为存货。土地作为房地产行业的存货变现能力尤为差，存货周转率极低。这些资金被存货长期占用，早已丧失了其流动资产的特性，几乎没有变现能力，资产的使用效率并不理想。下面我们通过万科的存货结构来分析存货对其资产流动性的影响，见表6-8。

表 6-8　　2007—2009 年万科存货结构　　单位：万元

	2007 年	2008 年	2009 年
存货			
已完工开发产品	466 625	790 115	531 999
原材料	5148	4846	6000
库存商品	1261		
拟开发产品	2 787 760	3 471 910	4 362 690
在建开发产品	3 387 690	4 447 110	4 170 310
存货合计	6 648 484	8 713 981	9 070 999
拟开发和在建开发产品占存货的比例(%)	92.89	90.88	94.07
流动资产	9 543 250	11 345 600	13 032 300
存货占流动资产的比例（%）	69.67	76.80	69.60

从购买土地到商品房上市销售，沉淀在开发过程中的资金主要以三种形式存在，即土地使用权、年内拟开发的土地和在建开发产品。其中作为土地使用权的无形资产，占用资金较少，大部分资金都被后两个阶段所占据。而在万科的存货结构中，除了原材料、库存商品以及少量已开发完成的商品房外，90%以上为拟开发和在建中的土地，这一比例在2008年房产行业不景气时稍有下降，但在2009年又回升至2007年以上的水平，达到94%，大量的资金沉淀在土地上。从2007—2009年间万科的拿地政策来看，虽然自2007年董事长王石抛出"拐点论"后，万科就开始采取减少库存、升级产品为主导的防御性战略，整个2008年万科拿地速度以及新建面积锐减。但随着政府救市政策出台和天量放贷进入地产市场，房地产从寒冬迅速回暖，万科在2009年感到了内外部的巨大压力，迅速启动了"拿地模式"，2009年万科拿地共支付地价款约241.8亿元。可见，虽然万科的流动资产数量比较大且稳定，但是主要资金都沉淀在土地中，流动资产周转效率不高，不仅没能提高万科应对运营风险的能力，而且现金流压力巨大，营运资金的收益性和效率都不高。存货作为主要的流动资产是实现未来的营业收入的重要资源储备。然而，这些土地储备到目前为止，还不能转化为已完成开发过程的商品资产，难以在短期内实现营业收入现金流。同时，这些土地储备要转化为可出售状态的房地产商品，还需要追加巨额的持续性资金投入。如果没有持续的资金投入，不仅无法实现账面利润，更无法保证资金回流、完成资金链的循环。随着房地产行业银行信贷门槛的提高，高比例存货资金的沉淀对万科的融资政策提出了严峻的挑战。万科的营运资金融资能否配合高比例存货资金的沉淀呢？

3. 万科的营运资金融资政策

2007—2009年间，万科经营活动产生的现金流不断增加，商品、劳务收入支出比例逐年增大，用于商品和劳务的资金缺口越来越小，2008年和2009年甚至出现收入大于支出。行业平均值显示，房地产行业经营活动对资金的需求比较高，商品、劳务收入支出比例的行业均值约为1左右，万科该比率显著高于行业均值。虽然投资活动产生的现金流连续三年为负，但由于经营活动现金流比较充裕，万科2007—2009年间筹资活动现金流显著下降，通过筹资活动来满足经营活动的需求量越来越小。

表6-9　2007—2009年万科现金流量结构　单位：亿元

	2007年	2008年	2009年
经营活动产生的现金流量	-104.38	-0.34	92.53
其中：销售商品、提供劳务收到的现金	447.13	427.83	575.95
购买商品、接受劳务支出的现金	461.71	302.18	345.60
商品、劳务收入支出比率（%）	0.97	1.42	1.67
投资活动产生的现金流量	-46.04	-28.44	-41.91

表6-9(续)

	2007 年	2008 年	2009 年
筹资活动产生的现金流量	213. 61	58. 66	-30. 29
现金净流量	63. 19	29. 88	20. 34
每股经营现金流量	-1. 5189	-0. 0031	0. 8416

虽然万科经营活动创造现金流量的能力不断加强，但是总的来说，万科 2007—2009 年三年中的每股经营现金流量很小，甚至为负，三年分别为-1. 519 元/股、-0. 003 元/股和 0. 842 元/股。近几年万科依靠规模效益实现了业务的迅速扩张，“圈地”支出越来越大，沉淀在存货中的资金占用越来越多，这也意味着未来几年万科对资金的需求仍然十分强烈。如果现金流量不足以应对购买土地的大额支出的话，这种极度的扩张将给万科带来巨大的负面影响，不仅将限制企业进一步的发展，而且可能会引发财务危机等一系列的问题。因此，如何提高自身的融资能力是万科亟待解决的问题。

表 6-10　　净营运资金存量及融资结构　　单位：亿元

公司/项目		2007 年		2008 年		2009 年	
		净营运资金	流动负债占流动资产比例(%)	净营运资金	流动负债占流动资产比例(%)	净营运资金	流动负债占流动资产比例(%)
万科		466. 59	51. 11	489. 02	56. 90	622. 65	52. 22
对比	保利地产	217. 12	46. 55	336. 965	36. 67	502. 706	43. 20
	招商地产	93. 842	56. 69	182. 79	43. 75	189. 239	55. 62
	金融街	34. 9644	62. 20	141. 5883	32. 79	210. 31	36. 99
	陆家嘴	62. 7481	43. 22	41. 0256	66. 94	28. 6724	72. 54

由于购地支出，房地产行业普遍需要部分长期负债和权益对流动资产进行补充融资。随着规模的扩大，万科的净营运资金不断增长，从 2007 年的 466. 59 亿元增长到 2009 年的 622. 65 亿元，增长幅度大约为 40%，而万科的流动负债基本稳定在流动资产的 50%左右，也就意味着长期负债和权益融资要满足部分流动资产资金的需求。与同行业其他规模较大、盈利能力较强的公司进行对比发现，这种流动负债融资相对不足的现象普遍存在。在房地产行业，土地就是资本，优质土地更无疑会提高公司的盈利能力，因此，盈利能力很强的公司普遍净营运资金较多。然而，高盈利能力相应的代价是高昂的融资成本和较长的资金链，大量净营运资金缺口需要依靠长期负债和权益融资进行补充。长期资金的到期日远，到期不能还本付息的风险较小。但是长期资金的利息成本较高，并且缺乏弹性，会影响企业的经济效益。股权融资固然拥有着不用偿还等好处，但是不仅成本高昂，而且存在着股权稀释等问题。

从整个房地产行业来看，国家加强对银行信贷管制的情况近几年不会改变。为了保证企业对现金流的需求，万科加强了融资力度，努力开拓融资途径。万科主要通过股权融资、银行信贷、债券融资和信托借款来进行融资。股权融资固然是一种好的方式，但毕竟有限，大约占到所有融资的30%，其余70%资金为债权融资。虽然万科近年也努力扩充融资渠道，但这逾七成的负债还是主要来自于高利率的银行信贷。高比例的银行信贷不仅提高了万科的经营成本，也加大了企业的风险。

资料来源：道克巴巴 DOC88. COM，作者：马忠，2014 年 4 月 19 日。

问题：

请你阅读上述材料后，思考万科的债务融资倾向于哪种方式？这种方式会给万科的经营带来哪些风险？万科应该怎么样应对这些风险？

本章小结

营运资金是企业流动资产和流动负债的总称。流动资产减去流动负债的余额称为净营运资金。营运资金管理包括流动资产管理和流动负债管理。

营运资本具有周转时间短、变现能力强、数量具有波动性、来源广等特性。

现金是指立即可以投入流通的交换媒介。它具有普遍的可接受性，可以有效地立即用来购买商品、货物、劳务或偿还债务。它是企业中流通性最强的资产。可由企业任意支配使用的纸币、硬币。

持有现金的动机包括交易性动机、预防性动机、投机性动机。

确定最佳现金余额的方法有存货模型、米勒—奥尔模型。

应收账款是伴随企业的销售行为发生而形成的一项债权。因此，应收账款的确认与收入的确认密切相关。通常在确认收入的同时，确认应收账款。该账户按不同的购货或接受劳务的单位设置明细账户，进行明细核算。

应收账款表示企业在销售过程中被购买单位所占用的资金。企业应及时收回应收账款以弥补企业在生产经营过程中的各种耗费，保证企业持续经营；对于被拖欠的应收账款应采取措施，组织催收；对于确实无法收回的应收账款，凡符合坏账条件的，应在取得有关证明并按规定程序报批后，做坏账损失处理。

存货是指企业在日常活动中持有以备出售的产成品或商品、处在生产过程中的在产品、在生产过程或提供劳务过程中耗用的材料、物料等。存货区别于固定资产等非流动资产的最基本的特征是：企业持有存货的最终的目的是为了出售，不论是可供直接销售（如企业的产成品、商品等），还是需经过进一步加工后才能出售（如原材料等）。

知识拓展

零运营资金管理

20世纪90年代以来，零营运资金管理作为一种新兴的财务管理理念在世界范围内受到推崇。由于传统的营运资本理念已不适应当今的国际市场，这种以减少流动资产上的投资并大量举借短期负债为方式的“零营运资金管理”理念便应运而生。

零营运资金管理的基本原理，即从营运资金管理的着重点出发，在满足对流动资产基本需求的前提下，尽可能地降低企业在流动资产（主要为存货和应收账款）上的投资额，并大量利用短期负债进行流动资产的融资。如某大型汽车生产厂家，采用延迟支付应付账款，大量占用供应商的资金，将生产的汽车销售并收到货款后，再支付供应商的货款。零营运资金管理会有较高的盈利水平，即所谓的高风险、高收益。

实现零营运资金管理的有效途径，从流动资产与流动负债两方面着手：

货币资金的周转公式为：现金周期=存货周转期+应收账款周转期-应付账款周转期。通过上面的公式可以看出，要想缩短周期，就要从存货管理、应收账款管理和应付账款管理三个方面入手。在存货管理方面，一是要加强销售力度，增加销售以减少存货周转期；二是要通过确定订货成本、采购成本以及储存成本计算经济批量，使存货占用的资金尽可能的减少。在应收账款管理方面，企业销售只有货币资金的收回才能创造价值。因此，要在信用风险分析的基础上，制定科学合理的应收账款信用政策。通过这些措施使客户尽量提前交付货款，实现资金回笼，从而加速应付账款的周转。在应付账款管理方面，企业拖延付款虽然可以加强企业对资金的有效利用，但是也同时带来信誉损失的风险，所以企业应权衡利弊找到最佳方案。

合理利用流动负债，企业要想得到短期资金主要有两条渠道：一是商业信用；二是短期银行借款。企业筹集短期资金的渠道不仅有商业信用以及短期银行借款，还有短期融资债券、应付工资、票据贴现等多种形式，但是无论采用哪种筹资方式都各有利弊。要想实现“零营运资金管理”，企业一定要在仔细分析比较的前提下，选择最合理的筹资组合，在考虑企业的偿债能力、保证企业良好信誉的前提下，尽量多使用流动负债。对流动资产而言，就是要最大限度地减少流动资产投资金额，从而加速资金周转；对流动负债而言，则要有一个畅通的短期融资通道，来满足企业日常的运作需要。

资料来源：郎晓旭，安亚人. 企业零运营资金管理问题研究［J］. 经济视角，2012（2）.

即问即答

即问：

1. 什么是营运资金？

2. 营运资金有什么特点？

3. 现金的持有动机包括哪些内容？

4. 应收账款产生的原因是什么？

即答：

1. 营运资金也叫营运资本。广义的营运资金又称总营运资本，是指一个企业投放在流动资产上的资金，包括现金、有价证券、应收账款、存货等占用的资金。；狭义的营运资金是指某时点内企业的流动资产与流动负债的差额。

2. 营运资金的特点如下：①周转时间短；②非现金形态的营运资金如存货、应收账款、短期有价证券容易变现；③数量具有波动性；④来源具有多样性。

3. 现金的持有动机包括：①交易性动机；②预防性动机；③投机性动机。

4. 应收账款产生的原因包括：①商业竞争；②销售和收款的时间差。

实战训练

1. 什么是营运资金？简述营运资金的特点。

2. 营运资金的管理应遵循哪些原则？

3. 简述现金的持有动机和成本。

4. 什么是5C评估法？

5. 简述应收账款的日常管理。

6. 企业为什么要储备存货？储备存货的成本包括什么？

7. 简述ABC分类法的基本做法。

8. 某企业2008年A产品销售收入为4000万元，总成本为3000万元，其中固定成本600万元。2009年该企业有两种信用政策可供选用：甲方案给予客户60天信用期限（n/60），预计销售收入为5000万元，货款将于第60天收到，其信用成本为140万元；乙方案的信用政策为（2/10、1/20、n/90），预计销售收入为5400万元，将有30%的货款于第10天收到，20%的货款于第20天收到，其余50%的货款于第90天收到（前两部分货款不会产生坏账，后一部分货款的坏账损失率为该部分货款的4%），收账费用为50万元，该企业A产品销售额的相关范围为3000万~6000万元，企业的资金成本率为8%。

要求：

（1）计算该企业2008年的变动成本总额和变动成本率；

（2）计算乙方案的应收账款平均收账天数、应收账款平均余额、维持应收账款所需资金、应收账款机会成本、坏账成本和采用乙方案的信用成本；

（3）甲方案的现金折扣，乙方案的现金折扣，甲、乙两方案信用成本前收益之差，甲、乙两方案信用成本后收益之差；

（4）你认为该企业会采取何种信用政策的决策，并说明理由。

9. 已知A公司现金收支平稳，预计全年（360天）现金需要量为360 000元，现金与有价证券的转化成本为每次360元，有价证券年均报酬率为6%。

要求：

（1）运用存货模式计算最佳现金持有量；

（2）计算最佳现金持有量下的最低现金管理相关总成本、全年现金转换成本和全年现金持有机会成本；

（3）计算最佳现金持有量下的全年有价证券交易次数和有价证券交易间隔期。

10. B企业目前年赊销收入为30万元，信用条件为（n/30）。变动成本率为70%，有价证券收益率为12%。该企业为扩大销售拟定了A、B两个信用条件方案：甲方案信用条件为（n/60），预计赊销收入将增加8万元，坏账损失率为4%，预计收账费用为2万元。乙方案信用条件为（1/30、n/60），预计赊销收入将增加14万元，坏账损失率为5%。估计有80%的客户（按赊销额计算）会利用折扣，预计收账费用为2.4万元。

要求：确定公司应该选择哪一个信用方案。

11. 已知C公司与库存有关的信息如下：

（1）年需求量为30 000单位（假设每年360天）；

（2）购买价为每单位100元；

（3）库存储存成本是商品买价的30%；

（4）订货成本为每次60元；

（5）公司希望的安全储备量为750单位；

（6）订货数量只能按100的倍数（四舍五入）确定；

（7）订货至到货的时间为15天。

要求：

（1）计算最佳经济订货量；

（2）计算再订货点；

（3）计算存货平均资金占用量。

12. D企业赊购商品一批，总价款为800 000元。供货商向企业提出的付款条件分别为：立即付款，价款是780 800元；5天后付款，价款是781 200元；10天后付款，

价款是 781 600 元；20 天后付款，价款是 783 000 元；30 天后付款，价款是 785 000 元；45 天后付款，价款是 790 000 元；最后付款期限是 60 天，全额付款。该企业近期可能获得短期借款的年利率为 20%。

要求：

（1）分别计算企业放弃不同现金折扣的机会成本；

（2）判断企业在何时支付货款比借款付出的成本低；

（3）分析企业应在何时支付货款最合适。

词汇对照

营运资金　working capital　　现金　cash

应收账款　accounts receivable　　存货　stock

现金管理　Cash management　　信用政策　Credit policy

现金折扣　Cash discount　　存货管理　Inventory management

经济订货批量 Economic order quantity

7 公司收益与利润分配

教学目标

1. 熟悉收益分配的内容与程序；
2. 了解股利分配的形式、政策类型及优缺点；
3. 掌握不同股利分配形式对股东权益的影响。

内容结构

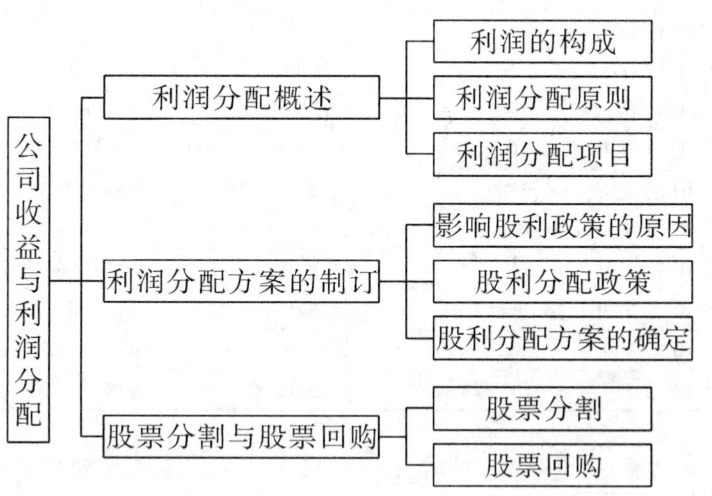

范例引述

盐田港的高额派现路

深圳市港田集团有限公司与1997年7月21日独立发起成立了深圳市盐田港股份有限公司，公司股票“盐田港A”在深圳证券交易所挂牌上市。主要业务包括：码头的开发与经营，货物装卸与运输，港口配套交通设施建设与经营，港口配套仓储及工业设施建设与经营，集装箱修理，转口贸易，货物及技术进出口。

近年来，“盐田港A”股价走势稳步上升，连创新高，已成为沪深300指数、深证成分股指数、深证综合指数等主要综合指数的样本股，这也树立了公司在中国证券市场的绩优蓝筹股形象。2006年8月，盐田股份有限公司入选“2006最佳成长上市公司”50强。

自1997年上市到2006年间，公司一直实施现金股利政策。这十年不间断股利派现，践行着公司对投资者的承诺，给投资者100倍的信心，从而在市场上树立了良好的形象。2005年，公司被全国著名媒体新浪网等评选为“中国十佳最重分红回报上市公司”。那么，盐田港股份对投资者的回报到底怎样呢？

自上市以来，公司董事会一直坚持派现的股利政策。下面列出盐田港股份有限公司十年间的税后利润分配方案：

表7-1 盐田港股份有限公司十年间的税后利润分配

分红年度	分红方案	股权登记日	除权基准日	红股上市日
2006	10派3元（含税）	2007-07-11	2007-07-12	
2005	10派6.5元（含税）	2006-07-13	2006-07-14	
2004	10派6.5元（含税）	2005-08-12	2005-08-15	
2003	10转增10股派10元（含税）	2004-07-19	2004-07-20	2004-07-20
2002	10股派1元（含税）	2003-07-25	2003-07-28	
2001	10派5元（含税）	2002-06-20	2002-06-21	
2000	10派1.3元（含税）	2001-06-28	2001-06-29	
1999	10派1.26元（含税）	2000-08-23	2000-08-24	
1998	10派1.9元（含税）	1999-08-25	1999-08-26	
1997	10派2元（含税）	1998-08-21	1998-08-24	

从表7-1可以看出，公司自1997年上市以来，一直采用了稳定的鼓励政策。其股利主要是以现金红利的方式回报给投资者；其特点是基本维持高派现，且具有一定的持续性。而类似盐田港这样高派现的公司在中国股市上并不多见，其股利政策是否具有合理性？存在超能力派现？

资料来源：王棣华. 财务管理案例分析［M］. 北京：中国市场出版社，2009.

思考题：

你认为该企业可以有哪几种鼓励分配方案？

本章导言

股东财富最大化是当前绝大多数股份公司的财务目标，股利的分配直接影响着股东的财富，又影响着经营者、企业职工等相关群体的利益。因此，股利决策与投资决策、融资决策合称企业财务管理的三大重要内容。

股利决策主要是讨论税后利润的分配问题。以现金形式分给股东的股利，包括定期的股息（称为红利）和其他形式的股利（包括财产、实物以及股票股利等）。股利决策是指公司对股利支付有关事项的确定，如是否发放股利、发放多少股利、何时发放股利以及其他形式的股利等。

理论概念

7.1 利润分配概述

利润分配是指企业按照国家有关法律法规以及企业章程的规定，在兼顾股东与债权人等其他利益相关者的利益关系的基础之上，将实现的利润在企业与企业所有者之间、企业内部的有关项目之间、企业所有者之间进行分配的活动。利润分配决策是股东当前利益与企业未来发展之间权衡的结果，将引起企业的资金存量与股东权益规模及结构的变化，也将对企业内部的筹资活动和投资活动产生影响。

7.1.1 利润的构成

企业实现利润是利润分配的前提。合理进行利润分配的前提条件是正确地确定企业的利润总额。利润是企业在一定会计期间的经营成果。通常情况下，如果企业实现了利润，表明企业的所有者权益将增加；反之，如果企业发生了亏损，表明企业的所有者权益将减少。利润的多少决定着企业利润分配参与者的利润和企业的发展能力。

从企业利润的构成来看，既有通过生产经营活动而获得的，也有通过投资活动获得的，还有包括那些与生产经营活动无直接关系的事项所引起的盈亏。根据我国企业会计准则的规定，企业的利润一般包括营业利润、投资收益、补贴收入和营业外收支净额等部分。

7.1.1.1 税前利润（利润总额构成）

（1）营业利润

营业利润是企业利润的主要来源，主要由主营业务利润、其他业务利润和期间费用构成。

主营业务利润是指企业生产经营活动中主营业务所产生的利润。企业的主营业务收入净额减去主营业务成本和主营业务应负担的流转税后的余额，通常称为毛利。

其他业务利润是指企业经营主营业务以外的其他业务活动所产生的利润。

主营业务利润与其他业务利润之和再减去期间费用为营业利润，营业利润这一指标能够比较恰当的代表企业管理者的经营业绩。

（2）营业外收支净额

营业外收支是指与企业的生产经营活动无直接关系的各项收支。营业外收支虽然与企业的生产经营活动没有多大关系，但从企业主体来考虑，同样会带来收入或形成企业的收支，也是增加或减少利润的因素，对企业的利润总额及净利润产生较大的影响。

①营业外收入。营业外收入是指与企业生产经营活动无直接关系的各种收入。营业外收入并不是由于企业经营资金耗费所产生的，不需要企业付出代价，实际上是一种纯收入，不可能也不需要与有关费用进行配比。因此，会计核算上，严格区分了营业外收入和营业收入的界限。营业外收入主要有固定资产盘盈、处置固定资产净收益、出售无形资产净收益、非货币性交易收益、罚款收入和教育费附加返还款等。

②营业外支出。营业外支出是指不属于企业生产经营费用，与企业生产经营活动没有直接关系，但应从企业实现的利润总额中扣除的支出。营业外支出包括固定资产盘亏、处置固定资产净损失、出售无形资产损失、非常损失、罚款支出、债务重组损失、捐赠支出、提取固定资产减值准备与提取无形资产减值准备和提取在建工程减值准备等。

（3）投资净收益（或净损失）

企业除了正常的生产经营活动外，往往进行证券投资以及对外投资活动。投资活动所产生的净收益或净损失也是影响企业收益水平的一个重要因素。

企业在生产经营活动过程中，通过销售过程将商品卖给购买方，实现收入，收入扣除当初的投入成本以及其他一些费用，再减去非经营性质的收支以及投资收益，即为企业的利润总额或亏损总额。其有关计算公式为：

营业利润＝营业收入－营业成本－营业税金及附加－销售费用－管理费用－财务费用－资产减值损失＋公允价值变动收益（－公允价值变动损失）＋投资收益（－投资损失）

利润总额＝营业利润＋营业外收入－营业外支出

7.1.1.2 税前利润调整

在计算出企业利润总额后，必须对利润总额进行调整，以便计征企业所得税，最后实现企业收益。对利润总额的调整包括永久性差异调整、暂时性差异调整和弥补亏损调整三个方面。

永久性差异是指某一会计期间由于会计准则和税法在计算收益、费用或损失时的口径不同，所产生的税前会计利润与应纳税所得额之间的差异。这种差异在本期发生时，不会在以后各期转回。暂时性差异是指资产或负债的账面价值与其计税基础之间的差异。这种差异发生于某一会计期间，但是在以后某一期或若干期内能够转回。为了减轻亏损企业的所得税负担，企业发生的年度亏损，可以在以后 5 年内用所得税前利润进行弥补；延续 5 年为弥补的亏损，可用税后利润弥补。

7.1.1.3 所得税计征和企业最终利润的形成

企业利润总额在进行上述三项调整后，便可确认企业当期的应纳税所得额。应税所得额与适用的所得税税率的乘积，即为企业当期应缴纳的所得税额。企业利润总额在缴纳所得税后，剩余部分就是税后利润，它是利润分配的基础。净利润的计算公式为：

净利润=利润总额-所得税

7.1.2 利润分配原则

企业利润分配是企业的一项重要工作，它关系到企业、投资者等有关各方面的利益，涉及企业的生存与发展。因此，在利润分配过程中，应遵循以下原则：

7.1.2.1 依法分配原则

企业利润分配的对象是企业缴纳所得税后的净利润，这些利润是企业的权益，企业有权自主分配。国家有关法律法规对企业利润分配的基本原则、一般次序和重大比例也做了较为明确的规定。其目的是为了保障企业利润分派的有序进行，维护企业和所有者、债权人以及职工的合法权益，促使企业增加积累，增强风险防范能力。国家有关利润分配的法律法规主要有《公司法》、《外商投资企业法》等，企业在利润分配中必须切实执行上述法律法规。利润分配在企业内部属于重大事项，企业的章程必须在不违背国家有关规定的前提下，对本企业利润分配的原则、方法、决策程序等内容做出具体而又明确的规定，企业在利润分配中也必须按规定办事。

7.1.2.2 资本保全原则

资本保全是责任有限的现代企业制度的基础性原则之一，企业在分配中不能侵蚀资本。利润的分配是对经营中资本增值额的分配，不是对资本金的返还。按照这一原则，一般情况下，企业如果存在尚未弥补的亏损，应首先弥补亏损，然后再进行其他分配。

7.1.2.3 充分保护债权人利益原则

债权人的利益按照风险承担的顺序及其合同契约的规定，企业必须在利润分配之前

偿清所有债权人到期的债务，否则不能进行利润分配。同时，在利润分配之后，企业还应保持一定的偿债能力，以免产生财务危机，危及企业生存。此外，企业在与债权人签订某些长期债务契约的情况下，其利润分配政策还应征得债权人的同意或审核方能执行。

7.1.2.4　多方及长短期利益兼顾原则

利益机制是制约机制的核心，而利润分配的合理与否是利益机制最终能否持续发挥作用的关键。利益分配涉及投资者、经营者、职工等多方面的利益，企业必须兼顾，并尽可能保持稳定的利润分配。在企业获得稳定增长的利润后，应增加利润分配的数额或百分比。同时，由于发展及资本结构的需要，除依法必须留用的利润外，企业仍可以出于长远发展的考虑，合理留用利润。在积累与消费关系的处理上，企业应贯彻积累优先原则，合理确定提取盈余公积金和分配给投资者利润的比例，是利润分配真正成为促进企业发展的有效手段。

7.1.2.5　投资与收益对等原则

企业分配收益应当体现“谁投资，谁收益”，收益大小与投资比例相适应的原则，这是正确处理投资者利益关系的关键。

7.1.3　利润分配项目及顺序

公司在利润分配过程中应遵守公开、公平、公正的“三公”原则，所有股东在公司中只以其股权比例享受合法权益，不得以其特殊地位而谋取私利。同时，我国法律在处理分配和积累的关系上有一定限制，另外在员工福利方面也有规定。

7.1.3.1　利润分配项目

《公司法》第一百七十七条规定，利润分配涉及法定公积金、法定公益金、任意公积金和股利等。

（1）法定公积金

公司在分配当年的税后利润时，应提取利润的10%列入公司的法定公积金，用于公司的积累和发展。具体来讲，法定公积金经公司股东大会决议，可用于弥补上一年度的累计亏损。当本年度累计盈利时，可用于新投资机会。另外，法定公积金累计达到公司注册资本的50%以上的，可不再提取。

（2）任意公积金

任意公积金是在计提法定公积金和法定公益金之后，由公司章程规定或股东会议决议提取的公积金。其提取比例或金额由股东会议确定，但有合理的比例。公司盈利较多时可多提，公司盈利较少时可少提或不提，公司亏损时应不提。另外，当公司提取的公积金累计额占公司注册资本的比例较少时，可多提；否则，应少提或不提。当公司有新的投资机会时，可多提；否则，可少提或不提。在提取任意公积金时，应协调大小股东

的利益。

（3）股利

股利是公司在弥补亏损、提取公积金、公益金之后向股东分配的利润。通常情况下，股利原则上应从累计盈利中分派，无盈利不得支付股利。如果当年度利润及上年度累计利润不足以向股东支付股利，公司为了维护其股票信誉，经股东大会特别决议，公司也可以用公积金支付股利，但其支付额不得超过股票面值的6%，且在支付股利后公司法定公积金累计不能低于公司注册资本的25%。

公司在利润分配过程中，应按一定的顺序进行。按照我国有关规定，公司的利润分配应按下列顺序进行：首先计算本年累计盈利，其次计提法定公积金、法定公益金，再次计提任意公积金，最后向股东支付股利。

值得一提的是，《公司法》第一百七十七条还规定：“股东大会或董事会违反规定，在公司弥补亏损和提取法定公积金、法定公益金之前向股东分配利润的，必须将违法规定分配的利润退还给公司。”

7.1.3.2　利润分配顺序

企业的收益分配有广义和狭义两种概念。广义的收益分配是指对企业的收入和净利润进行分配，包括两个层次的内容：第一层次是对企业收入的分配，是先对成本费用进行补偿形成利润的过程，是一种初次分配；第二层次是对企业（净）利润的分配，是一种再分配。其主要内容可概括为收入管理、成本费用管理和利润分配管理。其中：收入管理中收入是企业收益分配的首要对象。销售收入是指企业在日常经营活动中，由于销售产品、提供劳务等所形成的货币收入。这是企业收入的主要构成部分，是企业能够持续经营的基本条件。销售收入的制约因素主要是销量与价格。销售预测分析与销售定价管理构成了收入管理的主要内容；成本费用管理中成本费用是商品价值中所耗费的生产资料的价值和劳动者必要劳动所创造的价值之和，在数量上表现为企业的资金耗费。主要的成本费用管理模式包括成本归口分级管理、成本性态分析、标准成本管理、作业成本管理、责任成本管理等；利润分配管理中利润是收入弥补成本费用后的余额。若成本费用不包括利息和所得税，则利润表现为息税前利润；若成本费用包括利息而不包括所得税，则利润表现为利润总额；若成本费用包括利息和所得税，则利润表现为净利润。而狭义的收益分配则仅仅是指对企业净利润的分配。这也是本书的观点。

按照《公司法》等法律法规的规定，公司向投资者分配利润应按一定的顺序进行。

（1）弥补以前年度亏损

根据企业所得税法的规定，企业纳税年度发生的亏损准予向以后年度结转，用以后年度所得弥补，但弥补亏损期最长不得超过5年。

（2）提取法定盈余公积金

法定盈余公积金按照当年净利润扣除弥补以前年度亏损后的10%提取［即法定盈余公积金=（本年净利润-年初未弥补亏损）×10%］，当年法定盈余公积金累积额达到注册资本的50%时，不再提取。提取法定盈余公积金的目的是为了增加企业内部积累，以利于企业扩大再生产。

（3）向投资者分配利润

公司股东会或董事会违反上述利润分配顺序，在抵补亏损和提取法定公积金之前向股东分配利润的，必须将违反规定发放的利润退还公司。

【例7-1】A公司2006年发生年度亏损80万元，假设该公司2008—2013年度应纳所得数额分别为：-130万元、20万元、30万元、30万元、40万元、60万元。所得税税率为25%。该企业在进行利润分配时的顺序是什么？

解析：根据税法规定，该企业2008年度亏损的130万元，可分别用2008—2013年的20万元、30万元、30万元、40万元和60万元来弥补。在2013年，该企业的应纳税只能弥补5年以内的亏损，也就是说，不能弥补2006年度的亏损。由于2009年以来该企业一直没有亏损，因此，2013年度应当缴纳的企业所得税为12.5万元［（60-10）万元×25%］。缴纳所得税之后，剩余利润37.5万元（60-10-12.5）。其次，提取法定盈余公积金3.75万元（37.5×10%）。该企业2013年的可向投资者分配的利润为33.75万元（60-10-12.5-3.75）。

7.2 利润分配方案的制订

企业的股利分配方案既取决于企业的股利政策，也取决于决策者对股利分配的理解和认识，即股利分配理论。

股利政策是关于股份公司是否发放股利、发放多少股利、何时发放股利以及以何种形式发放股利等方面的方针和策略，其最终目标是使公司价值最大化。一个成功的股利政策有利于提高公司的市场价值。

股利分配理论是指人们对股利分配的客观规律的科学认识与总结，其核心问题是股利政策与公司价值的关系问题。人们对股利分配与财务目标之间关系的认识存在不同的流派与观念，其中有股利相关论和股利无关论被认为是两种较流行的观念。所谓股利无关论者认为股利分配对公司的市场价值（或股票价格）不会产生影响，因而又被称为完全市场理论或MM理论；而股利相关论者认为由于股利无关论的基本假设是建立在一种简单而又完全的市场之上，但现实环境不可能完全满足这种情况，所以他们认为股利政策不可能不影响公司的市场价值。在市场经济条件下，股利分配要符合财务管理的目标。表7-2是股利分配理论对照表。

表 7-2　股利分配理论对照表

股利理论		要点说明
（1）股利无关理论（MM 理论）		在一定假设条件下，股利政策不会对公司的价值或股票的价格产生任何影响。一个公司的股票价格完全由公司的投资决策的获利能力和风险组合决定，而与公司的收益分配政策无关。
（2）股利相关论	①股利重要论（“手中鸟”理论）	用留存收益再次投资从而给投资者带来收益，这具有很大的不确定性，且投资风险会随着时间的推移而进一步增大，因此投资者喜欢现金股利，所以公司分配股利越多，企业价值越大。
	②信号传递理论	在信息不对称的情况下，公司可以通过股利政策向市场传递有关公司未来盈利能力的信息，从而会影响公司的股利。一般来讲，预期未来盈利能力强的公司往往愿意通过相对较高的股利支付水平，把自己同预期盈利能力差的公司区别开来，以吸引更多的投资者。
	③所得税差异理论	由于税赋对股利和资本收益征收的税率不同，公司选择不同的股利支付方式，从而对公司市场价值、公司的税收负担产生不同影响。若考虑纳税影响，企业应采用低股利政策。
	④代理理论	股利政策相当于是协调股东和管理者之间代理关系的一种约束机制。高水平股利一方面降低了企业代理成本，另一方面又增加了外部融资成本。因此，最佳的股利政策应当是两种成本之和最小。

7.2.1 影响股利政策的因素

在现实生活中，公司的股利政策是在种种制约因素下制定的，公司不可能摆脱这些因素的影响，所以在具体制定股利政策时，应充分考虑一下这些限制因素。

7.2.1.1 法律因素

为了保护债权人和股东的权益，《公司法》和《证券法》及相关法规对公司的股利分配在资本保全、企业积累、净利润和超额累积利润等方面进行了限制。例如，公司不能用资本（包括股本和资本公积）发放股利，公司必须按净利润的一定比例提取法定公积金。公司年度累积净利润必须为正数时才能发放股利，以前年度亏损必须足额弥补等。

7.2.1.2 股东因素

如从避税方面考虑，即一些高股利收入的股东出于避税的考虑（股利收入的所得税往往高于股票交易的资本利得税），往往反对公司发放较多的股利；股权控制权的要求，即如果公司大量支付现金股利，使得内部留用利润减少，而通过增发新的普通股形式以融通所需资金，那么现有股东的控股权就有可能被稀释，从而其控制权也可能被稀释。另外，随着新股的发行，流通在外的普通股股数必将增加，最终会导致普通股的每股盈利和每股市价下降，从而影响现有股东的利益；低税负与稳定收入的要求（公司

股东大致有两类：一类是希望公司能够支付稳定的股利来维持日常生活；另一类是希望公司多留利而少发放股利，以求少缴个人所得税）。因此，公司到底采取什么样的股利政策，还应分析研究本公司股东的构成，了解股东的利益愿望。

7.2.1.3 公司因素

（1）变现能力

公司资金的灵活周转是企业经营得以正常进行的必要条件。公司现金股利的分配自然也应以不危及企业经营资金的流动性为前提。如果公司的现金充足，资产有较强的变现能力，则支付股利的能力也较强。如果公司因扩充或偿债已消耗大量现金，资产的变能力较差，大幅度支付现金股利则非明智之举。

（2）筹资能力

公司如果有较强的筹资能力，则应考虑发放较高现金股利，并可以采取筹集资金来满足企业经营对货币资金的需求；反之，则要考虑并保留更多的资金用于内部周转或偿还将要到期的债务。一般而言，规模大、获利丰厚的大公司较容易筹集到所需资金，因此，他们倾向于多支付现金股利；而创办时间短、规模小、风险大的中小企业，通常需要经营一段时间以后，才能较顺利地取得外部资金，因而往往在某一阶段要限制现金股利的支付。

（3）投资机会的制约

一般地，如果公司的投资机会较多，往往采用低股利政策；反之，如果公司的投资机会较少，就可以采用高股利政策。

（4）盈利能力的限制

一般而言，盈利能力较强的公司，通常采取较高的股利政策；而盈利能力较弱或不稳定的公司，通常采用较低的股利政策。

（5）资产流动性

较多的支付现金股利会减少公司的现金持有量，使资产的流动性降低；而维持一定的资产流动性是公司经营所必需的。

7.2.1.4 其他因素

其他因素主要有债务合同约束和通货膨胀影响。尤其是长期债务合同，往往有限制公司现金支付程度的条款，这使得公司只有采取低股利政策。

总的来说，一个良好的股利政策能够保证公司长期发展的需要，实现公司价值最大化；能够保障股东权益，平衡公司与股东以及和股东之间的利益关系；能够稳定股票价格，维持良好的市场形象。

7.2.2 股利分配政策

7.2.2.1 剩余股利政策

所谓剩余股利政策就是在公司有着良好的投资机会时，根据一定的目标资本结构

(最佳资本结构)，测算出投资所需的权益资本先从盈余中留用，然后将剩余的盈余作为股利予以分配。剩余股利政策的依据是股利无关论，一般适用于公司的初创阶段。

公司若要采用剩余股利政策，需遵循以下几个步骤：

（1）设定目标资本结构，在此结构下，公司的加权平均资本成本达到最低水平；

（2）确定公司的最佳资本预算，并根据公司的目标资本结构预计资金需求中所需增加的权益资本数额；

（3）最大限度地使用留存收益来满足资金需求中所需的权益资本数额；

（4）留存收益在满足公司权益资本增加后，若还有剩余再用来发放股利。

7.2.2.2 固定或稳定增长的股利政策

所谓固定或稳定增长的股利政策是指公司将每年派发的股利额固定在某一特定水平或是在此基础上维持某一固定比率逐年稳定增长。只有在确信公司未来的盈利增长不会发生逆转时，才会宣布实施固定或稳定增长的股利政策。在固定或稳定增长的股利政策下，首先确定的是股利分配额，而且该分配额一般不随资金需求的波动而波动。该政策通常适用于经营比较稳定或正处于成长期的企业，且很难被长期使用。如案例引入中的盐田港公司自 1997 年上市以来，一直采用了稳定增长的股利政策。

固定或稳定增长的股利政策的优点：

（1）稳定的股利向市场传递公司正常发展的信息，有利于树立公司的良好形象，增强投资者信心，稳定股票的价格；

（2）稳定的股利额有利于投资者安排股利收入与支出，有利于吸引那些打算进行长期投资并对股利有很高依赖性的股东；

（3）稳定的股利政策可能会不符合剩余股利理论，但考虑到股票市场回收多种因素影响（包括股东的心理状态和其他要求），为了将股利维持在稳定的水平上，即使推迟某些投资方案或暂时偏离目标资本结构，也可能比降低股利或鼓励增长率更为有利。

固定或稳定增长的股利政策的缺点：

（1）股利的支付与企业的盈利相脱节；

（2）在企业无利可分时，若依然实施该政策，也是违反《公司法》的行为。

7.2.2.3 固定股利支付率政策

所谓固定股利支付率政策是指公司确定一个股利占盈余的比例，长期按此比例支付股利的政策。在这一股利政策下，各年股利随公司经营的好坏而上下波动，获得较多盈余的年份股利额较高，获得较少盈余的年份股利额较低。该政策比较适用于那些处于稳定发展且财务状况也较稳定的公司。主张实行固定股利支付率者认为，这样做能使股利与公司盈余紧密地配合，以体现多盈多分、少盈少分、不盈不分的原则，才算真正公平地对待了每一位股东。但是在这种政策下，各年的股利变动较大极易造成公司不稳定的感觉，对于稳定股票价格不利。

【例 7-2】A 公司成立于 2011 年 1 月 1 日，2011 年度实现净利润 100 万元，分配现金股利 55 万元，提取盈余公积 10 万元（所提盈余公积均已指定用途）。2012 年实现的净利润为 300 万元。2013 年计划增加投资，所需资金为 300 万元。假定公司目标资本结构为自有资金占 60%，借入资金占 40%。计算 A 公司 2013 年度可以用于分配的现金股利数额。

解析：在保持目标资本结构的前提下，若采用剩余股利政策，计算 2013 年投资方案所需的自有资金额和需要从外部借入的资金额。

2013 年投资方案所需的自有资金额 = 400×60% = 180（万元）

2013 年投资方案需要从外部借入的资金额 = 400×40% = 120（万元）

在保持目标资本结构的前提下，如果 A 公司执行剩余股利政策：

2013 年度可用以分配的现金股利

= 2013 年净利润 - 2013 年法定盈余公积 - 2013 年投资方案所需的自有资金额

= 300 - 300×10% - 180

= 90（万元）

在不考虑目标资本结构的前提下，如果 A 公司执行固定股利政策：

2012 年度应分配的现金股利 = 上年分配的现金股利 = 55 万元

可用于 2013 年度投资的留存收益 = 300 - 10 - 55 = 235（万元）

2013 年度投资需要对外筹集的资金额 = 300 - 235 = 65（万元）

在不考虑目标资本结构的前提下，如果 A 公司执行固定股利支付率政策：

该公司的股利支付率 = $\frac{55}{100}\times100\% = 55\%$

2012 年度应分配的现金股利 = 55%×300 = 165（万元）

7.2.2.4　低正常股利加额外股利政策

所谓低正常股利加额外股利政策，是指公司一般情况下每年只支付固定的、数额较低的股利，在盈利较多的年份，再根据实际情况向股东发放额外股利。低正常股利加额外股利政策适用于那些盈利随着经济周期而波动较大的公司或者盈利与现金流量很不稳定的企业。

额外股利的不固定化特征，使公司的股利政策具有较大的灵活性。当公司盈余较少或投资需要较多资金时，可以维持设定的较低但正常的股利，股东不会有失落感；而当盈余有较大幅度增加时，则可以适度增发股利。对于那些依靠股利度日的股东而言，虽然每年可以得到的收益较低，但比较稳定从而可以吸引住这部分股东。这种政策的股利发放额可以用以下公式表示：

$y = a + bx$

式中：y 为每股股利，x 为每股收益，a 为低正常股利，b 为股利支付率。

A 公司维持的最低股利分配额每股为 0.3 元，2011 年收益为 0.6 元，采用低正常股利加额外股利政策，A 公司 2012 年利润较高，额外增加 0.08 元/股，发行在外普通股 500 万股，则应向投资者发放股利的数额为 190 万元［500×(0.3+0.08)］。

公司处于不同的发展阶段与其所适应的股利政策总结如表 7-3 所示。

表 7-3　　股利政策总结

发展阶段	特　点	适应的股利政策
公司初创阶段	公司经营风险高，有投资需求且融资能力差	剩余股利政策
公司高速发展阶段	公司快速发展，投资需求大	低正常加额外股利政策
公司稳定增长阶段	业务稳定增长，投资需求减少，净现金流入量增加，每股收益呈上升趋势	固定或稳定增长股利政策
公司成熟阶段	公司盈利水平稳定，公司通常已积累了一定的留存收益和资金	固定股利支付率政策
公司衰退阶段	公司业务锐减，获利能力和现金获得能力下降	剩余股利政策

7.2.3　股利分配方案的确定

股利分配方案的确定，主要考虑确定以下四个方面：一是选择股利政策类型，二是确定股利支付水平的高低；三是确定股利支付形式，即确定合适的股利分配形式；四是确定股利发放的日期。

对于股份有限公司而言，股利分配方案的确定与变更决策都在董事会。要完成股利政策的制定与决策，通常需要经过三个阶段：一是公司的财务部门；二是董事会；三是股东大会。其中，财务部门为董事会提供制定股利政策与方案的各种财务数据；董事会拟定企业的股利政策分配方案；股东大会主要是依据公司财务报告，审核批准董事会制订的股利政策与分配方案等的预案。

7.2.3.1　股利支付的方式

股利的支付方式有多种，最常见的主要有以下四种：

（1）现金股利

这是股利支付最常见的方式，也是我们常说的用现金支付红利的方式。由于支付现金股利往往是一笔较大的现金流出，因此，支付现金股利除了要有留存收益外还要有足够的现金，我们会发现现金的充足与否往往会成为公司发放现金股利的主要制约因素。

（2）股票股利

这是公司以增发股票来支付股利的方式，我国实务中通常也称其为“红股”。股票股利通常以现有股票的百分率来表示，习惯上我们也称之为股利发放率。比如，某公司宣布发放 10%的股票股利，则股东每拥有 100 股股票就会获得 10 股新股。股票股利对

公司来说，并没有现金流出企业，也不会导致公司的财产减少或负债增加，而只是将公司的留存收益转化为股本和资本公积。但股票股利会增加流通在外的股票数量，同时降低股票的每股价值，它不会改变公司股东权益总额，但会影响所有者权益项目的结构发生变化。

【例 7-3】A 公司目前发行在外的普通股为 500 万股，每股面值 1 元，每股市价为 12 元。假设现有 600 万元的留存收益可供分配，不同股利支付方式下的每股股利各是多少？

解析：

（1）在现金股利的情况下，A 公司发放现金股利 600 万元。

每股股利 = 600÷500 = 1.2（元）

应纳个人所得税是 = 600×50%×20% = 60（万元）

我国《个人所得税法》及其实施条例规定，利息、股息、红利所得适用税率为 20%，并由支付所得单位按照规定履行扣缴义务。另外，根据《财政部、国家税务总局关于股利红利个人所得税有关通知》（财税［2005］102 号）及《财政部、国家税务总局关于股利红利个人所得税政策的补充通知》（财税［2005］107 号）规定，上市公司自 2005 年 6 月 13 日起，对个人投资者从上市公司取得的股息红利所得按 50%记入个人应纳税所得额，依照现行税法规定计征个人所得税。现金股利按 20%缴纳个人所得税，股票股利以派发红利的股票票面金额为收入额，按利息、股息、红利项目计征个人所得税。

（2）在股票股利的情况下，若 A 公司宣布发放 5%的股票股利，每 20 股转增 1 股，股票面值 1 元，共 25 万股。则：

每股除权价 = 12/（1+0.05）= 11.43（元）

应纳个人所得税 = 25×50%×20% = 2.5（万元）

（3）财产股利。这是除现金以外的其他资产支付股利的方式，主要是指公司以其所拥有的其他公司的有价证券作为股利支付给股东，如债权、股票等。

（4）负债股利。这是公司以负债的方式支付股利的方式，通常以公司的应付票据支付给股东，或者发行公司债券抵付股利。财产股利和负债股利实际上是现金股利的替代。这两种股利支付方式在我国公司实务中较少使用，但并非法律所禁止。

【例 7-4】B 公司在 2012 年的净利润为 1000 万元，在发放股票股利前，其资产负债表上的股东权益账户情况如下：发行在外的普通股股数为 500 万股，其中股东甲持股 200 万股，每股面额 1 元，资本公积为 3000 万元，未分配利润为 1500 万元，股东权益合计额为 5000 万元。若公司计划发放 5%的股票股利，则该公司的股东权益内部结构是否会发生变化？发放股票股利对股东的影响是什么？

解析：如果 B 公司计划发放 5%的股票股利，则公司将发放 25 万股新股，发放股

票股利后，由于该股票当时的市场价格为 7 元，那么随着股票股利的发放，B 公司应从“未分配利润”项目中划转出 175 万元（7×25）；而由于股票面额不变，则 25 万新股只能使“普通股”项目增加 25 万元，其余的 150 万元（175−25）应作为股票溢价转至“资本公积”项目。所以，公司发放股票股利后，股东权益各项目如表 7−4、表 7−5 所示。

表 7−4　　发放股票股利后股东权益项目表　　金额单位：万元

普通股（面额 1 元，500 万股）	525
资本公积	3150
未分配利润	1325
股东权益合计	5000

表 7−5　　甲股东财富变动表

项目	股票股利发放前	股票股利发放后
每股收益	1000/500＝2（元/股）	1000/525＝1. 9（元/股）
每股市价	7（元/股）	15/（1+5%）＝6. 67（元/股）
持股比例	200/500＝40%	210/525＝40%
持股总价值	7×200＝1400（万元）	6. 67×210＝1400（万元）

结论：通过对比以上两个表我们可以发现，股票股利的发放，不会影响公司股东权益总额，但是会引起资金在各股东权益项目之间的再分配。

发放股票股利，不会直接增加股东的财富，不会改变股东的持股比例，但是其对公司以及股东有着特殊的意义。见图 7−1。

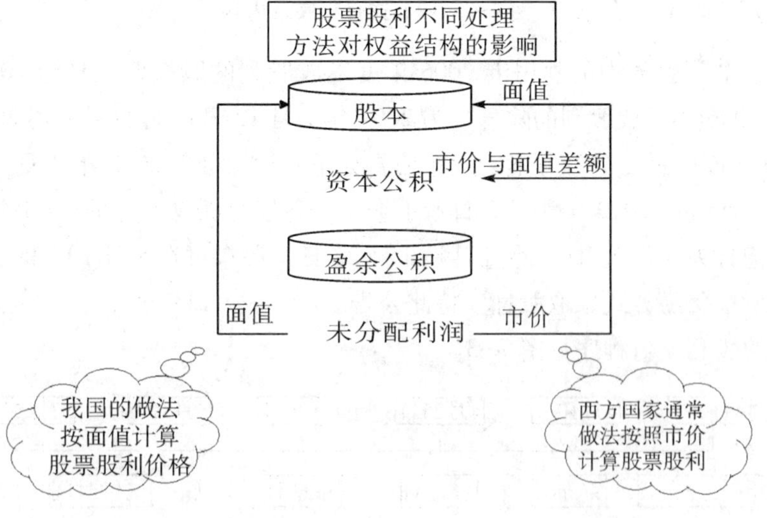

图 7−1　股票股利发放方法对权益的影响图

7.2.3.2　发放股票股利对于公司和股东的意义

（1）对于股东来讲：①理论上，派发股票股利后，每股市价会成比例下降，但实务中这并非必然结果。因为市场和投资者普遍认为，发放股票股利往往预示着公司会有较大的发展和成长，这样的信息传递会稳定股价或是股价下降比例减小甚至不降反升，股东便可以获得股票价值相对上升的好处。②由于股利收入与资本利得税率的差异，如果股东把股票股利出售，还会给他带来资本利得纳税上的好处。

（2）对于公司来讲：①不需要向股东支付现金，在再投资机会较多的情况下，公司可以为再投资提供成本较低的资金，从而有利于公司发展；②可以降低公司股票价格，有利于促进股票的交易和流通，又有利于吸引更多的投资者成为公司股东，进而使股权更分散，有效地防止公司被恶意控制；③可以传递公司未来发展前景良好的信息，从而增强投资者的信心，在一定程度上稳定股票价格。

7.2.3.3　股利支付程序

股利支付程序及内容见图 7-2。

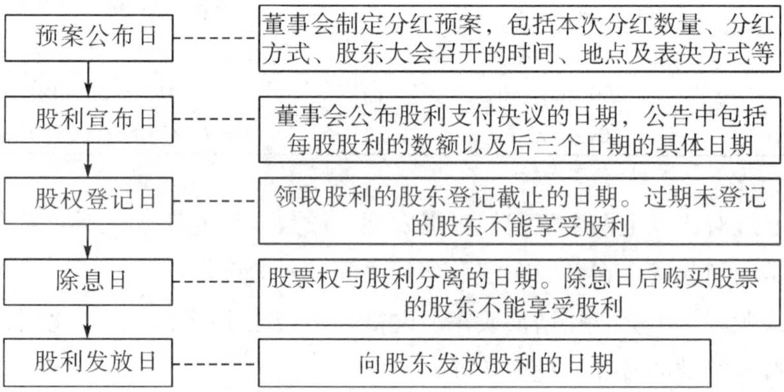

预案公布日
董事会制定分红预案，包括本次分红数量、分红方式、股东大会召开的时间、地点及表决方式等
股利宣布日
董事会公布股利支付决议的日期，公告中包括每股股利的数额以及后三个日期的具体日期
股权登记日
领取股利的股东登记截止的日期。过期未登记的股东不能享受股利
除息日
股票权与股利分离的日期。除息日后购买股票的股东不能享受股利
股利发放日
向股东发放股利的日期

图 7-2　股利支付程序及内容

注：上述案例引入中的盐田港 2006 年度发放股利的股权登记日为 2007 年 7 月 11 日；盐田港 2006 年发放股利的除息日为 2007 年 7 月 12 日。而如 A 公司 2012 年 4 月 10 日公布 2011 年度的最后分红方案的发布公告如下："公司于 2012 年 4 月 9 日在北京召开股东大会，通过了 2012 年 4 月 2 日董事会关于每股分派 1.5 元的 2011 年股息分配方案。股权登记日为 4 月 25 日，除息日是 4 月 26 日，股东可在 5 月 10~25 日之间通过深圳证券交易所按交易方式领取股息。特此公告。"

该公司的股利支付程序见图 7-3。

4月2日
4月10日
4月25日
4月26日
5月10日
5月25日
预案公布日
宣布日
登记日
除息日
支付时间

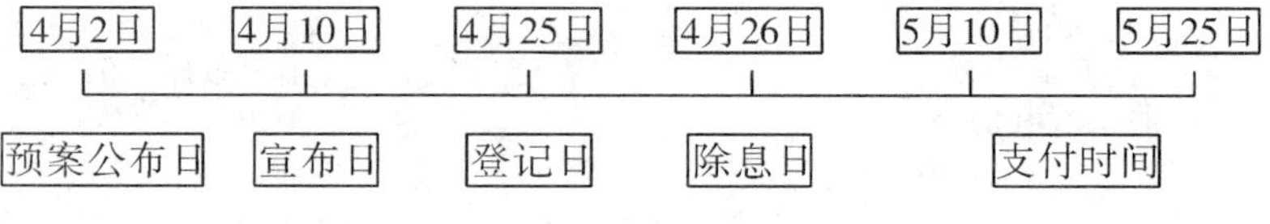

图 7-3　股利支付程序

7.3 股票分割与股票回购

7.3.1 股票分割

股票分割又称为拆股，是指通过成比例的降低股票面值来增加普通股的数量。例如，1 比 2 的股票分割将使股票数量增加为原来股票的两倍。股票分割产生的效果与发放股票股利近似，因此，1 比 2 的股票分割相当于 100%的股票股利发放率。一般来说，当企业希望自己的股票市价有大幅度下降时，可以采用股票分割（或者大比例股票股利）。股票分割前后的每股现金股利很少是不变的，但是有可能增加股东的实际股利。对于股东来说，股票分割后各股东所持有的股数增加，但持股比例不变，持有股票的总价值不变。

股票分割具有以下作用：

（1）降低股票价格。由于股票分割是在不增加股东权益的情况下增加流通中的股票数量，分割后每股股票所代表的股东权益的价值将降低，每股股票的市场价格也会相应降低。当股票的市场价格过高时，股票交易会因每手交易所需的资金量太大而受到影响，特别是许多小户、散户，因为资金实力有限难以入市交易，使这类股票的流通性降低，股东人数减少。因此，许多公司在其股票价格过高时，采用股票分割的方法，降低股票的交易价格，提高公司股票的流通性，使公司的股东更为广泛。

（2）向股票市场和广大投资者传递“公司正处于发展之中”的信息。这种信息有利于吸引投资者，从而对公司有所帮助。有时公司希望通过股票分割向股市传递公司不但业绩好、利润高，而且还有增长潜力的信息，股票的价格在目前的高价位上有进一步提升的空间。因此，股票分割往往是成长中的公司的行为。

股票股利和股票分割对财务的影响归纳如表 7-6 所示。

表 7-6　　股票股利和股票分割对财务的影响

项目	股票股利	股票分割
（1）资产总额	不变	不变
（2）负债总额	不变	不变
（3）所有者权益总额	不变	不变
（4）所有者权益内部结构	变化	不变
（5）流通股数	增加	大量增加
（6）每股收益	下降	下降
（7）每股净资产	下降	下降
（8）每股市价	可能下降	下降
（9）股东持股比例	不变	不变
（10）股东所持股份的市场价值总额	不变	不变

【例 7-5】A 公司发行面额为 2 元的普通股 500 万股。当前资本结构下，资本公积为 3000 万元，未分配利润为 1000 万元，股东权益总额为 5000 万元。若按 1 股换成 2 股的比例进行股票分割。则公司采用股票分割后的股东权益会发生什么变化？如果是发放 10%的股票股利呢？

表 7-7 为 A 公司 1 比 2 股票分割表。

表 7-7　　A 公司 1 比 2 股票分割表　　金额单位：万元

股票分割前		股票分割后		发放股票股利（10%的股票股利）	
普通股	1000	普通股	1000	普通股	1100
（每股面值 2 元，共 500 万股）		（每股面值 1 元，共 1000 股）		（每股面值 2 元，共 550 股）	
资本公积	3000	资本公积	3000	资本公积	2900
未分配利润	1000	未分配利润	1000	未分配利润	1000
股东权益总额	5000	股东权益总额	5000	股东权益总额	5000

7.3.2 股票回购

所谓股票回购是指上市公司出资将其发行的流通在外的股票以一定价格购买回来予以注销或作为库存股的一种资本运作方式。股票回购的方式主要有公开市场回购、要约回购和协议回购。很多情况下，只有在满足相关法律规定的情形下才允许股票回购，也可以认为是公司股东支付现金股利的一种代替方式。

7.3.2.1 股票回购的方式

（1）公开市场回购（Open Market Repurchase）。公开市场回购是指公司在股票的公开交易市场上以等同于任何投资者的地位，按照公司股票当前市场价格回购股票。这种方式的缺点是在公开市场回购时很容易推高股价，从而增加回购成本。另外，交易税和交易佣金也是不可忽视的成本。公司通常在股票市场表现欠佳时小规模回购有特殊用途（如股票期权、雇员福利计划和可转换证券执行转换权）的股票时采用这种方式。据统计，美国公司 90%以上的股票回购采用的都是公开市场回购方式。

（2）要约回购（Tend Offer Repurchase）。要约回购是指公司在特定期间向市场发出的以高出股票当前市场价格的某一价格，回购既定数量股票的要约。这种方式赋予所有股东向公司出售其所持股票的均等机会。通常情况下，公司享有在回购数量不足时取消回购计划或延长要约有效期的权利。而如果愿意出售的股票数量多于要约数量，公司会按一定的配购比例向股东配购。

与公开市场回购相比，要约回购通常被市场认为是更积极的信号，原因在于要约价格存在高出股票当前价格的溢价。但是，溢价的存在也使得回购要约的执行成本较高。

（3）协议回购（Negotitated Repurchase ）。协议回购是指公司以协议价格直接向一个或几个主要股东回购股票。协议价格一般低于当前的股票市场价格，尤其是在卖方首

先提出的情况下。但是有时公司也会以超长溢价向其认为有潜在威胁的非控股股东回购数量，显然这种过高的回购价格将损害继续持有股票股东的利益，公司有可能为此涉及法律诉讼。

7.3.2.2 股票回购的动机

公司实施股票回购的目的是多方面的，同时股票回购对上市公司的市场价值也有着复杂的影响。在成熟的证券市场上，股票回购的动机主要有以下几种：

（1）现金股利的替代。股票回购属于非正常股利政策，需要现金可出售股票。

（2）提高每股收益。提高每股收益，可以减少股票的供应，相应地提高每股收益及每股市价。

（3）改变公司的资本结构。改变公司的资本结构，可以改变公司的资本结构，提高财务杠杆水平，降低公司整体资金成本。

（4）传递公司的信息以稳定或提高公司的股价。传递公司真实投资价值的信息，是传递内部信息的一种手段。

（5）巩固既定控制权或转移公司控制权。采取直接或间接的方式回购股票，从而巩固既有的控制权。

（6）防止敌意收购。收购可以使公司流通在外的股份数变少，股价上升，从而使收购方要获得控制公司的法定股份比例变得更为困难。

（7）满足认股权的行使。在企业发放认股权证的情况下，认股权持有人行使认股权时企业必须提高股票，回购的股票可以满足认股权行使的要求。

（8）满足企业兼并与收购的需要。回购的股票可以在并购时换取被并购企业股东的股票，从而使企业以较小的代价取得对被并购企业的控制权。

7.3.2.3 股票回购的影响

（1）对股东的影响

对于投资者来说，与现金股利相比，股票回购不仅可以节约个人税收，而且具有更大的灵活性。因为股东时派发的现金股利没有是否接受的可选择性，而股东对股票回购则具有可选择性，需要现金的股东可以选择卖出股票，而不需要现金的股东则可以继续持有股票。

（2）对上市公司的影响

股票回购需要大量资金支付回购的成本，易造成资金紧缺，资产流动性变差，影响公司的发展。回购股票可能是公司的发起人股东更注重创业利润的兑现，在一定程度上削弱了对债权人利益的保护，而忽视公司长远的发展、损害公司的根本利益。股票回购容易导致内部操纵股价，甚至有可能出现公司借回购之名炒作本公司股票之实。

本章小结

利润分配是指企业按照国家有关法律法规以及企业章程的规定，在兼顾股东与债权人等其他利益相关者的利益关系的基础之上，将实现的利润在企业与企业所有者之间、企业内部的有关项目之间、企业所有者之间进行分配的活动。

利润分配必须按照依法分配原则、资本保全原则、充分保护债权人利益原则、多方及长短期利益兼顾原则和投资与收益对等原则按照次序进行分配。

企业的股利分配方案既取决于企业的股利政策，也取决于决策者对股利分配的理解和认识，即股利分配理论。股利分配理论包括股利无关理论和股利相关理论。其中：股利无关理论包括 MM 理论；股利相关理论包括手中鸟理论、信号传递理论、所得税差异理论和代理理论。

股票分割又称为拆股，是指通过成比例的降低股票面值来增加普通股的数量。股票回购是指上市公司出资将其发行的流通在外的股票以一定价格购买回来予以注销或作为库存股的一种资本运作方式。

案例讨论

福建新大陆电脑股份有限公司分配政策

背景与情境：

福建新大陆电脑股份有限公司（以下简称公司）2003 年度股东大会于 2004 年 5 月 12 日在公司会议室召开，出席会议的股东及股东授权委托的代表人数为 5 人，代表公司股份 83 980 000 股，占公司股份总数的 72. 4%，符合《公司法》及《公司章程》的规定。会议由董事长胡钢先生主持，公司董事、监事和高级管理人员列席会议。大会以记名投票方式逐项表决，审议通过了 14 项议案。其中，《2003 年度利润分配及资本公积金转增股本的预案》和《2004 年度利润分配政策》经股东审议表决全部通过。

1. 2003 年度利润分配及资本公积金转增股本的预案

经厦门天健华天有限责任会计师事务所审计，公司 2003 年实现税后净利润 41 559 077. 48 元，按净利润的 10%提取法定公积金，计 4 155 907. 75 元；按净利润的 5%本年度实际已支付的 2002 年股利 34 800 000 元，实际可供股东分配的利润为 36 274 987. 19 元。公司董事会决定，2003 年度利润暂不分配，剩余未分配利润 36 274 987. 19 元，转入下一年度一并分配。表决结果为：83 980 000 股同意，占出席股东大会有表决权股份总数的 100%；0 股东权，占出席股东大会有表决权股份总数的 0%；0 股反对，占出席股东大会有表决权股份总数的 0%。

2. 2004 年度利润分配政策

预计 2004 年度公司分配股利 1~2 次，2004 年实现的净利润用于股利分配的比例不超过 80%。公司 2003 年度未分配利润主要用于下一年度股利分配。股利分配主要采用派发现金或送红股的形式，预计现金股息占股利分配的比例不超过 80%。具体分配方案依据公司实际情况由公司董事会提出预案，报公司股东大会审议决定。根据公司发展和当年盈利情况，公司董事会保留对 2004 年利润分配政策做出调整的权利。表决结果为：83 980 000 股同意，占出席股东大会有表决权股份总数的 100%；0 股弃权，占出席股东大会有表决权股份总数的 0%；0 股反对，占出席股东大会有表决权股份总数的 0%。

问题：

1. 简述该公司的利润分配程序及每一环节的利润分配数额。

2. “公司董事会决定 2003 年度利润暂不分配” 的表述是否正确？

3. “公司董事会决定 2003 年度利润暂不分配” 是指不分配什么？

4. 结合案例说明送股对公司的影响。

资料来源：福建新大陆电脑股份有限公司的《福建新大陆电脑股份有限公司 2003 年度股东大会决议公告》。

知识拓展

股票约定式回购交易

股票约定式回购交易是指符合条件的投资者以约定价格向证券公司卖出特定股票，并约定在未来某一日期按照另一约定价格从证券公司购回的交易行为。据业内人士透露，早在 2014 年年初，中信、海通、招商、国信、银河、国泰君安等多家券商就股票约定式回购交易向监管机构上报了各自的方案，不过初期试点花落三家，即中信、海通以及银河。

股票约定式回购交易的客户初期将有较多限定，审查条件包括开户时间、资产规模、信用状况、风险承受能力等，并且该项业务只对机构客户开放，个人客户不得参与。能够成为股票约定式回购交易的抵押标的券必须是流通股，且是符合证券交易所若干规定的个股。经专业人士测算，符合证券交易所规定的个股约 400 只，包括上证 50、上证 180、中证 500、沪深 300 中的沪市股票等，而 ST 类个股以及试点券商的股票被排除在可质押品种之外。对于最受关注的借款成本，消息人士称是要高于同期银行的贷款利率，“目前初步拟定的回购利率大约在 9%左右，基本和融资融券的利率相同，按照借款天数计算利息”。为控制风险，股票约定式回购的借款期限较短，最长借款期限不超过 182 天。

作为一种融资手段，约定式回购业务可以让急需资金的机构从券商手中借到钱，但与融资融券业务不同的是，融资融券交易最终挣的是股票上涨和下跌的收益，融资业务获取的资金只能用于购买股票，而股票回购的融资却没有用途限制，因此对于持有大量上市公司股票的产业资本有较大吸引力。

业内人士指出，这项业务可以使企业利用股权来获得短期融资，而不必在当前市况不佳的情况下直接卖出股票，而且其借款优势在于放款时间非常快。通过股票约定式回购借出的这些钱日后还得把股票赎回，所以这些钱一般只能投入生产或者有确定收益目标的，包括为重组收购项目提供资金等。某大型券商高层指出，"此项业务一方面能够暂缓小非的解禁抛售压力，另一方面能够为股市提供新的增量资金，同时券商还能小幅提升资本收益率。"

资料来源：《财务与会计（理财版）》2014 年第 4 期。

即问即答

即问：

1. 利润总额构成。

2. 利润分配原则。

3. 利润分配项目。

4. 利润分配次序。

5. 股利分配理论。

即答：

1. 营业利润、营业外收支净额、投资净收益。

2. 依法分配原则、资本保全原则、充分保护债权人利益原则、多方及长短期利益兼顾原则和投资与收益对等原则。

3. 法定公积金、任意公积金、股利。

4. 弥补以前年度亏损、提取法定盈余公积金、向投资者分配利润。

5. 股利无关理论和股利相关理论。其中：股利无关理论包括 MM 理论；股利相关理论包括手中鸟理论、信号传递理论、所得税差异理论和代理理论。

实战训练

1. 什么是剩余股利政策、固定或稳定增长的股利政策、固定股利支付率政策及低正常股利加额外股利政策？

2. 什么是现金股利、股票股利、财产股利及负债股利?

3. 什么是股票分割和股票回购?

4. 企业如何根据自身特点制订股利分配方案?

5. 股票股利与股票分割有什么异同?

6. 股票回购对公司有什么影响?

7. A 公司 2006 年亏损 20 万元，2007 年盈利 2 万元，2008 年盈利 3 万元，2009 年盈利 5 万元，2010 年盈利 8 万元，2011 年盈利 10 万元。假设无纳税调整事项，所得税税率为 25%。

要求:

(1) 计算 2010 年 A 公司是否应交纳所得税，以及能否进行利润分配?

(2) 计算 2011 年 A 公司是否应交纳所得税? 若交纳所得税，A 公司应交纳多少? A 公司是否应提取法定盈余公积金和公益金? 如果按 15%的比率计提法定盈余公积金和公益金，应提取多少?

8. 正大股份有限公司发行在外普通股 6000 万股，去年实现净利润 4500 万元，分配现金股利每股 0.45 元，而今年公司的净利润只有 3750 万元。该公司对未来发展仍有信心，决定投资 3600 万元引进新生产线，所需资金的 60%来自举债，另外 40%来自权益资本。如果公司采用剩余股利分配政策，计算该公司今年可供分配的每股现金股利。

9. 华夏股份有限公司 2011 年 2 月 28 日公布了 2010 年度报告，并提出了 2010 年度的利润分配预案：以 2010 年年末的总股本为基数，向全体股东每 10 股派发现金股利 5 元；同时提出来按 10∶3 的比例以资本公积金转增股本的方案。2011 年 3 月 26 日，公司召开股东大会，审议通过了公司 2010 年度利润分配及资本公积金转增股本方案。公司董事会于 2011 年 4 月 13 日发布分红派息公告称：“以 2010 年年末总股份 205 085 492 股为基数，每 10 股转增 3 股派 5 元（含税）。股权登记日为 2011 年 4 月 18 日，除权除息日为 2011 年 4 月 19 日，新增可流通股份上市日为 2011 年 4 月 20 日，现金股利发放日为 2011 年 4 月 26 日。”

要求:

(1) 写出华夏股份有限公司股利发放的具体日程安排。

(2) 如果某一股东在 2011 年 4 月 20 日购入该公司 1000 股流通股，那么该股东是否可以参与此次股利分配?

10. 康达生股份有限公司是一家从事药品制造的上市公司。上市 5 年来，公司一直保持这里较好的发展势头和较高的盈利水平，每年的净利润基本上以 10%的速度持续增长。公司总股本为 8000 万股。近 5 年来，公司每年均分配现金股利，没有分配股票股利，也没有实施资本公积金转增股本的方案。2009 年，公司实现净利润 5800 万元，分配现金股利 2610 万元。2010 年，公司实现税后利润 6400 万元，尚未分配。2010 年

年末，公司的资本结构为权益资本占55%、债务资本占45%。公司2011年准备扩大生产能力，需要增加资本总额10 000万元。2011年年初，公司董事会讨论了2010年度的股利分配方案。财务部门设计了以下几种利润分配方案：

（1）采用稳定增长的股利政策，每年分配的现金股利按照10%的速度稳定增长。

（2）采用固定股利支付率政策，保持上年的股利支付率。

（3）如果公司管理当局认为，目前公司的资本结构是较为理想的资本结构，公司将继续采用剩余股利政策。2011年，公司投资所需债务资本通过长期借款来满足，所需权益资本通过2010年的收益留存来满足，多余的利润分配现金股利。

（4）采用低正常股利加额外股利政策，公司确定的低正常股利为每股0.30元；由于2010年的盈利状况较为理想，考虑每股再额外增加0.10元的股利。

要求：针对上述各种利润分配方案，分别计算该公司2010年度应分配的现金股利。

11. 甲公司2010年年末的股东权益如下：

表7-8　　单位：万元

项目	金额
普通股（面值1元，流通在外10 000万股）	10 000
资本公积金	1640
盈余公积金	850
未分配利润	7110
股东权益合计	19 600

假定该公司在2011年3月的年度股东大会上，通过了如下利润分配方案：以2010年年末的总股数为基数，向全体股东分配20%的股票股利，假如利润分配前的股票每股市价为15元。计算股票股利分配后，公司股东权益总额及结构对单一股东权益及股票价格的影响如何？

词汇对照

利润分配	Distribution of the profits	资本保全	Capital Maintenance
股利理论	Dividend theory	股利政策	Dividend policy
现金股利	Cash dividends	股票分割	Stock split
股票回购	Stock repurchase	剩余股利	The remaining dividend

第三篇

财务管理手段

公司理财的方法是指在公司理财工作中，为了能组织好各种复杂的财务活动，处理好各种财务关系，达到公司理财目标而使用的公司理财的技能。通常的公司理财方法包括财务预测、财务分析、财务控制以及财务决策等。

8 财务报表分析

教学目标

1. 了解企业财务分析的作用、目的、基础、种类和程序；

2. 理解企业财务趋势分析方法；

3. 掌握企业财务比率分析方法、因素分析法以及综合分析方法；

4. 重点与难点：正确运用比率分析法对企业偿债能力、营运能力、盈利能力和发展能力进行分析。

内容结构

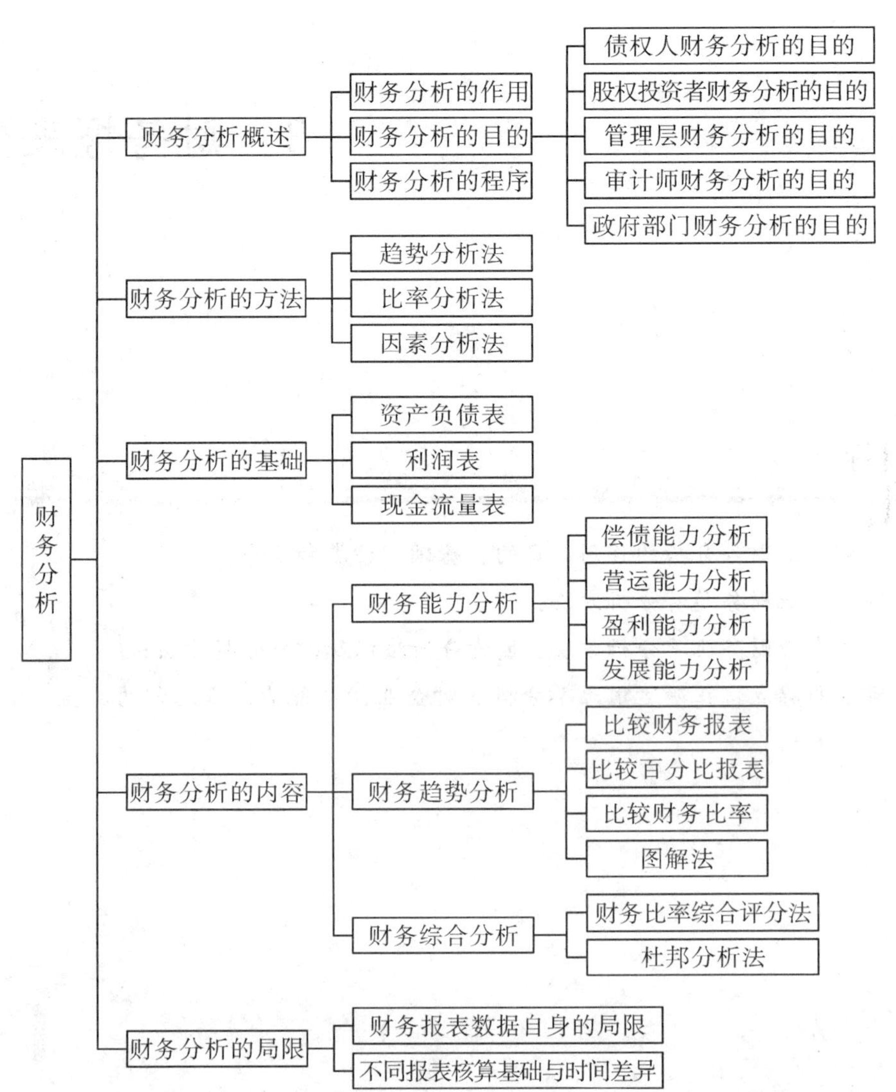

范例引述

中兴通讯财务分析

2011 年 8 月，Thought Works 中国公司资深咨询师熊节运用杜邦分析法对中兴通讯的财务报表和企业经营状况进行了解读。通过对销售净利率、资产周转率、权益乘数等基础财务指标的计算和分析比较，他对中兴通讯的财务状况得出以下结论：

（1）销售净利率显示成本控制能力。中兴通讯这项指标同比下降约 30%，对照

“营业成本列示”可见，运营商网络、终端产品、电信软件及服务三大主营业务的成本都显著上升，成本升幅（28%）超过收入（22%）。除了为占领市场而采取积极的价格策略的影响外是国内成本的显著增加：在营业成本增额的不到60亿元当中，“购买商品、接受劳务支付的现金”和“支付给职工以及为职工支付的现金”两项贡献超过40亿元（合并现金流量表）。

（2）资产周转率显示资产使用效率。该指标有小幅提升，与市场环境好转的印象相符。但是在“流动资产”的增额中做出最大贡献的是应收票据、应收账款和存货，内部各个环节的管理、经营效率似乎有点经不起发展的冲击。

（3）权益乘数显示财务融资能力。这项指标同比上升15.5%，对照“流动负债”中增加的近百亿元短期借款，可以认为中兴通讯正在继续扩展业务，同时也得到了有效的财务支撑。

综上所述，根据简单的财务报表分析，中兴通讯似乎正在积极扩展业务，并且得到了的外部支持。但利润率降低是一个严重的隐患，不论是为了抢占市场还是因为成本控制不力。在国内成本还会继续上升的大背景下，内部挖潜控制成本只能是辅策，调整产品结构、提升市场定位、拓展价值供应，才是长久之计。

在熊节对中兴通讯进行杜邦分析后一年，中兴通讯2012年中期财报报出巨亏，利润率持续走低正是导致该企业及其几家主要竞争对手从2012年起开始大幅裁员的直接原因之一。

资料来源：《商业新闻网》2013年。

本章导言

事实上，了解一个企业最直接的方式，就是阅读它的财务报表。上市企业的财务报表都是公开的。阅读一份财务报表可以了解很多基本的信息：这家企业的所有权性质、主要业务、主要客户、收入结构、成本结构、员工规模、人才结构、战略方向、主要风险……即便你真正想了解的企业是非上市企业（比如华为），它也必定与其最主要的竞争对手（比如中兴）有很多相似之处。

财务分析正是在财务报告等有关材料的基础上，对企业经营活动的过程和结果进行分析研究，以评价企业的财务状况、经营成果和现金流量的状况的管理活动。通过财务分析，我们可以分析评价企业的财务能力，不仅为外部会计信息使用者的投资决策做出帮助，同时也能够借此对企业内部的经营状况和计划完成情况予以考评。对企业而言，财务分析是最为基础的财务手段。

理论概念

8.1 财务分析概述

8.1.1 财务分析的作用

财务分析是指在财务报告等有关材料的基础上，参考其他市场信息，运用科学的技术和方法对企业经营活动的过程和结果进行分析研究，以揭示各项财务指标的关系，从而评价企业的财务状况、经营成果和现金流量的状况的一项管理活动。

财务报告是企业向会计信息使用者提供信息的主要文件。它反映了企业财务状况、经营成果和现金流量等方面的会计信息，为会计信息使用者进行经济决策提供依据。但由于财务报告缺乏一定的综合性，无法深入揭示企业各方面的财务能力以及反映企业的发展变化趋势。因此，需要利用财务分析对这些会计信息做进一步的加工和处理，以提高会计信息的利用程度。在实务中，财务分析可以发挥以下重要作用：

（1）财务分析可以综合评价企业的财务能力，从而分析企业经营活动中存在的问题，总结财务管理工作的经验教训，促进企业改善经营活动、提高管理水平。

（2）财务分析可以为企业外部投资者、债权人等利益相关者提供更为系统的、完整的会计信息，以便其更加深入地了解企业的财务状况、经营成果和现金流量情况，做出投资决策、信贷决策及其他经济决策。

（3）财务分析可以检查企业内部各职能部门和单位完成经营计划的情况，考核各部门和单位的经营业绩，有利于企业建立健全完善的业绩评价体系，保证企业的财务目标顺利实现。

8.1.2 财务分析的目的

财务分析的目的取决于人们使用会计信息的目的。尽管财务分析所依据的资料是客观的，但不同的人所关心的问题不同，因此他们进行财务分析的目的也各不相同。会计信息的使用者主要包括债权人、股权投资者、企业管理层、审计师、政府部门等。下面分别介绍不同的会计信息使用者进行财务分析的目的。

8.1.2.1 债权人财务分析的目的

债权人因为不能参与企业剩余收益的分享，其风险与收益的这种不对称性特征决定了债权人必须对其贷款的安全性首先予以关注。对企业而言，具有长期获利能力及良好的现金流动性是企业按期清偿长期贷款及利息的基础。因此，债权人最为关心的是在债务到期之日，企业是否有足够支付能力以及财务稳定性，以保证其本息能够及时、足额的得以收回。短期债权人对企业现金流动性的关注甚于对获利能力的关心。

8.1.2.2 股权投资者财务分析的目的

现有投资者作为企业永久性资本的出资者，自然要对投资风险和投资回报进行判断和估计。现有投资者在决定是购买、持有还是转让对某一企业投资时，需要估计该企业的未来收益与风险水平。因此，现有投资者最为关心的是企业的盈利能力、管理效率和投资回报率。另外，潜在投资者也需要相关的财务信息帮助他们在竞争性的投资机会中做出选择。

8.1.2.3 管理层财务分析的目的

管理层作为受托责任人，肩负着受托经营管理的责任。受托责任的完成和履行情况最终是以财务报表的形式呈现出来的。因此，经营者最为关心的各个方面，包括营运能力、偿债能力、盈利能力、社会贡献能力及未来的发展趋势等信息，以便及时发现问题，为企业可持续发展制定合理的企业发展战略和策略。

8.1.2.4 审计师财务分析的目的

审计师作为财务报表的鉴证者，要对财务报表的质量做出专业的判断和评价。为了规避审计风险，审计师最关心企业编制的财务报表是否遵守《企业会计准则》和《公司法》的相关规定，财务报表是否具有可靠性和公允性。

8.1.2.5 政府部门财务分析的目的

政府部门既是财务报表的鉴证者又是财务报表的使用者。税务管理部门需要确定企业的纳税所得额，对企业的销售和盈利水平感兴趣；中国证券监督管理委员会可能对公司的盈利能力和关联方交易感兴趣。

8.1.3 财务分析的程序

财务报表分析的基本步骤一般按照以下过程进行：

8.1.3.1 确定范围，收集资料

财务分析的范围可以是企业经营活动的某一方面，也可以是企业经营活动的全过程，它取决于财务分析的目的。债权人只需要对企业的偿债能力进行分析，而企业经营者则应进行全面的财务分析。财务分析的范围则决定了所需收集资料的数量。

8.1.3.2 选择方法，确定指标

财务分析的目的和范围不同，其选用的方法和指标也不同。局部的财务分析可以只选用某种方法，而全面的财务分析则需要综合运用各种方法。分析指标也应该依据财务分析的目的而定，使结果更为客观准确。

8.1.3.3 因素分析，抓住要点

通过财务分析，可以找到影响企业财务状况的各项因素。应对各因素进行分析，分清有利因素和不利因素，抓住主要因素，并提出相应的应对方法，以改善企业的生产经营现状。

8.1.3.4 提供建议，做出决策

财务分析的最终目的是为经济决策提供依据。通过前述比较分析的过程，即可为经济决策提供几种建议方案，并从中挑选出最佳方案，做出决策。同时，决策者也可以通过财务分析中所反馈的信息，总结经验教训，从而改进工作。

8.2 财务分析的方法

8.2.1 趋势分析法

趋势分析法是指根据企业连续数期的财务报表，比较各个有关项目的金额、增减方向和幅度，从而揭示当期财务状况和经营成果的增减变化及其发展趋势的一种方法。趋势分析可以绘成统计图表，可以采用移动算术平均法、指数滑动平均法等，但通常采用比较法，即将连续几期的同一类型报表加以比较。

趋势分析法有水平分析法和垂直分析法两种。

8.2.1.1 水平分析法

水平分析法是将企业连续几个会计年度的财务报表上的相同项目进行比较，观察这些项目的变化，以揭露其变化的原因和趋势。它有助于评估企业经营发展态势及需要加强的方面。水平分析法的表现形式有两种：一是定比。定比是以某一时期数额为基数，其他各期数额均与该期的基数进行比较。二是环比。环比是分别以上一时期数额为基数，然后将下一期数额与上一期数额进行比较。

水平分析时应注意剔除偶然因素的影响，既可以用绝对数进行比较，也可以用相对数进行比较。

8.2.1.2 垂直分析法

垂直分析法是计算财务报表中的各项目占总体的比重，反映财务报表中每一项目与其相关总量之间的百分比及其变动情况，准确地分析企业财务活动百分比及其变动情况和发展趋势。在这一方法下，每项数据都与一个相关的总量对应，并被表示为占这一总量的百分比形式。这种仅有百分比而不表示金额的财务报表称为共同比财务报表，它是垂直分析的一种重要形式。垂直分析法有助于考察总体中某个部分的形成和安排是否合理，以便合理配置财务资源。

8.2.2 比率分析法

比率分析法是指对企业同一时期财务报表中的相关项目进行对比，以计算出的财务比率来揭示企业财务状况、评价经营成果的分析方法。该方法由于信息准确，易于比较，因此运用广泛。

财务比率主要有构成比率、效率比率和相关比率三类。

8.2.2.1 构成比率

构成比率又称结构比率，是指某项经济指标的各个组成部分与总体的比例，反映部分与总体的关系。利用构成比率可以识别总体中的某个部分的形成和安排是否合理。

8.2.2.2 效率比率

效率比率是指某项经济活动投入与产出之间的比例关系。利用效率比率可以考察经济活动的经济效益，以揭示企业的获利能力。

8.2.2.3 相关比率

相关比率是指反映某两个或两个以上相关经济项目比值的财务比率。利用相关比率可以识别有联系的相关业务安排是否合理，以保障企业经营活动顺利进行。

8.2.3 因素分析法

因素分析法又称连环替换分析法，是指先确定影响综合性指标的各个因素，然后按照一定的顺序逐个用实际数替换影响因素的基数，以计算各项因素影响程度的一种方法。使用因素分析法时应看到影响因素和经济指标之间的因果关系，了解其前提是在分别计算时假定某一因素变化而其他因素不变；同时也应注意因素替换的顺序性。

因素分析法的步骤：

（1）确定影响综合性指标变动的各项因素；

（2）按“先数量后质量、先实物后价值、先主要后次要”的顺序排列各因素；

（3）以基期指标为基础，将各因素的基期数依次以实际数来替换尚未替代过的因素，使其仍维持及其水平，直至全部因素均被替换过；

（4）对比每次替换前后的计算结果，两者差异就是所替换因素的影响程度。将各因素的影响数值相加，即实际指标与基期指标之间的总差异。

8.3 财务分析的基础

财务分析是以企业的会计核算资料为基础，通过加工整理得出一系列财务指标，并进行分析和评价。其中，会计核算资料主要是指财务报表。财务报表一般包括资产负债表、利润表、现金流量表和所有者权益变动表。

8.3.1 资产负债表

资产负债表是基本财务报表之一，以“资产=负债+所有者权益”为平衡关系，反映企业在某一特定日期的财务状况，揭示了企业当时所拥有或控制的经济资源、所承担的现时义务以及所有者享有的剩余权益。它主要包括资产、负债、股东权益三大类项目，按流动性从大到小分项列示。

资产负债表提供了企业的资产结构、资金来源状况、资产流动性、负债水平及结构

等财务信息。分析者通过对资产负债表的分析，可以对企业偿债能力、资金营运能力等进行了解。

8.3.2 利润表

利润表又称损益表，是反映企业一定期间内生产经营成果的财务报表。利润表中的各项目以“收入-费用=利润”这一会计等式为依据进行编制。在利润表中，通常按照利润的构成项目分别来列示。企业的利润可以分为营业利润、利润总额以及净利润，三者依次在利润表中列示。

利润表可以考核企业的利润计划完成情况，并对企业的盈利能力进行分析，揭示其利润增减变化的原因，预测企业利润发展趋势，从而为投资者及企业经营者提供决策依据。

8.3.3 现金流量表

现金流量表是指现金或现金等价物流入或流出信息的财务报表。现金流量表将企业的现金流量分为经营活动产生的现金流量、投资活动产生的现金流量和筹资活动产生的现金流量三类，以收付实现制为原则编制而成。

现金流量表中，现金是指企业的库存现金以及随时可取用的存款，包括库存现金、银行存款和其他货币资金；现金等价物是指企业持有的期限短、流动性强、易于转换为已知金额现金、价值变动风险很小的投资，如 3 个月内到期的债券投资；现金流量是指企业一定时期内现金和现金等价物的流入和流出的数量。

现金流量表可以为会计信息使用者提供企业现金流入和流出的信息，使其便于预测企业未来现金流量。

8.4 财务分析的内容

财务分析的内容主要包括财务能力分析、财务趋势分析以及财务综合分析三部分。下面我们将分别对其进行阐述。

8.4.1 财务能力分析

财务能力分析主要包括偿债能力分析、营运能力分析、盈利能力分析和发展能力分析。

8.4.1.1 偿债能力分析

偿债能力是指企业偿还到期债务的能力。通过对企业资产流动性、负债水平等情况的了解，可以分析企业偿还债务的能力，从而评价企业的财务状况和财务风险。

（1）短期偿债能力分析

短期偿债能力是指企业偿付流动负债的能力。流动负债是指 1 年内需要偿付的债

务，偿债能力即流动资产对流动资产偿还的保障程度，它取决于近期可变现的流动资产的多少。用于反映短期偿债能力的指标主要包括流动比率、速动比率、现金流量比率和到息债务本息偿付比率等。

①流动比率。流动比率是指流动资产与流动负债的比率。其计算公式为：

$$流动比率 = \frac{流动资产}{流动负债} \times 100\%$$

其中：流动资产主要包括现金、银行存款、交易性金融资产、应收账款、存货等资产；流动负债主要包括短期借款、应付账款、预收账款及各类应交应付款项。

一般认为，流动比率越高的企业的短期偿债能力越强，但并不是流动比率越高越好。根据经验，流动比率在 2∶1 左右较为适宜。

②速动比率。速动比率是指企业的速动资产与流动负债的比率。其计算公式为：

$$速动比率 = \frac{速动资产}{流动负债} = \frac{流动资产 - 存货}{流动负债}$$

其中，速动资产=货币资金+交易性金融资产+应收账款+应收票据，即从流动资产中剔除了变现能力较差的资产，如存货等。

一般而言，速动比率越高，企业偿债能力越强。但速动比率并不是越高越好。根据经验，速动比率为 1∶1 较为安全。

③现金流量比率。现金流量比率是指企业一定时期的经营性现金净流量与流动负债的比率。其计算公式为：

$$现金流动负债比率 = \frac{经营现金净流量}{流动负债}$$

该指标是通过经营性现金流的流入与流出从动态的角度反映企业的偿债能力。企业经营产生的利润并不一定有足够的现金来偿还其到期债务。但现金流是在收付实现制的基础上计算而来的，因此现金流动负债比率更能反映企业实际的偿债能力。

④到期债务本息偿付比率。到期债务本息偿付比率是经营现金净流量与本期到期债务本息的比值。其计算公式为：

$$到期债务本息偿付比率 = \frac{经营现金净流量}{本期到期债务本金 + 现金利息支出}$$

到期债务本息偿付比率主要是用来衡量本年度内到期的债务本金及相关的利息支出可由经营活动所产生的现金来偿付的程度。该比率越高，说明企业偿债能力越强。若该指标小于 1，表明企业不足以偿付本期到期债务本息。

（2）长期偿债能力分析

长期偿债能力是指企业偿还长期负债的能力。对长期偿债能力的分析有助于债权人和投资者全面了解企业偿债能力及财务风险。该指标主要用来反映企业长期偿债能力的

指标，如资产负债率、股东权益比率和利息保障倍数等。

①资产负债率。资产负债率是指企业负债总额与资产总额的比率。其计算公式为：

$$资产负债率 = \frac{负债总额}{资产总额} \times 100\%$$

该指标反映了企业每 1 元的资产中有多少钱是借来的。一般情况下，资产负债率越小，表明企业长期偿债能力越强，财务风险越小。但从企业所有者来说，该指标过小表明对财务杠杆利用不够。企业的经营决策者应当将偿债能力指标与获利能力指标结合起来分析。

②股东权益比率。股东权益比率是指股东权益总额与资产总额的比率，反映了资产总额中所有者投入的比例。其计算公式为：

$$股东权益比率 = \frac{股东权益总额}{资产总额}$$

一般情况下，产权比率越低，企业的长期偿债能力越强，但也表明企业不能充分地发挥负债的财务杠杆效应。从企业长期偿债能力而言，该比率应该小于 1。

股东权益比率的倒数是权益乘数，是指资产总额相当于股东权益的倍数。权益乘数反映了企业财务杠杆的大小。权益乘数越大，说明财务杠杆越大。其计算公式为：

$$权益乘数 = \frac{总资产}{所有者权益总额} = \frac{1}{1 - 资产负债率}$$

③利息保障倍数。利息保障倍数也称已获利息倍数，是指企业息税前利润与利息支出的比值。它是衡量企业支付负债利息能力的指标。其计算公式为：

$$已获利息倍数 = \frac{息税前利润}{利息费用}$$

式中：息税前利润（EBIT）= 税前利润（总利润）+利息费用。

企业生产经营所获得的息税前利润与利息费用相比，倍数越大，说明企业支付利息费用的能力越强。因此，债权人要分析利息保障倍数指标，以此来衡量债权的安全程度。

上述财务比率是分析企业偿债能力的主要指标，但在分析企业偿债能力时，还应考虑到以下因素对企业的偿债能力，包括或有负债、担保责任、租赁活动以及可用的银行授信额度。这些因素既能够影响企业的长期偿债能力，又能够影响其短期偿债能力。

8.4.1.2 营运能力分析

营运能力是指企业对资产的利用和管理能力。企业对资产进行利用以取得收益，通过对企业资产保值增值情况进行了解，可以分析企业的资产利用效率、管理水平及资金周转状况以及经营者的管理水平。

营运能力主要用资产的周转速度来衡量。一般而言，周转速度越快，资产的使用效

率越高，则运营能力越强。资产周转速度通常用周转率和周转期（周转天数）来表示。营运能力分析主要包括流动资产周转情况分析、固定资产周转情况分析和总资产周转情况分析。

（1）流动资产周转情况分析

反映流动资产周转情况的指标主要包括流动资产周转率、存货周转率和应收账款周转率。

①流动资产周转率是指一定时期流动资产平均占用额和流动资产周转额的比率。它既是反映流动资产周转速度的指标，也是综合反映流动资产利用效果的基本指标。其计算公式为：

$$流动资产周转率=\frac{销售收入}{流动资产平均余额}$$

$$流动资产周转率=\frac{期初流动资产余额+期末流动资产余额}{2}$$

流动资产在一定时期的周转次数越多，亦即每周转一次所需要的天数越少，周转速度就越快，流动资产的营运能力就越好；反之，周转速度越慢，流动资产的营运能力就越差。

②存货周转率是指企业在一定时期内存货占用资金可周转的次数，或存货每周转一次所需要的天数。因此，存货周转率指标有存货周转次数和存货周转天数两种形式。其计算公式为：

$$存货周转率=\frac{销售成本}{(期初存货余额+期末存货余额)/2}$$

$$存货周转天数=\frac{360}{存货周转率}=\frac{平均存货余额\times 360}{销售成本}$$

应当注意，存货周转次数和周转天数的实质是相同的。但是其评价标准不同。存货周转次数是个正指标，因此，周转次数越多、存货周转率越高。影响存货周转率的因素很多，但它主要还是受材料周转率、在产品周转率和产成品周转率的影响。这三个周转率的评价标准与存货评价标准相同，都是周转次数越多越好，周转天数越少越好。通过不同时期存货周转率的比较，可以评价存货管理水平，查找出影响存货利用效果变动的原因，不断提高存货管理水平。

③应收账款周转率。应收账款周转率的表现形式有应收账款周转次数、应收账款周转天数。其计算公式为：

$$应收账款周转率=\frac{赊销收入净额}{(期初应收账款+期末应收账款)/2}$$

$$应收账款周转天数=\frac{360}{应收账款周转率}=\frac{应收账款平均余额\times 360}{赊销收入净额}$$

其中，应收账款余额为未扣除坏账准备的应收账款余额。

应收账款周转率可以用来估计应收账款变现的速度和管理的效率。回收迅速既可以节约资金也说明企业信用状况好，不易发生坏账损失；一般认为周转次数愈多愈好；按应收账款周转天数进行分析，则周转天数愈短愈好。

④营业周期。营业周期是指从取得存货开始到销售存货并收回现金为止的这段时间。营业周期的长短取决于存货周转天数和应收账款周转天数。营业周期的计算公式为：

营业周期=存货周转天数+应收账款周转天数

营业周期反映了将期末存货全部变为现金所需的时间。一般情况下，营业周期短，说明资金周转速度快，管理效率高，资产的流动性强，资产的风险降低；营业周期长，说明资金周转速度慢，管理效率低，风险上升。因此，分析研究企业的营业周期，并想方设法缩短营业周期，对于增强企业资产的管理效果具有重要意义。

（2）固定资产周转情况分析

固定资产周转情况主要用固定资产周转率进行分析。

固定资产周转率是指销售收入与固定资产平均占用额的比率，是用来衡量企业固定资产利用效率的指标。其计算公式为：

$$固定资产周转率 = \frac{销售收入}{(期初固定资产净值 + 期末固定资产净值)/2}$$

一般而言，固定资产周转次数越高，表明固定资产的利用效率越高，固定资产的配置结构越合理；反之亦然。而固定资产周转天数则是越短越好；反之亦然。

在分析固定资产周转率时，应当注意固定资产净值因固定资产折旧而减少或因固定资产更新而增加的因素。同时，在对不同企业固定资产周转率进行比较分析时，应当统一口径，如使用相同的折旧方法计算出来的固定资产净值。

（3）总资产周转情况分析

总资产周转情况主要使用总资产周转率指标进行分析。

总资产周转率是指销售收入与总资产的比率，是用来分析全部资产使用效率的指标。其计算公式为：

$$总资产周转率 = \frac{销售收入}{平均资产总额}$$

总资产周转次数越多或总资产周转天数越少，说明企业对资产的使用效率越高；反之，则说明资产使用的效率低下。

8.4.1.3 盈利能力分析

盈利能力是指企业获取利润的能力，获利是企业的主要经营目标之一，同时也反映了企业的综合素质。无论是投资者还是债权人都十分关心企业的盈利能力，而通过对企业获取利润的绝对数及相对指标进行分析，可以为其提供决策的依据。

一般而言，企业的获利能力是指正常的营业状况下赚取的利润，不包括非正常的营业状况的收益或损失。反映公司盈利能力的指标主要有营业利润率、成本费用净利率、总资产报酬率、净资产收益率、股利支付率和市盈率等。

（1）营业利润率又称销售净利率，它可以评价企业通过销售赚取利润的能力。该指标越高，表明企业市场竞争力越强，发展潜力越大，盈利能力越强。其计算公式为：

$$营业利润率 = \frac{净利润}{营业收入} \times 100\%$$

（2）成本费用净利率反映了企业生产经营过程中发生的耗费与获得的收益之间的关系。该指标越高，表明企业为取得利润而付出的代价越小，成本费用控制得越好，盈利能力越强。其计算公式为：

$$成本费用净利率 = \frac{净利润}{成本费用总额} \times 100\%$$

成本费用总额=营业成本+营业税金及附加+销售费用+管理费用+财务费用

（3）总资产报酬率又称资产净利率。一般情况下，该指标越高，表明企业的资产利用效益越好，整个企业盈利能力越强。其计算公式为：

$$总资产报酬率 = \frac{净利润}{平均总资产} = \frac{净利润}{营业收入} \times \frac{营业收入}{平均资产总额}$$

（4）净资产收益率又称股东权益报酬率。一般认为，净资产收益率越高，企业自有资本获取收益的能力越强，运营效益越好，对企业投资人、债权人的保证程度越高。其计算公式为：

$$净资产收益率 = \frac{净利润}{平均净资产} \times 100\%$$

（5）股利支付率又称股利发放率，表明股份公司的净收益中有多少用于现金股利的分派。其计算公式为：

$$每股股利 = \frac{现金股利总额 - 优先股股利}{发行在外的普通股股数}$$

$$股利支付率 = \frac{每股股利}{每股利润} \times 100\%$$

与股利支付率相关的反映利润留存比例的指标是收益留存率，也叫留存比率。其计算公式为：

$$收益留存率 = \frac{每股利润 - 每股股利}{每股利润} \times 100\%$$

$$= \frac{净利润 - 现金股利额}{净利润} \times 100\%$$

股利支付率+收益留存率=1

（6）市盈率又称价格盈余比率或价格与收益比率，反映了公司市场价值与盈利能力之间的关系。市盈率高，说明投资者对该公司的发展前景看好，因此成长性好的公司股票市盈率通常略高。但若市盈率过高，也预示着该股票具有较高的投资风险。其计算公式为：

$$市盈率=\frac{每股市价}{每股利润}$$

另外，市净率也可以反映公司股东权益的市场价值与账面价值之间的关系。市净率越高，说明股票的市场价值越高，公司资产质量越好、盈利能力越强。若市净率低于1，则说明投资者对公司未来发展前景持悲观看法。其计算公式为：

$$市净率=\frac{每股市价}{每股净资产}$$

8.4.1.4　发展能力分析

发展能力是指企业进一步发展壮大的空间和潜力。从企业的管理者到外部会计信息使用者都对企业发展能力非常关心。通过对企业的发展能力进行分析，可以判断企业发展潜力和经营前景，避免因决策失误带来的重大损失。

企业能否健康发展取决于多种因素，包括外部经营环境、企业内在素质及资源条件等。通常用来衡量企业发展能力的指标主要包括：营业收入增长率、资本保值增长率、总资产增长率、营业利润增长率。

（1）营业收入增长率。营业收入增长率大于零，表示企业本年营业收入有所增长。该指标值越高表明增长速度越快，企业市场前景越好。其计算公式为：

$$营业收入增长率=\frac{本年营业收入增长额}{上年营业收入}\times 100\%$$

（2）营业利润增长率。营业利润增长率是企业本年营业利润增长额与上年营业利润总额的比率，反映企业营业利润的增减变动情况。其计算公式为：

$$营业利润增长率=\frac{本年营业利润增长额}{上年营业利润总额}\times 100\%$$

本年营业利润增长额=本年营业利润总额-上年营业利润总额

（3）股权资本增长率率。一般认为，股权资本增长率越高，表明企业的资本积累状况越好，所有者权益增长越快，债权人的债务越有保障。该指标通常应大于100%。其计算公式如下：

$$股权资本增长率=\frac{本年股东权益增长额}{年初所有者权益总额}\times 100\%$$

（4）总资产增长率。该指标越高，表明企业一定时期内资产经营规模扩张的速度越快。其计算公式为：

$$总资产增长率=\frac{本年总资产增长率}{年初资产总额}\times 100\%$$

分析时，需要同时关注资产规模扩张的质和量的关系，以及企业的后续发展能力，避免盲目扩张。

8.4.2 财务趋势分析

财务趋势分析主要包括比较财务报表、比较百分比财务报表、比较财务比率和图解法四种方法。

8.4.2.1 比较财务报表

比较财务报表是指对企业连续几期财务报表的数据进行比较，分析其中各项目的变化幅度和变化原因，据此来判断企业财务状况的发展趋势。

在采用比较财务报表法进行分析时，选择的财务报表期数越多，分析结果的可靠性越强。同时，分析时也应该考虑会计政策等因素的变化，以保证各期数据的可比性。

8.4.2.2 比较百分比财务报表

比较百分比财务报表是指将财务报表中的各项数据用百分比表示，并对各项目百分比的变化进行比较，以判断企业财务状况的变化趋势。该方法更为直观地反映了企业的发展趋势。

比较百分比财务报表既可以用于同一企业不同时期财务状况的纵向比较，也可以用于不同企业之间或与同行业平均数之间的横向比较。

8.4.2.3 比较财务比率

比较财务比率就是将企业连续几期的财务比率进行对比，以分析企业财务状况的发展趋势。该方法是比率分析法与比较分析法的结合，更加直观地反映了企业财务状况各方面的变动趋势。

8.4.2.4 图解法

图解法是指将企业连续几期的财务数据或财务比率绘制成图，并根据图形走势来判断企业财务状况的变动趋势。这种方法更为简单、直观，往往能够发现以下通过比较法所不易发现的问题。

8.4.3 财务综合分析

为了对企业的财务状况和经营成果进行全面、合理的评价，我们需要对各类财务指标进行系统的、综合的分析。下面介绍两种常用的综合分析法：财务比率综合评分法和杜邦分析法。

8.4.3.1 财务比率综合评分法

财务比率综合评分法也称沃尔评分法，是指通过选定的几项财务比率进行评分，然后计算出综合得分，并据此评价企业财务状况。采用财务比率综合评分法一般要遵循如下程序：

（1）选定财务比率。选择的财务比率应具有全面性、代表性及变化方向的一致性。

反映企业偿债能力、营运能力和盈利能力的三类财务比率都应当包括在内，同时应选用较为重要的财务比率。另外，当财务比率增大时，说明财务状况的改善；反之，则表明财务状况的恶化。

（2）确定标准评分值。根据各项财务比率的重要程度，确定其标准评分值，即重要性系数，并使各项财务比率的标准评分值之和等于 100 分。

（3）确定上下限。为了规避个别异常财务比率给总分带来的影响，应对财务比率评分值的上下限予以规定。

（4）确定标准值。财务比率的标准值又称最优值，是指各项财务比率在本企业现时条件下最理想的数值，一般可参照行业水平确定。

（5）计算关系比率。计算企业在一定时期各项财务比率的实际值，并将各项实际值与标准值进行比较，得出关系比率。关系比率反映了实际值偏离标准值的程度。

（6）计算实际得分。各项财务比率的实际得分是关系比率和标准评分值的成绩，单项得分不得超过上下限，所有实际得分之和即为企业财务状况的综合得分。若企业综合得分超过 100 分，则说明其财务状况较理想；反之，则说明其财务状况较差。

8.4.3.2 杜邦分析法

杜邦分析法是指由美国杜邦公司首先创造的，利用几种主要的财务比率之间的关系来综合分析企业财务状况的一种方法。它能够全面地反映企业各方面财务状况之间的关系，揭示了每一个因素变动对财务状况系统所带来的影响。杜邦系统主要反映了以下几种主要的财务比率关系：

（1）股东权益报酬率=资产净利率×权益乘数

（2）资产净利率=销售净利率×总资产周转率

（3）销售净利率=净利润÷销售收入

（4）总资产周转率=销售收入÷资产平均总额

杜邦系统在揭示以上几种关系之后，再将净利润、总资产进行层层分解，以全面地揭示企业的财务状况以及系统内部各因素之间的关系。

8.5 财务分析的局限

财务分析尽管意义重大，但它也并非万能的，有一定的局限性。具体而言，财务报表主要有以下两个方面的局限性：财务报表数据自身的局限性以及不同报表核算基础与时间的差异。

8.5.1 财务报表数据自身的局限性

8.5.1.1 财务数据具有“货币计量”假设

财务报表只能反映以货币衡量的经济资源，许多不能用货币表示但对企业未来盈利

有影响的因素，财务报表无法反映，如企业的重大科技突破、人力资源情况以及社会经济环境的变化。事实上，这些内容对决策者有相当重大的参考价值。

8.5.1.2 财务数据具有“币值稳定”假设

财务报表并没有考虑通货膨胀因素和物价变动，其数据隐含着资产超值或贬值的风险。在进行财务分析时，应考虑该假设对企业经济资源价值的影响。

8.5.1.3 财务数据具有“历史成本”计量属性

财务报表根据历史情况进行记录、提供信息，并未考虑到现行市价、重置成本等因素，其数据缺乏时效性。因此，其资产价值无法完全反映企业资产的现时价值。

8.5.1.4 财务数据产生的价值确认具有选择性

财务数据是依照会计准则、财务制度的要求按核算程序加工产生的。统一会计对象，在进行价值确认时选择的方法不同，其加工所得的财务数据也会不同，如存货发出价值有先进先出法、全月一次加权平均法等。因此，进行财务分析时应该明确财务数据产生时选用的确认价值方法，并结合纵向与横向两种比较方式对财务数据进行正确客观的使用。

8.5.2 不同报表核算基础与时间的差异

在财务报表中，资产负债表与利润表采用以“权责发生制”为核算基础，而现金流量表采用以“收付实现制”为基础，三者突出的财务信息重点不同。

另外，财务报表中资产负债表与利润表反映的时间也不同。资产负债表只反映企业某一时点的财务状况，属于时点报告；而利润表反映的是整个会计年度的数据信息，属于时期报告。在对两者数据以比率形式进行比较时，其可比性程度不一致。

公式解释

财务分析的相关公式已经在简述概念时做过简单列示，下面我们通过对莱美药业2009—2013年财务报表的分析来解释各类财务比率及财务分析方法的具体运用。

（一）运营能力分析

1. 运用短期资产的能力

（1）应收账款周转次数。应收账款周转次数反映的是应收账款周转速度，可以用来分析应收账款的变现速度和管理效率。（假设所有营业收入均为赊销收入净额）

其计算公式为：

应收账款周转次数=赊销收入净额/应收账款平均余额

应收账款平均余额=（期初应收账款+期末应收账款）/2

表 8-1　　莱美药业 2009—2013 年的应收账款情况表　　单位：万元

年份	营业收入	年末应收账款	年初应收账款	应收账款平均余额	应收账款周转次数
2009	33 354.40	7196.64	5977.22	6586.93	5.06
2010	37 764.80	9403.18	7196.64	8299.91	4.55
2011	53 409.40	11 832.30	9403.18	10 617.74	5.03
2012	63 146.10	13 944.40	11 832.30	12 888.35	4.90
2013	75 911.80	16 900.50	13 944.40	15 422.45	4.92

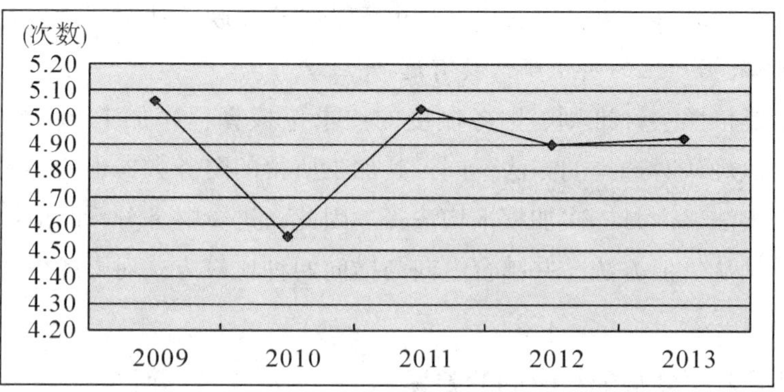

图 8-1　应收账款周转次数

通过以上指标计算可以看出，该公司营业收入从 2009 年的 33 354 万元增长到 2013 年的 75 911.8 万元，可应收账款周转次数从 2009 年的 5.06 次下降到 2013 年的 4.92 次，说明该公司销售收入增长却回款减缓。

（2）存货周转次数。存货周转率是企业一定时期的销售成本与存货平均余额的比率，可以反映企业存货的变现速度，衡量企业的销售能力及存货是否过量。（假设全部营业成本均为销售成本）

其计算公式为：

存货周转率 = 销售成本 / 存货平均余额

存货平均余额 =（期初存货余额 + 期末存货余额）/2

表 8-2　　莱美药业 2009—2013 年存货周转情况表　　单位：万元

年份	营业成本	年末存货余额	年初存货余额	存货平均余额	存货周转次数
2009	21 250.80	6634.16	6468.41	6551.285	3.24
2010	23 962.20	11 679.50	6634.16	9156.83	2.62
2011	33 422.00	13 647.30	11 679.50	12 663.4	2.64
2012	37 920.60	14 897.50	13 647.30	14 272.4	2.66
2013	47 068.40	16 961.30	14 897.50	15 929.4	2.95

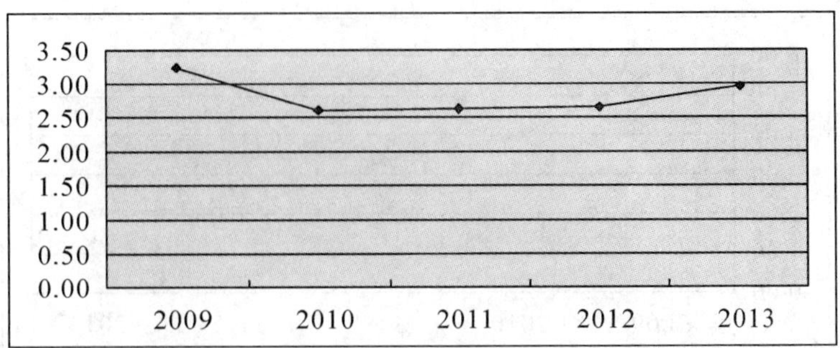

图 8-2 2009—2013 年存货周转率趋势图

以上应收账款周转次数、存货周转次数两个指标反映了企业短期资金周转的能力，也就是反映了企业运用短期资产的能力。

一般而言，应收账款周转次数越多，说明应收账款的周转速度越快，流动性越强。莱美药业应收账款的周转率不是太高，并且 2012 年、2013 年应收账款的周转次数有小幅度的下降。这是由于这两年的应收账款余额增加造成的。我们认为，莱美药业的应收账款次数降低，可能是由于企业奉行了比较宽松的信用政策，由此可能导致营业收入增长、应收账款次数减缓的结果。

与此同时，我们看到莱美药业最近五年的存货周转率尽管保持稳定但总体趋势有所上扬，一直呈上升趋势。虽然莱美药业产品的特殊性决定了它投入在存货上的营运资金必然更多，但这样的存货周转率与同行业的其他企业相比来说依旧是过低的。存货周转率过低，说明企业在产品销售方面存在一定的问题，应该采取积极的销售策略，提高存货的周转速度。

2. 运用长期资产的能力

固定资产周转率是指企业销售收入与固定资产平均净值的比率。该指标主要用于分析企业对厂房、设备等固定资产的利用效率。该比率越高，说明固定资产的利用率越高，管理水平越好。

其计算公式为：

固定资产周转率 = 销售收入 / 固定资产平均净值

固定资产平均净值 =（期初固定资产净值 + 期末固定资产净值）/2

表 8-3　莱美药业 2009—2013 年固定资产情况表　单位：万元

年份	销售收入	年末固定资产净值	年初固定资产净值	固定资产平均净值	固定资产周转次数
2009	33 354. 40	5756. 68	5927. 78	5842. 23	5. 71
2010	37 764. 80	13 194. 20	5756. 68	9475. 44	3. 99
2011	53 409. 40	18 879. 50	13 194. 20	16 036. 85	3. 33
2012	63 146. 10	38 752. 20	18 879. 50	28 815. 85	2. 19
2013	75 911. 80	36 269. 50	38 752. 20	37 510. 85	2. 02

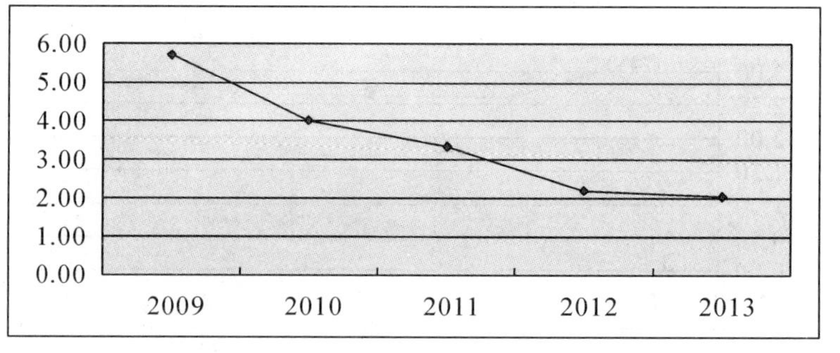

图 8-3　2009—2013 年固定资产周转率趋势图

固定资产周转率反映了企业固定资产周转的能力，也就是反映了企业运用长期资产的能力。一般来说，固定资产周转率越高，企业对于设备、厂房等利用效率越高，管理水平越高。药品生产企业在扩大生产规模过程中经常需要添加一些大型设备，因而固定资产净额的值较大。而莱美药业在 2009—2013 年固定资产周转率有所下滑，是增加投资的结果，一旦新产品投入生产将会提高固定资产利用率。

3. 运用总资产的能力

总资产周转率是指企业销售收入与资产平均总额的比率。

其计算公式为：

总资产周转率 = 销售收入 / 资产平均总额

资产平均余额 = (期初资产总额 + 期末资产总额)/2

表 8-4　　莱美药业 2009—2013 年总资产情况表　　单位：万元

年份	营业收入	期末资产总额	期初资产总额	资产平均总额	总资产周转率
2009	33 354. 40	65 362. 60	26 855. 70	46 109. 15	0. 72
2010	37 764. 80	88 401. 00	65 362. 60	76 881. 8	0. 49
2011	53 409. 40	108 099. 00	88 401. 00	98 250	0. 54
2012	63 146. 10	142 372. 00	108 099. 00	125 235. 5	0. 50
2013	75 911. 80	218 214. 00	142 372. 00	180 293	0. 42

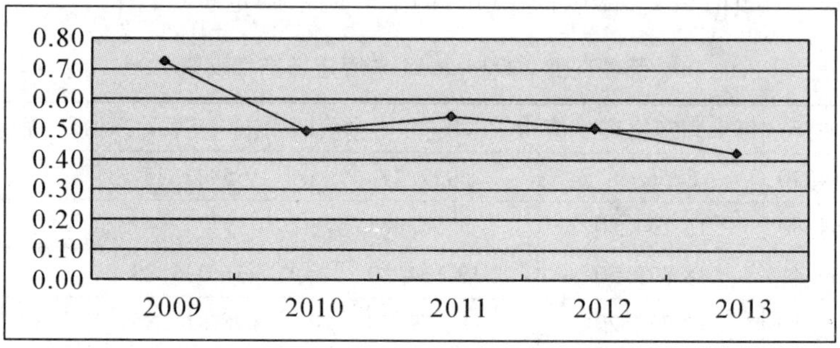

图 8-4　2009—2013 年总资产周转率趋势图

总资产周转率反映了企业总资产周转的能力，即企业运用资产的综合能力。总体来看，莱美药业对于总资产的运用不太理想，其总资产周转率尽管有所波动，但始终大于0.4。尤其是2010年，由于受到金融危机的影响，企业的销售能力受到影响，总资产周转率低至0.49，低于同行业的鲁抗医药和白云山。但2010年以后，随着销售收入的增加，该比率又有所回升。

4. 总结

表8-5　　2009—2013年莱美药业运营能力指标　　单位：次

年份	应收账款周转次数	存货周转次数	固定资产周转次数	总资产周转次数
2009	5.06	3.24	5.71	0.72
2010	4.55	2.62	3.99	0.49
2011	5.03	2.64	3.33	0.54
2012	4.90	2.66	2.19	0.50
2013	4.92	2.95	2.02	0.42

综上所述，莱美药业在2009—2013年期间的营运能力比较好，应收账款周转率和存货周转率都比较稳定，但是周转率都不高。与之相较而言，企业对于固定资产的利用能力较强，但有下降的趋势，且总体趋势是下降的，因此企业应该重视对于长期资产的利用。

总而言之，莱美药业应充分利用其现有资产，在营运能力方面需要进一步提高。

（二）偿债能力分析

1. 短期偿债能力分析

短期偿债能力是指企业在一定的时期（一年或一个营业周期）内以流动资产偿还流动负债的能力。短期偿债能力的大小，主要取决于营运资金的大小及资产变现速度的快慢。反映短期偿债能力的指标主要有流动比率、速动比率、现金比率。其计算公式分别为：

流动比率 = 流动资产 / 流动负债

速动比率 = 速动资产 / 流动负债 × 100%

现金比率 =（速动资产 − 应收账款）/ 流动负债 × 100%

（1）流动比率

该指标反映企业运用流动资产变现偿还流动负债的能力，同时也能反映企业承受流动资产贬值能力的强弱。通过计算发现，近五年莱美药业的流动比率都在2以下（见表8-6），所以该企业的短期偿债能力比较弱，面临较大的财务风险。同时，该企业流动比率呈现下降趋势，说明该企业短期偿债能力有所下降。从资产负债简表来看，莱美药业的流动负债与非流动负债相比较大，因此该企业倾向于低成本的流动负债筹资政策，

该政策在给企业带来经济上利益的同时也带来了债务的偿还压力，企业的短期偿债能力下降导致财务风险上升。为此，企业应注意对流动负债进行有效监控，确保能够及时清偿到期债务。

表 8-6　　流动比率分析表

指标＼年份	2009	2010	2011	2012	2013
流动比率	4. 4172	1. 6022	1. 1724	0. 9137	0. 9643
速动比率	3. 9011	1. 2174	0. 8338	0. 6973	0. 7855
现金比率	308. 7199	61. 8545	30. 7374	20. 3504	45. 8029

（2）速动比率

该指标剔除了存货等变现能力较弱的流动资产，用于衡量企业用货币和信用资产来偿还债务的能力。由于存货相对流动资产和应收账款来说数额较小，所以该指标计算结果与流动比率相差不大，而且保持同比例变动。从表 8-6 可以看出，莱美药业的速动比率呈先下降后上升的趋势，特别是 2011 年以后始终低于 1，说明该企业短期偿债能力偏低且不稳定。

（3）现金比率

该指标反映企业用现金及现金等价物偿还债务的能力。由于应收账款相对流动资产来说数额较大，所以该指标计算结果与流动比率相差较大，而且比率比较低。这五年的数据不稳定，呈先下降后上升的趋势，说明企业的短期偿债能力存在一些问题。但近几年企业现金比率均在 20%以上，说明企业用现金及现金等价物偿还债务的能力较强。

从对以上三个指标的分析可以看出，莱美药业的短期偿债能力比较弱，存在较大问题。为此，公司应加强对短期债务的监控力度和现金的调度能力，否则可能会引起一定的财务危机，进而引起信任危机。

2. 长期偿债能力分析

长期偿债能力是指企业按期支付利息和到期偿还本金的能力。在企业正常生产经营的情况下，企业不能依靠变卖资产从而偿还长期债务，而需要将长期借款投入到回报率较高的项目中得到利润来偿还到期债务。长期偿债能力主要从保持合理的负债权益结构角度出发，来分析企业偿付长期负债到期本息的能力。长期偿债能力指标主要包括资产负债率、产权比率、利息保障倍数。其计算公式分别为：

资产负债率 = 负债总额 / 资产总额 × 100%

产权比率 = 负债总额 / 股东权益总额

利息保障倍数 =（税前利润 + 利息费用）/ 利息费用

（1）资产负债率

该指标揭示了所有者对债权人债权的保障程度，是反映企业长期偿债能力的重要指

标。一般认为，资产负债率为50%时比较合理。由表8-7知，莱美药业这几年该指标由低到高，慢慢地接近比较合理的资产负债率。

表8-7　　产权比率分析表

指标＼年份	2009	2010	2011	2012	2013
资产负债率（%）	19.67	36.47	38.93	50.10	48.41
产权比率（%）	24.48	54.06	62.12	98.16	85.50
利息保障倍数（%）	1042.24	17 545.33	785.32	356.39	341.58

（2）产权比率

该指标反映债权人与股东提供的资本的相对比例，能够反映企业的资本结构是否合理、稳定，同时也表明债权人投入资本受到股东权益的保障程度。一般来说，这一比率越低，表明企业长期偿债能力越强，债权人权益保障程度越高，承担的风险越小。莱美药业的产权比率近五年一直在上升，快接近于1，表明采取的是高风险、高报酬的财务结构，企业的长期偿债能力不高。

（3）利息保障倍数

利息保障倍数又称已获利息倍数。它是衡量企业支付负债利息能力的指标（用以衡量偿付借款利息的能力）。企业生产经营所获得的息税前利润与利息费用相比，倍数越大，说明企业支付利息费用的能力越强。一般认为，当已获利息倍数在3或4以上时，企业的付息能力就有保证。莱美药业近五年利息保障倍数都较高，其中2009年和2010年、2011年分别达到了10.42、175.45、7.85，2012年和2013年利息保障倍数虽然有所下降，但仍然高于3，表明该企业付息能力较强。

从对以上三个指标的分析可以看出，企业的负债权益结构不是很合理，企业所获得的利润较高，按期支付利息的能力很强，但流动负债所占比例较高，企业财务风险较大。

3. 总结

总的来说，莱美药业的偿债能力良好，正常经营状况下能够及时支付利息及偿还贷款。但该企业在长期偿债能力上存在一定问题，企业应注重资产结构的调整，确保能够及时偿还本息，从而保证自己的信誉。

（三）盈利能力分析

1. 生产经营盈利能力

销售毛利率= 销售毛利率 / 销售净收入 × 100%

= (销售收入 - 销售成本)/(销售收入 - 销售折让 - 销售退回) × 100%

销售净利率 = 净利润 / 净销售收入 × 100%

以上两个指标可以评价企业通过销售赚取利润的能力。该指标越高，企业通过扩大销售获取收益的能力越强。从表 8-8、图 8-5 可以看出，莱美药业销售毛利率在 2009—2013 年比较平稳，整体呈稳步上升的趋势，但销售净利率在 2012—2013 年有所下降；同时从利润简表可以看出，莱美药业营业利润从 2009 年的 4506.79 万元逐年上升至 2012 年的 5345.92 万元，这说明莱美药业在不断扩大经营规模，增加生产和销售，实现销售利润的增长。

表 8-8　　销售利润率表　　单位：%

年份	2009	2010	2011	2012	2013
销售毛利率	36.29	36.55	37.42	39.95	38.00
销售净利率	12.13	11.60	13.98	8.73	8.32

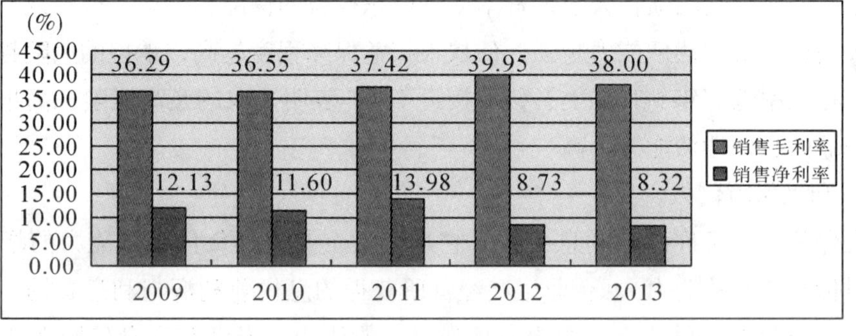

图 8-5

但是莱美药业与白云山、鲁抗医药的近几年的销售净利率相比有很大优势，白云山 2012 年、2013 年的销售净利率分别为 4.96%、5.72%，鲁抗医药 2012 年、2013 年的销售净利率分别为 1.9%、-5.6%，相比之下莱美药业的销售净利率最低也达到了 8%，在以后的发展中应多重视增加销售净利润。

2. 资产盈利能力

总资产利润率 = 息税前利润 / 资产平均总额 × 100%

= (利润总额 + 利息支出总额)/(期初资产总额 /2 + 期末资产总额 /2) × 100%

资产报酬率 = 净利润 / 平均资产总额 × 100%

成本费用利润率 = 产品销售利润 / 产品销售成本 × 100%

表 8-9 单位:%

项目＼年份	2009	2010	2011	2012	2013
总资产利润率	6. 1913	4. 9574	6. 9056	3. 8723	2. 8941
资产报酬率	9. 9571	10. 5431	16. 2128	12. 74	10. 2217
成本费用利润率	16. 8079	15. 3508	18. 6777	11. 0069	10. 6234

总资产利润率是指企业一定时期内获得的报酬总额与资产平均总额的比率。它表示企业包括净资产和负债在内的全部资产的总体获利能力，用以评价企业运用全部资产获利的能力，是评价企业资产运营效益的重要指标。莱美药业的资产规模变化见图 8-6。

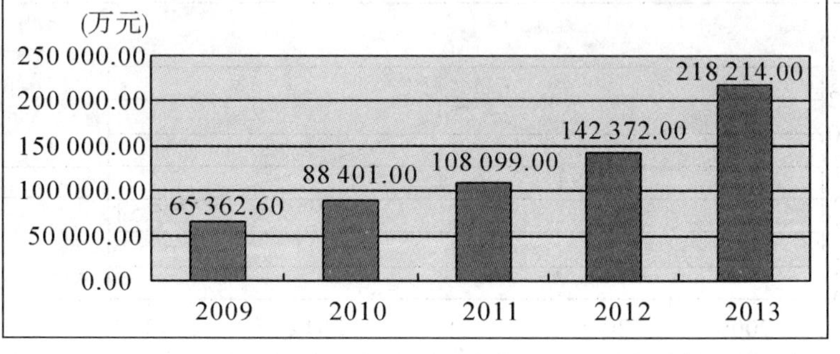

图 8-6 莱美药业 2009—2013 年总资产变动情况

资产规模在不断扩大，而资产报酬率有所下降，这说明莱美药业在五年间企业经营生产规模不断扩大，而且资产收益率保持较好。

从图 8-7 可以看出，2009—2013 年莱美药业资产报酬率整体呈先上升后下降的趋势，但总体保持在 10%以上，这说明企业对资产的利用效率比较高。

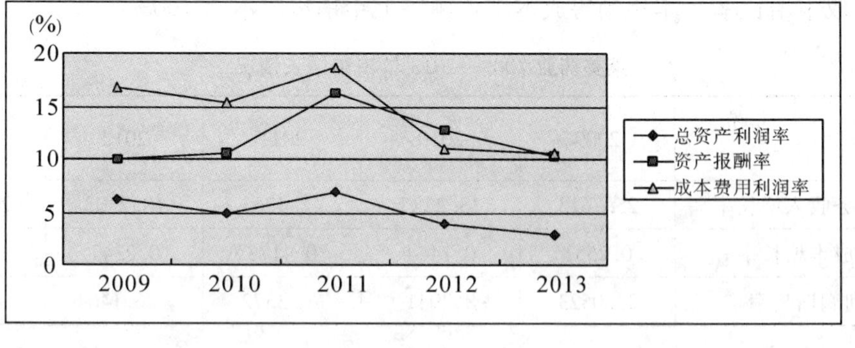

图 8-7

成本费用利润率五年来先上升后下降，但在 2012 年相较前三年有大幅度下跌，引起这一情况的原因主要表现在 2011 年的费用大幅度增长的结果，达到了 47. 8%。而销

售收入增长率只有19%，跟不上成本费用的增长，这说明企业在扩大经营规模过程中还应注意费用的控制。见图8-7。

3. 资本盈利能力

净资产收益率 = 净利润 / 平均股东权益 × 100%

从表8-10可以看出，莱美药业净资产收益率逐步增长，2011年之后大幅度下降。这表明莱美药业收益水平相对较高。

表8-10　　莱美药业2009—2013年净资产收益率　　单位:%

年份	2009	2010	2011	2012	2013
净资产收益率	7. 71	7. 84	11. 71	8. 14	5. 54

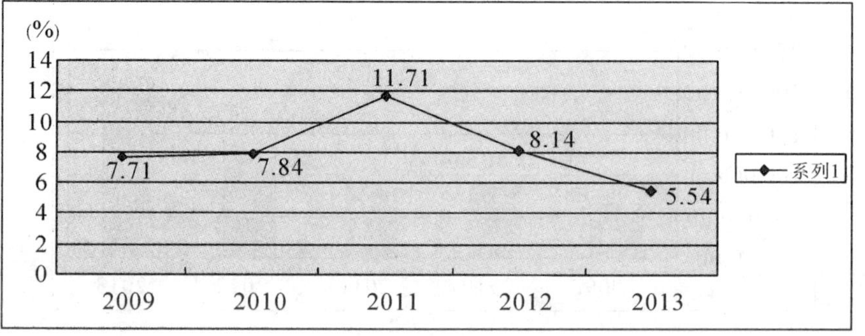

图8-8　莱美药业2009—2013年净资产收益率变化趋势

（四）发展能力分析

1. 销售增长指标

销售增长率= 本年销售增长额 / 上年销售收入总额 × 100%

= (本年销售收入总额 - 上年销售总额)/ 上年销售收入总额 × 100%

销售成本增长率 = 本年销售成本增长额 / 上年销售成本 × 100%

表8-11　　莱美药业2009—2013年销售增长情况　　单位:%

项目＼年份	2009	2010	2011	2012	2013
主营业务收入增长率	25. 7613	13. 2227	41. 4265	18. 2303	20. 2161
销售成本增长率	0. 2551	0. 1444	0. 4178	0. 2347	0. 2275
净利润增长率	23. 0523	8. 2941	70. 3372	-26. 1464	14. 5499

以2009年为基准年份，莱美药业的销售收入增长率、销售成本增长率均为正值，这说明企业的生产销售规模在不断扩大。从图8-9可以看出，逐年的增长比率不稳定，呈波浪形状，销售成本的增长率远低于销售收入的增长率，企业的成本控制比较好。莱

美药业的利润增长率变动幅度比较大，特别是2012年净利润的增长率小于0。从利润表可以看出，2012年的营业外收入急剧减少，说明公司营业外收入对净利润的影响比较大。

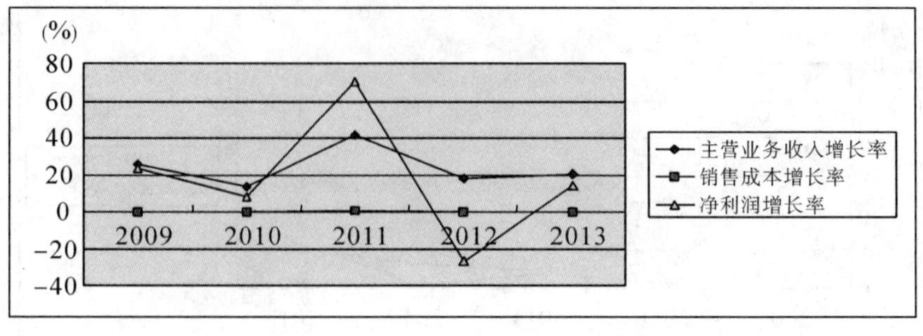

图 8-9 莱美药业 2009—2013 年销售增长情况

2. 资产及资本增长指标

总资产增长率 = 本年总资产增长额 / 年初资产总额 × 100%

资本积累率 = 本年所有者权益增加额 / 年初所有者权益总额 × 100%

$$五年利润平均增长率 = \left(\sqrt[5]{\frac{年末利润总额}{五年前末利润总额}} - 1\right) \times 100\%$$

表 8-12　　莱美药业 2009—2013 年资产增长情况　　单位:%

项目＼年份	2009	2010	2011	2012	2013
资本积累率	281. 0756	6. 9537	17. 5537	7. 6247	58. 4372
总资产增长率	143. 3841	35. 2472	22. 282	31. 7058	53. 2699

五年利润平均增长率=7. 13。

表 8-13　　莱美药业 2009—2013 年五年资产增长率　　单位:%

五年总资产平均增长率	57. 1778
五年平均资本积累率	74. 3290

总资产增长率是从企业资产规模扩张方面来衡量企业的发展能力，一般增长率越大，企业资产规模增长速度越快，企业竞争力会增强；净资产增长率又称资本积累率，反映了企业当年股东权益的变化水平，体现了企业资本积累的能力，是评价企业发展潜力的重要财务指标。从莱美药业五年平均的总资产增长率和平均资本积累率来看，企业的资产规模正在以较快的速度扩张，而企业的资本积累能力也比较高。这说明企业发展能力良好。但是两者没有同样的增长速度，总资产增长率要比资本增长率高 17. 2%，这说明企业规模的扩张过程中吸收的负债投资比权益投资多。从图 8-10 也可以看出，

2010 年之后资产以及资本的增长率呈缓慢增长的趋势，这说明企业扩张的速度比较稳定，发展前景良好。

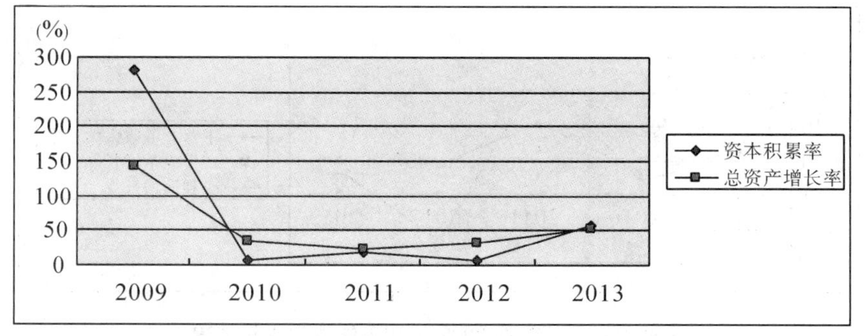

图 8-10　莱美药业 2009—2013 年资本增长趋势

（五）杜邦分析图

1. 2013 年莱美药业杜邦分析

由图 8-11 可知，莱美药业 2013 年净资产收益率为 5. 54%。该指标主要由销售净利

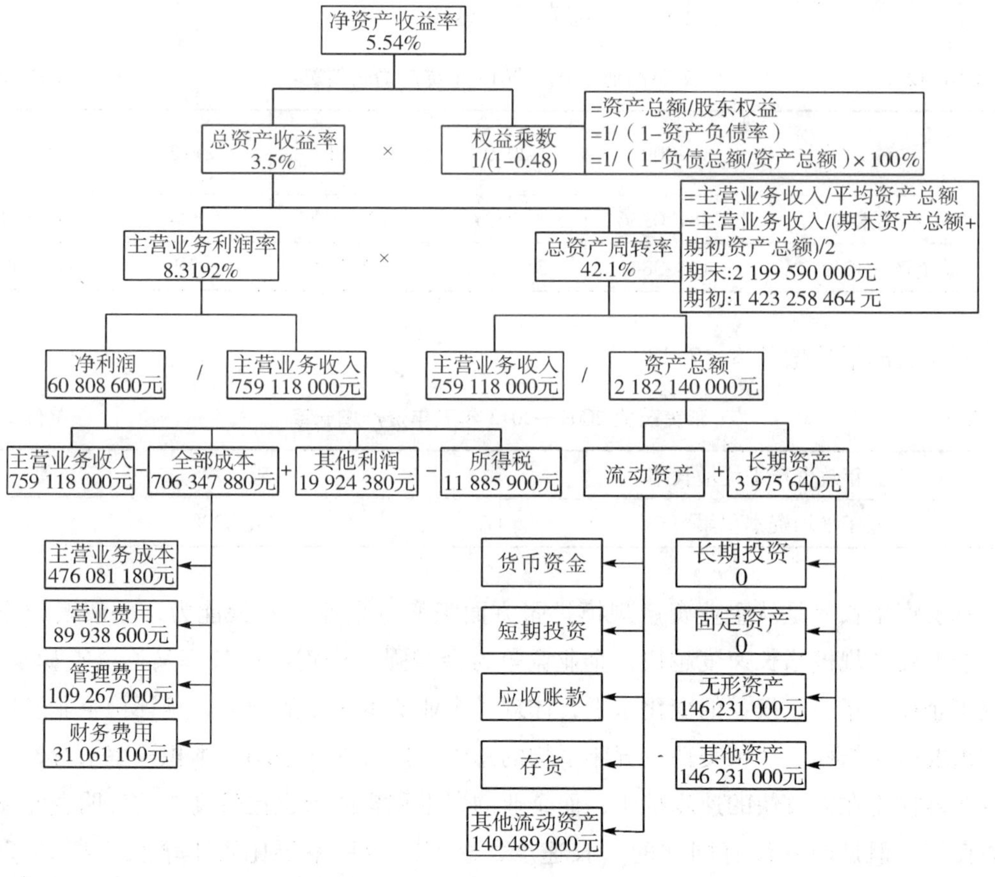

图 8-11　2013 年莱美药业杜邦分析图

率、总资产周转率、权益乘数三个比率决定。该指标反映了企业所有者投入资本获取净利润的能力，说明了企业筹资、投资、资本运营等各项财务及其管理活动的效率。2013年销售净利率为8.32%，该指标反映了企业的盈利能力。想要提高销售净利率，一方面要扩大销售收入，另一方面需要降低成本费用。2013年权益乘数为0.86，该指标反映了公司的偿债能力以及筹资结构、资金成本和财务风险。权益乘数越高，债务给公司带来的杠杆作用越强。2013年总资产周转率为0.72，该指标反映了企业运用资产盈利的能力。

2. 2012年莱美药业杜邦分析

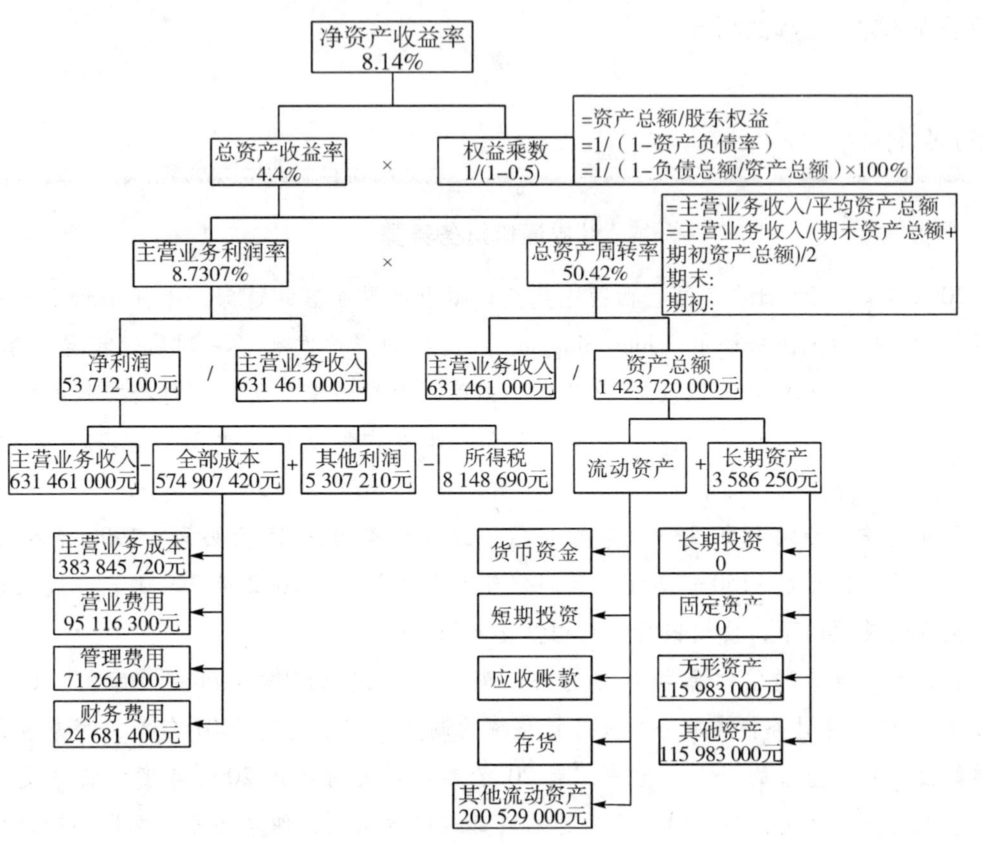

图8-12　2012年莱美药业杜邦分析图

从图8-11和图8-12可以看出，2013年净资产收益率较2012年下降了2.6%，这反映了2013年莱美药业所有者投入资本获取净利润的能力有所下降。由于2013年权益乘数比2012年少了0.08，因此净资产收益率的减少是由于2013年资产净利率下降了0.41和净资产中资本公积大幅度增加（由2012年的263 480 000元增加到了2013年的640 543 000元，增长率达到了143%）导致所有者权益总额增加造成的。而资产净利率的影响因素有销售净利率、总资产周转率，一方面，销售净利率由8.73%减至8.32%，这是由于其成本大幅增加而利润没有增加相应幅度造成的；另一方面，总资产周转率由

0.5下降到了0.42，证明莱美药业利用资产获取收入的能力在减弱，企业应重视通过增加销售来提高资产的获利能力。

总而言之，2013年莱美药业净资产收益率下降的原因是由于总资产周转率下降较多（达到了1个百分点），这可能是由于公司在销售增加收入方面存在一定的问题；同时公司的在建工程比上年增加了532%，由2012年的73 324 800元增加到了2013年的463 423 000元，研发支出也比2012年增加了90%；除此之外，公司的长期负债也增加了很多，公司的大规模投资导致了资产总额由2012年的1 423 720 000元增加到了2013年的2 182 140 000元，增长率达到了53%。综合来说，是企业增加投资扩大生产规模，而效益尚未完全发挥的结果。

案例讨论

世界通信财务舞弊

2002年6月25日在美国密西西比州克林顿市世界通信的总部，上任不到2个月的首席执行官约翰·西择摩尔（John Sidgmore）向新闻媒体发布了一则震惊世界的信息：内部审计发现，2001年度以及2002年第一季度，世界通信公司将支付给其他电信公司的线路和网络费用确认为资本性支出，在五个季度内低估期间费用，虚增利润38.52亿元。

世界通信曾经以1150亿美元股票市值一度成为美国第25大公司。1999年6月24日，其股票市值超过1150亿美元，丑闻公布后恢复交易的2002年7月1日，股票市值猛跌至3亿美元以下，债权银行和机构投资者损失惨重。

首先发现世界通信财务舞弊的是内部审计部的副总经理辛西亚·库伯（Cynthia Cooper）。通过对财务报表的分析及会计系统的调查，库伯发现2001年前三个季度，世界通信公司对外披露的资本支出中，有20亿美元既没有纳入2001年度的资本支出预算，也没有获得任何授权。这一严重违法内部控制的做法，使辛西亚和摩斯怀疑世界通信公司可能将经营费用转作资本支出，一次增加利润。2002年3月7日，SEC（美国证券交易委员会）勒令世界通信提供更多文件资料以证明2001年度盈利的真实性。电信业的不景气使世界通信公司的直接竞争对手AT&T一蹶不振，遭受巨额损失，而世界通信在2001年度仍然报告巨额利润。这一反差引起了SEC的疑心，并最终导致其在2002年3月12日对世界通信的会计问题展开正式调查。

根据SEC以及美国总检察长办公室向法院递交的起诉书，世界通信公司会计造假的动机是为了迎合华尔街财务分析师的盈利预测。世界通信公司的财务舞弊手法大致有以下五种类型：

1. 滥用准备金，冲销线路成本

滥用准备金科目，利用以前年度计提的各种准备（如递延税款、坏账准备、预提费用）冲销线路成本，以夸大对外报告的利润，是世界通信公司的第一类财务舞弊手法，此类造假金额高达 16.35 亿美元。

2000 年 10 月和 2001 年 2 月，在审阅了 2000 年第三季度和第四季度的财务报表后，苏利文认为线路成本占营业收入的比例偏高，体现的利润达不到华尔街财务分析师的盈利预期，也不符合世界通信公司先前向投资大众提供的盈利预测。为此，他下令将第三季度和第四季度的线路成本分别调减（贷记），并按相同金额借记已计提的递延税款、坏账准备和预提费用等准备金科目，以保持借贷平衡。上述会计处理既无原始凭证和分析资料支持，也缺乏签字授权和正当理由。

2. 冲回线路成本，夸大资本支出

世界通信公司的高管人员以“预付容量”为借口，要求分支机构将原已确认为经营费用的线路成本冲回，转至固定资产等资本支出账户，以此降低经营费用，调高经营利润。SEC 和司法部已查实的这类造假金额高达 38.52 亿美元。

2001 年 4 月，苏利文在审阅了第一季度的财务报表后，发现线路成本占营业收入的比例仍居高不下，他决定将已记入经营费用的线路成本以“预付容量”的名义转至固定资产等资本支出账户，从而使税前利润虚增了 38.52 亿美元。挤去水分后，世界通信公司的盈利趋势与其竞争对手 AT&T 大致同向。这类造假手法在夸大利润的同时，也虚增了世界通信公司经营活动产生的现金流量。本应在现金流量表反映为经营活动产生的现金流出，结果却被反映为投资活动产生的现金流出，严重误导了投资者、债权人等报表使用者对世界通信公司现金流量创造能力的判断。

3. 武断分摊收购成本，蓄意低估商誉

世界通信公司还利用收购兼并进行会计操纵。在收购兼并过程中利用所谓的未完工研发支出（In process R&D）进行报表粉饰，是美国上市公司惯用的伎俩。其做法是：尽可能将收购价格分摊至未完工研发支出，并作为一次性损失在收购当期予以确认，以达到在未来期间减少商誉摊销或避免减值损失的目的。然而，世界通信公司并不能提供这些未完工研发支出的相关证据，也无法说明拟分摊至未完工研发支出的金额为何从 60 亿~70 亿美元锐减至 31 亿美元。这一武断分摊收购成本的做法，导致商誉被严重低估。

4. 随意计提固定资产减值，虚增未来期间经营业绩

世界通信公司一方面通过确认 31 亿美元的未完工研发支出压低商誉，另一方面通过计提 34 亿美元的固定资产减值准备虚增未来期间的利润。收购 MCI 时，世界通信公司将 MCI 固定资产的账面价值由 141 亿美元调减为 107 亿美元，此举使收购 MCI 的商誉虚增了 34 亿美元。按照 MCI 的会计政策，固定资产的平均折旧年限约为 4.36 年，通

过计提34亿美元的固定资产减值损失，使世界通信公司在收购MCI后的未来4年内，每年可减少约7.8亿美元的折旧。而虚增的34亿美元商誉则分40年摊销，每年约为0.85亿美元。每年少提的7.8亿美元折旧和多提的0.85亿美元商誉摊销相抵后，世界通信公司在1999—2001年每年约虚增了6.95亿美元的税前利润。

5. 借会计准则变化之机，大肆进行巨额冲销

世界通信公司最终将收购MCI所形成的商誉确认为301亿美元，并分40年摊销。世界通信公司在这5年中的商誉及其他无形资产占其资产总额的比例一直在50%左右徘徊。高额的商誉成为制约世界通信公司经营业绩的沉重包袱。为此，世界通信公司以会计准则变化为“契机”，利用巨额冲销来消化并购所形成的代价高昂的商誉。

1997—2001年年末商誉的金额分别为133.36亿美元、440.76亿美元、447.67亿美元、448.70亿美元、498.25亿美元，占各期末资产总额的比例分别为56.5%、51%、49.2%、43.2%和48.0%；占账面股东权益的比例分别为97%、98%、87%、81%和86%。

资料来源：《中国农业会计》2002年第12期，作者：邓顺勇。

问题：

1. 案例中哪些部分用到了财务分析？财务分析的信息使用者分别是谁？
2. 从案例来看，财务分析对防止及发现财务舞弊案有何作用？
3. 财务舞弊对财务分析有何影响？

本章小结

财务分析是指在财务报告等有关材料的基础上，参考其他市场信息，运用科学的技术和方法对企业经营活动的过程和结果进行分析研究，以揭示各项财务指标的关系，为财务信息的使用者提供参考的活动。财务信息的使用者包括债权人、股权投资者、企业管理层、审计师、政府部门等。

财务分析是以企业的会计核算资料为基础，最主要的是财务报表，一般包括资产负债表、利润表、现金流量表和所有者权益变动表。

财务分析的方法有趋势分析法、比率分析法、因素分析法等。

财务分析的内容主要包括财务能力分析、财务趋势分析以及财务综合分析。

财务能力分析包括偿债能力分析、营运能力分析、盈利能力分析和发展能力分析。财务趋势分析主要包括比较财务报表、比较百分比财务报表、比较财务比率以及图解法四种方法。

知识拓展

上市公司财务报表分析框架

要求：

1. 公司背景及简介

（1）成立时间、创立者、性质、主营业务、所属行业、注册地；

（2）所有权结构、公司结构、主管单位；

（3）公司重大事件（如重组、并购、业务转型等）。

2. 公司所属行业特征分析

（1）产业结构：

① 该行业中厂商的大致数目及分布。

② 产业集中度：该行业中前几位的厂商所占的市场份额、市场占有率的具体数据（一般衡量指标为四厂商集中度或八厂商集中度）。

③ 进入壁垒和退出成本：具体需要何种条件才能进入，如资金量、技术要求、人力成本、国家相关政策等，以及厂商退出该行业需花费的成本和转型成本等。

（2）产业增长趋势：

① 年增长率（销售收入、利润）、市场总容量等的历史数据；

② 依据上述历史数据及科技与市场发展的可能性，预测该行业未来的增长趋势；

③ 分析影响增长的原因：探讨技术、资金、人力成本、技术进步等因素是如何影响行业增长的，并比较各自的影响力。（应提供有关专家意见）

（3）产业竞争分析：

① 行业内的竞争概况和竞争方式；

② 对替代品和互补品的分析：替代品和互补品行业对该行业的影响、各自的优劣势、未来趋势；

③ 影响该行业上升或者衰落的因素分析；

④ 分析加入 WTO 对整个行业的影响及新条件下其优劣势所在。

（4）相关产业分析：

① 列出上下游行业的具体情况与该行业的依赖情况、上下游行业的发展前景，如有可能，应做产业相关度分析；

② 列出上下游行业的主要厂商及其简要情况。

（5）劳动力需求分析：

① 该行业对人才的主要要求，目前劳动力市场上的供需情况；

② 劳动力市场的变化对行业发展的影响。

（6）政府影响力分析：

① 分析国家产业政策对行业发展起的作用（政府的引导倾向、各种优惠措施等）；

② 其他相关政策的影响，如环保政策、人才政策、对外开放政策等。

3. 公司治理结构分析

（1）股权结构分析：列出持股 10%（必要时列出 10%）以上的股东。

（2）是否存在影响公司的少数股东，如存在分析该股东的最终持有人等情况及其在资本市场上的操作历史。

（3）“三会”的运行情况，如股东大会的参加情况、对议案的表决情况，董事会董事的出席情况、表决情况，监事会的工作情况及其效率。

（4）经理层状况：总经理的权限等。

（5）组织结构分析：公司的组织结构模式、管理方式、效率等。

（6）主要股东、董事、管理人员的背景、业绩、声誉等。

（7）重点分析公司第一把手的情况（教育背景、经营业绩、任职期限、政府背景）以及他在公司中的作用。

（8）分析公司中层管理人员的总体情况，如素质、背景、对公司管理理念的理解、忠诚度等。

4. 主营业务分析

（1）主导产品。

① 名称、价格、质量、产品生命周期、公司规模、特许经营、科技含量、占有率、专利、商标、发展战略、市场定位、消费群等；

② 生产周期、库存量、周转率等；

③ 销售方式；

④ 设计能力、年产能力、实际生产量；

⑤ 广告投入数量及方式；

⑥ 客户反馈；

⑦ 同类产品的差别。

（2）产品定价。

① 本公司及竞争对手的定价政策，定价政策对公司经营的影响；

② 主要产品的价格；

③ 需求弹性；

④ 价格变动敏感性分析；

⑤ 是否为行业中的价格领导者。

（3）生产类型（如生产率、生产周期、生产成本、能耗、需求人力等）。

（4）公共关系。

（5）市场营销。

① 营销网络、结构、模式；

② 激励机制（对分销商、销售人员）。

5. 公司竞争力分析

（1）简单分析：分析厂商未来发展的潜力，并与同行业竞争对手比较。

（2）R&D。

① 主要研究项目和对原有产品的改进计划。

现在：费用、完成时间、收益。

将来：投资金额、收益、时间。

a 竞争对手的研发情况；

b 主要研究人员的简要介绍（教育技术背景、构成比例、队伍稳定度、薪酬、激励机制等）。

② 设施及实验室。

③ R&D 占销售收入的比例。

④ 与竞争对手的比较。

⑤ 专利、商标、Know-how 等。

⑥ 与科研机构的长期稳定合作。

（3）激励机制：年薪制、期权、其他激励措施。

6. 对上市公司的经营战略及“概念”“题材”的分析

（1）公司经营战略分析。

① 总结公司经营发展战略；

② 分析公司发展战略的可行性与实现的必要条件。

（2）公司新建项目可行性分析。

① 资源情况（人才、技术、资金、是否为相关行业、优势、地理资源及位置）；

② 影响项目成败的因素，项目所处行业的现状（结构、成熟度、市场空间）；

③ 具体分析现有资源能否支持项目运行；

④ 竞争对手情况；

⑤ 行业发展趋势；

⑥ 国家产业政策。

（3）风险分析。

① 资金来源及占净资产的比例；

② 经营业绩的影响；

③ 如项目失败对公司经营的影响程度。

7. 财务分析

（1）最近三年来的主要财务指标：主营业务收入、主营业务利润、净利润、非正常性经营损益所占利润总额的比例、总资产、所用者权益、每股受益、净资产收益率。

（2）财务比率（选取最近三年数据，如有行业指标，应说明各项指标的意义）。

① 流动性指标

流动比率=流动资产/流动负债

速动比率=（流动资产-存货）/流动负债

② 资产效率比率

应收账款周转率=销售收入/应收账款净额

存货周转率=主营业务成本/存货净额

固定资产周转率=销售收入/固定资产

总资产周转率=销售收入/总资产

③ 盈利性指标

毛利率=主营业务利润/销售收入

净利润率=净利润/销售收入

总资产收益率=EBIT/总资产

净资产收益率=净利润/所有者权益

投资收益=EBIT/（所有者权益+长期负债）

④ 负债管理比率

资产负债率=负债/总资产

利息倍率=EBIT/利息费用

（3）现金流量表分析。

① 总体分析公司现金流量的运转情况；

② 每股现金流量情况；

③ 与利润表和资产负债表进行对照分析；

④ 运营资金管理。

（4）资产质量。

① 有无重大诉讼；

② 应收账款、其他应收款的年限、计提坏账情况；

③ 其他或有负债情况。

8. 结论

第2~7部分每部分得出一条总结性意见，最终得到一个或几个结论。结论是在前面事实的基础上分析得到的逻辑结果，不进行相应的引申，不分析二级市场相关的情况。

即问即答

即问：

1. 公司理财的内容；
2. 公司理财的目标；
3. 公司理财的方法；
4. 公司理财的环境。

即答：

1. 投资管理、筹资管理、营运资金管理及利润分配。
2. 利润最大化、股东价值最大化、企业价值最大化。
3. 财务预测、财务决策、财务决算、财务控制、财务分析。
4. 法律环境、经济环境、金融环境。

实战训练

1. 公司理财的主要内容有哪些？
2. 公司的财务关系主要有哪些？
3. 公司理财的环节有哪些？
4. 公司理财目标主要有哪些？其优缺点分别是什么？
5. 影响公司理财的环境因素有哪些？

6. A 企业 2012 年的有关资料为：年初资产总额为 500 万元，年末资产总额为 400 万元，资产周转率为 0.6 次。2013 年有关财务资料如下：年末流动比率为 2，年末速动比率为 1.21，年末资产总额为 400 万元，年末流动负债为 70 万元，年末长期负债为 70 万元，年初存货为 30 万元。2013 年销售净利率为 21%，资产周转率为 5 次。该企业流动资产中只有货币资金、应收账款和存货。

要求：

（1）计算该企业 2013 年年末流动资产总额、资产负债净利率和净资产收益率；

（2）计算该企业 2013 年的存货、销售成本和销售收入；

（3）运用差额分析法计算 2013 年同 2012 年相比，资产周转率与平均资本变动对销售收入的影响。

7. A 公司 2013 年和 2014 年有关财务数据见表 8-14、表 8-15。

表 8-14 **利润表**

项目	2013 年	2014 年
一、营业收入	2000	3000
减：营业成本	1400	2100
营业税金及附加	200	300
销售费用	28	42
管理费用	40	60
财务费用	12	18
二、营业利润	320	480
三、利润总额	320	480
减：所得税	80	120
四、净利润	240	36

表 8-15 **资产负债表**

项　目	2013 年	2014 年
资产		
货币资金	50	75
应收账款	608	912
存货	700	1050
固定资产净值	200	400
资产总额	1558	2437
负债		
短期借款	50	75
应付账款	450	675
应付费用	50	75
长期负债	400	400
负债合计	950	1225
实收资本	60	484
留存收益	548	728
所有者权益合计	608	1212
负债及所有者权益	1558	2437

要求：

（1）计算甲公司 2013 年及 2014 年销售净利率；

（2）计算甲公司 2014 年应收账款周转率和周转天数；

（3）计算甲公司 2014 年存货周转率和周转天数；

（2）计算甲公司 2014 年净资产收益率和总资产收益率。

（3）简要分析计算得出的结果。

案例分析

世界通信等中外财务舞弊案件的频频曝光，让我们认识到企业财务报表分析也存在着一定的局限性。“财务指标注水、会计报表化装”，致使企业的财务报表不能真实反映企业的经营情况，而对虚假财务报表进行分析与评价的结果也必然与预期存在着差距，财务报表分析的作用并不能完全发挥出来。

财务报表分析中财务舞弊的识别财务舞弊带来的后果是严重的，对于会计信息使用者来说，如何透过财务报表上炫目的数字，识别财务舞弊行为，保证财务报表分析结果的准确性就显得尤为重要。

1. 从三大报表的关系入手

首先，可以考虑税金与利润、收入之间的关系。流转税和所得税是企业税中的两大类型。一般而言，流转税率和所得税税率应相对稳定，且同行业之间不会存在太大差异。如果出现了显著差异，则折射出该企业可能存在着一定的风险。其次，关注三大报表相关科目之间的关系。资产负债表、利润表、现金流量表相关科目之间的关联关系也是我们分析财务报表真实性的重要武器。如果三张报表之间的同一科目结果存在显著的矛盾，则说明该企业可能存在着财务舞弊。

2. 关注财务指标异常的公司

首先，从盈利能力指标看，进行财务舞弊的公司出于虚构利润的需要，财务报表上通常会显示不寻常的持续高盈利能力。对于持续的畸形高利润率，财务报表分析者应当予以高度警惕。

其次，从现金指标看，现金流量表是衡量企业收益质量的重要途径，其各项指标及结构为我们提供了会计分析的重要途径。众所周知，经营现金流量反映了企业营业利润质量的真实性，因此被誉为现金流量表的灵魂。如果一个绩优公司的经营现金流量长期为负或者很低，其收益质量就值得关注。一要警惕经营活动净现金流量大额为正，同时伴随大额为负的投资活动净现金流量；二要分析公司货币资金余额的合理性。

最后，从营业周转指标来看，虚构业绩的公司，往往存在虚构往来和存货的现象。在连续造假时，公司应收款项相应地持续膨胀，周转速度显著降低。若这样的公司仍能持续保持较高的经营活动现金流量，就值得怀疑。

3. 借助报表附注进行综合分析

分析公司财务报表时，不仅要看报表还要看报表附注，分析公司基本情况，关注上市公司的历史和主营业务，关注会计处理方法对利润的影响，分析子公司和关联方对利

润的影响，分析会计主要项目的详细资料，并且了解宏观经济的发展状况和被分析对象所处行业的发展水平；同时丰富财务报表分析的手段，建立行业财务比率标准，加强对企业财务失败预测分析，借鉴国外经验，使财务报表分析更为可靠、有用，为报表使用者提供坚实的决策依据。

另外，投资者还可以从以下一些非财务方面发现公司舞弊的迹象和警讯，包括公司治理结构完善程度，董事和高管的背景、任职情况及更换情况，遭受监管机构谴责和处罚情况、诉讼和担保情况，财务主管和外部审计师是否频繁变更等。

反过来，财务舞弊也会对财务分析产生一定的影响，如造成财务报表信息披露不真实、财务分析结果不可靠等问题。对此，我们除了完善公司治理、改善公司内部控制环境、健全法制建设，还应当加强公司内部审计制度的建设和实施，保证会计信息的质量，从而为财务报表使用者的决策提供更为真实可靠的信息。

词汇对照

财务分析　Financial analysis

趋势分析法　Trend analysis approach

比率分析法　Ratio analysis approach

因素分析法　Factor analysis approach

资产负债表　Balance sheet

利润表　Profit and lost account

现金流量表　Statement of cash flows

所有者权益变动表　Statement of changes in stockholders' equity

偿债能力　Liquidity

流动比率　Current ratio

资产负债率　Ratio of assets to liabilities

盈利能力　Profitable

9 财务预算

教学目标

1. 了解全面预算体系，理解财务预算与全面预算的关系；

2. 理解财务预算编制的各类方法；

3. 掌握财务预算编制案例，理解业务预算、财务预算以及资本支出预算之间的勾稽关系；

4. 重点与难点：熟悉财务预算编制的各种方法及内容，能够编制简单的财务预算。

内容结构

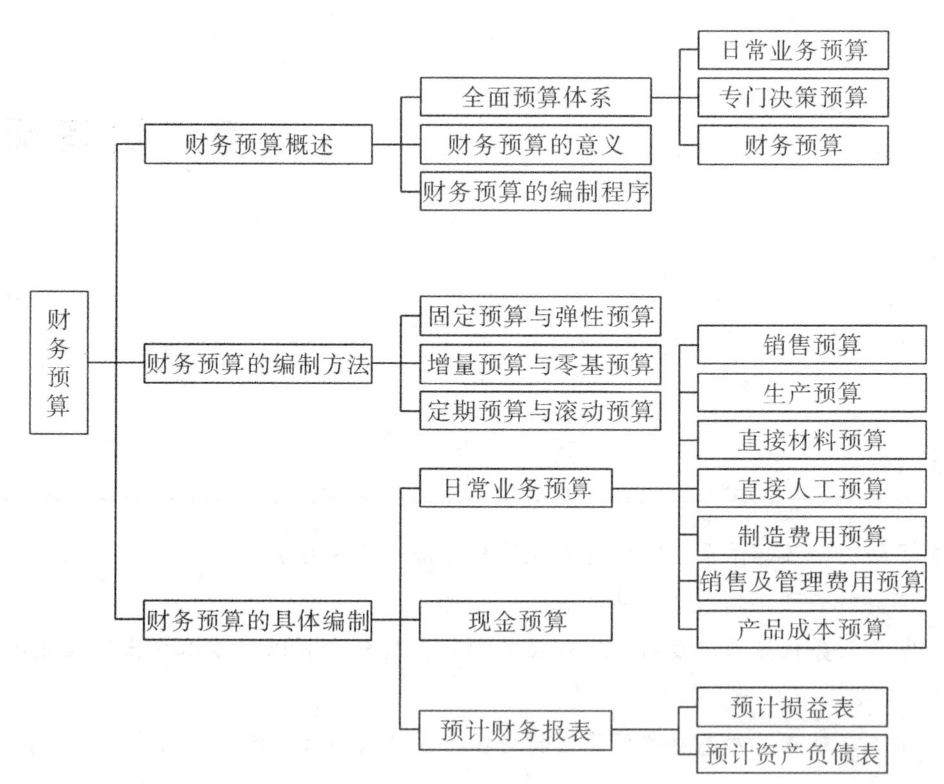

范例引述

国家开发投资公司财务预算体系

有这样一家企业，在国务院国资委年度业绩考核中，它连续 8 年获得 A 级，并在连续两个任期考核中成为“业绩优秀企业”；它依靠领先的管理实践，在 2012 年上半年中央企业利润普遍下滑的不利形势下逆风飞扬，实现利润稳步增长——它就是国家开发投资公司。

这家成立于 1995 年的中央企业，前 8 年一直在摸索中艰难前行。到了 2003 年，公司梳理战略规划，制定了打造“一流项目、一流团队、一流管理”的建设方针，开始大力推进信息化建设，以信息化水平的提升支撑企业一流管理水平的要求，陆续启动了 ERP 建设、全面预算管理、财务合并等管理体系设计及系统实施项目。

自 2003 年伊始，随着国家开发投资公司的业务不断扩张，原有的 Excel、预算模块等预算编制工具已不能满足企业多业务形态及多组织架构体系下对预算管理的准确性、

高效率和灵活性要求。2008 年，在景华天创公司的帮助下，国家开发投资公司启动全面预算管理系统建设。

通过构建预算管理体系、以预算驱动绩效考核等措施的实施，在全面预算管理系统的支撑下，国家开发投资公司战略规划得以顺利执行，在实现“两调”（调结构、调节奏）和“两强”（强管理、强效益）的发展道路上快速推进。2011 年，国家开发投资公司加大结构调整力度，完成 134 个非主业项目的退出，回收资金 19.7 亿元，优化了资产结构。一大批关系国家发展的大项目相继开工建设。国家开发投资公司持续加大战略性新兴产业领域的投资力度，提升企业经济效益。公司旗下的中国高新先后参股投资了医药、电子、通信、新材料、新能源、新一代信息技术、节能环保、文化产业等领域 42 个项目，其中 9 个项目成功上市。公司在 2012 年实现华丽转身，成为中央企业中的佼佼者，在实现国有资产保值增值及履行社会责任方面成效卓著。

资料来源：《新理财》2012 年第 10 期，作者：徐龙建。

本章导言

财务预算是企业全面预算体系中的最后环节，是从价值方面总括地对经营期决策预算与业务预算结果的反映，在全面预算体系中具有重要地位。财务预算以财务预测的结果为依据，同时服从决策目标的要求，是决策目标的具体化、系统化和定量化，另外，企业的日常控制和业绩考核也以财务预算为依据。因此，财务预算对于企业而言，具有重要意义。

正如景华天创的案例中所述，随着业务不断扩张，企业多业务形态及多组织架构体系下对预算管理的准确性、高效率和灵活性的要求越来越高。因此，我们更需要对预算体系进行进一步的完善，帮助企业明确决策目标、合理配置财务资源、控制财务活动，同时做好业绩的考核与评价。只有建立了系统合理的全面预算体系，企业才能有效完成决策目标，提高经营效益，从而在同行业的竞争中脱颖而出。

理论概念

9.1 财务预算概述

9.1.1 全面预算体系

全面预算体系是指用价值和数量等指标表示的未来一定期间内的生产经营状况、经营成果及财务状况等的一系列详细计划。其实质为一套以货币及其他数量形式反映的预

计财务报表和其他报表。全面预算体系包括日常业务预算、专门决策预算和财务预算。

9.1.1.1 日常业务预算

日常业务预算是指企业日常发生的与生产经营直接相关的各种经营业务的预算，主要包括销售预算、生产预算、直接材料采购预算、直接人工预算、制造费用预算、产品成本预算、销售及管理费用预算等。这些预算既有实物量指标又有价值量指标，前后衔接，相互勾稽。

9.1.1.2 专门决策预算

专门决策预算是指企业为不经常发生的长期投资项目或者一次性专门业务所编制的预算。通常是与企业投资活动、筹资活动或收益分配等相关。专门决策预算包括资本预算和一次性专门业务预算。其中，资本预算主要是根据企业长期投资决策编制的预算，包括固定资产投资预算、权益性资本投资预算和债券投资预算；一次性专门业务预算主要是针对企业日常财务活动中经常发生的一次性专门业务，包括资金筹措、资金投放及运用预算、交纳税金与发放股利预算等。

9.1.1.3 财务预算

财务预算是指反映企业未来一定期限内预计财务状况和经营成果，以及现金收支等价值指标的各种预算。它包括反映现金收支活动的现金预算、反映财务活动总体情况的预算、反映财务状况的预计资产负债表、预计财务状况变动表，以及反映财务成果的预计损益表等。

9.1.2 财务预算的意义

编制财务预算是企业财务管理的一项重要工作。一方面其必须服从决策目标的要求，使决策目标具体化、系统化和定量化；另一方面也有助于财务目标的顺利实现。其意义主要有以下几个方面：

9.1.2.1 明确决策目标

财务预算能使决策目标具体化、数量化。同时，通过财务预算能够将财务目标所依据的主要设想和意图，以及达到目标所需的措施详细进行列举，明确规定企业各部门各层次各自职责及相应的奋斗目标，做到人人事先心中有数。

9.1.2.2 合理配置资源

编制财务预算，有助于在合理决策的基础上，根据轻重缓急，将有限的财务资源，在各部门、各层次、各环节进行合理的配置，以发挥最大的资金使用效应，确保财务目标的实现。

9.1.2.3 控制财务活动

财务预算是控制财务活动的主要依据。筹资、投资以及资金活动等财务活动，都需要依据财务预算来执行，而各部门各层次也都需要以预算为依据来开展工作。

9.1.2.4 有利于控制考核

财务预算是企业控制经济活动的依据和衡量其合理性的标准。一旦实际经济状况与预算有较大差异时，应查明原因并采取措施调整改善经营活动。同时，也可以将实际偏离预算的差异作为评定各执行单位的工作业绩的重要标准。

9.1.3 财务预算的编制程序

财务预算的编制一般按照图 9-1 所示的步骤进行。

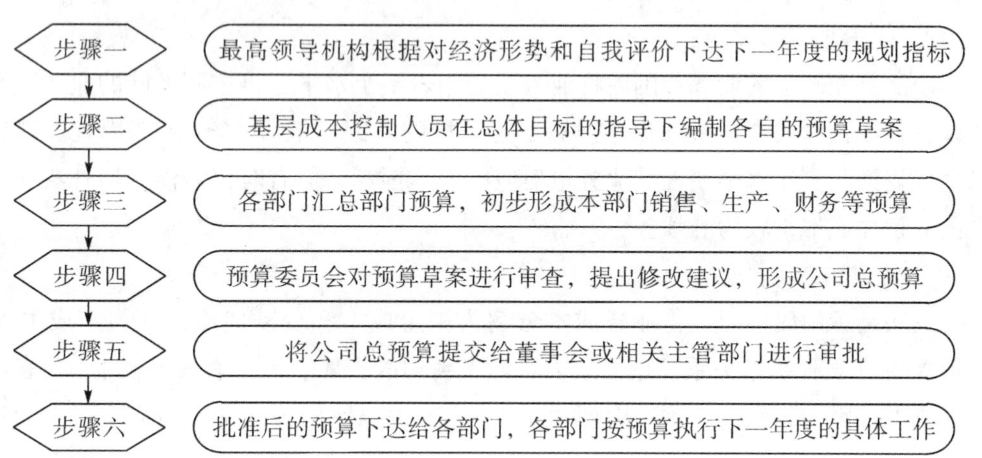

图 9-1

9.2 财务预算的编制方法

9.2.1 固定预算与弹性预算

根据预算编制时选用的业务量数量特征不同，可以将预算划分为固定预算和弹性预算。

9.2.1.1 固定预算

固定预算是把企业预算期的业务量固定在某一正常、可实现的预计水平上，以此为基础来确定其他项目预计数的预算方法。固定预算法较为简便易行。但是，一方面固定预算法过于机械呆板，不论预算期内业务量水平发生哪些变动，都只按事先确定的业务量水平作为编制预算的基础；另一方面固定预算法可比性较差，一旦实际业务量与编制基础差异较大时，有关预算指标的实际数与预算数失去可比性，从而不利于开展考核与控制。一般来说，固定预算只适用于业务量水平较为稳定的企业编制预算。

9.2.1.2 弹性预算

弹性预算法又称变动预算法、滑动预算法，是指在按照成本习性分类的基础上，根据量、本、利之间的依存关系，以未来不同业务水平为基础编制预算的方法。弹性预算

法是固定预算的补充，其编制依据为一个可预见的业务量范围，能适应多种业务量水平，适用范围宽，但工作量也大，一般适用于与预算执行单位业务量相关的成本（费用）、利润等预算项目。

弹性预算一般用于编制弹性成本预算，主要包括制造费用单行预算和销售及管理费用弹性预算。用弹性预算的方法来编制成本预算时，其关键在于选择适当的业务量，一般以正常生产能力的70%~110%或历史上最高、最低业务量为其上下限。弹性成本预算一般有两种方法：列表法和公式法。

（1）列表法

列表法是在确定的业务范围内将业务量分为若干个水平，再按照不同的业务量水平分别计算各项预算成本，编制弹性预算。业务量的间距一般以5%~10%为宜。列表法可以直接找到与实际水平相近的业务量对应的成本预算，但有时仍需使用插补法计算实际业务的预算成本，较为麻烦。

（2）公式法

公式法是运用成本习性将业务成本分解为固定成本和变动成本，并假定成本 Y 与业务量 X 存在某种线性关系。用公式表示为 $Y=a+bX$，其中 a 表示固定成本、b 表示单位变动成本。因此，只需在预算中列示 a 和 b，就可以使用公式推算任何水平上的预算成本。但公式法需逐项分解成本，较为麻烦，也无法直接查出特定业务量下的总成本预算数额。

9.2.2 增量预算与零基预算

根据预算编制时选用的成本费用水平的出发点不同，可以将预算划分为增量预算和零基预算。

9.2.2.1 增量预算

增量预算是指以基期的实际成本费用水平为基础，结合预算期业务量水平以及相关能降低成本的措施，调整一部分原有的成本费用项目所编制的预算。该方法比较简单，但以原有的经验为基础。一方面默认原来的发生的成本都是合理的，可能使得不合理的成本继续发生，造成浪费；另一方面也可能造成预算的不足。

9.2.2.2 零基预算

零基预算是指在编制预算时，对于所有的预算支出以零为基础，不考虑其以往情况如何，从实际需要出发，研究分析各项预算费用开支是否必要合理，进行综合平衡，从而确定预算费用。其优点是能目标明确，合理配置资源，充分发挥管理人员的积极性；其缺点在于编制成本较高，难度也较大。因此，零基预算一般3~5年编制一次。零基预算法特别适用于产出较难辨认的服务性部门费用预算的编制。

9.2.3 定期预算与滚动预算

根据预算期选择的时间特征不同，可以将预算划分为定期预算和滚动预算。

9.2.3.1 定期预算

定期预算是指预算期固定，以会计年度为单位编制的各类预算。定期预算能够与会计年度相配合，便于考核和评价预算的执行结果。但是一方面提前编制预算难以准确预测整个年度的生产经营活动，预测数据较笼统；另一方面由于定期预算不能随情况的变化及时调整，容易造成预算滞后过时。同时，在预算执行过程中，经营管理者们的决策视野往往局限于本期规划的经营活动，从而影响企业长期稳定的发展。

9.2.3.2 滚动预算

滚动预算又称永续预算，是指在编制预算时将预算期与会计年度脱离，每过去一个月，就会根据新的情况进行调整和修订后几个月的预算，并在原预算的基础上增补下一个月的预算，从而逐期向后滚动，使预算期一直保持为一定的期间（一年）的一种方法。这种方法适用于规模较大、时间较长的工程类或大型设备采购项目。

滚动预算能保持预算的完整性、继续性，使各级管理人员始终保持对未来一定时期的生产经营活动做周详的考虑和全盘规划；同时通过不断调整和修订，使预算与实际情况更相适应。但此种方法下的预算编制工作比较繁重。为了适当简化，也可以采用按季度滚动编制预算。

9.3 财务预算的具体编制

9.3.1 日常业务预算

9.3.1.1 销售预算

销售预算是指在销售预测的基础上，对预算期的预计销售量、销售单价和销售收入所做的业务预算。销售预算既是企业生产经营全面预算的编制起点，也是编制业务预算的基础。

在销售预算编制过程中，依据市场预测结合企业生产能力确定销售量，根据价格政策确定销售单价，两者的乘积即为销售收入。通常先按产品、地区、顾客和其他项目分别加以编制，然后加以归并汇总。另外，销售预算通常还包括上期应收账款的余额和本期销售收入的收现部分，以反映每个预算期内因销售收回现金的预计数。

编制预算的方法有自上而下和自下而上两种。自上而下是指主管按公司战略目标，在预测后，将预算分配给各部门；自下而上是指销售人员根据上年度预算，结合去年的销售配额，用习惯的方法计算出预算，提交销售经理。

9.3.1.2 生产预算

生产预算是指在销售预算的基础上，为规划预算期生产规模而编制的业务预算。编

制生产预算的主要依据为预算期各种产品的预计销售量及存货量资料。其计算公式为：

某种产品的预计生产量=预计销售量+预计期末存货量-预计期初存货量

企业由销售预算中得出预计销售量，预计期初存货量等于上季度期末存货量，预计期末存货量则需根据长期销售趋势以确定。编制生产预算时，企业应注意保持生产量、销售量、存货量之间的合理关系，以防止储备不足、产销脱节或超储积压等问题。

9.3.1.3 直接材料预算

直接材料的预算是指以生产预算为基础，对原材料采购数量、采购单价以及预计采购成本所做的一项采购预算。预算期内预计采购量取决于生产材料的耗用量和原材料存货的需要量、原材料期初存货及原材料期末存货的需要量。其计算公式为：

预计采购量=预计材料耗用量+预计期末材料存货量-预计期初材料存货量

其中，预计材料消耗量=预计生产量×单位产品材料消耗定额。

在直接材料预算中，预计生产量即生产预算中的预计生产量、单位产品消耗量可以采用单位产品的定额消耗量。期末原材料存货预算可以根据下一期原材料生产耗用量的一定百分比确定，也可以单独做预算。

为编制现金预算，通常还需预计材料方面预期的现金支出，包括偿还上期应付账款和本期应支付的采购货款。预计材料单价是指该材料的平均价格，通常可以从采购部门获得。预计采购成本是预计采购数量与预计采购单价的乘积。

9.3.1.4 直接人工预算

直接人工预算是指以生产预算为基础，对单位产品共识、每小时人工成本以及人工总成本所做的预算。其计算公式为：

直接人工预算=预计生产量×单位产品工时×每小时人工成本

其中，单位产品工时及每小时人工成本资料来自企业定额资料。由于直接人工成本直接以现金支付，因此无需编制额外的现金支出预算，现金预算相关数据可以直接从直接人工预算获得。

9.3.1.5 制造费用预算

制造费用是指对直接材料和直接人工以外、为生产产品而发生的间接费用所做的预算。通常制造费用可按其成本性态，可分为变动性制造费用、固定性制造费用和混合性制造费用三部分。对于制造费用中的混合成本项目，可利用公式 Y=A+BX 进行预计（其中 A 表示固定部分、B 表示随产量变动部分），将其分解为变动费用和固定费用两部分，并分别列入制造费用预算的变动费用和固定费用。其计算公式为：

预算期内预计制造费用=预计变动制造费用+预计固定制造费用

变动制造费用标准分配率的计算公式为：

变动制造费用标准分配率=变动制造费用预算总额÷直接人工标准总工时

固定制造费用分配率的计算公式为：

固定制造费用分配率=固定制造费用预算总额÷直接人工标准总工时

为便于编制现金预算，制造费用预算中也包括预计现金支出额。制造费用中除折旧费外一般都需支付现金。因此，将每季度制造费用扣除折旧费，即可得出现金支出的制造费用。

9.3.1.6 销售与管理费用预算

销售费用预算是指对销售环节的支出所做的预算。销售费用按照与销售数量之间的储存关系，分为变动销售费用和固定销售费用。固定销售费用是指不随销售数量的变动而变动的销售费用，如销售人员的工资、销售机构的折旧费用、广告费用、保险费用等。对变动销售费用的预算应以销售预算为基础编制，预算期内变动销售费用为预计销售数量与单位变动销售费用的乘积，与销售预算一致，按产品、地区、顾客和其他项目分别加以编制，然后汇总；固定销售费用则应以过去实际开支为基础，根据预算期的变动进行调整来编制预算。

管理费用预算是指对企业管理部门为组织和管理企业所发生的费用所做的预算。管理费用一般与生产数量及销售数量没有必然关系，属于固定费用，因此可以采用增量预算或零基预算的方法。

为了便于编制现金预算，在编制销售及管理费用预算的同时，还要编制与销售及管理费用有关的现金支出计算表。同时，应注意扣除一些不需要支付现金的销售及管理费用。

9.3.1.7 产品成本预算

产品成本预算是指对产品的单位成本、总成本的预算。事实上，产品成本预算是生产预算、直接材料预算、直接人工预算和制造费用预算的汇总。其计算公式为：

单位产品的直接材料费用=单位产品材料消耗量×材料预计单价

单位产品的直接人工费用=预计每小时人工成本

单位产品的制造费用=每小时制造费用

=制造费用总额÷产品工时总额×单位产品工时

产品单位成本=单位产品的直接材料费用+直接人工费用+制造费用

产品总成本=预计生产量×产品单位成本

其中：单位产品成本的有关数据来自直接材料预算、直接人工预算和制造费用预算；产品生产量、期末存货量的有关数据来自生产预算；产品销售量数据来自销售费用。

9.3.2 现金预算

9.3.2.1 现金预算的内容

现金预算也称现金收支计划，是指用于预测组织还有多少库存现金，以及在不同时点上对现金支出的需要量。这是企业最重要的一项控制。一方面现金预算可以使得可用

的现金去偿付到期的债务，以维持企业的生存；另一方面现金预算还表明可用的超额现金量，能为盈余制订营利性投资计划，从而达到优化配置组织的现金资源的目的。

现金预算主要包括现金收入、现金支出、现金溢余或短缺、资金的筹集和运用四个部分。

（1）现金收入

现金收入是指期初现金余额和预算期现金收入，包括现销、应收账款收回、应收票据到期兑现、票据贴现收入、出售长期性资产、收回投资等产生现金的业务。其主要来源是销货收入。期初“现金余额”是在编制预算时预计的；“销货现金收入”的数据来自销售预算；“可供使用现金”是期初现金余额与本期现金收入之和。

（2）现金支出

现金支出是指预算的各项现金支出。“直接材料”“直接人工”“制造费用”“销售与管理费用”的数据，分别来自前述有关预算；“所得税”“购置设备”“股利分配”等现金支出的数据分别来自另行编制的专门预算。但短期借款的利息支付不列入该项，而是放在资金的筹集和运用中。

（3）现金溢余或短缺

现金溢余或短缺是现金收入合计与现金支出合计的差额。差额为正，说明收入大于支出，现金有多余，可用于偿还借款或用于短期投资；差额为负，说明支出大于收入，现金不足，需要向银行取得新的借款。

（4）资金的筹集和运用

资金的筹集和运用是指根据预算期现金收支差额和企业有关资金管理政策所确定筹集和运用的资金数额，包括向银行借款、偿还借款及利息、对外进行短期投资、收回投资及利息等。

现金收入、现金支出、现金溢余或短缺、资金的筹集和运用四个部分的基本关系如下：

当前可动用现金合计=期初现金余额+现金收入

现金溢余或短缺=当前可动用现金合计-现金支出

期末现金余额=现金溢余或短缺+资金的筹集与运用

9.3.2.2 现金预算的编制

现金预算以各项业务预算为基础，确定现金收入，计划现金支出，编制现金预算表。编制现金预算表的主要目的在于加强对现金流量的预算控制，以便筹措所需现金，并对多余现金进行及时处理。

另外，为了有计划地安排调度资金，企业应尽可能缩短现金预算的编制期间。

9.3.3 预计财务报表

预计财务报表又称企业总预算，主要包括预计利润表和预计资产负债表。预计财务

报表主要为企业的财务管理服务，它是控制企业资金、成本和利润总量的重要手段。

9.3.3.1 预计损益表

预计损益表是指以货币形式综合反映企业经营活动成果计划水平的一种财务预算。该表在企业各项经营预算的基础上，根据权责发生制进行编制。值得注意的是，预计损益表中的“所得税”项目是估算数据，并非根据利润总额及所得税率计算而得。这是为了避免影响现金预算表，从而陷入无休止的修改循环中。

9.3.3.2 预计资产负债表

预计资产负债表是指以货币为单位反映企业预算期期末财务状况的一种财务预算。该表是利用本期期初的资产负债表，根据销售、生产、资本等预算的有关数据加以调整编制的，有助于企业管理当局预测未来企业的经营状况，并采取适当措施，以改善财务状况。

公式解释

财务预算编制的相关公式已在简述概念部分予以列示，下面我们以 W 公司的预算编制过程为例，为大家具体解释一下预算的编制内容。

（一）销售预算

W 公司 2013 年销售额为 30 万元，利润为 5 万元。2014 年公司高层决定将当年目标利润维持在 5 万元，销售部门对本年度销售做出预测。2014 年各季度的产品预计销量及预计售价见表 9-1。

表 9-1　　W 公司 2014 年销售预算表

季度	第一季度	第二季度	第三季度	第四季度	年度小计
预计销售量（件）	300	400	400	600	1700
预计单价（元）	200	200	200	200	200
预计销售额（元）	60 000	80 000	80 000	120 000	340 000

据估计，每季度销售收入中的 60%能在当期收到现金，其余 40%要到下季度才收回，排除坏账因素。2013 年年末应收账款款余额为 40 000 元。该企业 2014 年现金收入预算见表 9-2。

表 9-2　　W 公司 2014 年预计现金收入表　　单位：元

季度	第一季度	第二季度	第三季度	第四季度	年度小计
本期现销收入	36 000	48 000	48 000	72 000	204 000
收回前期欠款	40 000	24 000	32 000	32 000	128 000
合计	76 000	72 000	80 000	104 000	332 000

其中，本期现销收入 = 本期预计销售收入×60%

收回前期欠款 = 上期预计销售收入×40%

（二）生产预算

假设 W 公司 2013 年年末存货为 20 件，2014 年每季度末存货量按下一季度销售量的 10%估计。该公司 2014 年生产预算见表 9-3。

表 9-3　　W 公司 2014 年生产预算　　单位：件

季度	第一季度	第二季度	第三季度	第四季度	年度小计
预计销售量	300	400	400	600	1700
预计期末存货	40	40	60	30	30
预计期初存货	20	40	40	60	20
预计生产量	320	400	420	570	1710

其中，预计期末存货 = 下一期预计销售量×10%

（三）直接材料预算

假设 W 公司期末原材料存货量根据下季度生产耗用量的 20%来计算，材料采购成本的 50%以现金支付，其余 50%在下期支付，2012 年年末应付账款余额为 12 000 元。该公司 2014 年直接材料预算及现金支出预算见表 9-4、表 9-5。

表 9-4　　W 公司 2014 年直接材料预算

季度	第一季度	第二季度	第三季度	第四季度	年度小计
预计生产量（件）	320	400	420	570	1710
单位产品材料消耗量（千克）	10	10	10	10	10
生产耗用量（千克）	3200	4000	4200	5700	17 100
预计期末材料存货（千克）	800	840	1140	800	800
合计	4000	4840	5340	6500	17 900
预计期初材料存货（千克）	500	800	840	1140	500
预计采购量（千克）	3500	4040	4500	5360	17 400
预计单价（元）	10	10	10	10	10
预计采购成本（元）	35 000	40 400	45 000	53 600	174 000

表 9-5　　W 公司 2014 年现金支出预算　　单位：元

季度	第一季度	第二季度	第三季度	第四季度	年度小计
采购总成本	35 000	40 400	45 000	53 600	174 000
支付本期采购款	17 500	20 200	22 500	26 800	87 000
支付前期采购款	12 000	17 500	20 200	22 500	72 200
合计	29 500	37 700	42 700	49 300	159 200

其中，支付本期采购款=采购总成本×50%

支付前期采购款=前期采购总成本×50%

(四) 直接人工预算

假设 W 公司单位产品工时定额为每件 10 小时，每小时人工工资为 2 元。其直接人工预算见表 9-6。

表 9-6　　W 公司 2014 年直接人工预算

季度	第一季度	第二季度	第三季度	第四季度	年度小计
预计生产量（件）	320	400	420	570	1710
单位产品工时（小时）	10	10	10	10	10
工时总额（小时）	3200	4000	4200	5700	17 100
每小时工资（元）	2	2	2	2	2
人工总成本（元）	6400	8000	8400	11 400	34 200

(五) 制造费用预算

假设 W 公司每单位产品应负担的变动制造费用为 5 元，其制造费用预算见表 9-7。

表 9-7　　W 公司 2014 年制造费用预算

季度	第一季度	第二季度	第三季度	第四季度	年度小计
预计生产量（件）	320	400	420	570	1710
单位产品变动制造费用（元）	5	5	5	5	5
预计变动制造费用（元）	1600	2000	2100	2850	8550
每小时工资（元）	2	2	2	2	2
预计折旧费用（元）	800	800	800	800	3200
其他预计固定制造费用（元）	200	300	200	310	1010
预计固定制造费用合计（元）	1000	1100	1000	1110	4210
预计制造费用（元）	2600	3100	3100	3960	12 760
减：折旧（元）	800	800	800	800	3200
人工总成本（元）	1800	2300	2300	3160	9560

(六) 销售与管理费用预算

W 公司 2014 年销售及管理费用预算见表 9-8。

表 9-8　　**W 公司 2014 年销售及管理费用预算**　　单位：元

季度	第一季度	第二季度	第三季度	第四季度	年度小计
预计销售量	300	400	400	600	1700
单位变动销售费用	1	1	1	1	1
变动销售费用	300	400	400	600	1700
工资	2000	2000	2000	2000	8000
广告费	4000	5000	3000	5000	17 000
折旧	500	500	500	500	2000
固定销售费用合计	6500	7500	5500	7500	27 000
预计销售费用	6800	7900	5900	8100	28 700
折旧	600	600	600	600	2400
其他	3000	5000	3500	4800	16 300
预计管理费用合计	3600	5600	4100	5400	18 700
预计销售及管理费用	10 400	13 500	10 000	13 500	47 400
减：折旧	1100	1100	1100	1100	4400
人工总成本	9300	12400	8900	12 400	43 000

（七）产品成本预算

W 公司 2014 年产品成本预算见表 9-9。

表 9-9　　**W 公司 2014 年产品成本预算**　　单位：元

季度	单位成本				生产数量	总成本
	直接材料	直接人工	制造费用	合计		
一	100	20	7.5	127.5	320	40 800
二					400	51 000
三					420	53 550
四					570	72 675
合计	100	20	7.5	127.5	1710	218 025

直接材料 = 单位产品材料消耗量×单价 = 10×10 = 100（元）

直接人工 = 单位产品工时×每小时工资 = 10×2 = 20（元）

制造费用 = 单位工时制造费用×单位产品工时 = 12 760÷17 100×10 = 7.5（元）

案例讨论

中原油田财务管理机制调整案例

中原油田位于河南、山东两省交界处，勘探区域横跨黄河两岸的淮阳、清丰、东明、兰考等12个县区。1979年开始投入开发建设，共开发了14个油气田，累计探明石油地质储量约5亿吨，天然气储量约1000亿立方米。1999年年末拥有总资产173亿元，净资产90亿元；职工约9万人。

中原油田的开发建设，创造了巨大的社会效益和经济效益，但是“八五”后期以来，出现了发展甚至生存的危机。这些问题突出表现在：债务沉重、资金缺口大；油气产销价格长期倒挂，政策性亏损严重；勘查开发难度大，生产成本不断上升；后备储量不足，产量急剧下滑，影响收入增长；人员大量富余，办社会的负担深重。1995年年底，中原油田的负债总额已高达近百亿元，资产负债率为68%，从1994年起每年的还贷资金在15亿元以上，约占当时原油销售收入的40%。而作为一个资源开采型企业，由于受到后备储量不足的制约，其原油产量却在连续下滑。

残酷的现实迫使中原油田选择了改革之路。从1993年起，大刀阔斧地进行了以重组内部机构、重建内部管理体系、重塑内部运行机制为主要内容的内控机制改革，连续三年迈出三大步：第一步是进行了结构调整和重组，组建了专业化集团；第二步是建立了资产经营和资本运营机制，变“粗放”管理为“精细”管理，同时营造内部市场，变资源的“计划配置”为“市场配置”；第三步是改革旧的财务会计体制，建立高效的理财机制，变“先干后算”为“先算后干”，变“事后监督”为“全过程、全方位监督”。

中原油田在财务管理体制方面进行了全方位改革，包括成立计划财务处、成立财务结算中心、将财务与会计分设、成立投资管理中心等措施建立起了财务管理的新机制。

与此同时，中原油田也对财务管理运行机制进行了全面的优化。例如，集中对资金控制、统一存款管理、收回各二级单位的投资决策权、统一会计核算制度等优化措施，而其中最为重要的是建立了财务预算管理体制，实行全面预算管理。

预算管理是企业财务管理的核心。中原油田在年末制定下一年度的资金预算，月末制定下一月度的资金预算，围绕年度和月度经营目标的实现，逐项列出需要的投资、支出等，分别以签订承包合同的形式落实到相关的单位，各单位再将指标进一步分解到下一级单位直到员工个人。做到每个单位都有预算，每个人都明白自己承担的指标，用员工自己的话说就叫“千斤重担大家挑、人人身上有指标”。年度预算再分解落实到月，每月审核后执行。预算的制定简单，但确保全过程的不折不扣执行就不是一件容易的事了，中原油田就是依靠新型的财务会计体制确保了预算执行过程不走样。中原油田依靠

计划财务处领导下的财务结算中心和会计核算中心，构建了一套新型理财体制，使年度、月度预算指标的落实得到了有力的保证。全局统一算大账，直属单位算中账，个人算小账，先算后干，边干边算，年年算，月月算，天天算。现在的中原油田，每一个单位上自厂长、经理，下至最普通员工，上自机关处室，下到班组、小队，年初算、年中算、年末还要算。生产单位自然要算账，而机关处室、厂长、经理和员工个人为何要自己算账？因为中原油田实行了资产有偿使用，对机关处室全年费用分别做出预算，与部门正式签订承包合同，在支出时逐项扣除，坐车要交钱，办公室使用要按面积计费，暖气、水、电等等的使用都是有偿的，有的预算还细划到了单台设备和人员，如小汽车的修理、耗材、燃料、养路费等按车考核。每月由财务部门列出费用支出考核明细表，逐项列示，节超一目了然，单位或部门费用超支会被扣发工资或根本不予报销。

资料来源：吴平安. 财务管理与教学案例［M］. 北京：中国审计出版社，2011.

问题：

1. 集团内部单位相互提供商品、劳务等都要通过财务结算中心结算，存款有息，贷款付息。这样做的目的是什么？

2. 该集团实行全面预算管理的意义和目的是什么？

3. 通过阅读此案例你有哪些启示？

本章小结

预算是指企业用价值和实务等多种指标来反映企业未来一定时期内生产经营状况、经营成果及财务状况的具体计划。全面预算是对企业总体规划的数量说明。它包括日常业务预算、专门决策预算以及财务预算。其中，财务预算是企业全面预算体系中的最后环节，是从价值方面总括地对经营期决策预算与业务预算结果的反映，在全面预算体系中具有重要地位。财务预算以财务预测的结果为依据，同时服从决策目标的要求，是决策目标的具体化、系统化和定量化。另外，企业的日常控制和业绩考核也以财务预算为依据。因此，其在企业全面预算体系中具有重要地位。

财务预算的编制方法可以按照编制时的选用标准不同进行分类。根据预算编制时选用的业务量数量特征不同，可以分为固定预算和弹性预算；根据选用的成本费用水平的出发点不同，可以分为增量预算和零基预算；根据预算期选择的时间特征不同，可以分为定期预算和滚动预算。

在财务预算的具体编制过程中，通常按照内容不同将财务预算分为日常业务预算、现金预算和预计财务报表三个部分。其中，日常业务预算包括销售预算、生产预算、直接材料预算、直接人工预算、制造费用预算、销售与管理费用预算、产品成本预算七个部分。现金预算也称现金收支计划，是指用于预测组织还有多少库存现金，以及在不同

时点上对现金支出的需要量，主要包括现金收入、现金支出、现金溢余或短缺、资金的筹集和运用四个部分。预计财务报表包括预计损益表和预计资产负债表，它主要为企业的财务管理服务。

知识拓展

财务预算管理案例解析——华润6S管理体系

华润（集团）有限公司是隶属于国务院国资委管理的一家有72年发展历史的中央企业。在经过多年的实践和不断改进后，总结了一套旨在贯彻全面预算管理的运行体系，即6S管理体系。具体是指利润中心的编码体系、管理报告体系、预算体系、评价体系、审计体系和经理人考核体系等。

6S管理体系的系统化构想是：以专业化管理为基本出发点，把集团及属下所有业务及资产分成多个利润中心，并逐一编制号码；每个利润中心按规定格式和内容编制管理会计报告，并汇总成集团总体管理报告；在利润中心推行全面预算管理，将经营目标层层分解，落实到每个责任人每个月的经营上；根据不同利润中心的业务性质和经营现状，建立切实可行的业务评价体系，按评价结果确定奖惩；对利润中心经营及预算执行情况进行审计，确保管理信息的真实性；最后，对利润中心负责人进行每年一次的考核，逐步建立起选拔管理人员的科学程序。

6S管理体系保证了集团全面预算管理的运行，是华润公司目前运用得最为成功的管理系统。6S管理体系的优势体现在以下几个方面：

（一）完善预算的组织结构

企业最高管理层应当有一个预算管理委员会，包括最高领导以及分管销售、生产、财务等方面的副总经理和总会计师等高级管理人员，来行使通过及颁布预算、审查和协调各部门预算、监督预算执行、考评预算执行效果等权利，并对预算负全面责任；预算管理委员会之下是专门负责预算编制的部门，分别负责生产、投资、人力资源、营销等各个方面预算的分析、审核和综合平衡，并最终形成企业总预算草案，该部门的负责人对总预算承担责任；各所属单位负责本单位的各类预算编制、上报，接受集团公司的检查考核，并对本单位预算的正确性承担责任，同时还要加强对企业员工预算知识的培训，强化每个员工的预算意识，提高他们参与预算管理的积极性和责任感。

华润公司在专业化分工的基础上，突破财务会计上的股权架构，将集团及属下公司按管理会计的原则，划分为多个业务相对统一的利润中心（称为一级利润中心），每个利润中心再划分为更小的分支利润中心（称为二级利润中心等），并逐一编制号码，使管理排列清晰。

（二）改进预算的编制方法

即使对于同一个企业的同一盘预算来说，也可以分别以成本费用控制为起点编制、以目标利润为起点编制、以现金流量为起点编制、以销售量为导向编制等。视决策层的战略目标或者侧重点不同选择不同的出发点，或者以多种出发点编制多角度的预算进行比较，才能真正作为决策的参考和企业行动的计划。

华润公司在利润中心分类的基础上，全面推行预算管理，将经营目标落实到每个利润中心，并层层分解，最终落实到每个责任人每个月的经营上，这样不仅使管理者对自身业务有较长远和透彻的认识，还能从背离预算的程度上去发现问题，并及时加以解决。预算的方法由下而上，由上而下，不断反复和修正，最后汇总形成整个集团的全面预算报告。

（三）注重预算的有效实施

财务预算一经批复下达，即具有指令性，各预算执行单位就必须认真组织实施，将财务预算指标层层分解。预算方案确定以后，在企业内部就有了“法律效力”，必须严格执行，不得随意调整。要建立严格的授权批准程序，明确企业的主管领导审批的权限和范围，分工把关，并承担控制预算的经济责任。

如果在实际工作中遇到实际发生事件超出年度预算、季度预算差额控制比例的项目，则要进行预算调整。由于预算涉及各方面的利益，所以预算的追加也要有原则方面的控制，防止随意追加预算的现象发生。调整预算从程序上讲，应由发生部门提出书面申请，按程序逐级申报，并经相关会议审议通过后实施。华润公司要求每个利润中心按规定的格式和内容编制管理会计报表，具体由集团财务部统一制定并不断完善。管理报告每月一次，包括每个利润中心的营业额、资产、负债、现金流量等情况，并附有公司简评，使预算在实施过程中刚性执行与调整需要相结合。

（四）建立预算的评价体系

预算编制得再合理、再漂亮，如果不能得到下属单位的支持和贯彻仍然只是纸上谈兵。而要让下属单位目标与公司总体目标达到一致，必须在利益上建立关联，通过在评价体系中规定关于预算执行情况的有关考核指标和奖惩措施，才能够保证预算的顺利执行。

华润公司的做法是：根据每个利润中心业务的不同，度身订造一个评价体系。每一个指标项下，再根据各业务点的不同情况细分为能反映该利润点经营业绩及整体表现的许多明细指标，目的是要做到公平合理。集团根据各利润中心业务好坏及其前景，决定资金的支持重点。预算的责任具体落实到各级责任人，从而考核也落实到利润中心经理人。利润中心经理人考核体系主要从业绩评价、管理素质、职业操守三方面对经理人进行评价。这样，预算结合绩效考评、薪酬发放，才能让预算的执行落到实处。考核时应当坚持公开、公正、公平的原则，并通过建立综合评价指标体系，实现财务指标与非财

务指标的应用相结合，市场化与内部化相结合，结果评价和过程评价相结合，整体目标和局部目标相一致。

即问即答

即问：

1. 什么是全面预算体系？

2. 财务预算有哪些作用？

3. 财务预算的编制方法可以按照哪些标准分类？分别有哪几类？

4. 日常业务预算包括哪些部分？

即答：

1. 全面预算体系是指用价值和数量等指标表示的未来一定期间内的生产经营状况、经营成果及财务状况等的一系列详细计划。其实质为一套以货币及其他数量形式反映的预计财务报表和其他报表。

2. 财务预算能够帮助企业明确决策目标、合理配置财务资源、控制财务活动，同时做好业绩的考核与评价。

3. 根据预算编制时选用的业务量数量特征不同，可以分为固定预算和弹性预算；根据选用的成本费用水平的出发点不同，可以分为增量预算和零基预算；根据预算期选择的时间特征不同，可以分为定期预算和滚动预算。

4. 日常业务预算包括销售预算、生产预算、直接材料预算、直接人工预算、制造费用预算、销售与管理费用预算、产品成本预算七个部分。

实战训练

一、不定项选择题

1. 财务预算的起点是（　　）。

A. 销售预算　　B. 采购预算

C. 生产预算　　D. 收入预算

2. 企业预算的编制应该以（　　）为前提。

A. 企业经营目标　　B. 企业生产能力

C. 企业生产规模　　D. 现金持有量

3. 根据历史经验数据，以基期成本费用水平为出发点，结合预算期业务量水平及有关控制成本费用的措施，调整有关指标而编制预算的方法称为（　　）。

A. 调整预算　　B. 控制预算

C. 零基预算　　D. 增量预算

4. 固定预算的优点有（　　）。

A. 编制简单　　B. 容易操作

C. 有利于预算指标的调整　　D. 能够扩大预算的适用范围

E. 比较适用于业务量水平较为稳定的企业

5. 预算的编制时间可以是（　　）。

A. 一周　　B. 一个月

C. 一个季度　　D. 一年

E. 几年

二、思考题

1. 预算编制及执行过程中应该做好哪些工作？

2. 财务预算的编制方法有哪些？它们的优缺点分别是什么？

3. 财务预算对企业而言有何重要性？

三、实务计算题

1. C 公司计划 2014 年度甲产品的年产量为 1100 台，预计四个季度的产量分别为 240 台、260 台、280 台、320 台，每台销售单价为 100 元。当季度可回收贷款的 60%，其余在下季度收讫。期初应收账款余额为 10 000 元。

要求：试编制该公司分季度的销售预算。

2. 接上题，C 公司各季度期末存货按下一季度销售量的 20%计算。第一季度预期存货量为 40 台，第四季度预计期末存货量为 72 台。

要求：试编制该公司 2014 年度分季度的生产预算。

3. 接上题，C 公司单位产品的材料消耗定额为 3 千克，计划单价为 12 元/千克。每季度购料款当季支付 60%，其余下季度支付。各季度期末存料按下一季度生产所需量的 10%计算，第四季度期末预计存料量为 40 千克。期初存料量为 30 千克，应付购料款为 3200 元。

要求：试编制该公司的采购预算和现金支出预算。

4. A 公司 6 月份现金收支的预算资料如下：

（1）6 月 1 日的现金余额为 20 000 元。

（2）产品售价为 2 元/件，4 月份和 5 月份分别销售 5000 份、6000 份，分别预计销售 7500 份、10 000 份，商品售出后当月可以收回货款的 40%，次月收回 30%，再次月收回 25%，另外 5%为坏账。

（3）进货成本为 8 元/件，平均在 18 天后付款（每月按 30 天计算）。编制预算时月底存货为次月销售的 10%加 30 件。5 月底的实际存货为 1500 件，应付账款余额为

7000 元。

（4）6 月份的费用预算为 1000 元，其中折旧费 300 元，其余费用须当月用现金支付。

（5）预计 6 月份购置价值 7000 元的设备一台，货款须当月付清。

（6）6 月份预缴所得税 20 000 元。

（7）现金不足时可以从银行借入，借款额为 10 000 的倍数，利息在还款时支付。期末现金余额不少于 6000 元。

要求：

（1）编制 6 月份的现金预算，将结果填入表 9-10 中；

（2）预计 6 月份的税前利润。

表 9-10

项目	金额
期初现金	
现金收入： 4 月（销售　　件） 5 月（销售　　件） 6 月（销售　　件） 销货收现合计	
可使用现金合计	
现金支出： 上月应付账款 进货现金支出 付现费用 购置设备 所得税费用 现金支出合计	
现金多余（或不足）	
借入银行借款	
期末现金余额	

案例分析

中原油田实行的是经营承包责任制，它将业绩指标与报酬分配结合起来，本质上是一种激励制度，但造成了中原油田的财会工作以及经营管理就难免出现混乱。一方面，在单位或个人利益的驱动下，很多二级单位利用各种机会特别是结算环节隐匿和拖欠油田管理局与其他二级单位的资金，抢占财务资源，甚至利用本单位的资金从事有损整体

利益的活动；另一方面，有些配套改革没有跟上，特别是银行结算账户仍然分散在各二级单位，增加了资金占用，而且成为二级单位违法、违纪或违规操作的工具。另外，经营承包制也会造成虚假信息的泛滥。

因此，中原油田决定撤销各二级单位在银行开设的所有账户，同时成立财务结算中心，由财务结算中心集中办理二级单位对内对外的全部结算业务。但要保证财务结算中心的有效运行，必须解决以下三个问题：

（1）如何避免损伤二级单位自主权？

（2）中原油田如此庞杂（1994 年所属二级单位 160 多个），财务部门的负责人是否有足够的时间和精力对每项财务收支业务进行审批？

（3）审批标准是什么？

为了解决这些问题，中原油田决定成立以勘探局局长为主任的资金预算委员会，配合财务结算中心的运行，实行资金（现金）预算管理。资金预算以二级单位为基础，是将已定的经营承包指标细化的结果，一个二级单位一份资金预算，并由此形成中原油田总资金预算。各二级单位资金预算经中原油田计财处批准后执行。二级预算单位按照资金预算组织自己的业务收支活动，并在财务结算中心办理结算业务；财务结算中心按照资金预算办理二级预算单位的结算业务，拒绝办理没有预算或有预算而无存款余额的收支业务。同时设立会计核算中心和投资中心，以保证预算的有效执行和控制。

中原油田创造并实践了一套相对完备、可运行、可操作的预算管理体系，为我国集团公司实行预算管理提供了可资借鉴的蓝本。在我国集团公司实行预算管理具有多层积极意义。

首先，这套体系可以有效地消除集团公司内部组织机构松散的问题，实现各层级各单位各成员的有机整合。其次，据调查，美国、日本、荷兰和英国的企业中实行预算管理的企业所占的比例分别为 91%、93%、100%和 100%。我们可以发现，全面的预算管理体系符合国际大公司的管理惯例，这有利于提高我国集团公司的国际竞争能力。同时，中原油田的此次全面改革也是我国企业管理的重大革命，将使我国企业管理进入一个新的历史阶段，更换一种新的管理理念，提升到一个新的高度。

词汇对照

全面预算 Master budget	定期预算 Regular budget
财务预算 Financial budget	滚动预算 Rolling budget
固定预算 Fixed budget	现金预算 Cash budget
弹性预算 Flexible budget	零基预算 Zero-base budget
增量预算 Incremental budget	

10 财务控制

教学目标

1. 了解财务控制的概念及分类；

2. 理解财务控制的方式和方法；

3. 掌握资金控制、成本控制、风险控制的内容和方法；

4. 重点与难点：熟悉资金控制、成本控制、风险控制的内容，能够运用各类控制方法对企业财务状况进行分析。

内容结构

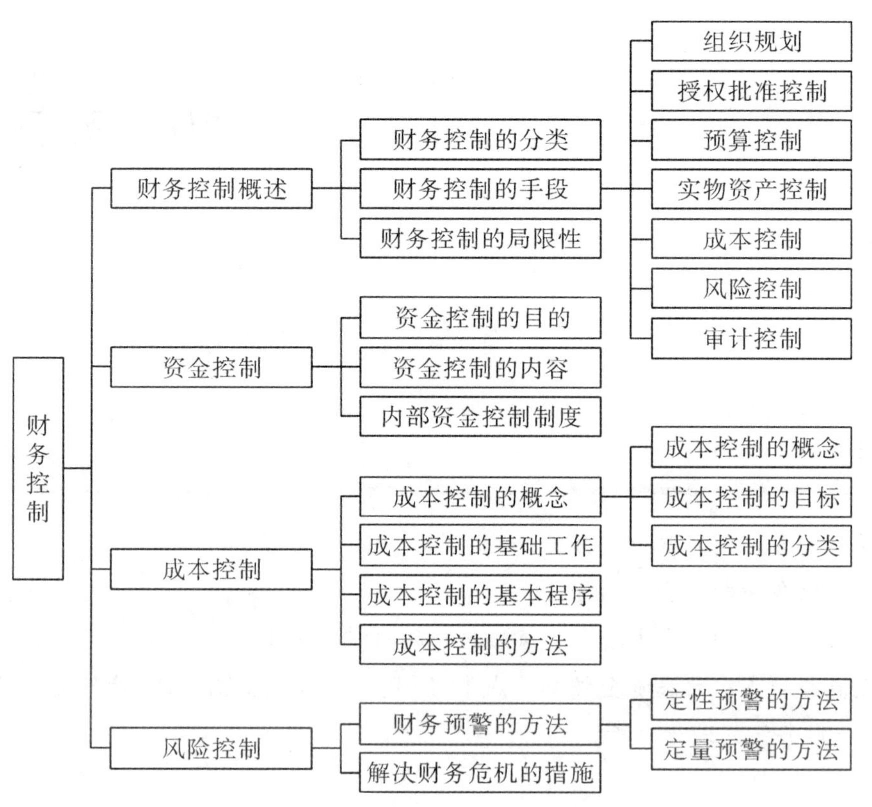

范例引述

邯钢财务控制

1990年年初，由于市场疲软、竞争激烈，钢材价格一降再降，加之原材料价格和运输费上涨，以及与效益脱节的内部分配机制，使邯钢一季度出现了大面积亏损。在严峻的形势面前，企业领导分析了外部环境和企业内部情况，决定面向市场，从成本入手，大胆改革管理模式，转变企业经营机制。

邯钢此前实行的经济责任制，是适应国家计划经济管理体制要求的经营承包责任制，其突出特点是负盈不负亏。邯钢当时是总厂亏损、分厂盈利，内部责任单位和职工利益与企业的盈亏脱离了联系。造成这种反常现象的深层次原因是管理体制和观念，直接原因则是成本核算采用的物料计划价格和内部结算价格与市场价格之间严重背离，巨大的不利价格差异由总厂来承担。

对此，邯钢从调整内部价格入手，将材料价格和内部结算价格调整到贴近市场价格

的水平，将多年不变的内部核算价格体系调整为每年度、半年度、甚至每季度一变的内部核算价格体系，旨在与市场价格变化的节奏一致。用符合市价标准的价格计算销售收入，扣除与职工工资总额息息相关、必须保证的目标利润，便倒推出目标成本；将目标成本指标归口到各职能部门，分解到各个分厂；再层层分解，逐步细化，最后落实到每一个责任单位和责任者头上。成本指标纳入责任考核范围，实行“成本否决”制。其他指标完成得再好，只要成本指标完成不了，就要否决工资上调机会，否决一切奖金，否决干部任职资格。这就把企业外部的市场压力传递到了企业内部，让每一个责任单位和每一位员工都来分担企业的盈亏风险。这种以面向市场、负盈负亏、降本增效为特征的经济责任制，邯钢人概括为“模拟市场核算，实行成本否决”。

从1991年开始新的管理模式在邯钢全面实行，历经20年，成效显著，使邯钢成为中国工业企业的一面旗帜。

资料来源：《上海会计》1997年第8期，作者：宋学本。

问题：

1. 邯钢为什么会出现大面积亏损？
2. 邯钢会采取哪些措施来避免大面积亏损状况的发生？效果怎样？
3. 通过阅读此案例你有哪些启示？

本章导言

财务控制是一种基本的财务手段，建立完善的财务控制制度，严格执行控制，对于企业而言具有十分重要的意义。

首先，对企业而言，财务控制存在于其经营的方方面面，需要进行控制的部分不仅包括基于产品和销售的生产、经营控制，还包括基于资本运动的过程控制，优秀的财务控制体系是保证企业的筹资、投资及日常经营活动正常进行的前提。

其次，企业可以利用财务控制手段对发生的费用加以分析，从而找到降低成本的关键点和途径，以更低的代价创造出等价值的效益，提高了企业资金和资源的利用效率。

再次，企业尤其是企业集团规模较大管理层次众多，集团成员间的关系主要表现为资金往来和资本联结，财务控制作为全方位、全过程的控制，贯穿于企业集团日常活动的整个过程，能够客观地对企业的管理与经营状况进行评价，有助于企业的多层次管理。

最后，运用财务控制手段，能够及时地分析评价企业的财务状况，从而对企业的经营风险予以评估，使企业能够及时发现风险、采取措施，以达到规避风险、持续稳定经

营的目的。

因此，我们有必要对财务控制的体系、方式和手段进行学习，并将财务控制合理地运用到企业的经营过程中去。

理论概念

10.1 财务控制概述

10.1.1 财务控制的分类

财务控制是指对企业的各项财务活动的制度设计与具体方法进行干预，以确保企业目标及其财务计划得以实现。财务控制总体目标是优化企业整体资源综合配置效益。因此，制定财务控制目标，是企业理财活动的关键环节，也是实现企业理财目标的根本保证。

10.1.1.1 按照财务控制的内容分类

按照财务控制的内容不同，可将财务控制分为一般控制和应用控制两类。

一般控制是指对企业财务活动赖以进行的内部环境所实施的总体控制，因而也称为基础控制或环境控制；应用控制是指直接作用于企业财务活动的具体控制，也称为业务控制。

10.1.1.2 按照财务控制的时序分类

按照财务控制的时序不同，可将财务控制分为事先控制、事中控制和事后控制三类。

事先控制是指企业单位在行为发生之先所实施控制，以防止财务资源在质和量上发生偏差；事中控制是指财务收支活动发生过程中所进行的控制；事后控制是指对财务收支活动的结果所进行的考核及其相应的奖罚。

10.1.1.3 按照财务控制的依据分类

按照财务控制的依据不同，可将财务控制分为预算控制和制度控制两类。

预算控制是指以财务预算为依据，对预算执行主体的财务收支活动进行调整监督的一种控制形式；制度控制是指通过制定企业内部规章制度，并以此为依据对企业和各责任中心财务收支活动进行约束的一种控制形式。

除此之外，还可以根据财务控制的功能将财务控制分为预防性控制、侦查性控制、纠正性控制、指导性控制和补偿性控制等。

10.1.2 财务控制的手段

10.1.2.1 组织规划

组织规划是指单位在确定和完善组织结构的过程中，应当遵循不相容职务相分离的原则进行部门安排和人员分工，在源头上为财务控制打好基础。单位的经济活动通常划分为五个步骤：授权、签发、核准、执行和记录。如果上述每一步骤由相对独立的人员或部门予以实施，就能够保证不相容职务的分离，便于财务控制作用的发挥。例如，设立财务结算中心、完善董事会制度等，都有助于在组织结构上保证控制制度的完善。

10.1.2.2 授权批准控制

授权批准控制是指对单位内部部门或职员处理经济业务的权限控制。单位内部某个部门或某个职员在处理经济业务时，必须经过授权批准才能进行。该方式可以保证单位既定方针的执行和限制滥用职权。授权批准要求首先应当明确一般授权与特定授权的界限和责任，其次应当明确每类经济业务的授权批准程序；同时应当建立必要的检查制度，以保证经授权后所处理的经济业务的工作质量。

10.1.2.3 预算控制

预算控制是对筹资、融资、采购、生产、销售、投资、管理等财务活动过程全方位的控制。预算必须体现单位的经营管理目标、明确责任。在预算执行过程中，应当允许经过授权批准对预算进行调整，以便预算更加切合实际。另外，对预算的执行情况也应当及时或定期予以反馈。此外，企业还需建立业绩评价体系，运用科学、规范的方法，对企业的整体效益及预算执行情况等进行定量与定性的考核、分析与评价。

10.1.2.4 实物资产控制

实物资产控制包括限制接近控制和定期清查控制两种。限制接近控制是指控制对实物资产及与实物资产有关的文件的接触，如现金、银行存款、有价证券和存货等，除出纳人员和仓库保管人员外，其他人员限制接触；而定期清查控制是指定期进行实物资产清查，保证实物资产实有数量与账面记载相符，如账实不符，应查明原因，及时处理。

10.1.2.5 成本控制

成本控制分粗放型成本控制和集约型成本控制。粗放型成本控制是指从原材料采购到产品的最终售出为主线进行控制的方法，包括原材料采购成本控制、材料使用成本控制和产品销售成本控制三个方面；集约型成本控制是指通过改善生产技术以及产品工艺来降低成本的控制方法。

10.1.2.6 风险控制

风险控制就是尽可能地防止和避免出现不利于企业经营目标实现的各种风险，包括经营风险和财务风险。经营风险是指因生产经营方面的原因给企业盈利带来的不确定，

而财务风险又称筹资风险，是指由于举债而给企业财务带来的不确定性。企业在进行各种决策时，必须尽力规避这两种风险，以避免使企业陷入财务困境。

10.1.2.7 审计控制

审计控制主要是指内部审计，它是对会计的控制以及再监督。内部审计是在一个组织内部对各种经营活动与控制系统的独立评价。内部审计一般包括内部财务审计和内部经营管理审计。其不仅是财务控制的有效手段，也是保证会计资料真实、完整的重要措施。

10.1.3 财务控制的局限性

无论财务控制的设计和运行多么完善，它都无法消除其本身固有的局限，因此，我们需要进一步分析财务控制的局限性，并对其加以预防。

财务控制的局限性主要表现在以下三个方面：

（1）财务控制容易受成本效益原则的局限；

（2）由于财务控制人员判断错误、忽略控制程序或人为做假等原因，导致财务控制失灵；

（3）管理人员的行政干预，使设立的控制制度形同虚设。

10.2 资金控制

10.2.1 资金控制的目的

资金控制是企业财务管理的核心内容，企业经营过程中几乎所有的业务都涉及资金调度，如企业采购、生产、销售等成本费用的支出以及投资、筹资等业务循环。企业加强对资金的控制管理，对企业的资金安全和正常运营有相当重要的意义。

10.2.1.1 保障企业资金安全

通过企业内部的资金控制制度，以及事前、事中的严格监督和执行，可以防范企业资金沦为不法分子盗窃、诈骗、贪污和挪用的对象，从而保证企业资金的安全，保障企业经营活动的正常进行。

10.2.1.2 提高企业资金使用效益

企业资金收付频繁、业务量较大。通过资金控制，能够对企业的资金进行统一的筹集、分配、使用和管理，最大限度地提高资金使用效率，从而提高企业经营效益，避免由于经营者的资金管理意识淡薄而导致的资金规模不合理、使用效率低下等现象。

10.2.1.3 控制企业财务风险

资金控制制度能够规范资金调度行为，防范财务风险。避免在企业经营过程中由于无法偿还到期债务、资金链断裂、被迫停产、关闭或破产等产生财务危机。

10.2.2 资金控制的内容

资金控制是指企业按照一定的权限和程序，对涉及资金的筹集及流入、使用和支付的各项财务活动进行管理。它主要包括资金收入管理、资金支出管理、筹资活动管理和投资活动管理。

10.2.2.1 资金收入管理

资金收入管理包括银行账户控制、现金和支票收入控制、票据和有价证券控制等管理活动。其中：银行账户控制是指企业申请开户、账户操作、账户变更和撤销等财务活动；现金和支票收入控制是指企业现金和银行存款收付、使用及保管等财务活动；票据和有价证券控制是指企业票据和有价证券的接收、签发、登记、保管与兑现等。

10.2.2.2 资金支出管理

资金支出管理既包括银行账户控制，还包括付款计划、付款申请、付款方式方法、付款期限、授权审批、办理付款等财务活动的管理。

合理有效的资金支出管理要求首先明确内部资金调度条件，依据有效合同、合法凭证和其他相关手续支付资金；其次应强化授权和审批环节，各项业务均应在主管领导按程序审批后进行。此外，还应严格实行资金预算管理，将资金纳入预算，有超支情况同样需进行审批。

10.2.2.3 筹资活动管理

筹资活动管理包括筹资预算编制人员与审批人员、办理发行人员与保管人员、计息人员与支付人员等不相容职务相互分离，还包括授权审批制度、债券与股票的发行和登记的管理制度等。

10.2.2.4 投资活动管理

投资活动管理包括授权审批制度、不相容职务的相互分离、债券与股票的取得保管和处置控制制度、定期盘点制度、投资审批报告、投资协议、股票登记证明等文件管理制度。

10.2.3 内部资金控制制度

完善的内部资金控制制度通常包括以下内容：

（1）不相容职务分离制度。该制度要求企业合理设置财务会计及相关工作岗位，明确职责权限，形成相互制衡机制。不相容职务包括授权批准、业务经办、会计记录、财产保管、稽核检查等。

（2）授权批准控制制度。该制度要求企业明确规定相关工作的授权批准的范围、权限、程序、责任等，单位内部的各级管理层必须在授权范围内行使职权和承担责任，经办人员也必须在授权范围内办理业务。

（3）会计系统控制制度。该制度要求中小企业依据《中华人民共和国会计法》和

国家统一的会计制度，制定适合本单位的会计制度，明确会计工作流程，建立岗位责任制，充分发挥会计的监督职能。

（4）现金的保管与盘点制度。该制度要求企业加强现金库存限额的管理，超过库存限额的现金应及时存入银行，并不定期地进行现金盘点，确保账实相符。

（5）银行存款定期核对制度。该制度要求企业安排专人每月核对银行账户，并编制余额调节表，使账面余额与银行对账单的余额一致。

（6）印鉴保管和使用制度。该制度要求加强预留印鉴的管理，不得由一人保管支付款项所需的全部印章，并对所有业务严格履行签字或盖章手续。

（7）票据保管和使用制度。该制度要求明确各种票据的购买、保管、领用、转让和注销等环节的职责权限和程序，并专设登记簿进行记录，防止空白票据遗失和被盗用。

（8）文件记录管理制度。该制度要求对货币资金的收支活动形成完整的文件记录并妥善保管，包括授权审批文件、货币资金收支记录、现金盘点记录、银行对账单、银行余额调节表等。

（9）内部审计监督制度。该制度要求监督检查机构及人员定期或不定期地对货币资金业务进行内部审计监督，包括对岗位及人员设置、印鉴保管等业务程序的各个方面。

10.3 成本控制

10.3.1 成本控制的概念

10.3.1.1 成本控制的概念

成本控制是指企业根据成本管理目标，在发生生产耗费以前和成本控制过程中，对各种影响成本的因素和条件采取预防与调节措施，以保证成本管理目标实现的管理行为。

10.3.1.2 成本控制的目标

成本控制是企业财务控制中重要的一个环节。当同类产品性能、质量相差无几时，决定产品市场竞争力的主要因素则是价格，而成本正是决定产品价格高低的主要因素。

成本管理控制目标首先必须是产品寿命周期成本的全部内容，只有全面地进行成本控制，才能够提高企业资源的使用效率，为企业创造更多的效益。而从全社会角度来看，只有如此才能真正达到节约社会资源的目的。此外，企业在进行成本控制的同时还必须要兼顾产品的不断创新，保证和提高产品的质量，绝不能片面地为了降低成本而忽视产品的品种和质量。

10.3.1.3 成本控制的分类

成本控制内容一般可以从成本形成过程和成本费用构成两个角度加以分类。

(1) 按照成本形成过程划分

按照成本形成过程划分，可以将成本控制分为产品投产前的控制、制造过程中的控制、流动过程中的控制。

①产品投产前的控制。这部分控制内容主要包括产品设计成本、加工工艺成本、物资采购成本、生产组织方式、材料定额与劳动定额水平等。这些内容对成本的影响最大，它基本上决定了产品的成本水平。

②制造过程中的控制。制造过程是成本实际形成的主要阶段。绝大部分的成本支出在这里发生，包括原材料、人工、能源动力、各种辅料的消耗、工序间物料运输费用、车间以及其他管理部门的费用支出。

③流通过程中的控制。这部分控制内容包括产品包装、厂外运输、广告促销、销售机构开支和售后服务等费用。尤其需要考虑促销手段利润增量的影响，应对其做定量分析。

(2) 按照成本费用构成划分

按照成本费用构成划分，可以将成本控制分为原材料成本控制、工资费用控制、制造费用控制、企业管理费控制。

①原材料成本控制。原材料费用由于占总成本的比重较大，是成本控制的主要对象。影响原材料成本的因素有采购、库存费用、生产消耗、回收利用等，因此原材料成本控制活动可以从采购、库存管理和消耗三个环节着手。

②工资费用控制。减少单位产品中工资的比重，对于降低成本有重要意义。控制工资成本的关键在于提高劳动生产率，它与劳动定额、工时消耗、工时利用率、工作效率、工人出勤率等因素有关。

③制造费用控制。制造费用包括折旧费、修理费、辅助生产费用、车间管理人员工资等，虽然所占比重不大，但仍应加强控制。

④企业管理费控制。企业管理费是指为管理和组织生产所发生的各项费用，开支项目非常繁杂，同样也是成本控制中不可忽视的内容。

10.3.2 成本控制的基础工作

成本控制的基础工作是指成本控制的起点，包括定额制定、标准化工作和制度建设三个部分。

10.3.2.1 定额制定

定额是指企业在一定的生产技术水平和组织条件下，人力、物力、财力等各种资源的消耗达到的数量界限，主要包括材料定额和工时定额。工时定额的制定主要依据各地区收入水平、企业工资战略、人力资源状况等因素。定额管理是成本控制基础工作的核心，也是成本预测、决策、核算、分析、分配的主要依据。

10.3.2.2 标准化工作

标准化工作是成本控制成功的基本前提，包括计量标准化、价格标准化、质量标准化和数据标准化四个部分。

（1）计量标准化。计量是指用科学方法和手段测定生产经营活动中的量与质的数值，并为生产经营尤其是成本控制提供基础数据。统一计量标准是获取准确成本信息的前提。

（2）价格标准化。成本控制过程中需要制定内部价格和外部价格。内部价格是指企业内部各核算单位之间，各核算单位与企业之间模拟“商品”交换的价值尺度；而外部价格是指企业在购销活动中与外部企业产生供应和销售的结算价格。标准价格是成本控制运行的基本保证。

（3）质量标准化。为产品制定质量标准是成本控制的灵魂，没有质量，再低的成本都是徒劳的。成本控制是质量控制下的成本控制，没有质量标准，成本控制就会失去方向。

（4）数据标准化。制定成本数据的采集过程，明确责任，做到成本数据按时报送，及时入账，信息共享；同时，应规范成本核算方式，明确成本的计算方法。另外，对成本的书面文件采用公文格式，统一表头，形成统一的成本计算图表格式，更为清晰明了。

10.3.2.3 制度建设

制度建设是企业运行的根本保证。通过制度建设，能够固化成本控制运行，保证成本控制质量。成本控制中最重要的制度是定额管理制度、预算管理制度、费用申报制度等。在实际中，制度建设要从实际运行角度出发，易于执行，便于操作。另外，也要防范制度执行不力、导致其形同虚设情况的发生。

10.3.3 成本控制的基本程序

成本控制的基本工作程序包括制定成本标准、成本监督、纠正偏差、进行采购四个部分。

10.3.3.1 制定成本标准

成本标准是成本控制的准绳，成本标准首先包括成本计划中规定的各项指标。这就必须规定一系列具体的标准以满足具体控制的要求。确定这些标准的方法，大致有三种：①计划指标分解法；②预算法；③定额法。

10.3.3.2 成本监督

成本监督是指根据控制标准，对构成成本的各个项目进行检查、评价和监督。不仅要检查指标本身的执行情况，而且要检查和监督影响指标的各项条件，如设备、工艺、工具、工人技术水平、工作环境等。

成本日常控制的主要方面包括材料费用的日常控制、工资费用的日常控制以及间接费用的日常控制。这些日常控制不仅需要有专人负责和监督，而且要使费用发生的执行者实行自我控制。同时，还应当在责任制中加以规定，才能调动全体职工的积极性。

10.3.3.3 纠正偏差

针对成本差异发生的原因，查明责任者，分清轻重缓急，提出改进措施，加以贯彻执行。一般采用下列程序对于重大差异项目进行纠正：

（1）提出提案。从各种成本超支的原因中提出降低成本的提案。这些提案首先应当着眼于那些成本降低潜力大、各方关心、可能实行的项目。

（2）讨论和决策。发动有关部门和人员进行广泛的研究与讨论。对重大课题可能要提出多种解决方案，然后进行各种方案的对比分析，从中选出最优者。

（3）确定方案实施的方法步骤及负责执行的部门和人员。

（4）贯彻执行确定的方案。

10.3.3.4 进行采购

降低采购成本是企业成本控制的重要环节，包括批量采购、联合采购和第三方采购。

（1）批量采购

小批量采购降低成本一般采用以下几种方法：

①寻求替代。当采购批量较小，采购代价较高，而采购元器件又是通用元器件时，企业可以考虑向同类生产厂家寻求采购替代，从同类生产厂家购买少量的替代品。

②让技术人员参与采购。对于新产品的研发和试制，如果让生产技术人员参与采购、直接与供应商沟通，可以确定采购的准确数量，减少采购量。

③与供应商结成战略联盟。通过与供应商结成战略联盟，形成长期合作的互惠互利关系，以降低小批量采购成本。

（2）联合采购

联合采购是指同类型的中小生产企业通过跨企业的联合采购以扩大采购批量、降低采购成本的一种采购方法。

（3）第三方采购

第三方采购是指企业将产品或服务采购外包给第三方公司的一种采购方法。与企业自己进行采购相比，第三方采购往往可以提供更多的价值和购买经验，也可以变小批量采购为大批量，从而有助于企业更专注核心竞争力。

10.3.4 成本控制的方法

成本控制的方法按照着手点不同，可以分为成本中占比例高部分、创新部分、关键点、可控制费用以及激励约束机制五个方面。

10.3.4.1 从成本中占比例高的方面着手

材料费用在产品成本中所占比例较高，一般占到60%~80%，人工费用其次。因此，只要牢牢地控制住成本占有比例较高的几个部分，企业的成本控制的目标就比较容易达到，成本计划一般就不会被突破。

10.3.4.2 从创新方面着手

企业成本控制往往希望成本每年都有一定幅度的降低，但成本降低到了某一限度后，很难再有降低空间。因此，企业应该积极从创新方面着手来降低成本，如寻找降低原料用量的新技术或寻找价格更便宜的新材料、从工艺创新上来提高材料利用率、降低材料的损耗量、提高成品率等。

10.3.4.3 从关键点着手

形成产品成本的有些环节对成本的形成起到关键作用，而企业成本控制如果能从这些关键点着手，往往能起到事半功倍的效果。例如：从事技术含量不高、原料品种多的家用电器制造业，降低采购原料的价格可能成为该企业成本的控制关键点；资金密集性的快速消费品，降低存货，加速资金周转可能成为该企业的成本控制关键点。

10.3.4.4 从可控制费用的方面着手

产品成本分为可控成本和不可控成本。其中，不可控制成本一般是指企业的决策而形成的成本，包括管理人员工资、折旧费和部分企业管理费用，这些费用在企业建立或决策实施后已形成，较少发生变化。因此，从可控成本方面进行控制，对企业而言，才更有意义和效果。

10.3.4.5 从激励约束机制方面着手

成本控制需要所有相关人员的参与。通过激励约束机制，利用奖惩的办法将节约成本与控制者的切身利益联系起来，能够调动每个成本相关者的主观能动性，发挥其在成本控制中的作用，从而将企业被动成本控制转换为全员的主动成本控制。

10.4 风险控制

财务风险控制是指利用相关信息手段，对企业财务活动施加影响或调节，以实现企业计划的财务目标，规避风险的控制方法。财务风险控制按照时序分为防护性控制、前馈性控制以及反馈控制。

10.4.1 财务预警的方法

财务预警属于前馈性可控制，是指企业选择重点监测的财务指标，确定财务危机警戒标准，以监测和发现财务危机，及时警示相关负责人员，并分析其发生财务危机的原因、提出防范措施的一种制度安排。它具有及时性和预先性。

财务预警主要包括定性预警方法和定量预警方法。

10.4.1.1 定性预警方法

四阶段症状分析法是比较典型的定性预警方法。它将财务危机区分为潜伏期、发作期、恶化期和实习期四个阶段。

另外，专家调查法、管理评分法也都是定性预警方法。这些方法相对简单，但易受分析人员的分析方法及经验的影响。

10.4.1.2 定量预警方法

定量预警方法分为单变量分析方法和多变量分析方法。

（1）单变量分析方法

单变量分析方法是指运用单一变量和个别财务比率来预测财务危机的方法，主要有比率分析法、利息及票据贴现费用判别分析法和安全率分析法。

①比率分析法是指通过财务比率的高低来判断是否存在财务危机的预警方法。预测财务危机能力最强的比率一般认为是现金流量与负债之比，其次是净收益与总资产之比，然后是总负债与总资产之比。

②利息及票据贴现费用判别分析法是指根据企业贷款利息和票据贴现费用占其销售额的百分比来判断企业的财务状况的分析方法。一般所占百分比越高，其企业状况越不佳。

③安全率分析法是指通过分析经营安全率和资金安全率来判断企业财务状况的分析方法。该方法根据这两个比率是大于0还是小于0来判断企业是否存在危机。其具体计算公式为：

$$\text{经营安全率(安全边际率)}=\frac{\text{现有或预计销售额}-\text{保本销售额}}{\text{现有或预计销售额}}$$

$$\text{资金安全率}=\text{资产变现率}-\text{资产负债率}$$

$$\text{资产变现率}=\frac{\text{现有或预计销售额}-\text{保本销售额}}{\text{现有或预计销售额}}$$

单变量分析存在一定的局限性。一方面，不同的人对最重要的指标选择不同，分析结论也不同；另一方面，单变量分析能说明企业处于财务危机，但不能证明企业即将破产。另外，其得出的结论也可能受到通货膨胀因素的影响。

（2）多变量分析方法

多变量分析方法，顾名思义就是借助多元函数来分析预测企业的财务状况。其中，最为典型的是“Z-计分法”，该方法通过对会计数据和市场价值的信用风险模型进行分析，以计量企业破产的可能性。其函数为：

$$Z=0.012X_1+0.014X_2+0.033X_3+0.006X_4+0.999X_5$$

X_1 = 营运资本/资产总额

X_2 = 留存收益/资产总额

X_3 = 息税前利润/资产总额

X_4 = 股东权益的市场价值/负债价值总额

X_5 = 销售额/资产总额

该方法的判断标准为：若 Z 值大于 2.675，则表明企业财务状况良好；若 Z 值小于 1.81，则表明企业财务状况堪忧；若 Z 值在 1.81～2.675 之间，则说明企业财务状况不稳定，称为“灰色地带”。

10.4.2 解决财务危机的措施

采用各种手段进行财务预警分析后，企业需要应对财务危机，采取相应的措施。

10.4.2.1 信息沟通

（1）企业内部各部门、人员之间的信息沟通能够使他们获得在执行管理和控制企业过程中所需要的信息。有效的信息沟通系统，要求能够对信息及时予以识别、获取和加工并采用便于信息使用的形式，在企业内部进行纵向和横向的有效传递。信息沟通使员工了解其职责，保持对财务活动的控制，是财务控制的载体。

（2）企业与利益相关者之间的信息沟通有助于企业得到他们的理解和支持，以解决财务危机。例如，投资者向危机企业投入各种资源，债权人可能通过债务重组，政府可能给予一定的优惠政策，职工可能主动减少薪酬、延长工时，以上都有助于企业摆脱困境、度过危机。

10.4.2.2 对症下药，采取对策

当企业处于“健康”发展阶段时，企业应具有超前意识，主要做好产品开发创新工作，满足消费者需求。当企业处于“正常”状况时，要分析没达到“健康”状况的原因，并予以解决，如果企业处于“危险”阶段时，更应对症下药。

总而言之，企业需要做到居安思危、未雨绸缪，要有一定的风险意识和超前意识，建立健全财务预警机制，以避免财务危机的发生和恶化。

案例讨论

巴林银行事件

1995 年 2 月 26 日，具有 230 多年历史、在世界 1000 家大银行中按核心资本排名第 489 位的英国巴林银行，因进行巨额金融期货投机交易，造成 9.16 亿英镑的巨额亏损，被迫宣布破产。后经英格兰银行的斡旋，被荷兰国际集团（LNG）以 1 美元的象征价格

完全收购。

巴林银行创立于1762年，最初从事贸易活动，后涉足证券业，19世纪初，成为英国政府证券的首席发行商。此后100多年来，该银行在证券、基金、投资、商业银行业务等方面取得了长足发展，成为伦敦金融中心位居前列的集团化证券商，连英国女皇的资产均委托其管理，素有“女皇的银行”美称。就是这样一个历史悠久、声名显赫的银行，竟因一个28岁的青年进行期货投机失败所累而陷入绝境。28岁的尼克·里森1992年被巴林银行总部任命为新加坡巴林期货（新加坡）有限公司的总经理兼首席交易员，负责该行在新加坡的期货交易并实际从事期货交易。

1992年巴林银行有一个代码为“99905”的“错误账户”，专门处理交易过程中因疏忽而造成的差错，如将买入误为卖出等。新加坡巴林期货公司的差错记录均进入这一账号，并发往伦敦总部。1992年夏天，伦敦总部的清算负责人乔丹·鲍塞（Gordon Bowser）要求里森另行开设一个代码为“88888”的“错误账户”，以记录小额差错，并自行处理，以省却伦敦的麻烦。数周之后，巴林总部换了一套新的电脑系统，重新决定由“99905”账户记录所有差错记录，“88888”账户因此搁置不用，但成为后来里森造假的工具。

1992年7月17日，里森手下一名刚加盟巴林的王（Wang）姓交易员手头出了一笔差错：将客户的20份日经指数期货合约买入委托误为卖出。里森在当晚清算时发现了这笔差错。要矫正这笔差错就须买回40份合约，损失2万英镑，并应报告巴林总部。但在种种考虑之下，里森决定利用“8888”账户承接了40份卖出合约，以使账面平衡。此后，里森便一发而不可收，频频利用“88888”账户吸收下属的交易差错。在其后不到半年的时间里，该账户就吸收了30次差错。直到1994年7月份，亏损额已增加到5000万英镑。为了应付查账的需要，里森假造了花旗银行有5000万英镑的存款。

1994年下半年起，里森开始涉足日本日经指数期货。1995年1月26日里森竟用了270亿美元进行日经指数期货投机。不料，日经指数从1月初起一路下滑，此后又发生了日本神户大地震，股市因此暴跌。里森所持的多头头寸遭受重创。为了反败为胜，他继续从伦敦调入巨资，增加持仓。到2月10日，里森已在新加坡国际金融交易所持有55 000份日经股价指数期货合约。

所有这些交易均进入“88888”账户。为维持数额如此巨大的交易，每天需要3000万~4000万英镑。巴林总部竟然接受里森的各种理由，照付不误。1995年2月中旬，巴林总部转至新加坡5亿多英镑，已超过了其47 000万英镑的股本金。

1995年2月23日，日经股价指数急剧下挫276.6点，里森持有的多头合约已达6万余份，而日本政府债券价格的一路上扬，其持有的空头合约也多达26 000份。由此造成的损失则激增至86 000万英镑。里森意识到无法弥补亏损，于是被迫仓皇出逃。26日晚，英国中央银行英格兰银行在没拿出其他拯救方案的情况下只好宣布对巴林银

行进行倒闭清算，寻找买主，承担债务。

巴林银行的破产，对国际金融市场造成严重的冲击，影响的范围，直接涉及新加坡、东京、大阪、伦敦、我国香港和其他有关的金融市场。新加坡股市较大幅度下跌，跌幅达0.92%。日本股市作为重灾区，所受的打击更为沉重。在英国，英镑汇率随之受到冲击，英镑兑马克汇率跌穿2.3的重要支撑位，成为两年多来的新低。巴林事件使马来西亚、韩国及印度等国的金融管理当局深感震惊，因为这些国家正计划推出期货交易。

问题：

1. 巴林银行事件发生的主要原因有哪些？
2. 为了防止此类事件的一再发生可以采取哪些措施来完善财务控制制度？
3. 通过阅读此案例你有哪些启示？

本章小结

财务控制是指对企业的各项财务活动的制度设计与具体方法进行干预，以确保企业目标及其财务计划得以实现。财务控制的手段主要有组织规划、授权批准、预算控制、成本控制、实物资产控制、风险控制和内部审计等。

资金控制是企业财务管理的核心内容，包括资金收入管理、资金支出管理、筹资活动管理和投资活动管理。通过资金控制，可以保障企业资金安全、提高企业资金使用效益、控制企业财务风险。完善企业内部资金控制制度是资金控制的重要手段，内部资金控制制度包括不相容职务分离制度、授权批准控制制度、会计系统控制制度、现金的保管与盘点制度、银行存款定期核对制度以及内部审计监督制度等。

成本控制是指对各种影响成本的因素和条件采取预防与调节措施，以保证成本管理目标实现的管理行为。成本控制内容一般可以从成本形成过程和成本费用构成两个角度加以分类。其基础工作包括定额制定、标准化工作以及制度建设三个部分。

财务风险控制是指利用相关信息手段，对企业财务活动施加影响或调节，以规避风险的控制方法。财务预警是风险控制的重要手段。财务预警的方法包括四阶段症状分析法、比率分析法、利息及票据贴现费用判别分析法以及安全率分析法、“Z-计分法”等。

知识拓展

一、判断企业财务危机的方法

（一）财务预警四阶段症状分析法

财务预警四阶段症状分析法的内容见表 10-1。

表 10-1

财务危机潜伏期	财务危机发作期	财务危机恶化期	财务危机实现期
销售额下降； 销售额上升，利润额下降	自有资本不足； 过分依赖外部资金，利息负担过重	经营者无心经营业务，专心于财务周转	负债超过资产，丧失偿付能力
企业资产流动性差	缺乏财务的预警作用	资金周转困难	宣布倒闭
资本结构不合理	债务到期不支付	债务拖延偿付	
财务信誉持续降低			
财务经营秩序混乱			

（二）利息及票据贴现费用判别分析法

利息及票据贴现费用判别分析方法根据企业的不同其判别标准也不一样。具体判断标准见表 10-2。

表 10-2

利息及票据贴现费用占销售额的百分比	制造业（%）	3	5	7	10
	批发业（%）	1	3	5	7
企业状况		健康型	维持现状型	缩小均衡型	倒闭型

（三）安全率分析法

安全率分析法主要对经营安全率和资金安全率是否大于 0 进行判断，并据此预测企业的财务状况。其具体方法见表 10-3。

表 10-3

		经营安全率	
		大于 0	小于 0
资金安全率	大于 0	经营状况、财务状况良好。	财务状况良好，但经营状况已存在问题。若不能及时改善经营状况，将影响企业未来的财务状况。
	小于 0	经营状况良好，但财务状况已存在问题。若不能及时改善财务状况，将影响企业的经营状况。	企业随时可能发生财务危机。

二、判断企业财务危机的其他方法

判断企业财务危机，除本书中介绍的几种方法外，还可以采用主要指标判断法、资产负债表判断法等方法进行分析。

（一）主要指标判断法

主要指标判断法是指采用财务指标对财务危机进行综合的预测的方法，其具体判断方法见表 10-4。

表 10-4

财务指标	计算公式	财务危机的征兆
到期债务本息偿付比率	经营活动现金净流量/（本期到期债务本金+现金利息支出）	该指标小于 1
资产负债率	负债总额/资产总额×100%	该指标大幅上升
流动比率	流动资产/流动负债×100%	该指标降到 150%以下
存货周转率	销售成本/平均存货	该指标大幅下降
应收账款周转率	销售净额/应收账款平均余额	该指标大幅下降

其中，大幅上升或下降，通常是指 20%以上，具体判断标准因企业而异；流动比率的警戒标准同样因企业而异，150%为通常标准。

（二）资产负债表判断法

资产负债表判断法主要是通过对资产负债表简表的外观来判断企业流动资产、非流动资产及负债和所有者权益之间的比例关系，从而预测财务危机。以下四个表分别表示保守型资产负债表、稳健性资产负债表、激进型资产负债表和危机型资产负债表。

表 10-5　　保守型资产负债简表

<table>
<tr><td rowspan="2">流动资产</td><td>流动负债</td></tr>
<tr><td>长期负债</td></tr>
<tr><td>非流动资产</td><td>所有者权益</td></tr>
</table>

表 10-6　　稳健型资产负债简表

<table>
<tr><td>流动资产</td><td>流动负债</td></tr>
<tr><td rowspan="2">非流动资产</td><td>长期负债</td></tr>
<tr><td>所有者权益</td></tr>
</table>

表 10-7　　激进型资产负债简表

<table>
<tr><td>流动资产</td><td rowspan="2">流动负债</td></tr>
<tr><td rowspan="3">非流动资产</td></tr>
<tr><td>长期负债</td></tr>
<tr><td>所有者权益</td></tr>
</table>

表 10-8　　危机型资产负债简表

<table>
<tr><td>流动资产</td><td rowspan="2">负债</td></tr>
<tr><td rowspan="2">非流动资产</td></tr>
<tr><td>未弥补亏损</td></tr>
</table>

即问即答

即问：

1. 财务控制的手段有哪些？
2. 资金控制包括哪些内容？
3. 成本控制的基础工作有哪些？
4. 财务预警的方法有哪些？

即答：

1. 财务控制的手段主要有组织规划、授权批准、预算控制、成本控制、实物资产控制、风险控制和内部审计等。

2. 资金控制的内容包括资金收入管理、资金支出管理、筹资活动管理和投资活动管理。

3. 成本控制的基础工作包括定额制定、标准化工作以及制度的建设三个部分。

4. 财务预警的方法包括四阶段症状分析法、比率分析法、利息及票据贴现费用判别分析法以及安全率分析法、“Z-计分法”等。

实战训练

一、不定项选择题

1. 下列属于企业内部资金控制制度的有（　　）。

A. 授权审批制度　　B. 相容职务相互分离制度

C. 印鉴保管和使用制度　　D. 内部审计监督制度

2. 以下（　　）属于定性财务预警方法中的“四阶段症状分析法”。

A. 潜伏期　　B. 恶化期

C. 发作期　　D. 实现期

3. 以下（　　）属于成本控制的方法的着手点。

A. 成本中占比例高部分　　B. 创新部分

C. 关键点　　D. 价格较低部分

E. 可控制费用　　F. 激励约束机制

二、思考题

1. 财务控制存在哪些局限性？怎样才能避免这些缺陷？

2. 财务控制中最重要的控制手段是什么？为什么？

3. A 公司是大型工业企业，为加强内部控制制度建设，聘请甲会计师事务所对其 2012 年 12 月 31 日内部控制的有效性进行审计。注册会计师在检查的过程中发现了以下问题：

对于工程项目控制：

（1）A 公司为加强在建工程的管理，要求审批人根据工程项目相关业务授权批准制度的规定，在授权范围内进行审批，不得超越审批权限。经办人在职责范围内，按照审批人的批准意见办理业务。对于审批人超越授权范围审批的工程项目业务，经办人虽无权拒绝办理，但在办理后应及时向审批人的上级授权部门报告。

（2）A 公司为确保工程项目收益，对工程项目专门组织人员进行可行性研究，并出具项目评估报告，公司在对工程项目决策时，一般按照可行性研究评估报告意见进行审批。

（3）A 公司为使工程尽快竣工形成生产能力，同时考虑到公司资金比较充足，与施工单位约定，工程价款在工程开工时就支付总价款的 80%。

对于货币资金控制和销售业务控制：

A 公司的会计为外聘的兼职会计，平时不在公司上班，日常会计事务均由出纳小张办理，所有票据和印章均由小张保管。一天，有客户持现金 2 万元的购货发票要求退货，正与小张争执时，被王经理碰到，经查该款系 2 个月前的销货款，并未入账。

要求：

根据《企业内部控制基本规范》的要求，分析、判断A公司在工程项目、货币资金和销售业务控制中存在的问题。

案例分析

巴林银行破产的致命之殇

通过分析上述巴林银行破产事件的原因，我们可以发现巴林银行的破产除了里森这个罪魁祸首外，其本身财务控制的漏洞百出也是导致悲剧发生的主要原因。具体而言，巴林银行事件是由以下几方面因素共同造成的：

（一）巴林集团管理层的失职

1994年年末和1995年年初，新加坡国际金融交易所发现新加坡巴林期货公司的交易中存在若干异常，并向巴林集团提出了一些关于新加坡巴林期货公司的征询。如果巴林集团的管理层能够检讨并理解新加坡国际金融交易所在致该集团的信中所表述的忧虑，那么倒闭是可能挽回的。但巴林资产负债管理委员会回复新加坡国际金融交易所第二封信中却做出许多毫无基础的错误保证。与此同时，作为新加坡巴林期货公司的财务董事，琼斯未经独立地详细了解整个事件，就掉以轻心地在里森草拟的回复新加坡国际金融交易所征询里森交易活动的复函上签字，同样需要为整个事件承担较大责任。

（二）松散的内部控制

从巴林破产的整个过程看，无论是各国金融监管机构或国际金融市场都普遍认为，金融机构内部管理是风险控制的核心问题，而巴林的内部控制却是非常松散的。据报载，在1995年2月26日悲剧发生之前，巴林银行的证券投资已暴露出极大的风险性，但竟没有引起该行高级管理人员的警惕。1995年1月第一周，里森持有合约3024份，20天后即持有合约16 852份（短短20天内，合约持有额增长4倍）。到1995年2月中旬，里森持有的合约突破20 000份，比在同一市场操作的第二大交易商持有头寸多出8倍。这个信号却没有被巴林银行的最高管理当局注意到从而做出应有的反应。总之，巴林银行本身的内部控制制度失灵了，预警系统失效，最终导致了悲剧的发生。

巴林主管完全不知晓里森所作所为是不可能的。里森后来在狱中感慨："对于没有人来制止我的这件事，我觉得不可置信。伦敦的人应该知道我的数字都是假造的……这些人都应该知道我每天向伦敦总部要求现金是不对的，但他们仍旧支付这些钱。"可以说，巴林银行的倒闭不是一人所为，而是一个组织结构漏洞百出的、内部管理失控的机构所致。

（三）业务交易部门与行政财务管理部门职责不明

在巴林新加坡分部，里森本人就是制度。他分管交易和结算，这给了里森许多自己

做决定的机会。作为总经理，他除了负责交易外，还集以下四种权利于一身：监督行政财务管理人员；签发支票；负责把关与新加坡国际货币交易所交易活动的对账调节；负责把关与银行的对账调节。行政财务管理部门保留各种交易记录并负责付款。他既负责前台交易又从事行政财务管理，就像一个人既看管仓库又负责收款。虽然公司总部对他的职责非常清楚，但并未采取任何行动。

（四）代客交易部门与自营交易部门划分不清

以一个公司的资本做交易叫做公司自营交易，除此之外，公司还可以代客户交易。当然，第二种情况公司会向客户收取一定的佣金或交易费。比如我们大家熟悉的股票交易，公司一般根据客户的要求做交易，当然有时也提供一些建议。由于公司仅仅按照客户的要求代其行使权利，如有损失客户自己负责。由于所得利润归客户，出现维持金不够的情况也应由客户自己垫付。

里森所做的交易也曾受到巴林银行新加坡期货部同行们的质询，但是他总是说自己是代客户交易。代客户交易与自营交易的混淆带来了管理上的困难，会导致相关业务无法清楚核算，为内部审计发现财务危机带来阻碍，无法进行有效的风险管理。这同样也属于财务控制不足的部分。

（五）奖金结构与风险参数比例失当

许多公司为鼓励员工辛勤工作，采取发放奖金的办法。一般根据员工的职务、工作经验、工作成绩以及其他诸多因素来确定，但巴林银行根据交易所得利润支付大笔奖金，而不考虑公司的风险参数或公司的长期策略。这种把交易员的收入与他的交易利润挂钩的奖励制度，最大的问题是刺激了交易员的贪利投机，高额的奖金使得雇员急于赚钱而很少考虑公司所承担的风险。

问题：

阅读材料，分析巴林银行破产的原因，讨论内部控制制度在企业中发挥着怎样的作用？

词汇对照

财务控制 Finance control	资金控制 Capital control
成本控制 Cost control	风险控制 Risk control
内部审计 Internal audit	内部控制制度 Internal control system

第四篇

专题篇

公司财务专题篇章通常是讲述公司价值评估及公司财务战略，其并不完全涉及日常的公司财务管理活动，但公司发展到一定阶段，必然会对公司价值进行评估，进行收购兼并活动，以期扩大经营范围。

11 公司价值评估

教学目标

1. 评价和衡量一个企业的公平市场价值。

2. 通过对潜在活动的评估，可以应用于投资分析、战略分析，并进行以价值为基础的管理。

3. 重点与难点：理解公司评估的三种主要方法，并结合实际运用。

内容结构

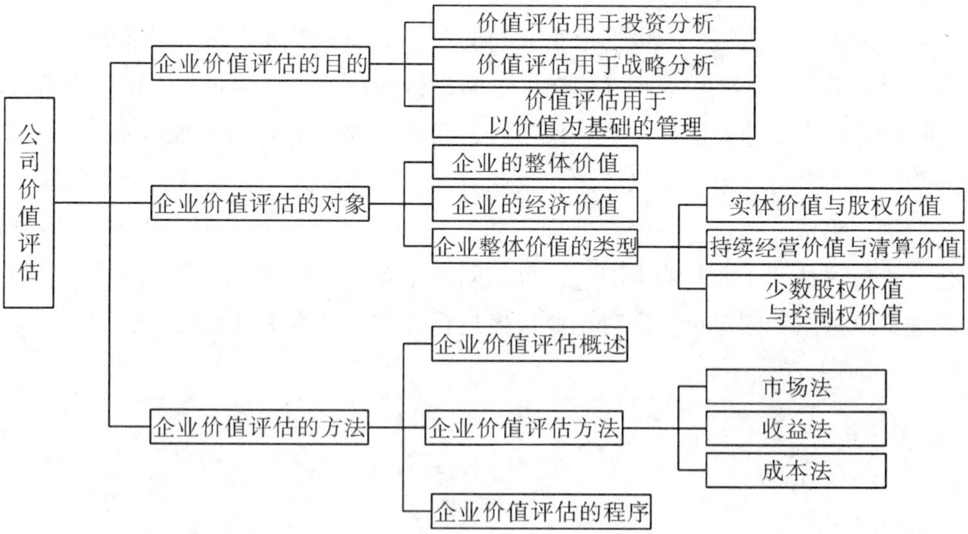

- 公司价值评估
  - 企业价值评估的目的
    - 价值评估用于投资分析
    - 价值评估用于战略分析
    - 价值评估用于以价值为基础的管理
  - 企业价值评估的对象
    - 企业的整体价值
    - 企业的经济价值
    - 企业整体价值的类型
      - 实体价值与股权价值
      - 持续经营价值与清算价值
      - 少数股权价值与控制权价值
  - 企业价值评估的方法
    - 企业价值评估概述
    - 企业价值评估方法
      - 市场法
      - 收益法
      - 成本法
    - 企业价值评估的程序

范例引述

西部地区 B 公司为依托于房地产商的民营建材装饰公司，创建于 2002 年，主营业务有建筑承包、装饰等。A 公司为一房地产公司，创建于 1994 年，成长于重庆，发展于全国，是一家追求卓越、专注品质和细节的专业地产公司。集团总部设在北京，现有员工 7300 多人，业务领域涉及地产开发、商业运营和物业服务三大板块。截至 2012 年 2 月，公司业务已拓展至重庆、成都、北京、上海、西安、无锡、常州、沈阳、杭州、青岛、大连、烟台、玉溪、宁波 14 个城市。

A 公司创业之初，其房地产项目的外墙装饰、室内装饰以及装饰材料的选购主要是外包给其他企业以降低成本。随着公司的发展以及业务的扩大，A 公司需要打造属于自身的设计风格。经过长久的考察，A 公司决定对 B 公司进行收购。

B 公司的总资产为 30 000 万元、资产负债率为 70%，经过磋商 A 公司老板用 28 000 万元购买了 B 公司。

思考题：

1. B 公司的整体价值该如何去确定？
2. A 公司用 28 000 万元收购 B 公司是否物有所值？
3. 当 B 公司有新产品上市时，会增加收益，B 公司的未来现金流该如何确定？

本章导言

当前国企改革进入攻坚阶段，企业的并购行为也越来越受到人们的关注。我国政府也明确鼓励通过资产重组，积极推进企业间的兼并活动。李某建立连锁书店，基金投资人投入资金；莱美药业要扩大经营规模，不断进行同行业的收购兼并，这些都需要对企业价值进行评估。企业价值评估是现代市场经济的产物，它适应企业改制、公司上市、企业并购、股票发行上市、股权转让、企业兼并、收购或分立、联营、组建集团、中外合作、合资、租赁、承包、融资、抵押贷款、法律诉讼、破产清算等目的整体资产评估、企业价值评估。企业并购中的一个核心问题是企业并购交易的价格的确定。能够运用折现现金流量法和相对价值法对企业价值进行评估，是本章讨论的重点。

理论概念

11.1 企业价值评估的目的

企业价值评估是将一个企业作为一个有机整体，依据其拥有或占有的全部资产状况和整体获利能力，充分考虑影响企业获利能力的各种因素，结合企业所处的宏观经济环境及行业背景，对企业整体公允市场价值进行的综合性评估。企业价值评估的目的：适用于企业改制、公司上市、企业并购、股票发行上市、股权转让、企业兼并、收购或分立、联营、组建集团、中外合作、合资、租赁、承包、融资、抵押贷款、法律诉讼、破产清算等目的整体资产评估。

企业价值评估是财务管理的重要工具之一，具有广泛的用途。企业价值评估的目的如下：

（1）管理目的：摸清家底、量化管理、内聚人心、外展实力。

（2）资产运作：作价转让、许可使用、打假索赔、质押贷款。

（3）资本运作：参资入股、增资扩股、置换股权、合资合作。

11.1.1 价值评估可以用于投资分析

价值评估是基础分析的核心内容。企业价值与企业财务报表密切相关，两者之间的数据存在函数依存关系，这种关系在一定时间内是可验证的，是相对稳定的。证券价格始终是在价值上下波动，价格偏离价值经过一段时间的调整会向价值回归。投资者据此原理寻找并且购进被市场低估的证券或企业，以期获得高于市场平均报酬率的收益。

价值评估认为市场只在一定程度上有效，即并非完全有效。在完善的市场中，市场价值与内在价值相等，价值评估没有什么实际意义。在这种情况下，企业无法为股东创造价值。股东价值的增加，只能利用市场的不完善才能实现。价值评估正是利用市场的缺陷寻找被低估的资产。当评估价值与市场价格相差悬殊时，必须十分慎重，评估人必须令人信服地说明评估值比市场价格更好的原因。

11.1.2 价值评估可以用于战略分析

战略是指一整套的决策和行动方式，是设计用来开发核心竞争力、获取竞争优势的一系列综合的、协调的约定和行动。公司选择了一种战略，即就在不同的竞争方式中做出了选择，从这个意义上来说，战略选择表明了这家公司打算做什么以及不做什么，打算做什么会给公司带来潜在的利益，不打算做什么会减少可能的损失。战略分析是指使用定价模型清晰地说明经营设想和发现这些设想可能创造的价值，目的是评价企业目前和今后增加股东价值的关键因素是什么。

11.1.3 价值评估可以用于以价值为基础的管理

企业财务管理的目标是股东价值最大化，而股东财富就是企业的价值的体现，增加企业价值是企业决策正确性的根本标志。我们应了解某一项决策对企业价值的影响，否则无法对决策进行评价。从这种意义上来说，价值评估是企业一切重大决策的手段，也是企业价值管理的手段。企业某项财务决策对企业价值产生较大的影响，需要理清财务决策、企业战略和企业价值之间的关系，依据企业价值最大化原则制订和执行经营计划等，在此基础上实行以企业价值为基础的管理。

11.2 企业价值评估的对象

企业价值评估的一般对象是企业整体的经济价值。企业整体的经济价值是指企业作为一个整体的公平市场价值。

企业整体的经济价值可以分为实体价值和股权价值、持续经营价值和清算价值、少数股权价值和控股权价值等类别。

11.2.1 企业的整体价值

企业整体作为一项资产对投资者（或企业主）所具有的内在价值。从企业计价学的角度看，它的金额介于投资者整体购入企业愿意支付的、与企业的产权所有者转让企业整体希望收到的价款之间，也可以用边际价值表示，即企业主拥有的包括该企业在内的总资产的价值减去企业主放弃该企业后的总资产价值的差额。

西方经济学认为，一家企业也是一项资产，它对投资者具有的经济效用，即投资价值。因此，可运用与计价个别资产相同的方法来计价整体企业。但个别资产与企业整体之间也存在着差别。

个别资产通常只代表企业主在企业中财富的一部分，而企业整体价值则是企业的全部财富。更为重要的是，企业整体价值并不等于所有可辨认净资产的公允价值之和，它可能蕴含有助于可辨认净资产发挥更大作用的、难以量化的因素，也可能含有对可辨认净资产的发挥作用产生负面影响的、难以量化的因素。

11.2.2 企业的经济价值

经济价值是指一项资产的公平市场价值，通常用该资产所产生的未来现金流量的现值来计量。

在价值管理中，一种是强调无形价值，即培育企业核心价值观、管理员工精神；另一种是强调有形价值，即经济价值用公式表示：经济 = 销售收入 - 直接成本（含税）-使用资本的机会成本。前者倾向于首先明确企业的核心价值观，然后通过企业文化影响员工的精神价值观念，最终达到企业价值与员工价值取向一致化；后者则因为无

形价值的多样性、复杂性及可操作性弱的原因，将经济价值等同于企业价值。实际上，企业经济价值与企业价值之间是不能划等号的。

我们从会计师的角度来思考，会计师习惯于适用会计价值和历史成本计价，事实上要区分会计价值与经济价值、现时市场价值与公平市场价值。

（1）会计价值与市场价值。会计价值与市场价值是两回事。会计价值是指资产、负债和所有者权益的账面价值。市场价值是指生产部门所耗费的社会必要劳动时间形成的商品的社会价值。

会计报表以交易价格为基础。例如，某企业购买某项资产以5000万元的价格购入，该价格客观地计量了资产的价值，以原始凭证作为支持，会计师就将它计入账簿。过了5年，由于技术更新该资产的市场价值已经大大低于5000万元，或者由于通货膨胀，其价值已远高于最初的购入价格，记录在账面上的历史成交价格与现实的市场价值已经毫不相关了，会计师仍然不能修改其记录。其原因是，会计师只有在资产需要折旧或摊销时，才能修改资产价值的记录。

会计师选择历史成本而舍弃现行市场价值的理由有两点：①历史成本具有客观性，可以重复验证，而这也是现行市场价值所缺乏的。会计师、审计师的职业地位，需要客观性的支持。②如果说历史成本与投资人的决策不相关，那么现行市场价值也同样与投资人决策不相关。投资人购买股票的目的是获取未来收益，而不是企业资产的价值。企业的资产不是被出售，而是被使用并在产生未来收益的过程中消耗殆尽。与投资人决策相关的信息，是资产在使用中可以带来的未来收益，而不是其现行市场价值。由于财务报告采用历史成本报告资产价值，其符合逻辑的结果之一是否认资产收益和股权成本，只承认已实现收益和已发生费用。

其实，会计报表数据的真正缺点，主要不是没有采纳现实价格，而是在于没有关注未来。会计准则的制定者不仅很少考虑现有资产可能产生的未来收益，而且把许多影响未来收益的资产和负债项目从报表中排除。表外的资产包括良好的管理、商誉、忠诚的顾客、先进的技术等；表外的负债包括未决诉讼、过时的生产线、低劣的管理等。因此，价值评估通常不使用历史购进价格，只有在其他方法无法获得恰当的数据时才将其作为质量不高的替代品。

按照未来售价计价，也称未来现金流量计价。从交易属性上来看，未来售价计价属于产出计价类型；从时间属性上来看，未来售价属于未来价格。它也经常被称为资产化价值，即一项资产未来现金流量的现值。

未来价格计价有以下特点：未来现金流量现值面向的是未来，而不是历史或现在，符合决策面向未来的时间属性。经济学家认为，未来现金流量的现值是资产的一项最基本的属性，是资产的经济价值。只有未来售价计价才符合企业价值评估的目的。因此，除非特别指明，企业价值评估的“价值”是指未来现金流量现值。

（2）现实市场价值与公平市场价值。企业价值评估的目的是确定一个企业的公平市场价值。所谓“公平的市场价值”，是指在公平的交易中，熟悉情况的双方，资源进行资产交换或债务清偿的金额。资产被定义为未来的经济利益。所谓“经济利益”，其实就是现金流入。资产就是未来可以带来现金流入的东西。由于不同时间的现金不等价，需要通过折现处理。因此，资产的公平市场价值就是未来现金流入的现值。

要区分现实市场价值与公平市场价值。现实市场价格是指按现行市场价格计量的资产价值，它可能是公平的，也可能是不公平的。

首先，作为交易对象的企业，通常没有完善的市场，也没有现成的市场价值。非上市企业或者其一个部门，由于没有在市场上出售，其价格也就不得而知。对于上市企业来说，每天参加交易的只是少数股权，多数股权不参加日常交易，因此市场只是少数股东认可的价格，未必代表公平价值。

其次，股票价格是经常变动的，人们不知道哪一个是公平的。

最后，评估的目的之一是寻找被低估的企业，也就是价格低于价值的企业。如果用现实市价作为企业的估价，则企业的价值与价格相等。

11.2.3 企业整体经济价值的类型

我们已经明确了价值评估的对象是企业的总体价值，但这还不够，还需要进一步明确是“哪一种”整体价值。

11.2.3.1 实体价值与股权价值

当一家企业收购另一家企业的时候，可以收购卖方的资产，而不承担其债务；或者购买它的股份，同时承担其债务。例如，A 企业以 10 亿元的价格买下了 B 企业的全部股份，并承担了 B 企业原有的 5 亿元的债券，收购的经济成本是 15 亿元。

企业全部资产的总体价值，称为“企业实体价值”。企业实体价值是股权价值与净债务价值之和。其计算公式为：

企业实体价值=股权价值+净债务价值

股权价值在这里不是指所有者权益的会计价值（账面价值），而是指股权的公平市场价值。净债务价值也不是指它们的会计价值（账面价值），而是指债务的公平市场价值。

大多数企业并购是以购买股份的形式进行的，因此评估的最终目标和双方谈判的焦点是卖方的股权价值。但是，买方的实际收购成本等于股权成本加上所承接的债务。

11.2.3.2 持续经营价值与清算价值

企业能够给所有者提供价值的方式有两种：一种是由营业所产生的未来现金流量的现值，称为持续经营价值（简称续营价值）；另一种是停止经营，出售资产产生的现金流，称为清算价值。这两者的评估方法和评估结果有明显区别。我们必须明确拟评估的

企业是一个持续经营的企业还是一个准备清算的企业，评估的价值是其持续经营价值还是清算价值。在大多数情况下，评估的是企业的持续经营价值。

一个企业持续经营的基本条件是其持续经营价值超过清算价值。依据理财的“自利原则”，当未来现金流的原值大于清算价值时，投资人会选择持续经营。如果现金流量下降，或者资本成本提高，使得未来现金流量现值低于清算价值，投资人则会选择清算。

11.2.3.3　少数股权价值与控制权价值

在股票市场上交易的只是少数股权，大多数股票并没有参加交易。掌握控股权的股东，不参加日常的交易。我们看到的股价，通常只是少数已经交易的股票价格，它们衡量的只是少数股权的价值。少数股权与控股权的价值差异明显的出现在收购交易当中。一旦控股权参加交易，股价会迅速飙升，甚至达到少数股权价值的数倍。在评估企业价值时，必须明确拟评估的对象是少数股权价值还是控股权价值。

买入企业的少数股权和买入企业的控股权，是完全不同的两回事。买入企业的少数股权是持股人，不参与企业的经营管理，只是一个旁观者；买入企业的控股权，投资者获得改变企业生产经营方式的充分自由，或许还能增加企业的价值。这两者如此不同，以至于可以认为：同一企业的股票在两个分割开来的市场上交易。一个是少数股权市场，它交易的是少数股权代表的未来现金流量；另一个是控股权市场，它交易的是企业控股权代表现金流量。获得控股权，不仅意味着取得了未来现金流量的索取权，而且意味着获得了改组企业的特权。在两个不同市场里交易的实际是不同的资产。

总之，在进行企业价值评估时，首先要明确拟评估的对象是什么，搞清楚是企业实体价值还是股权价值，是持续经营价值还是清算价值，是少数股权价值还是控股权价值。它们是不同的评估对象，有不同的用途，需要使用不同的方法进行评估。

11.3　企业价值评估的方法

11.3.1　企业价值评估概述

企业价值评估就是在企业面临着各种资产重组活动时，衡量企业以及企业内部经营单位、分支机构资产的内在经济价值的判断估计过程。

11.3.2　企业价值评估方法

企业价值评估常用的方法有三种：市场法、收益法 、成本法。

11.3.2.1　市场法

市场法是将评估对象与可参考企业或者在市场上已有交易案例的企业、股东权益、证券等权益性资产进行对比以确定评估对象价值的方法。其应用前提是，假设在一个完全市场上相似的资产一定会有相似的价格。市场法中常用的方法包括参考企业比较法、

并购案例比较法和市盈利率法。

企业价值评估运用市场法，首先，必须存在一个企业交易完善活跃的市场，且这个市场已经有一定的历史，以便有充足的有关企业价值方面的信息资料；其次，运用市场法进行企业价值评估，必须保证评估标的企业和所选参照物之间有充分的可比性，即要有可比较的参数。市场法中常用的两种方法是参考企业比较法和并购案例比较法。

（1）参考企业比较法

参考企业比较法是指通过对资本市场上与被评估企业处于同一或类似行业的上市公司的经营和财务数据进行分析，计算适当的价值比率或经济指标，在与被评估企业比较分析的基础上，得出评估对象价值的方法。

在参考企业比较法下，市盈率（PE）乘数法和市净率（PB）倍数法是最常用的评估方法。

市盈率方法和市净率方法的基本思路是：首先，选择与被评估企业处于同一或类似行业的上市公司，收集分析可比上市公司的经营数据和财务数据，计算出不同口径的市盈率和市净率；然后，分别按不同口径计算被评估企业的各种口径收益额和净资产，以相同或相似上市公司的平均市盈率或市净率作为乘数，推算出企业的市场价值。其一般表达公式为：

企业价值=企业收益（净利润）×市盈率

或　企业价值=企业净资产×市净率

企业收益可选择企业最近一年的税后收益或最近三年税后收益的平均值。市盈率和市净率等评估方法是一种将股票价格与当前公司盈利和资产状况联系一起的一种直观的方法，也易于计算并容易获得。采用市盈率方法和市净率方法评估企业价值，需要有一个较为完善的证券市场，要有行业齐全且足够数量的上市公司。虽然我国证券市场的现状与其适用的前提条件尚有一定差距，但随着我国证券市场不断完善和发展，上市公司股权改革的深入以及投资理念回归价值投资等内外条件陆续具备，市盈率方法或市净率方法将在企业整体价值评估中获得广泛的运用。

参考企业比较法的基本步骤为：

①选择可比企业。所选取的可比企业应在营运上和财务上与被评估企业具有相似的特征。

②选择及计算乘数。乘数一般有两类：基于市场价格的乘数和基于企业价值的乘数。如果想比较具有不同杠杆水平的企业，使用基于企业价值的估值乘数是更合适的。

③运用选出的众多乘数计算被评估企业的价值估计数。

④对企业价值的各个估计数进行平均。

（2）并购案例比较法

并购案例比较法是指通过分析与被评估企业处于同一或类似行业的公司的买卖、收

购及合并案例，获取并分析这些交易案例的数据资料，计算适当的价值比率或经济指标，在与被评估企业比较分析的基础上，得出评估对象价值的方法。

市场法着眼于未来收益，更能够反映市场中投资者对企业的看法。它适用于股票市场较完善的市场环境中，经营较为稳定的企业价值评估，适用于企业 IPO 定价和机构投资者制定投资组合/决策。

【例 11-1】甲公司和乙公司为两家高科技企业，适用的企业所得税税率均为 15%。甲公司总部在北京，主要经营业务在华北地区；乙公司总部和经营业务均在上海。乙公司与甲公司经营同类业务，已先期占领了所在城市的大部分市场，但资金周转存在一定的困难，可能影响未来持续发展。

2013 年 1 月，甲公司为拓展市场，形成以上海为中心、辐射华东的新的市场领域，着手筹备并购乙公司。并购双方经过多次沟通，与 2013 年 3 月最终达成一致意向。

甲公司准备收购乙公司 100%的股权，为此聘请资产评估机构对乙公司进行价值评估，评估基准日为 2012 年 12 月 31 日。资产评估机构采用收益法和市场法两种方法对乙公司价值进行评估。并购双方经协商，最终确定按市场法的评估结果作为交易的基础，并得到有关方面的认可。与乙公司价值评估相关的资料如下：

（1）2012 年 12 月 31 日，乙公司资产负债率为 50%，税前债务资本成本为 8%。假定无风险报酬率为 6%，市场投资组合的预期报酬率为 12%，可比上市公司无负债经营 β 值为 0.8。

（2）乙公司 2012 年税后利润为 2 亿元，包含 2012 年 12 月 20 日乙公司处置一项无形资产的税后净收益 0.1 亿元。

（3）2012 年 12 月 31 日，可比上市公司平均市盈率为 15 倍。

假定并购乙公司前，甲公司价值为 200 亿元；并购乙公司后，经过内部整合，甲公司价值将达到 235 亿元。

甲公司应付的并购对价款为 30 亿元。甲公司预计除并购对价款外，还将发生相关交易费用 0.5 亿元。

假设不考虑其他因素。

要求：

（1）用收益法计算评估乙公司价值时所使用的折现率。

（2）用参考企业比较法计算乙公司的价值。

（3）计算甲公司并购收益和并购净收益，并从财务管理角度判断该并购是否可行。

解析：

（1）首先确定用收益法评估乙公司价值时所使用的折现率。因为并购活动通常会引起资产负债率的变化，进而影响 β 系数，因此需要调整乙公司负债经营的 β 系数。

$\beta = 0.8 \times [1 + (1 - 15\%) \times (50\%/50\%)] = 1.48$

权益资本的成本 $r_e = 6\% + 1.48 \times (12\% - 6\%) = 14.88\%$

由于债务资本利息可以税前扣除，具有抵税的作用，因此，

债务资本的成本 $r_d = 8\% \times (1 - 15\%) = 6.8\%$

乙企业的资产负债率为 50%，即权益资本和债务资本各占 50%，所以，

加权平均资本成本 $r_{wacc} = 14.88\% \times 50\% + 6.8\% \times 50\% = 10.84\%$

（2）用参考企业比较法计算乙公司的价值：

调整后的乙公司 2012 年税后净利润=2-0.1=1.9（亿元）

企业价值=净利润×市盈率=1.9×15=28.5（亿元）

（3）计算甲公司并购收益和并购净收益：

并购收益=235-（200+28.5）=6.5（亿元）

并购溢价=30-28.5=1.5（亿元）

并购净收益=6.5-1.5-0.5=4.5（亿元）

甲公司并购乙公司后，甲公司价值达到 235 亿元，能够产生 4.5 亿元的并购净收益，从财务管理的角度分析，此次并购交易可行。

11.3.2.2 收益法

收益法通过将被评估企业预期收益资本化或折现至某特定日期以确定评估对象价值。其理论基础是经济学原理中的贴现理论，即一项资产的价值是利用它所能获取的未来收益的现值。

收益法的核心理念是：企业价值的高低主要取决于企业未来整体资产的获利能力，而不是现有资产的多少。从股东和企业的角度来讲，收益法是目前评估企业价值的最科学、最有效的方法，已成为国际通用的企业整体内在价值评估方法。

收益的表现形式主要有净利润和净现金流量。净现金流量不但不受会计政策的影响，而且能反映资金的时间价值，所以净现金流量能够更准确地反映资产的预期收益。

收益法主要包括现金流量折现法、EVA 估价法和收益资本化法三种。

（1）现金流量折现法。

现金流量折现法的基本思路是增量现金流量原则和时间价值原则，也就是任何资产（包括企业和股权）的价值都是其产生的未来现金流量的现值。现金流量折现法是评估企业投资或资产的收益（即净现金流量）从而评估企业价值的方法。其基本原理是一项资产的价值应等于该资产在未来所产生的全部现金流的现值之和。

现金流量折现法的最大优点是：折现率直接反映风险、收益和价值之间的关系，能较好地反映市场的实际情况；同时，可以明确资产评估价值与资产的效用密切相关，重点考虑企业资产未来的盈利能力和发展潜力，可以为企业战略决策提供依据。

资产价值的计算公式为：

$$V = \sum_{t=1}^{n} \frac{CFt}{(1+r)^{t}} = \sum_{t=1}^{n} CFt \times (P/F, r, t)$$

式中：V—— 资产价值；

n—— 资产的持续期；

CFt—— 资产在 t 时刻产生的现金流。

现金流量折现法能直接揭示企业的获利能力，反映企业价值的本质涵义。

①现金流量的估计。

现金流量是指公司一项投资或资产在未来不同时点所发生的现金流入和现金流出的数量。净现金流量是一定时期内现金流入量和流出量的差额。

在企业价值评估中，现金流量分为股权现金流量（FCFE）和企业自由现金流量（FCFF）。

股权现金流量（FCFE）是指归属于股东的现金流量，是扣除还本付息以及用于维持现有生产和建立将来增长所需的新资产的资本支出与营运资金变动后剩余的现金流量。股权自由现金流量的计算公式为：

股权自由现金流量（FCFE）= 税后净利润+折旧等摊销-资本性支出-净营运资金的变动+付息债务的增加（减少）

企业自由现金流量（FCFF）是指归属于包括股东和付息债务的债权人在内的所有投资者的现金流量。企业自由现金流量（FCFF）的计算公式为：

企业自由现金流量（FCFF）= 税后净利润+折旧等摊销+利息费用（扣除税务影响后）-资本性支出-净营运资金的变动

②折现率的估计。

折现率是指将未来收益还原或转换为现值的比率，也就是反映净现金流风险所要求的回报率。现金流的回报率由正常投资回报率和风险投资回报率两部分组成。折现率的确定通常采用以下三种方法：

第一，风险累加法。

采用风险累加法确定折现率的基本公式为：

折现率 = 无风险报酬率+风险报酬率

其中，风险报酬率一般包括财务风险报酬率和经营风险报酬率等。经营风险是由企业经营的本身所引起的收益不确定性。它通过企业经营期间运营收入的分布来度量，即：运营收入变化越大，经营风险越大；运营收入变化越小，经营风险越小。财务风险是由负债导入企业的资本结构之中而产生的。通常用负债与权益的百分比来度量财务风险，负债在资本结构中的比重越大，这种风险越大。

风险累加法确定折现率最大的难点在于如何使风险报酬率量化。

第二，资本资产定价模型。

资本资产定价模型（CAPM）是一种描述股票与期望收益率之间关系的模型，是用方差 β 值来度量不可分散的风险，并将风险与收益联系起来。其计算公式为：

$$R = R_f + \beta(R_m - R_f)$$

式中：R ——权益资本成本（权益资本报酬率）；

β ——无风险报酬率；

β ——股东预期收益率。

第三，加权平均资本成本模型。

加权平均资本成本模型（WACC）是企业不同资产成本的加权平均值，即资本加权平均报酬率。当评估企业的整体价值或投资性资产的价值时，需要采用资本加权平均报酬率进行折现，它与企业的息前税后净现金流量相匹配。其计算公式为：

$$WACC = \frac{债务}{TF} \times 债务资本成本 \times (1 - Tax) + \frac{权益}{TF} \times 权益资本成本$$

式中：TF—— 企业融资总额；

Tax—— 企业所得税率。

WACC 的计算方法有两种：一是账面价值法。即以企业各类投资的账面价值为基础计算各类投资占总投资的比重，并作为权重。二是市场价值法。即以各类投资的市场价值为基础计算各类投资占总投资的比重，并作为权重。相比之下，市场价值法更为合理，原因在于资本成本衡量的是筹资时发行证券（债券和股票）的成本，不是按账面价值发行。

对于新建或新改组企业，或资产负债结构较合理的企业，采用加权平均成本法确定折现率是较适当的选择。但对于一些未进行资产剥离、没有进行股份制改造的国有企业，由于其负债率较高，同时又难以确定各类长期资金的资金成本，加权平均资本成本法的运用受到制约。

【例 11-2】A 公司是一家商贸流通企业，假设通过对 A 公司发展趋势的分析，估算出了未来几年的公司经营情况见表 11-1。假设 2013 年为基准日期，A 公司资产负债情况（2013 年 12 月 31 日）资产总额为 9721 万元，负债总额为 3881 万元、净资产为 2874 万元，发行在外的股票为 1000 万股，资产负债率为 40%。

表 11-1　　A 公司近几年的财务状况　　单位：万元

项目名称	2010 年 12 月 31 日	2011 年 12 月 31 日	2012 年 12 月 31 日	2013 年 12 月 31 日
流动资产	104	192	1431	1657
固定资产	4131	5267	5785	6726
无形资产及其他资产	1681	1546	1410	1331

表11-1(续)

项目名称	2010 年 12 月 31 日	2011 年 12 月 31 日	2012 年 12 月 31 日	2013 年 12 月 31 日
递延税款借项	0	0	0	6
资产总计	5916	7004	8626	9721
流动负债	2227	2490	3135	3660
长期负债	0	0	233	221
负债总计	2227	2490	3368	3881
所有者权益合计	3689	4514	5258	2874

已知市场上的无风险利率采用 2013 年五年期国债利率以 7%计算，β 系数采用商业数据服务公司公布的公司股票贝塔值来替代，测算值 $\beta=1.25$，关于市场预期收益为 13%。债务借款的利率采用银行五年期贷款基准利率（8%）。A 公司的资产负债率为 40%，假定资产和负债的比例不变，资产负债率（40%）保持不变。

假设在 A 公司存续期间，不存在不可抗拒力造成的不利影响；企业所执行的税率政策无重大改变；企业制定的经营目标能按进度实现；经营条件保持稳定，公司能持续经营；企业的会计信息披露真实可靠，财务数据真实可信。

表 11-2 **预测利润表** 单位：万元

项目	2014 年	2015 年	2016 年	2017 年	2018 年	2019 年
一、主营业务收入	2892	7729	8452	9247	9771	10 234
减：主营业务成本	616	1607	1725	1854	1940	2015
主营业务税金及附加	240	642	702	768	812	850
二、主营业务利润	2035	5480	6024	6624	7019	7369
加：其他业务利润	41	105	110	115	121	127
减：营业费用（不含折旧及摊销）	479	1380	1608	1759	1900	1998
管理费用（不含折旧及摊销）	443	1187	1304	1422	1511	1592
折旧及摊销	449	1026	1088	1145	1181	1217
财务费用	53	127	127	127	127	127
三、营业利润	652	1864	2007	2285	2422	2562
加：投资收益						
补贴收入						
营业外收入						
营业外支出						
四、利润总额	652	1864	2007	2285	2422	2562
减：所得税	163	466	502	571	605	641
五、净利润	489	1398	1505	1714	1816	1922

要求：

预测各年的现金流量；

计算评估时应采用的折现率；

试用现金流量折现法对企业的价值进行评估。

解析：

表 11-3　　预计现金流量表　　单位：万元

项目	2014 年	2015 年	2016 年	2017 年	2018 年	2019 年	2019—2035 年
加：财务费用	40	95	95	95	95	95	
加：折旧与摊销	449	1026	1088	1145	1181	1217	
减：营运资金增加							
减：资本性支出	1000	836	836	636	738	638	
净现金流量	22	1683	1852	2318	2355	2596	
加：期末固定资产回收							
回收营运资金							822
现金流量小计	22	1683	1852	2318	2355	2596	29 993

权益资本的成本 = 7%+1.25 ×（13% − 7%）= 14.5%

债务资金成本 = 8% ×（1 − 0.25）= 6%

加权平均资金成本 = 14.5% × 0.6 + 6% × 0.4 = 11%

所以评估时应采用的折现率为 11%。

表 11-4　　现金流量折现表　　单位：万元

项目	2014 年	2015 年	2016 年	2017 年	2018 年	2019 年	2019—2035 年	合计
现金流量小计	22	1683	1852	2318	2355	2596	29 993	
折现率	0.11	0.11	0.11	0.11	0.11	0.11		
折现系数	0.96	0.86	0.78	0.7	0.63	0.57		
现值	-21	1454	1443	1629	1492	1483	7611	15 091
债务价值							6036	
股东权益价值								9055

由表 11-4 得：

总价值 = 15 091 万元

股东权益价值 = 15 091−15 091×0.4 = 9055（万元）

每股股权价值 = 9055/1000 = 9.05（元）

【例 11-3】A 公司是一家生物工程公司，2013 年它的每股营业收入为 12.4 元，每

股净收益为 3.10 元，每股资本支出为 1 元，每股折旧为 0.6 元。预计该公司在今后 5 年内将高速增长，预期每股收益增长率为 30%，资本性支出、折旧和营运资本以同比例增长，收益留存比率为 100%，β 值为 1.3，国库券利率为 7.5%。2013 年营运资本为营业收入的 20%，负债比率为 60%，5 年后进入稳定增长期，预期增长率为 6%，即每股收益和营运资本按 6%的速度增长。资本性支出可以由折旧来补偿，稳定增长期的 β 值为 1。该公司发行在外的普通股共 3000 万股，市场平均风险报酬为 5%。请估计该公司的股权价值。

解析：

估计 A 公司的股权现金流量：

$$FCFE = \text{净收益} - (\text{资本性支出} - \text{折旧}) \times (1 - \text{负债比率}) - \text{营运资本增量} \times (1 - \text{负债比率})$$

$$FCFE_{2014} = 3.10 \times (1 + 30\%) - (1 - 0.6) \times (1 + 30\%) \times (1 - 60\%) - [12.4 \times 20\% \times (1 + 30\%) - 12.4 \times 20\%] \times (1 - 60\%) = 3.52(\text{元})$$

$$FCFE_{2015} = 4.03 \times (1 + 30\%) - 0.21 \times (1 + 30\%) - 0.30 \times (1 + 30\%) = 4.58\ (\text{元})$$

$$FCFE_{2016} = 6.81 - 0.35 - 0.50 = 5.96\ (\text{元})$$

$$FCFE_{2017} = 8.85 - 0.46 - 0.65 = 7.74\ (\text{元})$$

$$FCFE_{2018} = 11.51 - 0.60 - 0.85 = 10.06\ (\text{元})$$

$$FCFE_{2019\text{以后}} = 11.51 \times (1 + 6\%) - 12.4 \times (1 + 30\%)^5 \times 20\% \times 6\% \times (1 - 60\%) = 11.98\ (\text{元})$$

计算 A 公司的股权资本成本：

$$r = 7.5\% + 1.3 \times 5\% = 14\%$$

$$r_n = 7.5\% + 1 \times 5\% = 12.5\%$$

计算 A 公司股权自由现金流量的现值：

$$= \frac{3.52}{(1 + 14\%)} + \frac{4.58}{(1 + 14\%)^2} + \frac{5.96}{(1 + 14\%)^3} + \frac{7.74}{(1 + 14\%)^4} + \frac{10.06}{(1 + 14\%)^5} + \frac{11.98}{(12.5\% - 6\%)(1 + 14\%)^5} = 116.17(\text{元})$$

表 11-5　　现金流量折现表　　单位：万元

项目	基期	2014 年	2015 年	2016 年	2017 年	2018 年	2018 年以后
每股营业收入①	12.40	16.12	20.96	27.24	35.42	46.04	
每股收益②	3.10	4.03	5.24	6.81	8.85	11.51	
每股折旧③	0.60	0.78	1.01	1.32	1.71	2.23	
每股资本支出④	1.00	1.30	1.69	2.20	2.86	3.71	
营运资本①×20%	2.48	3.22	4.19	5.45	7.08	9.21	
营运资本增量		0.74	0.97	1.26	1.63	2.12	
FCFE		3.52	4.58	5.96	7.74	10.07	11.98
折现率		0.14	0.14	0.14	0.14	0.14	0.125
折现系数		0.8772	0.7695	0.6750	0.5921	0.5194	
现值		3.09	3.53	4.02	4.58	5.23	95.72
股份数量（万股）							3000
股权价值							348 512
债务价值							522 768
总价值							871 280

计算 A 公司的股权价值：

股权价值=116.17×3000=348 512（万元）

债务价值=348 510÷（1-60%）×60%=522 768（万元）

总价值=348 510+522 765=871 280（万元）

（2）EVA 估价法。

经济附加价值（Economic Value Added，EVA）是指企业资本收益与资本成本之间的差额，资本所增加的经济价值或经济增加值。

EVA =税后营业净利润-资本总成本

=投资资本×（投资资本回报率-加权平均资本成本）

与现金流量折现法相比，EVA 估价法具有自己独特的优点：

①能更准确地反映企业的内在价值。

计算 EVA 时，需要对会计资料进行必要的调整，剔除了公认会计准则中的稳健性原则对公司营业净利润的失真性影响，减少经营者盈余操纵的可能性，将研发费用进行资本化处理等，从而更能够体现股东的价值理念，可以更真实地评价企业的经营业绩。

②实现了企业价值评估与企业效绩评价的有效统一。

EVA 由于从经济的角度对价值创造的行为和举措一一判定，不受短期现金流的影响，剔除会计数字的扭曲和曲解，反映出期间价值创造的准确数字。因此，EVA 估价法实现了企业价值评估与企业绩效评价的有效统一，有助于促进企业管理向着以开发企

业潜在价值为主要目的价值管理转变。

③能够适应一些特殊行业、特殊企业的价值评估需要。

EVA 估价法特别适应新兴企业及 IT 行业企业的价值评估，还能够适应业务重组企业的价值评估，更适应进行业务结构重整以及为业务流程再造提供科学的决策参考。

（3）收益资本化法。

收益资本化法是指将企业未来预期的具有代表性的相对稳定的收益除以资本化率转换为企业价值的一种方法。通常直接以单一年度的收益预测为基础进行价值估算，即通过将收益预测与一个合适的比率相除或将收益预测与一个合适的乘数相乘获得。

收益资本化法通常适用于企业的经营进入稳定时期，即在可预计的时期内将不会产生较大的波动或变化，其收益达到稳定的水平，或其增长率是基本固定的，企业的当期收益等于年金，用一个资本化率来计算这一年金现值，以获得企业的价值。

收益法主要适用于那些具有很高的财务杠杆比率或财务杠杆比率发生变化的目标公司。收益法不适用于以下企业：对于当前经营困难、预计在未来的一段时间内现金流是负数的企业（如网络公司）；对于拥有某种无形资产，但目前尚未利用、预期现金流量难以估计的企业；对于在经营旺季现金流大幅上升，而在淡季现金流急剧下降的周期性企业。

11.3.2.3 成本法

成本法也称成本加和法、资产基础法，是指在目标企业资产负债表的基础上，通过合理评估企业各项资产价值和负债从而确定评估对象价值的一种方法。

成本法的基本思路是：将被评估企业视为一个生产要素的组合体，在对各项资产清查核实的基础上进行评估，最后逐项加和获得企业整体价值。成本法中最重要的概念就是重置成本，它是指现在重新购置同样资产或重新制造同样产品所需的全部成本。在使用上，对以持续经营为前提的企业进行价值评估时，成本法一般不应作为唯一使用的评估方法。

成本法的评估结果是以惯用的资产负债表的形式来表示，评估结果也便于进行账务处理，这种形式对于熟悉财务报表的评估人员来说，是非常适合和容易把握的。在评估过程中，分别估算每一种资产的价值，可以将每一种资产对企业价值的贡献反映出来。

采用成本法对企业价值进行评估时，应将企业拥有的有形资产、无形资产以及应当承担的负债全部纳入价值评估的范围。不仅要对经会计计价确认的账面资产进行评估，而且要对与企业价值创造有关的账外资产予以界定、确认和评估。由于企业资产的账面价值是以历史成本为基础的会计数据，评估时还必须按市价对存货、应收账款、土地、建筑物等资产进行调整。因此，对账面价值的调整和对表外资产和负债、尤其是无形资产进行评估，增加了成本法使用的难度，所以成本法不适用于高新技术企业的价值评估。

成本法主要适用于企业并购、企业清算和资产纠纷诉讼。一是成本法可以确定整体企业价值和所有者权益价值。企业购买者和出售者双方在谈判中通常采用这种评估方法。二是成本法可以分别确定企业各单项资产的价值，很容易衡量单项资产价值对企业价值的影响程度。因此，这种方法也经常用于企业清算，股东或合伙人对争议中资产的分配，或某一重大资产纠纷中的资产分割。

11.3.3 企业价值评估的程序

在企业价值评估工作中，我们可以了解企业价值评估的一般步骤。

（1）现场考察，了解被评估企业的背景资料（行业及所处地位、发展阶段等）管理状况、经营情况、市场情况。

（2）委托合同签订，明确评估目的、对象、评估基准日及客户的各项要求。

（3）提供清单，收集资料，共同制作。从法律、经济、技术及其获利能力等方面，了解目标公司的资产和负债的质量，特别关注现金流问题。

（4）社会及市场调研、检索资料、分析有关市场需求、价格信息、技术指标、经济指标、国家政策、行业动态等。

（5）起草报告，实行内部三级审核制度。

（6）征求意见、完善报告、项目移交。

资产评估的要素：

（1）评估主体，即从事资产评估的机构和人员，他们是资产评估工作的主导者。

（2）评估客体，即被评估标的物，它们是资产评估的具体对象，也称为评估对象。

（3）评估依据，也就是资产评估工作所遵循的法律、法规、经济行为文件、重大合同协议以及取费标准和其他参考依据。

（4）评估目的，即资产业务引起的经济行为对资产评估的结果的要求，或资产评估结果的具体用途。

（5）评估原则，即资产评估的行为规范，是调节评估当事人各方关系、处理评估业务的行为准则。

（6）评估程序，即资产评估工作从开始准备到最后结束的工作顺序。

（7）评估价值类别，即对资产评估价值质的规定，它对资产评估参数的选择具有制约性。

（8）评估方法，即资产评估运用的特定技术，是分析和判断资产评估价值的手段和途径。

（9）资产评估假设，即资产评估得以进行的前提条件假设等。

（10）资产评估基准日，即资产评估时间基准。

案例讨论

A 医学整形美容医院创建于 1993 年，是一家经国家卫生行政机构批准的大型整形、激光美容医院，是一家集美容整形临床、科研、教学为一体的综合性美容整形专科医院。目前，A 医院的服务内容可以分为三大科室+医美馆。三大科室是指整形科、推拿科和口腔科。

在面对国内医改的大环境和新机遇下，A 医院为了谋求更快的发展和占领更高的市场份额，拟主要通过增资扩股（或投资方收购一部分股份）形式引进战略合作伙伴。医院有关部门在财务顾问的指导下对本单位所拥有的整体资产进行初步评估。

（一）企业总体情况

基于美容行业特殊的行业特征，医院现金流表现良好，客源稳定增长。根据评估人员对本医院所处的行业概况分析和医院基本情况的核实、分析，评估人员认为本次评估所涉及的资产具有以下特点：

（1）被评估的资产是经营性资产、产权清晰，具备持续经营条件；

（2）被评估的资产能够用货币来衡量其未来收益；

（3）被评估的资产能够用货币来反映其风险；

（4）在香港有业务类似的上市公司，可比较评估价值。

（二）评估目的

因为本次评估目的是股权投资，相关交易各方更关心的是公司整体资产的投资价值，关心资产的未来获利能力和预期收益，并愿意在该时点上支付与预期收益折现的现值相对应的价格。因此，评估人员认为采用现金流折现法（收益法）能体现公司整体资产的获利能力，更能体现该公司的价值。市盈率分析可以作为辅助手段加以比较。

（三）当前财务状况

医院虽然目前是非营利性机构，但是其盈利能力一直表现较好。根据公司 2006—2008 年的财务报表数据，公司目前财务状况稳定，处于稳定增长期。其中，整形美容是该院的主要业务收入来源，经过多年发展，目前整形美容是该院的主要特色，项目运作正常，处于高盈利状况；推拿科和口腔科也是该院另外两个大的营业收入，目前这两个项目业务保持稳定、并出现良好增长的趋势，同整形美容一样，推拿科和口腔科也处于盈利状况。预计该院未来几年如果没有新的投资方或战略投资者进来，公司将保持稳定的增长速度；如果有较好的战略投资者进入该院，相信结合该院十几年在整形美容领域的经验和知名度，该院的业务将会有一个较大的提高，乃至飞跃。

综合以上几个方面因素的分析，评估人员认为该院目前财务状况良好，但是远不足以反映该院未来的发展前景和现有资源。基于以上基本分析，对 A 公司未来的运营状

况预测见表 11-6、表 11-7、表 11-8。

表 11-6　　A 公司未来四年收入预测　　单位：万元

年份	2009	2010	2011	2012	2013
整形美容	1950	2540	3300	4300	5600
口腔科	476.4	590.4	727.2	895	1100
推拿科	1125.6	1360	1630	1980	2400
连锁机构	1000	1310	1825	1825	3370
合计	4552	5800.4	7482.2	9682	12 470

表 11-7　　A 公司总成本与费用估算表　　单位：万元

序号	年份	2009	2010	2011	2012	2013
1	药品和设备	702.4	946.9	1199	1583.6	2181
2	工资与福利	1680	2000	2430	2923	3486
3	折旧费	173.4	209	235.8	263.6	296.7
4	修理费	39.3	52	67.8	79.4	89.3
5	广告费	350	362.5	500	600	862
6	管理费用	300	310	388.3	448.2	600
7	总成本和费用	3245.1	3880.4	4820.9	5897.8	7515
8	可变成本	702.4	946.9	1199	1583.6	2181
9	固定成本	2542.7	2933.5	3621.9	4314.2	5334

表 11-8　　A 公司净现金流量预测　　单位：万元

年份	2009	2010	2011	2012	2013
经营活动产生的现金流量	1480.3	2129	2897.1	4047.8	5251.7
净利润	1306.9	1920	2661.3	3784.2	4955
固定资产折旧	173.4	209	235.8	263.6	296.7
投资活动现金流量	-702.4	-946.9	-1199	-1583.6	-2181
购置固定资产	-702.4	-946.9	-1199	-1583.6	-2181
净现金流量	777.9	1182.1	1698.1	2464.2	3070.7

问题：

1. 在针对 A 公司进行资产估值的时候，为什么要对收入、总成本与费用、公司净现金流量进行预测？

2. 通过确定无风险报酬率、行业风险报酬率和企业个别报酬率，确定折旧率为 15%。请通过现金流折现方法为 A 公司进行估值。

3. 假设在这五年时间，公司针对高端客户引起了一系列顶尖设备以及医药产品，

同时也加大了广告宣传的投入。若运用账面价值法进行评估，公司的总成本与费用估算表将做出哪些方面的调整？

本章小结

企业价值评估是指对评估基准日特定目的下企业整体价值、股东全部权益价值或部分权益价值进行分析、估算并发表专业意见并撰写报告书的行为和过程。企业价值评估是将一个企业作为一个有机整体，依据其拥有或占有的全部资产状况和整体获利能力，充分考虑影响企业获利能力的各种因素，结合企业所处的宏观经济环境及行业背景，对企业整体公允市场价值进行的综合性评估。

企业价值评估是指把一个企业作为一个有机整体，依据其整体获利能力，并充分考虑影响企业获利能力诸因素，对其整体资产公允市场价值进行的综合性评估。作为整体资产的企业往往并不是所有单项资产的简单累加，而是在一定组织管理下按照生产经营中经济与技术逻辑关系形成的资产有机结合体。

企业价值评估能够帮助管理当局有效改善经营决策。企业财务管理的目标是企业价值最大化，企业的各项经营决策是否可行，必须看这一决策是否有利于增加企业价值。

价值评估可以用于投资分析、战略分析和以价值为基础的管理；可以帮助经理人员更好地了解公司的优势和劣势。重视以企业价值最大化管理为核心的财务管理，企业理财人员通过对企业价值的评估，了解企业的真实价值，做出科学的投资与融资决策，不断提高企业价值，增加所有者财富。

企业价值评估的基本方法有市场法、收益法和成本法。其中，市场法中又包含了参考企业比较法、并购案例比较法。

收益的表现形式主要有净利润和净现金流量。收益法评估的主要方法包括现金流量折现法、EVA 估价法和收益资本化法三种。

企业价值评估方法选择的原则：客观公正的原则、成本效率的原则、风险防范的原则。

知识拓展

创业板估值——传统估值模型的扩展

随着我国创业板市场的推出，如何对创业板公司进行合理的估值已经成为广泛议论的中心话题。创业板市场与主板市场不同，它更注重于公司的发展前景与增长潜力，其上市标准要远低于成熟的主板市场，所以创业板公司通常具有不同于主板公司的估值特

征：①创业板公司具有很强的成长性。这是因为创业板市场上市公司大多是高科技公司，其产品或服务具有较强的市场垄断力，一旦被市场接受就会表现出极强的扩张力。因此公司通常具有较高的增长速度，可以在短短几年内由原来的小公司发展成组织和管理日趋完善的大公司。②创业板公司具有较高的风险性。创业板市场上上市公司规模相对小，多处于创业及成长期，发展相对不成熟，因此风险会更为突出。

目前对公司估值采用的传统方法主要为现金流折现法。由于创业板公司不同于成熟主板公司的价值特征，这使得单独运用上述两种方法都容易使得计算出来的数据偏离公司的真实价值，具有很大的局限性。

实物期权是以期权概念定义的现实投资选择权，是指企业进行长期实物资本投资决策时拥有的、能根据决策过程中尚不确定的因素改变投资行为的权利。它是金融期权在实物领域的扩展，其标的物（基本资产）一般是某投资项目的价值。而实物期权赋予的权利也往往是某项投资或管理的选择权。拥有实物期权，其持有者就可以在一定期限内根据基本资产的价值变动，灵活选择投资方案或管理活动。实物期权是有价值的，因为它给予企业利用机会的柔性，以便增加收益或减少损失。

实物期权理论最早是由 Myers（1977）引入企业价值评估之中的。他认为在企业价值中，由折现现金流法得到的价值反映的是企业“现实资产”的价值，实际上它只是企业价值的一部分；企业价值的另一部分是未来增长机会的折现价值，即企业拥有的成长期权价值。此后，Kester（1984）通过实证表明，在其研究的公司中有近一半的市场价值是由企业所持有的选择权价值所构成的，并得出了企业的成长机会可以被看为基于现实资产的看涨期权的结论。

创业板公司多是处于成长阶段初期的高科技公司，与传统企业相比，这类企业的强大生命力在于它们具备及时把握市场机遇的能力，同时也具备充分运用这种机遇的实力。如创业板公司的管理者可以根据来自技术、市场、管理、资金等方面风险的评价以及竞争中投资项目收益流的变化，灵活选择投资的时机。当科研成果研究开发成功后，如果市场有利，则追加科技成果商品化所需的后续投资（相当于执行期权合约）；如果市场前景不看好，则暂时不追加后续投资，而是等待投资时机的到来。这种状况与期权定价所适用的条件非常吻合，它着重考虑了选择权或不同的投资机会所创造的价值。

运用实物期权理论对创业板公司进行估值分析能够弥补传统 DCF 方法的不足，运用 DCF 法评估高科技企业价值时，一般只考虑企业正常的生产经营条件下产生的未来现金流量。所以，采用折现现金流法获得的创业板公司定价，应该是企业现有业务基础上获利能力的价值。对于创业板公司设想或可能发生的现有业务未来投资计划，以及开拓新业务的未来投资计划这样的潜在投资机会，在折现现金流法的未来收益预测中是很难进行准确把握的，而这种潜在投资机会的价值评估正是实物期权定价法的特长和优势。同时，在企业估值定价中采用期权分析技术，借用期权的方法，可以将上述分析中

DCF 方法不能处理的项目中“灵活性”方面进行概念化、模型化，从而定量地解决“投资机会”“灵活性”的估值问题。

即问即答

即问：

1. 价值评估的目的；

2. 企业价值评估的方法；

3. 收益法评估的步骤；

4. 市场法评估应注意的问题。

即答：

1. 价值评估用于投资分析、战略分析和以价值为基础的管理。

2. 市场法、收益法和成本法。

3. ①预测未来的现金流量；②选择合适的折现率；③预测企业的连续价值；④预测企业价值。

4. ①必须存在一个企业交易完善活跃的市场；②必须保证评估的企业和所选参照物之间有充分的可比性。

实战训练

一、多项选择题

1. 企业价值评估的目的包含（　　）。

A. 确定公司股价　　B. 确定企业公平市场价值

C. 提高公司商誉　　D. 提高银行贷款上限

2. 下面（　　）不属于企业价值的范畴。

A. 企业的整体价值　　B. 企业的经济价值

C. 企业的会计价值　　C. 股东的股权价值

3. 通过预测未来的现金流，并进行折现来估计企业价值的方法为（　　）。

A. 现金流模型　　B. 账面价值法

C. 相对价值法　　D. 市价/净资产模型

4. 市盈率为（　　）两个数值之比。

A. 公司市价，股票价格　　B. 公司市价，股票发行量

C. 每股市价，每股净利　　D. 每股市价，股票发行量

二、思考题

1. 为什么在账面价值法中，通常考虑通货膨胀、公司商誉、资产折旧这三个方面？

2. 为什么在现金流模型中，资本成本（WACC）会随着公司的生命周期变化而变化？

3. 对于一个负载率很高的公司，对其价值的评估是否会受到影响？

三、实务计算题

1. 回到本章节初我们所引用的案例，B 公司的总资产为 30 000 万元，资产负债率为 70%，经过磋商 A 公司老板用 28 000 万元购买了目标 B 公司。

试问：

（1）B 公司的整体价值该如何去确定？

（2）A 公司用 28 000 万元收购 B 公司是否物有所值？

（3）当 B 公司有新产品上市，会增加收益，B 公司的未来现金流该如何确定？

表 11-9　　单位：万元

年份	基期	2008	2009	2010	2011	2012	2013
税后经营利润	396	443.5	487.9	526.9	558.5	586.4	615.8
加：折旧与摊销	240	268.8	295.7	319.3	338.5	355.4	373.2
经营现金毛流量	636	712.3	783.6	846	897	941.9	989
减：净经营营运资本增加		144	134.4	119	95.8	84.6	89
经营现金流量		568.3	649.2	730	801.2	857.2	901
减：净经营长期资产增加		240	224	197.1	159.7	141	149
折旧与摊销		268.8	295.7	319.3	338.5	355.4	374
实体现金流量		59.5	129.5	211.5	303	361	379

2. 时代百货公司 2012 年的息税前利润为 5.32 亿元，资本性支出为 3.10 亿元，折旧为 2.07 亿元，销售收入为 72.30 亿元，营运资本占销售收入的比重为 20%、税率为 30%，预期今后 5 年内将以 8%的速度高速增长。假定折旧、资本性支出和营运资本以相同比例增长，公司 β 值为 1.25，税前债务成本为 9.5%，负债比率为 50%。5 年后进入稳定增长期，稳定增长阶段的增长率为 5%，公司 β 值为 1，税前债务成本为 8.5%，负债比率为 25%，资本性支出和折旧互相抵销。市场平均风险报酬率为 5%，无风险报酬率为 7.5%。测算公司价值。

3. A 公司为股份有限公司，股份总数为 100 000 万股，B 公司为控股股东，拥有其中 90 000 万股股份。2012 年年初，为促进股权多元化，改善公司治理结构，建议控股股东转让 20 000 万股股份给新的投资者。B 公司同意这一方案，但期望以 400 000 万元的定价转让股份。

为满足股份转让需要，B 公司聘请某财务顾问公司对 A 公司进行整体估值，财务顾问公司首先对 A 公司进行了 2012—2016 年的财务预测。有关数据见表 11-10。

表 11-10　　A 公司的财务预测数据　　单位：万元

项目	2012 年	2013 年	2014 年	2015 年	2016 年
净利润	130 000	169 000	192 000	223 000	273 000
折旧及摊销	50 000	65 000	80 000	95 000	105 000
资本支出	120 000	120 000	120 000	80 000	60 000
净营运资本增加额	20 000	30 000	60 000	120 000	100 000

假定自 2017 年起，A 公司自由现金流量每年以 5%的固定比率增长。A 公司估值基准日为 2011 年 12 月 31 日。财务顾问公司根据 A 公司估值基准日的财务状况，结合资本市场相关参考数据，确定用于 A 公司估值的加权平均资本为 13%。

要求：

（1）计算 A 公司 2012—2016 年自由现金流量以及其现值；

（2）计算 A 公司 2016 年末价值及其现值；

（3）计算 A 公司的估值金额；

（4）以财务顾问公司的估值结果为基准，从 B 公司价值最大化角度分析判断 B 公司拟转让的 20 000 万股股份定价是否合理。

词汇对照

实体价值　Substantive Value　　股权价值　Equity Value

持续经营价值　Going-concern Value　　清算价值　Liquidating Value

现金流折现法　Discounted Cash Flow　　实物期权　Real Options

相对价值法　Relative Value　　持续年数　Duration

账面价值法　Book Value Method　　资本成本　WACC

12 公司财务战略

教学目标

1. 获取一个企业的发展目标，并根据不同的企业制定出不同的财务战略，在融资与筹资行为中拥有明确可靠的发展思路；

2. 理解公司整体战略与公司财务战略的区别与共性；

3. 掌握公司财务战略、整体战略的模型。

内容结构

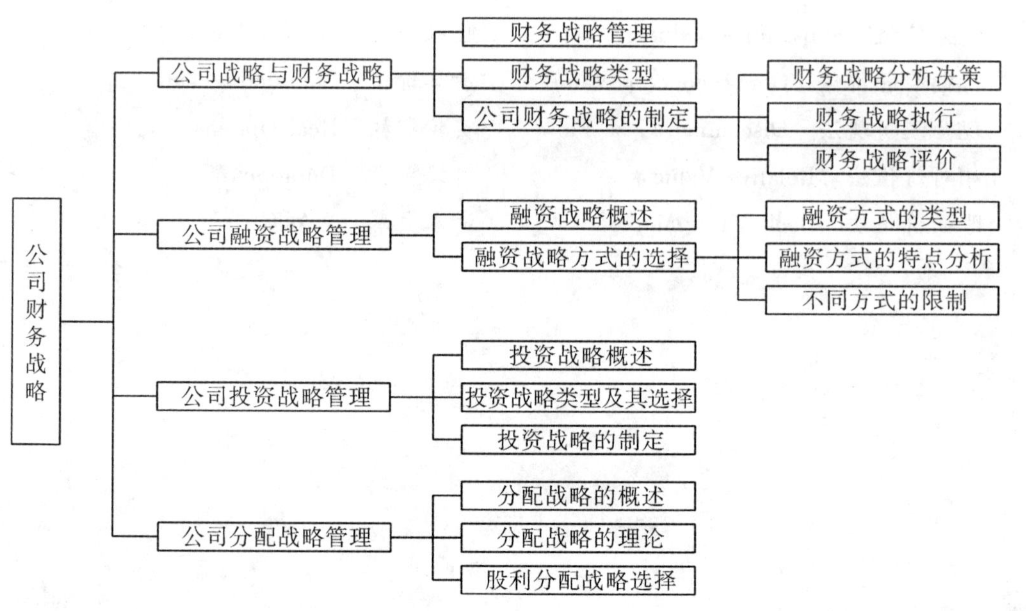

范例引述

支持集团财务战略实践——北京同仁堂集团

北京同仁堂创办于康熙八年（公元1669年），经过1956年的公司合营，1966年的所有制改造，到2001年形成了现在同仁堂集团有限责任公司。该集团下属的同仁堂股份有限公司，在上交所A股上市，由于运营良好业绩优良，年年入选最具有发展前景的企业。

北京同仁堂秉承“炮制虽繁必不敢省人工，品为送贵必不敢减物力，修合无人见，存心有天知”的经营理念，发扬国药精粹，推出了一些品质优异的中成药品，如同仁堂乌鸡白凤丸、感冒清热颗粒、安宫牛黄丸、牛黄解毒片。

经过300多年的积累，特别是集团公司成立后的10年迅猛发展。目前同仁堂集团资产规模已达50多亿元，并且在境内、境外开设了300多家分店。涉足的行业除中医药的生产和销售外，还有化妆品、保健食品、广告公司等。

同仁堂的战略定位就是以现代中药为核心，发展生命健康产业，成为国家驰名的现代中医药集团。目标概括来讲就是奋斗十年双加零，即到2010年同仁堂集团销售额、利润增长10倍。

2004年同仁堂的工作核心就是三抓、两突出、三破题。三抓就是抓基础管理、抓发展项目、抓经济效益；两突出就是突出同仁堂文化、突出工作落实；三破题就是如何在发展中保证经济运行质量，如何在发展中保证同仁堂形象，如何在发展中保证资源共享、整体受益。

由此可以看出，同仁堂的战略正在发生转型，内部层次定位是小机关多实体，对集团的定位就是负责做大做强同仁堂。子公司是复杂生产管理的公司，负责企业的生产和业务的发展。为配合同仁堂集团的整体战略，财务的战略就是负责非主营业务的下属企业关停并转，以及对新成立企业财务负责人的委派和管理。

2004年同仁堂集团财务部有两个中心工作：一是对子公司进行有偿使用集团资产的监督管理，例如品牌和药品字号等，制定一个无形资产管理办法；二是确保集团投资收益的实现。

因为上述的工作目标要求，同仁堂集团财务部感到了压力和困难。首先，同仁堂的规模在快速扩张，在扩张的时候一定有财务风险。因为同仁堂集团已经放弃了实际控制，变成指导管理。那么如何事前规避集团的风险？其中之一就是信贷和担保的风险。企业在不停地运作需要资金，需要同仁堂集团担保，担保就有风险。还有就是投资的风险，任何投资者在投资的时候要高回报就会有高风险。另外，就是同仁堂在不停地理顺

集团内部的关系，理顺人员、理顺资产，其处理过程也是有风险的。

同时，由于同仁堂集团不直接干预子公司经营，却要保证集团的收益。因为同仁堂集团的所有报表分析都是基于子公司数据真实的基础上进行，怎样保证子公司的数据是真实、准确的也是同仁堂管理部门需要面对的问题。

思考题：

同仁堂财务管理面临战略决策，如何在融资与筹资行为中形成明确可靠的发展思路，如何克服了战略转型中财务管理的困惑？

本章导言

财务战略管理实际上是战略管理思想在财务管理领域的进一步延伸及发展。当今世界，在经济全球化的形势下，市场竞争日益激烈，一个企业能够在残酷的竞争中屹立不倒，这与企业的财务管理有密切联系。财务管理的环境更加复杂化，财务活动也日益多样化，其财务管理活动受到国际政治、经济等各种因素的影响。若企业没有科学合理的财务战略管理思想，进行有效的筹集、科学的投放以及合理分配财务，必定会造成资源上的浪费，不利于企业的发展。

现代战略思想体现在公司理财上，形成了企业的财务战略。如李某的书店、莱美药业以及引例中的北京同仁堂，企业在持续经营不断发展过程中，为了谋求企业资金均衡有效地流动和实现企业战略目标，增强企业财务竞争优势，对企业资金流动进行全局性、长期性和创造性的谋划，并确保其执行的过程。

从财务战略来看，它属于从属战略或职能战略，即必须服从企业整体战略的需要；从内容来看，它所强调的是企业资金的筹集、有效流转和配置；从性质来看，它是企业具有全局性、长期性和创造性的谋划；从目的来看，制定财务战略是为了企业的增值。

理论概念

12.1 财务战略管理

12.1.1 财务战略概述

12.1.1.1 财务战略的定义

企业财务战略是指企业在一定时期内，根据宏观经济发展状况和公司发展战略，运用财务战略管理的相关分析工具，对企业的全局和未来所进行的总体和长远的谋划。

财务战略是企业战略的一个子系统。财务战略关注的焦点是企业资本资源的合理配

置与有效使用，这是财务战略不同于其他各种战略的质的规定性。财务战略在公司战略中具有重要的地位，财务战略作为职能战略，既为公司整体战略服务，又为公司经营战略服务。

财务战略目标是公司战略目标中的核心目标。企业财务战略目标是确保企业资金均衡有效流动而最终实现企业总体战略。

12.1.1.2 财务战略的特征

（1）从属性。财务战略应体现企业整体战略的要求，为其筹集到适度的资金并有效合理投放，以实现企业整体战略。

（2）系统性。财务战略应当始终保持与企业其他战略之间的动态联系，并努力使财务战略能够支持其他子战略。

（3）指导性。财务战略应对企业资金运筹进行总体谋划，规定企业资金运筹的总方向、总方针、总目标等重大财务问题。财务战略一经制定便应具有相对稳定性，称为企业所有财务活动的行动指南。

（4）复杂性。财务战略的制定与实施较企业整体战略下的其他子战略而言，复杂程度更高。

12.1.2 财务战略的类型

12.1.2.1 根据财务风险承受态度的不同分类

根据财务风险承受态度的不同，可以将财务战略分为以下三类：快速扩张型财务战略、稳健发展型财务战略、防御型财务战略。

（1）扩张型财务战略。它是以实现企业资产规模的快速扩张为目的的一种财务战略。

（2）稳健型财务战略。它是以实现企业财务绩效的稳定增长和资产规模的平稳扩张为目的的一种财务战略。

（3）防御收缩型财务战略。它是以预防出现财务危机和求得生存及新的发展为目的的一种财务战略。

12.1.2.2 企业财务战略的选择

企业财务战略的选择，影响着企业理财活动的行为与效率，决定着企业财务资源配置的取向和模式。企业在选择财务战略的过程中要注意以下三个方面的问题：

（1）财务战略的选择必须与经济周期相适应

经济的周期性波动是以现代工商业为主体的经济总体发展过程中不可避免的现象。经济周期直观特征表现在：周期长度不规则，发生频率高；波动幅度大；经济周期的波动呈收敛趋势，周期长度在拉长，波动幅度在减小；经济周期内各阶段呈现出不同的特征，在高涨阶段总需求迅速膨胀，在繁荣阶段过度繁荣，在衰退阶段进行紧缩性经济调

整，严格控制总需求。

从财务的观点看，经济的周期性波动要求企业顺应经济周期的过程和阶段，通过制定和选择富有弹性的财务战略来抵御大起大落的经济震荡，以减少它对财务活动的影响，特别是减少经济周期中上升和下降抑制财务活动的负效应。财务战略的选择和实施要与经济运行周期相配合。

在经济复苏阶段应采取扩张型财务战略。在该阶段，应增加厂房设备，采用融资租赁，建立存货，开发新产品，增加劳动力。

在经济繁荣阶段应采取快速扩张型财务战略和稳健型财务战略结合。在繁荣初期继续扩充厂房设备，采用融资租赁，提高产品价格，开展营销筹划，增加劳动力；在繁荣后期采取稳健型财务战略。

在经济衰退阶段应采取防御收缩型财务战略。停止扩张，出售多余的厂房设备，停产不利产品，停止长期采购，削减存货，减少雇员。在经济萧条阶段，特别在经济处于低谷时期，建立投资标准，保持市场份额，压缩管理费用，放弃次要的财务利益，削减存货，减少临时性雇员。

总之，企业财务管理人员要跟踪时局的变化，对企业的发展阶段做出恰当的反应。要关注经济形势和经济政策，深刻领会国家的经济政策，特别是产业政策、投资政策等对企业财务活动可能造成的影响。

（2）财务战略选择必须与企业发展阶段相适应

每个企业的发展都要经过一定的发展阶段。最典型的企业一般要经过初创期、扩张期、稳定期和衰退期四个阶段。不同的发展阶段应该有不同的财务战略与之相适应。企业应当分析所处的发展阶段，采取相应的财务战略。

在初创期，现金需求量大，需要大规模举债经营，因而存在着很大的财务风险，股利政策一般采用非现金股利政策；在扩张期，虽然现金需求量也大，但它是以较低幅度增长的，有规则的风险仍然很高，股利政策一般可以考虑适当的现金股利政策。因此，在初创期和扩张期企业应采取扩张型财务战略。

在稳定期，现金需求量有所减少，一些企业可能有现金结余，有规则的财务风险降低，股利政策一般是现金股利政策。因此，在稳定期企业一般采取稳健型财务战略。

在衰退期，现金需求量持续减少，最后经受亏损，有规则的风险降低，股利政策一般采用高现金股利政策。因此，在衰退期企业应采取防御收缩型财务战略。

（3）财务战略选择必须与企业经济增长方式相适应

企业经济增长的方式客观上要求实现从粗放增长向集约增长的根本转变。为适应这种转变，财务战略需要从两个方面进行调整。一方面，调整企业财务投资战略，加大基础项目的投资力度；另一方面，加大财务制度创新力度。

表 12-1 不同发展阶段的公司财务战略特征及选择

表现特征＼发展阶段	初创期	扩张期	稳定期	衰退期
竞争对手	少数	增多	开始达到稳定	数量持续减少
经营风险	非常高	高	中等	低
财务风险	非常低	低	中等	高
资本结构	权益融资	主要是权益融资	权益+债务融资	权益+债务融资
资金来源	风险资本	权益投资增加	保留盈余+债务	债务
销售收入	较少	高增长	开始饱和	增长有限至出现负增长
收益情况	负数	较低	增长	较高
投资回报	无	较低	较高	较高
自己需求	较小	较大	较小	很小
现金流量	较少且不稳定	净现金流量为负数	净现金流量为正数	现金较为充裕
股利	不分配	分配率很低	分配率高	全部分配
价格/盈余倍数	非常高	高	中	低
股价	迅速增长	增长并波动	稳定	下降并波动
财务战略选择	扩张性财务战略，采取权益资本型筹资战略，实施一体化投资战略，实行零股利或低股利政策	扩张型财务战略，采取相对积极筹资战略，实施适度分权投资战略，实行低股利或股票股利政策	稳健性财务战略，采取负债资本型筹资战略，实施尝试性投资战略，实行高股利、现金股利政策	防御型财务战略，采取高负债型筹资战略，建立进退结合的投资战略，实行现金股利分配政策

12.1.3 财务战略的制定

12.1.3.1 财务战略分析决策

企业要想在市场竞争中生存和发展，必然要着眼长远、审时度势的制定出企业发展战略，并对发展战略的实施过程进行全程管控。财务战略是企业战略中一个关键子战略，如果企业能正确地制定并有效地实施财务战略，就能极大地推动企业价值化这一财务管理最终目标的实现。这对于当今这样一个资本具有充分话语权的时代显得尤为重要。因此，正确制定并有效实施财务战略，有效的利用资本市场的规则，适应资本市场的环境，学会用“产品”和“资本”两轮驱动发展，是企业迅速发展壮大的关键。

由于没有任何企业拥有无限的财务资源，更重要的是财务资源的占用必然带来机会成本，财务战略制定者必须确定哪一种财务资源配置方式最有效率，并能够给企业带来最大收益。要实现这一目标应当做好以下准备工作：

（1）企业的财务状况和发展前景战略分析；

（2）制定财务战略选择方案；

（3）评估财务战略备选方案并进行决策。

财务战略分析决策将对公司未来相当长一段时间内的财务状况和资本结构其中大作用。经营战略决定了企业的长期竞争优势。财务战略的制定与实施，除考虑企业内外环境外，还要着重考虑企业整体战略要求。

12.1.3.2　财务战略执行

财务战略的执行就对将财务战略的实施。制定与实施前，除了考虑财务战略要求，还得关注组织情况，即建立健全有效的战略实施的组织体系，这是确保战略目标得以实现的组织保证；同时明确不同战略阶段的控制标准，将一些战略原则予以具体化。比如：定量控制标准辅以定性控制标准；长期控制标准辅以短期控制标准；专业性控制标准与群众控制标准相结合等。

财务战略执行还需要从企业基础财务管理入手：一是加强基层建设；二是深化基础工作；三是深化大预算管理、加强成本费用控制；四是强化资金管理，提高资金运行效率；五是加强内控与风险管理工作，增强管理控制能力。企业需要健全全面预算管理体系，确定本年度具体的目标指标体系，并将其作为编制、监督、考核预算的起点和依据。

12.1.3.3　财务战略评价

财务战略评价是对财务战略管理工作的总结和分析，是连接财务战略目标和日常经营活动的桥梁。财务战略评价就是通过评价企业的经营业绩，审视财务战略的科学性和有效性。在阶段性地推进财务战略实施之后，管理者需要了解该财务战略是否在企业得到了有效实施，以及该财务战略是否需要调整。由于外部及内部环境处于不断变化之中，所有的财务战略都将面临不断的调整。因此，通过对财务战略业绩的计量，才能将财务战略的实际执行情况与战略目标进行比较和差异分析，从而及时地采取有效措施，实施财务战略控制，保证财务战略目标的实现。

12.2　公司融资战略管理

12.2.1　融资战略管理概述

融资战略是指企业为了有效地支持投资所采取的融资组合，融资战略选择不仅直接影响企业的获利能力，而且还影响企业的偿债能力和财务风险。筹资活动是企业财务管理活动的重要环节，筹资战略是企业财务战略的重要组成部分。

12.2.1.1　融资战略与融资战略管理

融资作为企业资金来源的重要方式，对企业生存发展起着举足轻重的作用。融资策

略就是通过对企业融资结构、融资风险、融资渠道、融资次序等长期、系统性的统筹规划，以满足企业战略的需要，融资时机等做的战略性安排。企业融资战略管理就是根据企业融资战略的要求，适合企业内外环境的发展变化，对融资战略的制定、实施、控制及实施效果评估的全部管理活动。其目的在于使企业资本结构在不断优化的过程中，为企业战略实施提供可靠的资金保障。

12.2.1.2　制定融资战略需要考虑的因素

企业在实施自身的融资战略前，需要对影响其实施的因素进行深入的分析，从而帮助企业成功地在市场中进行融资，进而拓展企业的市场。

（1）融资环境

由于外部融资环境复杂多变，企业融资决策要有超前预见性。为此，企业要能够及时掌握国内和国外利率、汇率等金融市场的各种信息，了解国内外宏观经济形势、国家货币及财政政策以及国内外政治环境等各种外部环境因素，合理分析和预测能够影响企业融资的各种有利和不利条件，以及可能的各种变化趋势，以便寻求最佳融资时机，果断决策。

（2）融资方式

企业在分析融资机会时，必须要考虑具体的融资方式所具有的特点，并结合本企业自身的实际情况，适时制定出合理的融资决策。比如：企业可能在某一特定的环境下，不适合发行股票融资，却可能适合银行贷款融资；企业可能在某一地区不适合发行债券融资，但可能在另一地区相当适合。

（3）企业融资时机

由于企业融资机会是在某一特定时间所出现的一种客观环境，虽然企业本身也会对融资活动产生重要影响，但与企业外部环境相比较，企业本身对整个融资环境的影响是有限的。在大多数情况下，企业实际上只能适应外部融资环境而无法左右外部环境，这就要求企业必须充分发挥主动性，积极地寻求并及时把握住各种有利时机，确保融资获得成功。

12.2.2　融资战略方式选择

12.2.2.1　企业融资方式的类型

企业融资方式有多种不同的分类，归纳起来，主要有如下五类：

（1）内部融资

企业可以选择使用内部留存利润进行再投资。留存利润是指企业分配给股东红利后剩余的利润。这种融资方式是企业最普遍采用的方式之一。

（2）股权融资

股权融资是指企业为了新的项目而向现有的股东或新股东发行股票来筹集资金。股

权融资也称为权益融资。这种融资按照现有股东的股票权比例进行新股发行，新股发行的成功与否取决于现有股东对企业前景是否有较好的预期。

（3）债务融资

债务融资大致可以分为借贷、发行债券和租赁三类。

①短期借贷与长期借贷

从银行或金融机构贷款是当今许多企业获得资金来源的普遍方式，特别是在银行对企业的发展起主导作用的国家更是如此。年限少于一年的借贷为短期借款，年限高于一年的贷款为长期贷款。

②发行债券

债券是社会各类经济主体为筹集负债资金而向投资人出具的，承诺按照一定利率定期支付利息，并到期偿还本金的债权、债务凭证。

③租赁

租赁是指企业用资产一段时期的债务形式，可能拥有在期末的购买权。比如，运输行业比较倾向于租赁运输工具而不是购买。租赁的优点在于企业可以不需要为购买运输工具进行融资，因为融资的成本是比较高的。

（4）销售资产

企业还可以选择销售其部分有价值的资产进行融资，这也被证明是企业进行融资的重要战略。从资源观的角度来讲，这种融资方式显然会给企业带来许多切实的利益。

（5）资产证券化融资

资产证券化是传统融资方式以外的最新现代化融资工具，能在有效地保护国家对企业和基础设施所有权利益与保持企业稳定的基础上，解决企业特别是国有大中型企业在管理体制改革中所遇到的资金需求和所有制形式之间的矛盾。

企业在从战略角度选择筹资渠道和方式时，应该对各种筹资渠道和方式所筹集资金的特点进行详细分析。在此基础上，结合企业战略目标分析，即可对筹资渠道与方式做出合理的战略选择。不同筹资渠道与方式所筹集资金的特点见表 12–2。

表 12–2　不同融资方式优缺点比较表

融资方式	优点	缺点	资金成本比较
内部留存	①财务计算没有成本 ②资金是最安全的 ③资金使用无期限	完全依靠利润 数量不易确定	低
信用筹资	①表面上没有成本 ②容易筹措 ③经营权不受干涉	资金使用量有限	较低

表12-2(续)

融资方式	优点	缺点	资金成本比较
贷款	①手续简单 ②金额可大可小 ③时间可长可短	通常需要担保用途受到限制	高
发行债券	①类型较多 ②利用范围较广 ③资金数额大 ④使用时间长	一般需要担保 手续繁杂 筹集时间长	较高
股票	①发行种类多 ②没有固定支付的压力 可无期限使用	分散控制权	最高

下面我们来看看一家南方小型国有企业的融资战略：

这是一家南方的小型国有企业，该国有企业的注册资本 100 万元人民币，主要生产卷烟用纸材料，属于垄断行业及产品。2005 年中期，与国外一家卷烟用纸巨头以及中国烟草总公司、广东烟草公司签订合资协议，四家单位共同成立一个高档卷烟用纸的合资企业，总投资为 1 亿美元，注册资本投入 1/3，约为 3340 万美元，其余投资由合资企业在投资建设和经营过程中融资解决。该国有企业在合资企业中的股权比例为 15%，其对应投入的注册资本约为 500 万美元。

该项目的建设期为 2 年，项目投产后，合资企业的年度利润约为 1.8 亿元人民币，该国有企业每年可获得 1800 万元的平均投资收益。

该国有企业的融资计划是借款 5000 万元人民币，借款期限 15 年。在投产以后的年度会计决算后，逐年用项目收益偿还借款；根据该国有企业签署合资企业的出资协议办理用项目收益还款的保证协议书和公证事项。

这是一个非常错误的融资战略方案设计，完全不了解资本市场运行的基本逻辑和资金方的目的需求和价值取向。主要分析以下问题：

（1）没有人会同意借款被用于股权投资；

（2）没有人或机构会作长达 15 年的长期借款，法律上也不允许；

（3）没有人会接受以协议中的投资收益（股权收益）作为借款的还款保证；

（4）该国有企业的投资大大超过《公司法》规定的对外投资不能超过注册资本的 50%的上限，很可能导致投资无效。

从该国有企业和该项目融资的基本情况来分析，给出的较为可行的融资方案和路径是：

（1）采取基于股权基础的财务融资的综合融资模式和方案；实际上仍然为借款，采取了股权投资合作的方式；

(2) 借款年限确定在 3~5 年，期满可续；

(3) 由该国有企业与资金方共同成立一家新的公司来对合资企业出资；

(4) 以新公司的股权以及其在合资企业中拥有的股权作为融资资金和资产安全与控制的保障；

(5) 根据年限逐笔偿还借款资金及份额，视同该国有企业回购新公司的股权；

(6) 期满后，可将回购的股权质押给资金方（作为还款项的保证），或继续进行外部融资（更低成本的资金）来偿还该借款；

(7) 在借款资金偿还完毕前，新公司的股权可由信托机构或相关资产管理机构托管（包括回购）；

(8) 资金方违约不同意退出新公司的股权时，视为向该国有企业购买该项目和投资的权益，应当向该国有企业支付股权及项目溢价款项及违约金。

通过上述实例可以得出财务融资战略选择是非常重要。

12.2.2.2 不同融资方式的限制及问题

(1) 外源融资中存在的问题

外源融资主要是通过一定的方式在企业外部取得的资金，主要包括资本市场筹集、金融机构贷款以及其他外部筹资。当前，我国市场经济体系还不够完善，企业外部还没有形成完善的外部监控机制。我国企业国有股权高度集中，董事会及董事长就只能是国有股的代表，由政府来任命，而不是由股东大会选举产生，这就意味着董事会成员可以不向全体股东负责，不受股东的监督。在没有充分监督的情况下，企业对外融资往往成为领导个人意图的体现，其募集来的资金往往投资到很多项目中，融资、投资科学性不高，投资风险加大。金融机构贷款也是企业外源资金的主要来源。近年来，我国实行了较为宽松的货币政策，为企业从金融机构贷款获得了便利，也为企业盲目扩张提供了“动力”，因为银行贷款相比资本市场筹集条件更为宽松，速度也更快。所以，近几年来很多企业将融资眼光纷纷投向了金融机构，但金融机构的融资需要到期偿还，而且受到国家宏观政策影响较大，进入 2011 年以来国家开始逐步实行稳健的货币政策，多次提高存款准备率和存贷款利率，加大了企业外源融资的风险。

(2) 内源融资中存在的问题

内源资金是指企业内部运营产生的资金流，和企业的经营活动密切相关，主要由企业内部留成收益以及固定资产折旧组成。企业的发展的基础还是靠内源融资，内源资金的规模决定了企业外源融资的风险，以及企业扩张速度的可控性。但由于企业和地方政府利益相关，政府主管部门往往不是按照市场机制引导企业，而是盲目扩张，人为地“凑大”，把一些不相关联的企业简单地划在一起；或者让优势企业通过兼并、重组等手段去“帮助”一些负债累累、多年亏损的企业渡过难关。这样容易造成企业内部资金严重透支，违反了企业的发展规律，而且资本聚集有名无实，导致先天“发育”不

良，必将导致后天“造血”机能失调，小资本无法带动和激活大资本。同时，企业在发展的时候，往往很少考虑自身资金积累，求快求大心理严重，把过多的钱用于长期项目，致使流动资金不足，企业的资金分配比例失衡，运转艰难，财务风险陡增。

12.3 公司投资战略管理

12.3.1 投资战略概述

12.3.1.1 投资战略与投资战略管理

企业投资战略是指根据企业总体经营战略要求，为维持和扩大生产经营规模，对有关投资活动所做的全局性谋划。它是将有限的企业投资资金，根据企业战略目标评价、比较、选择投资方案或项目，获取最佳的投资效果所作的选择。企业投资战略对企业资源的运用具有指导性。其目的是为了全面、有效地利用企业各种资源，合理科学地配置企业生产力，从而使企业整体投资效益最大化。

企业投资战略一般具有从属性、导向性、长期性和风险性的特点。换言之，投资战略一旦实现，就会给整个企业带来生机和活力，使企业得以迅速发展。但是投资战略一旦落空，将给企业带来较大损失，甚至陷入破产、倒闭的局面。

投资战略管理包括投资战略环境分析、投资目标的制定、投资战略的生成、投资战略的实施与控制等几项内容。

12.3.1.2 投资战略管理的内容

（1）投资战略类型的选择

企业投资战略类型是指企业根据内部情况和外部环境所确定的战略投资方向、重点等，它在一定程度上决定了企业今后一定时期的发展方向。因此，企业应该在充分分析各种战略类型特点的基础上，结合自身情况，选择与本企业发展战略相符合的投资战略类型。

（2）投资战略的制定

投资战略的制定就是管理者运用各种可行和实用的分析工具，系统地分析企业的优势、劣势、机会和挑战，选择合理的战略类型，找到那些真正能够提升企业价值的投资项目，并提出完成这些项目的总体规划和具体实施步骤。

（3）投资战略方案的评价

投资战略方案的评价就是运用各种财务投资管理指标和非财务指标，对拟定的战略投资方案，从经济、技术等方面进行分析、比较，从中选择较优的方案加以采用。

投资战略方案的评价在一定程度上可以利用贴现的现金流量法（即 DCF 法），如净现值法、内部报酬率法等。与常规投资项目评价的不同之处在于，战略性投资方案的有

关指标预测、分析的难度会加大，导致 DCF 模型所需数据的预测值的准确性难以保证。因此，对应用 DCF 法所得的结论不能过分依赖，还应配合适当的定性方法分析，才能做出最终结论。

12.3.2 企业投资战略环境分析

战略环境分析是指对企业所处的内外部竞争环境进行分析，以发现企业的核心竞争力，明确企业的发展方向、途径和手段。

12.3.2.1 外部环境分析

（1）政治与法律因素：政府制定的产业经济政策，国内外政治经济环境，尤其与经济有关的政治形势。

（2）经济因素：包括宏观经济和微观经济两方面。宏观经济主要是指一个国家的人口数量及其增长趋势，国民收入、国民生产总值及其变化情况以及通过这些指标能够反映的国民经济发展水平和发展速度。微观经济环境主要指企业所在地区或所服务地区的消费者的收入水平、消费偏好、储蓄情况、就业程度等因素，这些因素直接决定企业目前及未来市场大小。

（3）社会文化因素：包括社会价值观、宗教信仰、风俗习惯、审美观点、地理条件、人口结构、人力资源素质等。

（4）科学技术因素：与行业有关的科学技术的水平和发展趋势，主要是新技术、新工艺、新设备、新材料。

12.3.2.2 内部条件分析

（1）技术素质方面

技术素质包括生产能力和技术开发。生产能力包括：生产的组织与计划调度、技术质量保证与工艺装备、人员操作水平、消耗定额管理；在制品、半成品及成品流程管理；运输工具、劳动生产率水平；环境保护与安全生产等。技术开发能力包括：科研设计工艺开发的物资与设备水平；技术人员的数量技术水平与合理使用；获取新的技术情报的手段、计量检测手段。

（2）经营素质方面

分析企业在开办、合并、转产以及壮大发展等方面的历史演变，目前的状况及今后发展的可能性。分析销售力量是否充足，市场调研和市场开发能力如何，现有销售渠道状况，售后服务如何，满足交货条件的能力，收回货款的能力及运输能力如何等。获利能力与经济效益。分析企业获利能力的大小与途径，进行目标利润与目标成本分析；各种资金利润率分析与盈亏平衡点分析。

（3）人员素质方面

人员素质包括领导人员素质、管理人员素质、职工素质。

（4）管理素质方面

管理素质包括企业的领导体制及组织机构的设置是否合理，信息的沟通、传递、反馈是否及时，日常业务性的规章制度是否健全可行等。

（5）财务素质方面

资金运筹能力包括资金的筹集使用和分配。

12.3.3　企业投资战略的制定

通常采用的投资战略制定方法有以下六种：

12.3.3.1　生命周期分析法

生命周期分析法是描述产品、企业和行业动态演变过程的一个重要工具。它是运用生命周期分析矩阵，根据企业的实力和产业的发展阶段来分析评价战略的适宜性的一种方法。利用生命周期分析法有助于战略选择，可以缩小选择的范围，做到有的放矢。生命周期矩阵的横坐标代表产业发展的阶段——幼稚、成长、成熟、衰退。纵坐标代表企业的实力，分为主导、较强、有利、维持、脆弱。

图 12-1 是典型的产品生命周期曲线，同时说明了不同阶段的流动性、盈利能力、现金流量等指标的特征。显然，在不同的生命周期阶段，企业的投资机会也不相同。例如，引入阶段需要企业支付大笔资金，而现在流量的风险很大且金额较小。而成熟阶段需要企业支付的投资额较小，而且此时的现金流量相对易于预测且金额较大。因此，使用传统的贴现现金流量方法有时结论可能会有偏颇，尤其是在引入阶段。

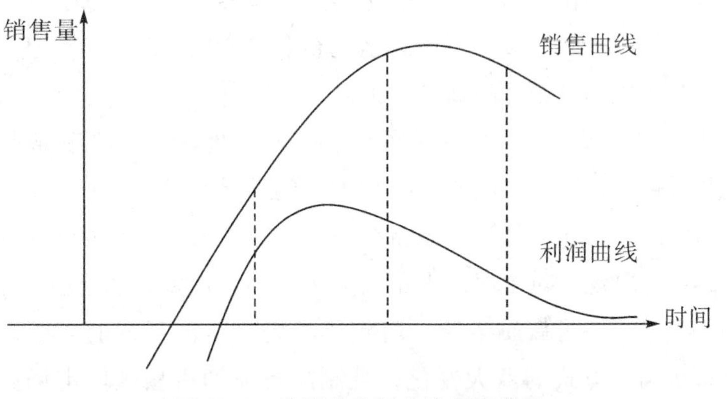

图 12-1　典型的产品生命周期曲线

在引入阶段，企业今天所进行的投资是为了获得明天的投资机会，也就是说为了获得一种投资的期权。各阶段主要财务特征见表 12-3 所示。

表 12-3　　产品生命周期各阶段主要财务特征

项目	引入	成长	成熟	衰退
流动性	低	略有改进	改进很大	高
利润	亏损	改进很大	下降	下降
财务杠杆	高	高	下降	低
现金流量	小（或者为负）	高，且呈上升态势	大的现金流入	下降
销售收入	低	快速增长	增幅放缓	下降

世界上的任何一家企业都有一个从无到有、从小到大、从弱到强、从盛到衰的发展过程。在企业生命周期的不同阶段，企业追求的目标是不一样的。因此，还应当根据企业发展的不同阶段来确定不一样的企业战略。特别是在当前我国经济发展的巨大潜力和广阔前景与我国企业综合竞争力不强的问题形成了巨大反差，这是我国企业发展过程中的主要矛盾；如何在不断增强企业发展活力和竞争力的基础上，科学、有效地推动企业发展，是需要解决的主要问题。

美国“现代管理学之父”彼得·德鲁克指出：“对企业来说，未来至关重要。经营战略使企业为明天而战。”企业面对业务领域和规模的日益扩大，复杂多变的资源环境条件，竞争范围的逐步扩大，以及随之产生的经营风险，唯有采取正确有效的企业发展战略才能保证在正确的目标方向上前行。因此，企业不论处在哪一个发展阶段都一定要做好长远发展规划，也就是要做好企业战略规划。

在当前全球经济一体化的形势下，通过引进和借鉴国外的先进技术和理念，我国不同行业都出现了一些成功的案例。下面就运用企业生命周期理论，论述一下蒙牛乳业集团是怎样正确、有效地开展企业战略选择的。

（1）当行业发展趋势良好，具有某种优势，对于处于创立期和成长期的企业，应采取成本领先和增长型相结合的战略，抓住大好的发展时机。

我国改革开放以后，随着经济发展持续高速增长，人们消费水平和生活习惯也发生了相应的变化，其中出现了对牛奶需求量的大幅增加的现象，加上由于牛奶包装及灭菌新技术（使牛奶在常温下可保质半年，消除了牛奶对冷链系统的要求，使成本大为下降）的出现所带来销售方式的巨大变化，乳制品行业即将从区域市场扩展为全国性大市场的极好发展机遇。1999 年 1 月刚成立的蒙牛股份有限公司，立志于成为百年企业，创名牌产品，依靠所拥有的丰富乳业从业经验，针对自己刚成立时无牧场、无工厂、缺资金的实际情况，为降低成本和迅速抢占先机，公司巧用贴牌生产策略：“先建市场、后建工厂”，请别的乳品厂代为生产，由蒙牛出人才、标准、技术进行管理，凭着产品的高品质和正确的营销策略，不到半年，蒙牛品牌就打响了，从而赢得了发展的宝贵时间。接着通过采用增长型战略逐步建立起自己的生产能力：1999 年 6 月开始建造中国

唯一“全球样板工厂”和国内首创的运奶车桑拿浴车间，建中国规模最大的国际示范牧场。充分利用路牌广告、电视广告、关心公益事业和国家大事，实施共生共赢战略。2001 年 6 月，蒙牛为充分利用草原文化这一内蒙古的最大一笔无形资产，启动了以地区品牌带动企业品牌的大品牌战略，迅速扩大知名度，建立起品牌优势，终于取得了巨大的成功，取得了在国内市场的领先地位，销售收入从 1999 年的 0. 37 亿元飞速增长为 2006 年的 162 亿元。

这一时期蒙牛的发展成功地从创立期过渡到了成长期，是由于企业的领导人准确地预测到乳制品行业即将迎来飞速发展的大好机会，确立了长远战略目标，用以凝聚员工，激励斗志，有效地进行资源配置。密切关注了新技术的运用所带来的巨大机遇，靠掌握的乳制品生产的核心技术使自己的产品质量和口感更好。在自身没有牧场和工厂的情况下，运用最新的管理理念和管理方法，先由别的企业为自己“贴牌生产”，通过运用成本领先和增长型战略，先建市场，创品牌，赢得了先机，占据了主动。

（2）在经营管理上已建立起庞大的采购和销售网络，处于成熟期的企业，应采取差异化的战略，增强自身的竞争优势。

本着“致力于人类健康的牛奶制造服务商”的企业定位，蒙牛乳业集团在短短十年中，创造出了举世瞩目的“蒙牛速度”和“蒙牛奇迹”。从创业初“零”的开始，至 2008 年年底，主营业务收入实现 239 亿元，年均递增 104%，是全国首家收入过 200 亿元的乳品企业。主要产品的市场占有率超过 35%；UHT 牛奶销量全球第一，可以满足不同消费群体口味的差异化液体奶、冰淇淋和酸奶销量居全国第一；乳制品出口量、出口的国家和地区居全国第一。

这一时期公司通过对环境和自身能力的分析，通过技术创新、管理创新等途径，有效地利用了财务、营销、生产、研发等手段，成功实施差异化战略，成了行业的领先企业，取得了辉煌的业绩。

（3）居安思危，防止衰退。进入成熟期后，企业在某行业已是领先企业，具有品牌优势，实力雄厚，资源、能力过剩，于是想更快更好地发展壮大，不少企业选择进入不同的行业（即多元化战略），但多元化后的企业往往陷入困境。因此，应对变化，就要运用创新思维、创新型战略来发展企业，才能立于不败之地。

企业发展的成熟期进而分为两个阶段：第一个阶段称为成熟前期（一般寿命在 20 年以上），第二阶段称为脱成熟化阶段（也叫成熟后期或蜕变期）（一般寿命在 30 年以上）。企业进入成熟后期，企业增长的主力事业增长力丧失，增长钝化，这时企业会出现各种各样的问题：增长的经济不能实现，效益下降，成本开始上升，士气受影响，官僚主义加剧。为了解决这些问题，使企业重新迈入增长轨道，就需要采取脱成熟化步骤。一般均采取开发新事业而转换老事业结构和用新产品或新事业体系使成熟事业再活性化。所以，企业在成熟前后期要发生较重大的变化。企业如果很成功地从前期演变到

后期，企业将继续生存下去。如果完不成这种转化，企业就会从此衰退下来直至死亡。因此，实施多元化战略应注意新进入的行业不能削弱现有的品牌，在相关的多元化领域要努力做到创新发展，为自身的品牌增加新的内涵，提高品牌优势。

2009 年 7 月 6 日，国内最大食品业央企中粮集团，联合厚朴基金入股蒙牛 20%，中粮集团成为蒙牛大股东。中粮集团表示，引入厚朴基金，有利于优化蒙牛的股份制股权结构，形成“国有资本+民营资本+战略投资者”的多元化混合经营模式。

蒙牛乳业集团从成立到壮大，现在已走进了第二个十年的发展历程，成了我国乳品业的龙头企业，在创造了巨大的经济效益的同时，也为国人带来了良好的社会效益。

全球著名管理大师伊查克·爱迪思博士在成都之行曾说：“企业像人一样，也有出生、发展、成熟以及衰竭的生命周期，但不同的是，企业不一定必须经历老化和灭亡，它有可能达到并永远保持巅峰状态。”

目前，蒙牛乳业集团正按照确保在 2011 年跻身“世界乳业 15 强”的既定目标，为中国乳业的发展，为国人体魄的强健，为内蒙古经济的腾飞做着自己不懈的努力。

希望今后蒙牛能不断践行其“每一天，为明天”的企业宗旨和“致力于人类健康的牛奶制造服务商”的企业战略，在新的发展阶段走得更好，走得更远。

通过运用企业生命周期理论，对蒙牛乳业集团发展过程中的不同阶段的分析可知：采用战略分析方法，评估企业内外部环境可能提供的机遇和风险，结合自身的优势和劣势，抓住发展的机遇，回避环境可能带来的威胁，制订和选择切实可行的企业战略，有效地运用多种策略，开展有效的战略管理，企业才能在经过一系列的发展阶段后，避免衰退，持续、健康地发展。

总体来看，目前有关企业生命周期理论的研究虽已涉及企业的决策行为，但仍以实证研究为主，还没有建立一个统一的理论框架。事实上，企业生命周期不是简单的时间序列，影响其因素是多方面的。此外，在现实当中并不是每个企业都会经历所有的生命周期阶段，有些企业尤其是科技型中小企业就存在寿命短的问题，有的甚至只经历初创期就夭折了。即使企业经历了从产生到衰退甚至蜕变的全部过程，也存在不同企业处于同一阶段的时间长短不同的问题，有的企业在很短的时间内就经历了所有生命周期阶段，而一些百年老店却长期处于生命周期的成熟阶段，如何解释这种差异也是今后研究应当重点关注的一个方向。

12. 3. 3. 2　SWOT 分析法

SWOT 是由“优势”（Strength）、“劣势”（Weakness）、“机会”（Opportunity）和“威胁”（Threat）四个英文单词的第一个字母组合而来。从而将公司的战略与公司内部资源、外部环境有机地结合起来。

SWOT 分析法是一种在综合考虑企业内部条件和外部环境的各种因素，正确认识自身优势和劣势的基础上，进行系统评价，扬长避短，抓住机会，避开威胁从而选择最佳

投资战略的方法。企业的内部优劣势是相对于竞争对手而言的，一般表现在企业的资金、技术产品、市场等方面；企业外部的机会是指环境中对企业有利的因素，如政府支持、高新技术的应用等；企业外部的威胁是指环境中对企业不利的因素，如市场增长率减慢、技术老化等。企业内部的优势、劣势、机会与威胁一旦确定，管理者即可着手制定投资战略。投资战略应充分利用外部机会，避免或克服外部威胁，充分利用内部优势，克服内部劣势。在此过程中，一定要注意两方面的一致性：一是内部一致性，即投资战略要与企业战略相一致；二是外部一致性，即投资战略要与外部环境相一致。

图 12-2 表明了某些投资战略与不同的 SWOT 因素组合之间的关系。图 12-2 中的横、纵两轴把平面分为四个区域，横轴表示内部优势与劣势，纵轴表示外部机会与威胁。其中，最有利的区域是区域（A），属于优势—机会（SO）战略。在该区域内，外部环境机会很多，并且企业内部也具有明显优势，因此企业可以充分利用良好的机会增加投资。相应采取的战略应该是扩张型战略。区域（C）则是最不利的区域，属于劣势—威胁（WT）战略，在该区域内企业不仅劣势明显，而且外部面临较大威胁，企业应采取紧缩型战略。区域（D）属于优势—威胁（ST）战略，企业内部具有较强的优势，但外部面临较大威胁，这种情况下，企业可以在相关领域内进行多元化投资，充分利用自己的优势。区域（B）属于劣势—机会，回避劣势，可以采取合资、混合多元化投资等战略。

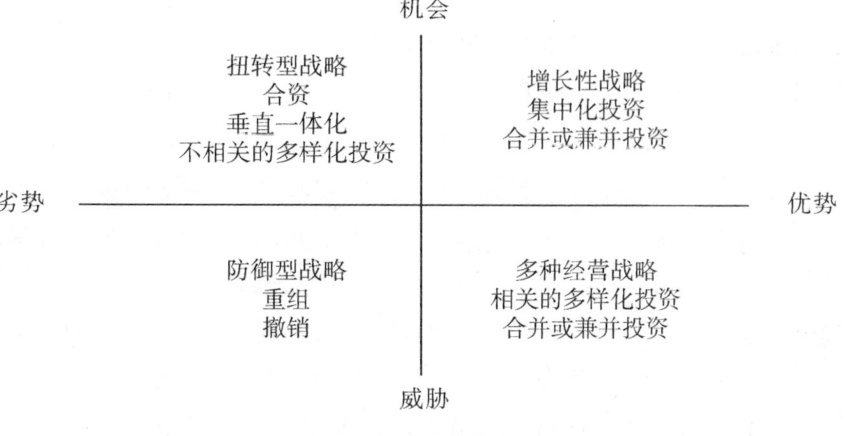

图 12-2 SWOT 分析图

12.3.3.3 波士顿矩阵法

波士顿矩阵又称市场增长率-相对市场份额矩阵、波士顿咨询集团法、四象限分析法、产品系列结构管理法等。

制定公司层战略最流行的方法之一就是 BCG 矩阵。该方法是由波士顿咨询集团（Boston Consulting Group，BCG）在 20 世纪 70 年代初开发的。BCG 矩阵将组织的每一个战略事业单位（SBUs）标在一种 2 维的矩阵图上，从而显示出哪个 SBUs 提供高额的

潜在收益，以及哪个 SBUs 是组织资源的漏斗。BCG 矩阵的发明者、波士顿公司的创立者布鲁斯认为“公司若要取得成功，就必须拥有增长率和市场份额各不相同的产品组合。组合的构成取决于现金流量的平衡。”如此看来，BCG 的实质是为了通过业务的优化组合实现企业的现金流量平衡。

BCG 矩阵区分出 4 种业务组合。

（1）明星型业务（Stars，指高增长、高市场份额）

这个领域中的产品处于快速增长的市场中并且占有支配地位的市场份额，但也许会或也许不会产生正现金流量，这取决于新工厂、设备和产品开发对投资的需要量。明星型业务是由问题型业务继续投资发展起来的，可以视为高速成长市场中的领导者，它将成为公司未来的现金牛业务。但这并不意味着明星业务一定可以给企业带来源源不断的现金流，因为市场还在高速成长，企业必须继续投资，以保持与市场同步增长，并击退竞争对手。企业如果没有明星业务，就失去了希望，但群星闪烁也可能会闪花企业高层管理者的眼睛，导致做出错误的决策。这时必须具备识别行星和恒星的能力，将企业有限的资源投入在能够发展成为现金牛的恒星上。同样的，明星型业务要发展成为现金牛业务适合于采用增长战略。

（2）问题型业务（Question Marks，指高增长、低市场份额）

处在这个领域中的是一些投机性产品，带有较大的风险。这些产品可能利润率很高，但占有的市场份额很小。这往往是一个公司的新业务。为发展问题业务，公司必须建立工厂，增加设备和人员，以便跟上迅速发展的市场，并超过竞争对手，这些意味着大量的资金投入。“问题”非常贴切地描述了公司对待这类业务的态度，因为这时公司必须慎重回答“是否继续投资，发展该业务？”这个问题。只有那些符合企业发展长远目标、企业具有资源优势、能够增强企业核心竞争力的业务才得到肯定的回答。得到肯定回答的问题型业务适合于采用战略框架中提到的增长战略。其目的是扩大 SBUs 的市场份额，甚至不惜放弃近期收入来达到这一目标，因为问题型要发展成为明星型业务，其市场份额必须有较大的增长。得到否定回答的问题型业务则适合采用收缩战略。

如何选择问题型业务是用 BCG 矩阵制定战略的重中之重，也是难点，这关乎企业未来的发展。对于增长战略中各种业务增长方案来确定优先次序，BCG 也提供了一种简单的方法。通过图 12-3 来权衡选择 ROI 相对高然后需要投入的资源占的宽度不太多的方案。

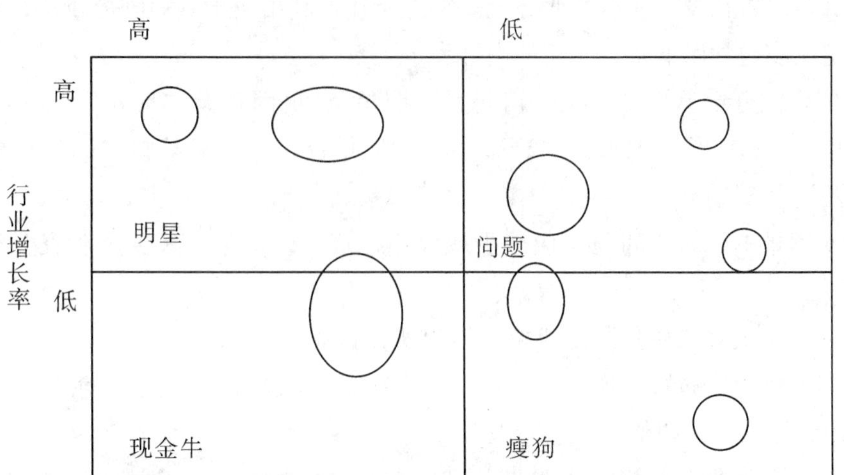

图 12-3　波士顿矩阵图

（3）现金牛业务（Cash cows，指低增长、高市场份额）

处在这个领域中的产品产生大量的现金，但未来的增长前景是有限的。这是成熟市场中的领导者，它是企业现金的来源。由于市场已经成熟，企业不必通过大量投资来扩展市场规模；同时作为市场中的领导者，该业务享有规模经济和高边际利润的优势，因而给企业带来大量现金流。企业往往用现金牛业务来支付账款并支持其他三种需大量现金的业务。现金牛业务适合采用战略框架中提到的稳定战略，目的是保持 SBUs 的市场份额。

（4）瘦狗型业务（Dogs，指低增长、低市场份额）

这个剩下的领域中的产品既不能产生大量的现金，也不需要投入大量现金，这些产品没有希望改进其绩效。一般情况下，这类业务常常是微利甚至是亏损的，瘦狗型业务存在的原因更多的是由于感情上的因素，虽然一直微利经营，但像人养了多年的狗一样恋恋不舍而不忍放弃。其实，瘦狗型业务通常要占用很多资源，如资金、管理部门的时间等，多数时候是得不偿失的。瘦狗型业务适合采用战略框架中提到的收缩战略，目的在于出售或清算业务，以便把资源转移到更有利的领域。

处于低增长/高竞争地位的“现金牛”业务或 SBU，虽处在低增长率行业，但占有的相对市场份额较高的 SBU 就叫做“现金牛”。它们是成熟行业中的成本领先者，本身不需要投资，反而能保持利润、产生大量的正现金流量，用以支持其他业务的发展。不过，行业的低增长率预示着缺少未来的发展机会，因此不能向其进行大量投资。

波士顿矩阵指出了每个经营业务在竞争中的地位，使企业了解它的作用或任务，从而有选择地、集中地运用企业有限的资金。如果对经营业务不加区分，按相同的比例分

配资金及人员，结果往往会造成企业资源的浪费，使急需资金的业务得不到充足的资金，而将资金浪费在没有前途的业务上。综上所述，利用波士顿矩阵分析法，最佳投资战略的制定应该包含以下几个方面的内容：

（1）应该把有希望的“问题”转变为“明星”，巩固现有“明星”的地位作为企业的长期目标，这就需要把来自“现金牛”的大量资金用于对某些“问题”的开发和未来“明星”的资助上。

（2）对远景不明的“问题”应减少或停止投资，以避免或减少企业资金和资源的浪费。

（3）完全停止对“瘦狗”的投资，退出所在行业。

（4）如果缺少足够的“现金牛”、“明星”和“问题”，就应采取兼并或退出等战略对整个组织加以全面调整。

（5）一个企业拥有足够的“明星”和“问题”，才能确保利润和发展；拥有足够的“现金牛”才能保证对“明星”和“问题”的资金支持。

12.3.3.4 通用电气经营矩阵分析法

GE 矩阵法（GE Matrix/Mckinsey Matrix）又称通用电器公司法、麦肯锡矩阵、九盒矩阵法、行业吸引力矩阵。在战略规划过程中，GE 矩阵可以用来根据事业单位在市场上的实力和所在市场的吸引力对这些事业单位进行评估，也可以表述一个公司的事业单位组合判断其强项和弱点。在需要对产业吸引力和业务实力做广义而灵活的定义时，可以以 GE 矩阵为基础进行战略规划。

说到 GE 矩阵就一定要结合 BCG 矩阵一起比较讨论，因为 GE 矩阵可以说是为了克服 BCG 矩阵的缺点所开发出来的。由于基本假设和很多局限性都和 BCG 矩阵相同，最大的改善就在于用了更多的指标来衡量这两个维度。

针对波士顿矩阵所存在的很多问题，美国通用电气公司（GE）于 20 世纪 70 年代开发了新的投资组合分析方法——GE 矩阵。GE 矩阵提供了产业吸引力和业务实力之间的类似比较，但不像 BCG 矩阵用市场增长率来衡量吸引力，用相对市场份额来衡量实力，只是单一指标；而 GE 矩阵使用数量更多的因素来衡量这两个变量，纵轴用多个指标反映产业吸引力，横轴用多个指标反映企业竞争地位，同时增加了中间等级。

与波士顿矩阵分析法类似，该方法也要把整个组织分为若干个 SBU，并从两个方面进行评估：一是行业吸引力；二是 SBU 在本行业中的竞争力。通用电气经营矩阵如图 12-4 所示，水平方向表示 SBU 在行业中的竞争地位，垂直方向表示 SBU 所在行业的吸引力。该方法认为，处于“输家”地位的经营活动或 SBU 应给予必要的资金资助；对于有希望的“问题”也应给予支持，以便使之转变为“胜者”；对于“胜利生产者”应充分利用其强有力的竞争地位，使之尽可能提供利润，用于对“胜者”和某些“问题”的资助；对于不会提供长期收益的“平均经营者”，可以设法使之转变为胜者，也

可以考虑停止投资。

行业吸引力 \ 竞争地位	高	中	低
高	胜者	胜者	问题
中	胜者	平均经营者	输家
低	利润生产者	输家	输家

图 12-4　通用电气经营矩阵分析

管理者通过通用电气经营矩阵分析，可以知道整个企业的经营活动是否为一个平衡的经营组合。在一个“平衡”的经营组合中，应包含多数“胜者”和少数的“利润生产者”。只有这样才能提供必要的现金流量，支持未来的“胜者”和有可能成为胜者的“问题”，保证合理的利润和未来的发展。

在战略规划过程中，应用 GE 矩阵必须经历以下 5 个步骤：

（1）确定战略业务单位，并对每个战略业务单位进行内外部环境分析。根据企业的实际情况，或依据产品（包括服务），或依据地域，对企业的业务进行划分，形成战略业务单位，并根据针对每一个战略业务单位进行内外部环境分析。

（2）确定评价因素及每个因素权重。确定市场吸引力和企业竞争力的主要评价指标，以及每一个指标所占的权重。市场吸引力和企业竞争力的评价指标没有通用标准，必须根据企业所处的行业特点和企业发展阶段、行业竞争状况进行确定。但是从总体上讲，市场吸引力主要由行业的发展潜力和盈利能力决定，企业竞争力主要由企业的财务资源、人力资源、技术能力和经验、无形资源与能力决定。确定评价指标的 GE 矩阵同时还必须确定每个评价指标的权重。

（3）进行评估打分。根据行业分析结果，对各战略业务单位的市场吸引力和竞争力进行评估和打分，并加权求和，得到每一项战略业务单元的市场吸引力和竞争力最终得分。

（4）将战略单位标在 GE 矩阵上。根据每个战略业务单位的市场吸引力和竞争力总体得分，将每个战略业务单位用圆圈标在 GE 矩阵上。在标注时，注意圆圈的大小表示战略业务单位的市场总量规模。有的还可以用扇形反映企业的市场占有率。

（5）对各战略单位策略进行说明。根据每个战略业务单位在 GE 矩阵上的位置，对各个战略业务单位的发展战略指导思想进行系统地说明和阐述。

12.3.3.5　行业结构分析法

行业结构分析法一般都采用哈佛商学院著名战略管理学者迈克尔·波特在 20 世纪 90 年代末提出的五种力量模型。通过这五种力量模型，企业可以分析其自身的竞争优

势和劣势。

波特认为，在一个行业中，存在五种基本的竞争力量，即行业的新进入者、替代品买房、供方和行业中原有的竞争者。在一个行业中，这五种基本竞争力量的状况及其综合强度，引发行业内部经济结构的变化，从而决定着行业内部竞争的激烈程度与在行业中获得利润的最终潜力。如图 12-5 所示。

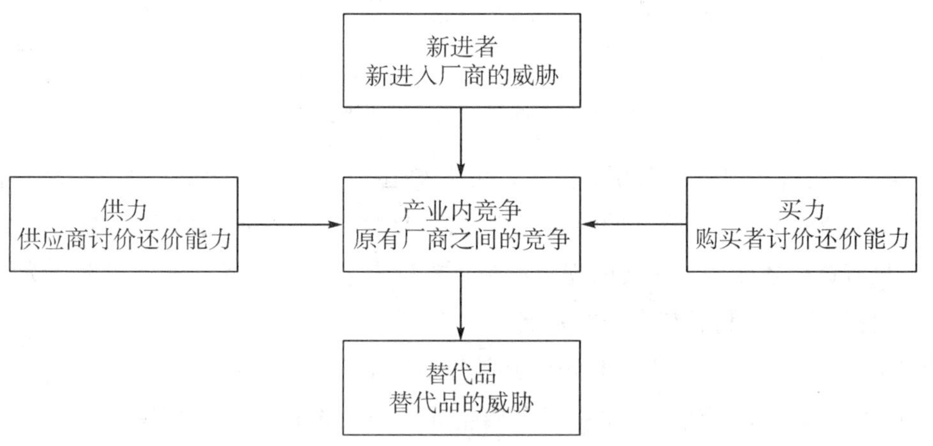

图 12-5　行业中的竞争力量分析

上述五种力量决定着企业产品的价格、成本和投资，因此也就决定了行业的长期盈利水平。由于不同行业中这五种力量的大小是不一样的，因此也就造就了不同行业高低不同的利润率。

同时，这五种力量构成行业的竞争结构。在每一行业中，这五种竞争力量的大小强弱都是不同的。因此，每个行业都有其独特的竞争结构。比如，计算机行业的进入门槛比较高，涉足这个行业要求高额的研发费用、一定的销售规模、资金需求量大、存在规模经济的影响以及技术更新换代较快等。

根据行业结构理论，行业竞争的战略目标应该定位在行业里。通过界定，企业可以较好地防御这五种竞争力量或者企业能够对这五种竞争力量施加影响，使它们有利于本企业的发展。通过行业结构分析，企业可以确定每个行业中决定和影响这五种竞争力量的基本因素，明确企业生存的优势和劣势，从而发现行业是否能够提供较好的持续盈利机会，并结合企业实际情况决定是否向该行业投放资金，从而确定投资方向和领域。

12.3.3.6　*产业链分析法*

产业链的本质是用于描述一个具有某种内在联系的产业群。产业链中大量存在着上下游关系，上游和下游之间相互转换，上游环节向下游环节输送产品（可以是有形的物质产品，也可以是技术或服务等特殊商品），下游环节向上游环节反馈信息和价值。一条产业链上的所有环节共处一个产业生态系统中，如果有一个环节发生了变化（如技术），就会导致其他环节的连锁反应。产业链的整合往往蕴含着新的发展机会和发展

空间。

网络游戏产业链是指以网络游戏研发商、网络游戏运营商、销售渠道、电信运营商和用户为主线的链条。其中，网络游戏运营商直接面对上游的研发商，下游面对销售渠道和用户，是整个产业链价值体系的核心。而网络游戏产业链的辅助线则涉及了 IT 产业、制造业、媒体业以及展览业，丰富的产业链相互关联，且随着网络游戏规模化的发展，相关产业获得了巨大的商业空间，尤其是电信和 IT 产业。

依靠网络游戏的赚钱效应，许多公司迅速发展，找到自己新的利润增长点。网络游戏作为一个产业，从一个网络游戏的开发设计，到最后被装入玩家的电脑终端运行使用，中间包括了若干环节：游戏开发商指的是网络游戏的设计开发者，游戏运营商是游戏开发商和游戏玩家之间的桥梁，是网络游戏实现其价值的重要环节，游戏玩家即整个产业的最终客户。

首先，网络游戏是数码娱乐的一种方式，是以网络和游戏软件为依托的游戏项目，因此，它必须以信息产品的软、硬件为物质平台。无论是客户端的游戏玩家还是服务端的网络游戏运营商，无论是网络接入服务商还是上网用户，他们的活动都必然需要以信息技术为核心的硬件产品。家庭上网用户需要配备个人电脑，网络游戏运营商需要架设服务器，宽带接入服务商需要交换机、路由器等高性能的网络硬件设备等。同时，一切的信息技术的应用离不开软件系统的集成和安装，个人电脑需要装上操作系统和上网软件，ICP、ISP 以及游戏运营商的业务活动也必须建立在网络协议、服务器操作系统等软件平台上。也就是说，要建立一个网络游戏运行的物质平台，需要搭建一系列连环的软、硬件平台，促进了这些软硬件产品的开发、生产、销售和应用，这是网络游戏产业链对整个信息技术产业的直接后向关联效应。

根据 IDC 从对最终用户的调研中得出的结论，目前的玩家主要是在网吧或家中玩网络游戏。而网吧中的局域网同互联网的连接方式一般为 DNN、ADSL 及光纤+LAN，这些都将产生数据通信费用。用户在家中采用拨号上网或宽带上网方式，平均每小时的上网费在 2 元人民币左右，这也将为数据通信收入做出贡献。在 2000 年网络游戏对电信产业直接贡献的 68.3 亿元人民币中，超过 80%来自数据业务的收入。玩家在拨号上网时，每小时的电话费平均在 1 元人民币左右，网络游戏用户在线时将直接产生电信的语音业务收入，语音业务的总收入在 68.3 亿元的市场中占到 10%以上。而 IT 行业由网络游戏产生的直接收入达 32.8 亿元，主要来源是 PC、网络游戏服务器、网络及存储产品、软件及服务等。出版和媒体行业由网络游戏产生的直接收入达到 18.2 亿元，其中还不包括有关游戏广告的相关收入。2002 年平均每个网络游戏用户每月购买相关杂志和图书的费用为 15 元人民币，800 万网络游戏用户每年产生的直接花费则为 14.4 亿人民币。除此之外，网络游戏厂商与运营商的广告、光盘软件及出版物的发行等，也将为媒体和出版业带来巨大的利益。

其次，从网络产业链条的脉络来看，环节最多、涉及面最广、链条结构最复杂的，还在网络游戏运营商这一脉。当一家企业或公司决定从事网络游戏运营时，它首先要选择一家有实力和前途的网络游戏开发商的产品进行代理或直接买断运营；然后联系技术集成与服务支持商，架设游戏服务器；再次，它需要向电信运营商申请网络带宽服务，开通一定带宽的游戏服务器的互联网接入；最后，它将面向广大游戏玩家，或与软件分销商结盟，或直接开辟销售渠道，通过行之有效的发行、宣传和销售，吸引游戏用户参与消费。此外，网络游戏运营商与媒体出版业、零售渠道甚至网吧也有直接的关联，游戏的发行需要媒体出版业参与包装和宣传，销售则需要直接跟分销商甚至网吧发生联系，同时，零售渠道和网吧也是网络游戏广告宣传的重要阵地。也就是说，网络游戏运营商的经济活动，直接影响着该产业内其他行业。应该说，在整个网络游戏产业的价值链条中起关键作用的、处于中心位置的是网络游戏运营商。因为它不但是连接客户的唯一途径，同时也是各种利益集团通向客户的“路由器”。网络游戏需要不间断提供服务，运营商就成了这个产业链的中心，所有的环节都直接和它发生联系。生产商、硬件服务商、销售商、用户都掌握在运营商手里。运营商从生产商手里买下一个游戏以后，购买和维护服务器，向网络运营商租用网络带宽，与销售商合作销售点数卡，到媒体做广告宣传，发展用户，为用户提供服务，这些都由运营商来做。可以说，运营商是整个产业链的核心，其他环节都需依附于它。

此外，从整个网络游戏产业链条的走向来看，不管产业链条如何复杂，整个链条中各个环节、各个渠道的最终指向，不论是直接还是间接，都是网络游戏用户。也就是说，整个产业各环节、各方面一切经济活动的最终目标是游戏玩家，他们是产业利益点所在。网络游戏产业通过提供数码娱乐方式，满足人们的精神消费需求，实现产业化的供给与需求互动。而整个产业内各行业、各企业的收入来源，是游戏用户的消费支出，是消费者可支配收入中用于支付精神消费的那一部分。在网络游戏的整个供应链中，只有客户玩家贡献的正现金流是整个产业链的价值源泉，其余都是分享价值、增加价值。不管是会员收费还是广告销售抑或合作分成，无论哪一种收入方式，其利益源头归根结底来自于网络游戏客户。因而，网络游戏产业发展的关键，是在现有的网络游戏市场结构下，相关行业和企业如何通过针对消费者的产品策略、价格策略、营销策略等市场行为，发展游戏新用户，稳定既有消费群体，拓展绩效。

最后，网络游戏产业各环节存在着上、下游的相互关联和制约关系。在整个产业链中，越接近末端客户的环节就越处于下游，越远离客户的就越处于上游，它们之间相互依赖、拉动和制约。如运营商要受制于上游游戏开发商提供的游戏产品，获得代理权并与之运营收入分成，同时又依赖下游的经销商的宣传、推广和销售。在这里，上、下游之间存在相互扩张和整合的可能性。如：游戏开发商研发制作出一款优秀的网络游戏产品，具有广阔的市场空间和良好的盈利前景，则可能直接扩张到游戏运营领域；游戏运

营商为取得自主知识产权，避免利益被瓜分的问题，则可能实施研发和运营一体化战略，以此整合产业链资源，打通上游向下游扩张的出口。

12.4 公司分配战略管理

12.4.1 分配战略概述

股利分配是现代公司理财活动的三大核心内容之一。一方面，它是公司筹资、投资活动的逻辑延续，是其理财行为的必然结果；另一方面，恰当的股利分配政策，不仅可以树立起良好的公司形象，而且能激发广大投资者对公司持续投资的热情，从而能使公司获得长期、稳定的发展条件和机会。因此，选择恰当的股利政策对公司来说是很重要的。

12.4.1.1 分配战略的内涵

分配战略是指以战略眼光确定企业净利润留存与分配的比例，以保证企业和股东的长远利益。收益分配是利用价值形式对社会剩余产品所进行的分配。股利战略具有以下两个特点：

（1）股利战略不是从单纯的财务观点出发决定企业的股利分配，它是从企业的全局出发，从企业战略的整体要求出发来决定股利分配的。

（2）股利战略在决定股利分配时，是从长期效果着眼的，它不过分计较股票价格的短期涨落，而是关注于股利分配对企业长期发展的影响。

12.4.1.2 股利分配战略的内容

股利政策是确定公司的净利润如何分配的方针和策略。公司的净利润是公司从事生产经营互动所取得的剩余收益，是股东对公司进行投资应得的投资报酬。

在实践中，主要包括以下四个方面的内容：

（1）股利分配形式的确定，即采用现金股利还是股票股利；

（2）股利支付率的确定；

（3）每股股利的确定；

（4）股利分配的时间，即合适分配和多长时间分配一次。

12.4.1.3 股利分配战略环境分析

股利分配战略的制定必须以投资战略和筹资战略为依据，必须为企业整体战略服务。股利分配战略的原则主要体现在以下三个方面：

（1）股利分配战略应优先满足企业战略实施所需的资金，并与企业战略预期的现金流量状况保持一致；

（2）股利分配战略应能传达管理部门想要传达的信息，尽力创造并维持一个企业战略所需的良好环境；

（3）股利分配战略必须把股东们的短期利益——支付股利与长期利益——增加内部积累很好地结合起来。

12.4.2　分配战略理论

股利理论的研究早在20世纪50年代就已开始，迄今为止，尚未取得大家都能认同的结论。较为流行的股利理论有：

12.4.2.1　股利重要论

股利重要论又称一鸟在手理论。这种理论认为，当公司提高其股利支付率时，就会降低投资者的风险，使投资者要求较低的必要报酬率，从而使公司股票价格上升；如果公司降低其股利支付率或延付股利，则会增加投资者的风险，投资者会要求较高的必要报酬率，以此作为负担额外风险的补偿，从而导致公司股票价格的下降。由此可见，股利重要论认为股利政策与企业的价值息息相关，支付股利越多，股价越高，公司的价值越大。

12.4.2.2　股利无关论

股利无关论又称MM理论。该理论认为，在完全资本市场条件下，股利政策不会对企业的价值或股票价格产生任何影响。因此，单就股利政策而言，既无所谓最佳，也无所谓最次，它与企业价值不相关。一个公司的股价完全是由其投资决策所决定的获利能力所影响的，而不取决于公司的利润分配政策。

12.4.2.3　税收效用理论

在现行法律下，企业的盈利不管是否作为股利予以发放，都要缴纳所得税。同时，由于资本利得税低于因收取股利而缴纳的个人所得税，而且可以通过继续持有股票来延缓资本利得的实现，从而推迟纳税时间，享受到递延纳税的好处。因此，在其他条件不变的情况下，投资者将偏好资本利得而反对派发现金股利。公司最好的股利政策就是不发股利。

12.4.2.4　追随者效应理论

追随者效应（也称为顾客效应）理论从股东的边际所得税率出发，认为每个投资者所处的税收等级不同：有的边际税率高，如富有的投资者；有的边际税率低，如养老基金等。由此会引致他们对待股利的态度不一样，前者偏好低股利支付率或不支付股利的股票，后者喜欢高股利支付率的股票。据此，公司会相应调整其股利政策，使股利政策符合股东的愿望。达到均衡时，高股利支付率的股票将吸引一类追随者，由处于低边际税率等级的投资者持有；低股利支付率的股票将吸引另一类追随者，由处于高边际税率等级的投资者持有。这种股东聚集在满足各自偏好的股利政策的公司的现象，就叫做追随者效应。

12.4.2.5　信号传递理论

信号传递理论或者称为股利信息内涵假说，几乎是与追随者效应理论同时发展起来

的新理论。该理论认为，管理当局与外部投资者之间存在着信息不对称，管理当局占有更多的有关企业前景方面的内部信息。股利是管理当局向外界传递其掌握的内部信息的一种手段。如果他们预计到公司的发展前景良好，未来业绩有大幅度增长，就会通过增加股利的方式将这一信息及时告诉股东和潜在的投资者；相反，如果预计到公司的发展前景不太好，未来盈利将呈持续性不理想，那么他们往往会维持甚至降低现有股利水平，这等于向股东和潜在投资者发出了利差信号。因此，股利能够传递公司未来盈利能力的信息，从而股利对股票的价格有一定的影响。当公司支付的股利水平上升时，公司的股价会上升；当公司支付的股利水平下降时，公司股价会下降。

12.4.3 股利分配战略选择

12.4.3.1 股利分配战略选择的影响因素

选择股利分配战略必须首先分析股利分配的制约和影响因素。影响股利分配战略的因素主要有：

（1）法律因素

①资本限制。资本限制是指企业支付股利不能减少资本（包括资本金和资本公积金）。这一限制是为了保证企业持有足够的权益资本，以维护债权人的利益。

②偿债能力的限制。如果一个企业的经济能力已降到无力偿付债务或因支付股利将使企业丧失偿债能力，则企业不能支付股利。这一限制的目的也是为了保护债权人。

③内部积累的限制。有些法律规定禁止企业过度地保留盈余。如果一个企业的保留盈余超出目前和未来的投资很多，则被看成过度的内部积累，要受到法律上的限制。这是因为有些企业为了保护高收入股东的利益，故意压低股利的支付，多留利少分配，用增加保留盈余的办法来提高企业股票的市场价格，使股东逃税。所以，税法规定对企业过度增加保留盈余征收附加税作为处罚。

（2）债务（合同）条款因素

债务特别是长期债务合同通常包括限制企业现金股利支付权利的一些条款。其限制内容通常包括：①营运资金（流动资产减流动负债）低于某一水平，企业不得支付股利；②企业只有在新增利润的条件下才可以进行股利分配；③企业只有先满足累计优先股股利后才可以进行普通股股利分配。这些条件在一定程度上保护了债权人和优先股东的利益。

（3）股东类型因素

企业的股利分配最终要由董事会来确定。董事会是股东们的代表，在制定股利战略时，必须尊重股东们的意见。由于股东类型不同，其意见也不尽相同，大致可以分为以下几种：①为保证控制权而限制股利支付；②为避税的目的而限制股利支付；③为取得收益而要求支付股利；④为回避风险而要求支付股利；⑤由于不同的心理偏好和金融传

统而要求支付股利。

（4）经济因素

宏观经济环境的状况与趋势会影响企业的财务状况，进而影响股利分配。影响股利分配的经济因素有：①现金流量因素；②筹资能力因素；③投资机会因素；④公司加权资金成本；⑤股利分配的惯性。

综合以上各种因素对股利分配的影响，企业就可以拟订出可行的股利分配备选方案。此后，企业还需按照企业战略的要求对这些方案进行分析、评价，才能从中选出与企业战略协调一致的股利分配方案，确定企业在未来战略期间内的股利战略，并予以实施。

12.4.3.2 公司的股利战略类型

（1）剩余股利战略

在发放股利时，优先考虑投资的需要，如果投资过后还有剩余则发放股利，如果投资过后没有剩余则不发放。这种战略的核心思想是以公司的投资为先，发展为重。

（2）稳定或持续增加的股利战略

稳定的股利战略是指公司的股利分配在一段时间里维持不变；而持续增加的股利战略则是指公司的股利分配每年按一个固定成长率持续增加。这种战略的核心思想是稳定股价，增强投资者信心。

（3）固定股利支付率战略

公司将每年盈利的某一固定百分比作为股利分配给股东。它与剩余股利战略正好相反，优先考虑的是股利，后考虑保留盈余。

（4）低正常股利加额外股利战略

公司事先设定一个较低的经常性股利额，一般情况下，公司都按此金额发放股利。只有当累积的盈余和资金相对较多时，才支付正常以外的股利给股东。

案例讨论

［案例一］

某集团创建于1992年，是中国最大的民营企业集团之一。1998年某集团将最初积累资金全部投入基因工程检测产品的开发中，开始生产乙肝诊断试剂，随后某集团以货币出资1300万元购买国外先进信息服务器设备用于信息产品研发，并在2003—2007年连续三年的时间里扩建厂房，在江苏、浙江、上海等地建立企业基地以扩大公司规模；同时面对激烈的市场竞争和快速变化的环境，某集团又投入600万元改造原集团大楼，建成了大屏幕显示，电脑检索，具备网络化、智能化的办公大楼，盘活了价值2000多

万元、面积1万多平方米的存量资产。2008年开始某集团积极介入国内钢铁产业的整合，与江苏南钢集团合作，间接持股其上市公司南钢股份，控股设立联合有限公司；同时，集团还广泛涉及房地产、商贸流通、金融等多个领域，直接、间接控股和参股的公司逾100家。2010年某集团营业收入为233亿元。同比增长9.6%；净利润5037万元，同比增长43.8%。在公司收入和利润的增长中，大部分都是对外投资的投资回报，某集团在十余年间迅速成为横跨多个产业的大型民营控股集团。

本例中，某集团在不同的发展阶段根据投资方式、投资时机、投资目标等实施了什么样的投资战略？

[**案例二**]

某公司是一家大型钢铁公司，公司业绩一直很稳定，由于业绩稳定，企业的股东希望每期获得的股利趋于平稳，而且投资者对于股价稳定的要求较高。该公司2010年拟投资4000万元购置一台生产设备以扩大生产能力，该公司目标资本结构下权益乘数为2。该公司2009年度税前利润为4000万元，所得税税率为25%。要求：

（1）计算2009年度的净利润是多少？

（2）按照剩余股利政策计算企业分配的现金股利为多少？

（3）如果该企业采用固定股利支付率政策，固定的股利支付率是40%。在目标资本结构下，计算2010年度该公司为购置该设备需要从外部筹集自有资金的数额。

（4）如果该企业采用的是固定或稳定增长的股利政策，固定股利为1200万元，稳定的股利增长率为5%，从2006年以后开始执行稳定增长股利政策。在目标资本结构下，计算2010年度该公司为购置该设备需要从外部筹集自有资金的数额。

（5）如果该企业采用的是低正常股利加额外股利政策，低正常股利为1000万元，额外股利为净利润超过2000万元的部分的10%。在目标资本结构下，计算2010年度该公司为购置该设备需要从外部筹集自有资金的数额。

（6）如果你是该公司的财务分析人员，请你对上述（2）（3）（4）问中不同的股利政策进行分析，并判断该企业最应该选择的股利政策。

本章小结

财务战略是以整个企业的筹资、投资和收益分配的全局性工作为对象，根据企业长远发展需要而制定的。它是从财务的角度对企业总体发展战略所作的描述，是企业未来财务活动的行动纲领和蓝图，对企业的各项具体财务工作、计划等起着普遍的和权威的指导作用。

财务战略作为企业整体战略的一个子系统，具有重要意义：通过对企业内外环境分

析并结合企业整体战略的要求，它提高了企业财务的能力，即提高了企业财务系统对环境的适应性；财务战略注重系统性分析，这提高了企业整体协调与企业经济增长方式相适应，从而提高了企业的协同效应；财务战略着眼于长远利益与整体绩效，有助于创造并维持企业的财务优势，进而创造并保持企业的竞争优势。

根据财务风险承受态度的不同，可以将财务战略分为以下三类：快速扩张型财务战略、稳健发展型财务战略、防御型财务战略。

在企业财务战略的选择中应注意的问题：与宏观经济周期相适应、与企业生命周期相适应、与企业经济增长方式相适应。

融资方式的类型有内部融资、股权融资、债务融资、销售资产、资产证券化融资。

按投资战略的性质划分，可分为稳定型投资战略、扩张性投资战略、紧缩性投资战略和混合性投资战略。

企业投资战略按照投资经营对象的差异划分，可分为密集型投资战略、一体化投资战略和多样化投资战略。

企业投资战略的制定方法：生命周期分析法、SWOT 分析法、波士顿矩阵法、通用电气经营矩阵分析法、行业结构分析法、产业链分析法。

股利分配战略的目标为：促进公司长远发展；保障股东权益；稳定股价、保证公司股价在较长时期内基本稳定。

分配战略理论有股利重要论、股利无关论、税收效用理论、追随者效应理论、信号传递理论。

股利分配战略选择受到法律因素、债务（合同）条款因素、股东类型因素经济因素的影响。

公司的股利战略类型有剩余股利战略、稳定或持续增加的股利战略、固定股利支付率战略和低正常股利加额外股利战略。

知识拓展

股票股利介绍

股票股利是公司以发放的股票作为股利的支付方式。股票股利并不直接增加股东的财富，不导致公司资产的流出或负债的增加，因而不是公司资金的使用；同时也并不因此而增加公司的财产，但会引起所有者权益各项目的结构发生变化。

股票分割

股票分割是指将面额较高的股票交换成面额较低的股票的行为。例如，将原来的一股股票交换成两股股票。股票分割不属于某种股利方式，但其所产生的效果与发放股票

股利近似，故而在此一并介绍。

股利理论股利分配作为财务管理的一部分，同样要考虑其对公司价值的影响。

股利分配政策与内部筹资

支付给股东的盈余与留在企业的保留盈余，存在此消彼长的关系。所以，股利分配既决定给股东分配多少红利，也决定有多少净利留在企业。减少股利分配，会增加保留盈余减少外部筹资需求。股利决策也是内部筹资决策。

股利支付的程序

股份有限公司向股东支付股利，其过程主要经历：股利宣告日、股权登记日和股利支付日。股利宣告日：公司董事会将股利支付情况予以公告的日期。公告中将宣布每股支付的股利、股权登记期限、股利支付日期等事项。

案例分析

[案例一] 分析：

本例中，某集团在不同的发展阶段根据投资方式、投资时机、投资目标等实施了不同的直接投资战略：

（1）高规模效益的投资战略。某某集团 2003—2007 年连续三年扩建厂房，扩大公司规模，是提高规模效益的直接投资行为，合理经济规模的实现必然产生规模经济效益。

（2）提高技术进步效益的投资战略。企业技术进步是指为实现一定目标的技术进步和革命。某集团投入资金生产乙肝诊断试剂，随后某集团以货币出资 1300 万元购买国外先进信息服务器设备用于信息产品研发等。这是典型的提高企业技术进步效益的直接投资战略，其核心在于加快技术进步。

（3）盘活资产存量的投资战略。该战略是通过投资增量，有效地盘活和利用现有资产，提高资产使用效率和效益，使现有资产创造更大价值。某集团投入 600 万元改造原集团大楼，盘活了价值 2000 多万元的存量资产，这一投资即是关于盘活资产存量的直接投资战略选择，有效地提高资产使用效率，使现有资产创造了更大的价值。

间接投资战略是通过购买证券、融出资金或者发放贷款等方式将资本投入到其他企业，其他企业进而再将资本投入到生产经营中，该种战略通常表现为证券投资。其主要目的是获取股利或者利息，实现资本增值和股东价值最大化。

本例中，某集团间接持股南钢股份，控股设立联合有限公司，除此之外，其投资涉及很多领域，直接、间接控股和参股的公司逾 100 家。表明其采用组合投资，即多种证券组合的最优投资策略，以寻求在风险既定情况下投资收益最高，或者在投资收益既定

的情况下风险最小的投资战略。在 2010 年公司收入和利润的增长中，大部分都是对外投资的投资回报，由此可见，某集团采取的间接投资战略很成功。

［案例二］分析：

（1）2009 年净利润=4000×（1-25%）= 3000（万元）

（2）因为权益乘数=资产÷所有者权益=2，所以目标资本结构中权益资金所占的比例=1÷2×100%=50%，负债资金所占的比例=1-50%=50%所以 2010 年投资所需权益资金=4000×50%=2000（万元）

所以 2009 年分配的现金股利=3000-2000=1000（万元）

（3）2009 年度公司留存利润=3000×（1-40%）= 1800（万元）

2010 年外部自有资金筹集数额=2000-1800=200（万元）

（4）2009 年发放的现金股利=1200×(1+5%)×(1+5%)×(1+5%)= 1389. 15（万元）

2009 年度公司留存利润=3000-1389. 15=1610. 85（万元）

2010 年外部自有资金筹集数额=2000-1610. 85=389. 15（万元）

（5）2009 年发放的现金股利=1000+（3000-2000）×10%=1100（万元）

2009 年度公司留存利润=3000-1100=1900（万元）

2010 年外部自有资金筹集数额=2000-1900=100（万元）

（6）剩余股利政策，优先考虑投资机会的选择，其股利额会随着所面临的投资机会的变动而变动。因为公司每年面临不同的投资机会，所以会造成股利较大的变动，不利于公司股价稳定。

固定股利政策的股利发放额稳定，有利于树立公司良好的形象，使公司股价稳定，有利于公司长期发展，但是实行这一政策的前提是公司的收益必须稳定且能正确地预计其增长率。

固定股利支付率政策由于按固定比率支付，股利会随每年盈余的变动而变动，使公司股利支付极不稳定，不利于公司市值最大化目标的实现。

由于企业的股东希望每期获得的股利趋于平稳，而且投资者对于股价稳定的要求较高，因此该企业应该选择第（4）问中的固定股利政策。

词汇对照

价值链　Value Chain　　产业链　Industry Chain

五力模型　Five-Force Model　　波士顿矩阵　Boston matrix

生命周期法　Life Cycle Model　　现模型　Dividend Discounted Method

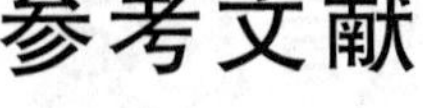

参考文献

1. 王化成. 企业财务学［M］. 北京：中国人民大学出版社，1994.

2. 汤谷良. 高级财务管理［M］. 北京：中国财政经济出版社，2001.

3. 詹姆斯·R.麦圭根. 现代财务管理［M］. 何道宽，译. 北京：机械工业出版社，2009.

4. 陈莹. 财务管理［M］. 上海：上海人民出版社，2013.

5. 刘智宏. 财务管理实务［M］. 北京：中国物资出版社，2011.

6. 蒋力. 财务控制［M］. 北京：中国商业出版社，2003.

7. 杨志慧. 财务管理［M］. 上海：立信会计出版社，2011.

8. 孔德兰. 财务管理［M］. 北京：中国财政经济出版社，2013.

9. 刘智宏. 财务管理实务［M］. 北京：中国物资出版社，2011.

10. 张超英. 财务管理模拟实训. 北京：中国人民大学出版社，2010.

11. 杨琳. 高级会计实务［M］. 北京：经济科学出版社，2013.

12. 孙辉. 财务管理［M］. 北京：电子工业出版社，2007.

13. 李梦玉，等. 公司理财［M］. 北京：北京大学出版社，2005.

14. 陈德萍. 公司理财［M］. 大连：东北财经大学出版社，2006.

15. 田钊平. 财务管理［M］. 北京：中国人民大学出版社，2010.

16. 郭银华，等. 财务管理［M］. 广州：暨南大学出版社，2011.

后 记

本书萌芽于与女儿闲聊，缘起于执教重庆工商大学。给 MBA 学生上课实感缺少务实性教材，教书是一个给予及吸取知识的过程。学生对公司理财专业知识的渴求，是撰写本书的源动力。

此书稿能面世，首先要感谢重庆工商大学给我赞助；感谢为我提供资料、整理资料的学生；感谢西南财经大学出版社的孙婧、涂洪波、赵琴老师，感谢他们的周密安排和细致的工作，坦诚的态度和良好的沟通方式。

公司财务管理活动是与时俱进的，党的十八届三中全会提出混合所有制，财务管理会面临新的挑战，为适应经济体制的变革应探索创新管理模式，期待有机会再版。

2015 年的冬天是一个阳光明媚的暖冬。时至春节，重庆依然温暖如春。我终于完成了一项工作，将《公司理财》这本书呈现给您。看过书，您什么意见，请与我联系，恳请读者来信（邮箱：cqgsdxdtz@ 163. com），以便修正书中的错误或遗漏，以期不断完善，再版与读者见面。

愿我们共同进步！

作 者

2015 年 1 月 28 日